究極の

OSHO

◆古代の奥義書

ウパニシャッドを語る

錬金術

Ⅰ

市民出版社

English title: "THE ULTIMATE ALCHEMY", Volume I ,
Originally published as "Atma Pooja Upanishad"

この本の内容は、OSHOの講話シリーズ
THE ULTIMATE ALCHEMY, Volume I からのものです。
本として出版されたOSHOの講話はすべて、音源としても存在しています。
音源と完全なテキスト・アーカイヴは、www.osho.comの
オンラインOSHO Libraryで見ることができます。

はじめに

この本は、情事《ラブ・アフェア》です――「もし私がこのウパニシャッドに呼応しているとしたら、ただウパニシャッドと恋に落ちたからだ」とOSHOが言うように。自分自身が、究極の錬金術師以外の何者でもないOSHOが細かく分け入り、ウパニシャッドの古《いにしえ》の経典のエネルギーを解き放ち、聖なる世界への人間の探求の神秘を貫き、その無限なる可能性を開示しています。

OSHOの弟子であることは、錬金術であると同時に、情事でもあります。もしただの金属を金に変えるとすれば、両方とも火と変容が必要になります。OSHOはマスターと弟子との関係性において、巧妙なマスターです。

彼は私たちを完全に知り、私たちの用意がある分だけ、前へと導いてくれます――私たちがもう一歩深い内側を、もう一層深い夢を、もう一つ捨てられるべき条件付けを発見するために。それは絶えざる動きです――実際、彼の周りにいて一箇所に留まっていることは奇跡です。かつてパンドラの箱から飛び出したものを、彼がやさしく私たちの瞼から拭い去ってくれるのを見るのは、本当に驚嘆します。

もちろん、マスターと弟子の間には出会いがあり、求婚があり、ハネムーンがあります。それでも私たちは決して彼のことを知りません。水銀が指をすり抜けるように、私たちは彼のすばらしいエッセンスを、しっかり掴むことはできないのです。彼を愛することは難しくありません――彼は美しく、ユーモアに溢れ、愛と英知に満ちています。でも、それらのすべての質を、私たちも手にできるのです。でも、私たちは他のもの、エッセンスのエッセンス、本当の金を追いかけ続けています。

子供たちは、蝶を追いかけています。子供たちの手から上手く逃れた蝶は、捕まえることも籠に閉じ込めることも、二度とできません。花から花へと飛びまわる蝶は、その香りに酔い、また飛び続けていきます。そして私たちは走り続けます。私たちの金属は追いかけるうちに色、質を変えます。私たちが捉えるのは夢と幻想――疲れ果て、時おりリラックスすると、そのゲームはまったくの遊びだとわかります。私たちは彼の目の中に笑いと沈黙の瞬間を捉えます。

さあ、とりあえず、もう追いかけるのはやめたほうがいいでしょう。私たちが味わい、触れ、呼吸したOSHOは、あまりに神秘的で、それでいてまったく自分自身と切り離せない何かの香りがします。それらを味わったあとに、誰が眠りの中に入れるというのでしょう？「どう言えばいいのか」と言うこと以外、OSHOという謎についてどう言えばいいのでしょう？

それは数年前、はるかな旅をしてきた探求者が、ダライラマにこう尋ねた時の歌のようです。

彼が「生きることの意味は何ですか？」と尋ねると、その光明を得た人物は「生きる理由？生きることは、ただの豆の茎じゃない？」と。私たちにできるすべては、はじめの一歩の後は、「家なき放浪者」に従い、私たちを家路へと連れ戻す未知なる旅に出ることなのです。

この『究極の錬金術』は、OSHOの広大さの一瞥です。形骸化したヴェーダの儀式に反逆してウパニシャッドを生み出した古の聖賢のように、彼もまた、そのなべをかきまわしているのです。学者的解釈はどこかへ行ってしまい、そのかわりに、知り得ないものを知り、現代人、東洋人、西洋人の必要、求めるものを理解したマスターからの、生きた答えがここにあります。

「あなたが谷で口笛を吹き、あるいは歌を歌い、あるいは竹笛を吹くと、谷はそれをこだまし、またそのこだまを返し、またそのこだまを返す。じかし、それは谷が自分の意見を言っているのではなく、呼応しているのだ。それと同じで、私はただ谷になり、そのこだまを与えるだけだ」

その谷は果てしなく、こだまは騒然としています。そのこだまは古の聖賢たちのエッセンスだけではなく、数多くのマスターたち、ブッダ、キリスト、グルジェフ、睦州、マホメッド、ラーマクリシュナ、さらに多くのマスターたちのこだまも運んでいます。もしあなたが静かに耳を傾けるなら、自分自身でそのこだまを聞けるでしょう。OSHOは捉えどころのない蝶、家なき放浪者、OSHOはあらゆる神秘の香りをたずさえ、くつろいでいるのです。

マ・プレム・ニティア

究極の錬金術

目次

CONTENTS

第*1*章

ウパニシャッドの伝統と瞑想の秘密

The Tradition of the Upanishads & The Secrets of Meditation

オーム：瞑想とは、〝それ〟への絶えざる思惟である。
あらゆる行為の動機の停止、それがアワハナム――
祈りだ。
不動知が、アーサナ――姿勢だ。
マインドの上昇が、パティヤム――
神を礼拝する水だ。

マインドが常に〝それ〟へと向かっていること、
それがアルギャム――捧げものだ。
絶えず内なる輝きに、内なる光に、内なる無限の
果実に統一していること、それが礼拝の前の沐浴だ。
いたるところ〝それ〟に満ちているという感覚、
それがガンダ――唯一の芳香だ。
自身の目撃する質を確立すること、
それがアクシャット――
礼拝に使われる研がれていない米、割れていない米だ。
礼拝のための花とは、何を指すのか――
意識に満ちること。
自身の内に意識の火を生み出すこと、
それがドープ、お香だ。
意識の太陽の内に自身を確立すること、
それが唯一の明かりだ。
内なる満月の果実を集めること、
それがナイビディア、神への供物だ。
静寂はプラダクシナ、
礼拝のための〝それ〟の周りの動きだ。

「我は〝それ〟なり」という感覚、
それが神に対する敬礼だ。
静寂は祈りなり。
完全なる充足が、ビィサルジャン、
礼拝儀式の消散である。
そのように理解するものは、光明を得た者である。
我は〝それ〟なり、絶対純粋なるブラフマンなり。
それを悟ることが自由解放の達成である。

かくして、
『アートマ・プージャ（自己礼拝）ウパニシャッド』
を終わる。

我々が未知の世界に踏み入る前に
いくつかのことをよく考える必要がある。
未知なるものとは、ウパニシャッドのメッセージだ。
基本的なこと、一番土台となることは
いつも未知のままだ。
そして、我々が知っているのは、常に表面的なことだ。
そこで、未知の領域に深く入って行く前に
いくつかのポイントを理解することだ。

既知、未知、不可知と言う三つの言葉を
まず最初に理解するように。
というのも、ウパニシャッドは始まりのみが
未知に関わっている。
そして、ウパニシャッドは
不可知なるものを語ることで終わる。
既知の領域は科学になり、未知の領域は哲学になる。
そして不可知の領域は宗教に属する。
哲学とは、既知と未知の間を、
そして科学と宗教の間をつなぐものだ。
哲学は全面的に未知に関わっている。
何かが既知になると科学の一部になる。
それはもう哲学の一部に留まらない。

だから、科学が発達すればするほど
哲学は押し戻される。
既知となったものは科学となり
哲学は科学と宗教をつなぐ。
科学が発達すると、哲学は後退せざるを得ない。
だが、哲学とは未知にだけ関わっているからだ。
哲学が先に進めば進むほど
宗教は押しもどされる。
なぜなら、宗教は基本的に
不可知に関わっているからだ。

ウパニシャッドは未知なるものから始まる。
そして、不可知なるものに言及することで終わる。
誤解が生じるのはそのためだ。
ランデ教授は、ウパニシャッドの哲学に関する、
実に深い内容の本を著した。
それでも、その本の内容は入門程度のものだ。
その内容が依然として哲学的なものであったため
ウパニシャッドの世界の
神秘の深い谷を貫くことができなかった。
ウパニシャッドは哲学で始まるが
それはただの始まりにすぎない。

そして、ウパニシャッドの終わりは「宗教」、
「不可知なるもの」だ。
私が「不可知」と言う時、
それは「知ることができない」という意味だ。
どんなに力を尽くしても
どんなに一生懸命やってみても
我々がそれを知った時、科学の一部になる。
未知の何かを我々が感じた時、哲学の一部になる。
我々が不可知なるものに出会った時
それのみが宗教となる。

私の言う「不可知なるもの」は
出会うことはできるが、知ることはできない。
それは感じることができる。
生きることができる。
それと出会うことができる。
が、依然として、不可知のままだ。
その時、解き明かせない神秘の中に
深く入っているということだけは感じられる。
そこでこの神秘の中に入る前に
いくつかのポイントを理解することだ。
さもないと、入り口はない。

一つは、どう聞くかということ。
なぜなら、「聞く」ことには様々な次元があるからだ。
あなたは知性で、論理で聞くことができる。
それが、「聞く」ことの一つのあり方だ。
それは最も一般的で、最も普通で
最も浅い聞き方だ。
なぜなら論理では、あなたはいつもその論理を守ろうと
するか、攻撃に出るかのどちらかだろう。
論理のことであなたは常に闘っている。
誰かが何かを論理で理解しようとする時、彼はいつも
その物事と闘っている。
そうすると、精々、ごく初歩的な理解しかできない。
ただ認知できるだけだ。
そのより深い意味は、きっと取り逃がされてしまう。
より深い意味を理解するのには
とても深い交感から聞くことが要求されるからだ。
論理とは決して交感をもって聞くことができない。
それは、論争的な背景の中で聞いている。
それは愛をもって聞くことができない。それは不可能だ。
もし数学を理解しようとするなら、論理で聞くのはいい。
もし論理学を理解しようとするなら

もし完全に合理的な一つのシステムを理解しようとしているならいい。

もし論理で詩を聞くとすれば、あなたは盲目だ。

それはあたかも、耳で見、目で聞くようなものだ。

詩は論理で理解できない。

そこで、もっと深い理解、二番目のタイプの理解が存在する。それは論理ではなく、愛によって、感覚で、感情で、ハートによって訪れる理解だ。


論理は、いつも闘っている。

論理はどんなことでも簡単に通すことを許さない。

論理を打ち破ることだ。

そうして初めて、何かが深く入っていける。

論理はマインドの鎧であり、防御の方法であり、防御の手段だ。論理は一瞬一瞬隙がない ── 気づかずに通過させないようにと。また、論理が打ち破られない限りは、何一つマインドを通過させないようにと。

また、たとえ論理が打ち破られたとしても
あなたのハートに入ることはないだろう。

というのも、論理が打ち破られると
好意的にはなれないからだ。

「聞く」という二番目の次元は、ハートを通して、感覚を通して聞くというものだ。

誰かが音楽を聞いている時には、分析する必要などない。

無論、あなたが批評家なら、音楽は理解できない。

数学を、韻律を、言葉を、音楽に関する全てを理解することは、できるかもしれない。

だが、音楽そのものを理解することは決してできない。

なぜなら、音楽は分析できないからだ。

それは全体だ、トータリティだ。

もし音楽を分析するために一秒でも待っていたら
多くを取り逃すだろう。それは流れる「全体性」だ。

もちろん、楽譜上の音楽は分析できる。

だが、現実に音楽が演奏されたら、決して分析できない。

あなたは傍観者ではいられない。

観察者としてはいられない。

参加することだ。参加して初めて、音楽が理解できる。

だから、感覚においては、参加することが理解の方法だ。

あなたは観察者でいることはできない。

傍観していることはできない。

音楽を一つの対象にすることはできない。

音楽とともに流れ、音楽と深い愛の中にいることだ。

するといつかある時、あなたが消え、ただ音楽だけがそこにある。

それがピークであり、その瞬間が音楽の瞬間だ。

その時、何かがあなたの実存の奥深くを貫く。

それが、より深い聞き方だ。

が、その聞き方はまだ一番深いものではない。

最初の聞き方は、論理を通してのものだ——理知的
二番目はフィーリングを通すもの——感情的
三番目は実存を通すもの——実在的
論理を通して聞く時、あなたは自己の実存の一部分を通して聞いている。フィーリングを通して聞いている時も、あなたは自己の実存の一部分を通して聞いている。
三番目の最も深い、最も真正な「聞く」という次元は、自己の全体性——肉体、マインド、精神——一つの全体として、また一体性を通して聞くというものだ。

この三番目の聞き方を理解して初めて、ウパニシャッドの神秘に深く入っていくことができる。

三番目の聞き方の伝統的な言い方は、「信」だ。とすると、区別ができる。

論理を通す聞き方は、「疑い」だ。

フィーリングを通す聞き方は「愛、交感」だ。

実存を通す聞き方は「信、信頼」だ。


というのも、もし我々が未知の領域の中に入って行こうとする時、どうして疑うことができる？

既知のものなら疑える。

が、全く知らない物事をどうやって疑えるだろう？

もしあなたが知っていることなら、疑うことは有効だ。

だが、未知のものについては
疑うということは全くあり得ない。

どうして未知のものを愛せる？

あなたは既知のものは愛せる。

未知のものを愛することは、あなたにはできない。

未知のものと関わることはできない。

関係性はあり得ない。あなたは関わることはできない。

その中に消え去ることはできても——

それはまた別のことであり、関わることはできない。

未知のものに明け渡すことはできても、関わることはできない。そして明け渡しは関係性ではない。

関係性では全くない！

ただ、二元性が消えるということだ。

論理的な聞き方では二元性はそのままだ——

あなたは他者と闘う。

愛をもってでも、二元性は残る——

あなたは他者に好意的だ。

だが、実存で聞く時、二元性はなくなる。

あなたは闘ってもいなければ、愛してもいない——

あなたは全く関わっていない。


この三番目の態度は、伝統的に「信、信頼」——

シュラッダ——として知られている。

未知なる領域においては、「信」がカギとなる。

もし誰かが「どうして信じることができる？」と言ったら、彼は誤解している。

彼はポイントそのものを取り逃がした。

「信」とは「信仰」ではない。

「信仰」とは、またもや、理性的なものだ。


あなたは信仰することができる。

信仰しないでいることもできる。

信仰に反発しているから、信仰できる。

また、信仰しないことに反発しているから、信仰しないでいられる。

信仰とは、理性よりも深いものでは決してあり得ない。

だから、唯神論者、無神論者、信者、信仰を持たない者、彼らは全て、最も浅い領域に属している。

信とは、信仰することではない。


なぜなら、未知なものに対しては、賛成したり反対したりする理由がない。だからあなたは、「信じる」こともなければ「信じない」ということもない。

では、あと何をしたらいいのだろう？


あなたは未知のものにオープンであるか、閉ざされているかのどちらかしかない。

信じる、信じないの問題ではない。

開かれているか、閉ざされているかの問題だ。

もしあなたが信頼していれば、開かれている。

もし信頼していなければ、閉ざされたままだ。

だが、それはただのカギにすぎない。

もしあなたが未知のものに開いていたいなら「信、信頼」を持つことだ。

開きたくないのなら、閉ざされたままでもいられる——

でも、あなた以外に誰も取り逃がしてはいない。あなた以外に誰も困りはしない。あなたは種のように閉ざされたままだろう。私がこう語る時は、文字通りの意味だ。

種に必要なことは、はじけること、死ぬことだ。

そして初めて、木になる。

でも、種は決して木の姿を知ることはない。

「信」があって初めて、種が死ぬということも起こる。

木は未知のものだ。種は決して木に出会わない。種は恐怖、死の恐怖に閉ざされたままでいるかもしれない。

しかしそうすると、種はいつまでも種のままで、最後には再誕せずに、死ぬことになる。

でも、もし種が信の中に死んでいくなら、未知のものがその死の中から生まれてくるかもしれない。そうなって初めて、種は開くことができる。

一方では死に、一方では生まれ変わる —— より偉大なる神秘への再誕、より豊かな生への再誕 —— 同じことが信についても起こる。

だからそれは信仰することではない。

決して「信」と「信仰」を誤解してはいけない。

それはフィーリングではない。

その両方よりももっと深い。それはあなたの全体性だ。

それでは、どうやって自己の全体性で聞くのだろう?
それは、反発心から機能している論理で聞くのでもなく、
また、好意をもって機能している感覚で聞くのでもなく、
自己の実存の全体性で聞くのだ。
では、全体性はどう機能するのだろう?
我々が知っているのは部分的な働きだけであり
全体性の働きではないからだ。
我々はただ、部分しか知らない —— この部分はこう働き、あの部分はこう働き、知性はこう働き、ハートはこう働き、足はこう働き、目はこう働き、と言う具合に ——
我々は部分的な働きだけしか知らない。

では、全体性はどう働くのだろう?

全体性が働くのは、深い受容性の中だけだ。

何一つ能動的ではない。全てが静かだ。

あなたは何もしていない。

あなたはただここにある —— ただの現存 ——

そして扉は開かれている。

その時初めて、ウパニシャッドのメッセージが何であるか理解できる。

ただあなたの現存だけが必要だ —— あなたの側で何もすることなく機能していない状態 ——

それが「全面的な働き」という意味だ ——

ただあなたの現存。

それは、もっとはっきりさせなければならないだろう。

私が「ただの現存」と言うのは、たとえば、あなたが誰かに恋しているとすると、そこにはあなたが何もしていない瞬間がある。

あなたはただ恋人のそばにいる。
あるいは、愛する人のそばにいる——
ただそこにいる、完全なる静寂の内に——
その瞬間、あなたはお互い愛し合ってさえもいない——
ただいるだけ。
すると、とても不思議な現象が起こる。
普通、我々の存在というのは直線的だ。
我々は一つの線として、一つの連続した流れとして
存在する——私の過去、私の現在、私の未来——
それが一つの直線だ。
私は私の軌道を行き、あなたはあなたの軌道を行く。
我々には自分達の軌道、直線の軌道がある。
私は私の軌道を行き、あなたはあなたの軌道を行く。
実際、我々は決して出会わない。

我々は平行線をたどる——出会うことはない——

たとえ、我々が群集の中にいても、出会うことはない。

なぜなら、私は私の軌道を進み、あなたはあなたの軌道を進んでいるからだ。

あなたはあなたの過去に属し、私は私の過去に属している。私の現在は私の過去から生まれ、あなたの現在はあなたの過去から生まれている。

だからあなたの未来は、あなたの過去と現在の原因が結果となって現れるだろうし、私の未来は、私の現在と過去の原因が結果となって現れる。

我々が歩むのは、軌道——直線の軌道、一直線の軌道だ。

そこには出会いがない。唯一、恋人達だけが出会う。

突如として、あなたは誰かと一緒に、ただ在る。

いつもとは違う時間が、存在の中に訪れる。

二人は一瞬の間、出会う。

その瞬間はあなたのものでもなければ、恋人のものでもない。何か新しいものだ。

あなたの過去からのものでもなければ、恋人の過去からのものでもない。


時は、異なる次元の中を流れていく——直線ではなく、過去から未来にではなく、一つの現在ともう一つの現在とともに——

二つの現在と言う瞬間の間に、一つの出会いがある——異なる次元——

その次元は、永遠の次元として知られている。

だから恋人達は語る、「愛の一瞬は、それ自身永遠だ」と。

それは決して終わらない。未来はなく、過去もない。

それはただ、今ここにある。

それが私の言う「もし過去や未来で聞くのではなく、あなたの現在だけが現在に残るほど、全面的に聞くなら」という意味だ。
もし静かに、受容的に聞くことができるなら
もし、ただ、今ここ、に在ることができるなら
まさにこの瞬間で充分だとすれば —— 別の次元が開く。
そしてウパニシャッド的なメッセージは、
その次元のみを貫くことができる。
それが、「ウパニシャッドのエッセンスは永遠だ」ということだ。永久という意味ではない。
それはただ、過去も未来もない時間における、異なる次元のことだ。

あなたは違うやり方で進んで行かねばならない ——
あなたの内なる時間の中に ——
その内側の変化に伴い、
言葉は以前とは違う鋭さを持ちはじめる。
また以前とは異なる意味深さが、生まれてくる。
我々は似たような言葉を使っている。
みんなが同じ言葉を使っている。
が、マインドごとに言葉の意味は違う。

たとえば、医者が患者に「調子はどうですか」と聞くのと、路上で偶然出会った誰かに「調子はどうですか」と聞くのと、恋人が愛する人に「調子はどう？」と聞くのでは、言葉は同じでも意味も同じだろうか？

医者が患者に「調子はどうですか」と聞くのと、恋人が愛する人に「調子はどう？」と言うのは同じだと思うかね？


同じ言葉でも、違う意味がある。

ウパニシャッドは、普通の方法では理解されない。

そのために、学者達は大切なポイントをすっかり取り逃がし、言語学者達は大切なポイントを全て取り逃がし、神学者《パンディッド》達も大切なポイント全てを取り逃がしている。

彼らは言葉や文法、
それに関係ある全てのことを研究するが
それでも取り逃がしている。

どうして取り逃がしているのだろう？

それは彼らの内なる時間が直線的だからだ。

彼らは実存からではなく、頭で研究している。

彼らがウパニシャッドを研究しているのは本当だ。

しかし、ウパニシャッドが彼らに働きかけるのを許していない。それが、私が「ただ在る」と言う時の意味だ。

ウパニシャッドはあなたに働きかけることができ、
一つの変容になり得る。
それはあなたを、存在の異なる平原へと連れて行ける。
そこで、まず最初に覚えておくこと。
いかにして、ただあなたの現存だけで
聞くかということだ。
あなたの信と信頼を通して吸収しなさい――
飲みなさい！
理屈で闘おうとしないこと、
フィーリングで感じようとしないことだ。
ただ、自分の実存と一つであることだ。
それがカギだ―― それが第一だ。

二番目は、ウパニシャッドは言葉を使う――
言葉を使わなければならないが
ウパニシャッドは静寂を支持している。
それらは語る、絶え間なく語り続ける。
が、それらは静寂の為に語っている。
その努力は馬鹿げていて、逆説的で、矛盾していて
筋が通っていない――
でも、それが事を可能にしている所以だ。
それが唯一の方法だ。

私があなた方の中に静寂を呼び起こす必要がある時
言葉を使うことになる。
ウパニシャッドは言葉を使いはするが
言葉と言語学に完全に逆らっている。
ウパニシャッドは、言葉や言語学のためではない。
それをいつも心に留めておくことだ。
さもないと、いともたやすく言葉に夢中になってしまう。
言葉には、それ自身の魔力がある。
言葉には、それ自身の魅力がある。
そして、一つ一つの言葉が流れを生み出す。
小説家達は知っている。詩人達は知っている。
彼らは、時にこう言う。
「私は小説をただ書き始める。そして小説が終わる時、
私がそれを書き終えた、とは言えない」と。
実際、言葉にはそれ自身の流れがある。
言葉は自分なりのやり方で生き始め、一人歩きしていく。
トルストイはどこかでこう言っていた。
「私は書き始めるが、決して書き終わることはない。
時々、私の作った登場人物が、私の絶対に言いたくなか
ったようなことを言う」
言葉はそれ自身の命を持ち始め、一人歩きする。

言葉は作者から、小説家から、詩人から自由になる。
言葉は親から自由になった子供と同じように
自由になる。
言葉にはそれ自身の命がある。
言葉にはそれ自身の論理がある。
言葉を使うと、あなたは一つの軌道に在る。
そして、言葉は多くのものを作り出すだろう。
言葉それ自身が多くのものを作り出すだろう。
人は言葉に夢中になってしまう。

だが、ウパニシャッドは言葉のためのものではない。
だから、ウパニシャッドでは
できる限り言葉を少なく使っている。
ウパニシャッドのメッセージはちょうど電報のようで
不必要な言葉は何一つとしてない。
ウパニシャッドは最も短い論説だ。
言葉が催眠術的な結果を生み出すために
必要でない言葉は何一つない。
だが、言葉は必要だ。

そこで、言葉に夢中になってしまわないように
目覚めていることだ。

「意味」というのは何か違う。
「意味」よりももっと深いもの——「意義深い」という
言葉を使ったほうがもっと良いだろう。
ウパニシャッドは言葉を、サインとして
シンボルとして、また示唆として使う。
ウパニシャッドは言葉を、何かを語るためではなく
何かを示すために使う。
あなたは言葉で何かを言うことができる。
言葉で何かを示すことができる。
あなたが何かを示す時、言葉は超越されねばならないし、
忘れられる必要がある。
さもないと、言葉が視覚に入ってきて
あなたの感覚全体を歪めてしまう。
我々は言葉を使っているが、警告しておこう。
意味だけではなく、言葉が示すこともあるのだと
心に留めておくことだ。

言葉は象徴的に使われてきた——
ちょうど月をさす指のように。
指は月ではない。
だが人は指に執着し、こう言う。
「私の師は『これが月だ!』と私に示した」と。

指は月ではないが、何かを示すために使うことはできる。
言葉は決して真実ではない。
が、言葉は示すために使うことができる。
だから、よく心すべきことは、指を忘れよということだ。
もし、指が月よりもっと意味があり重要だとなると
全部が歪められてしまう。

この二番目のポイントを覚えておきなさい。
言葉は、ただ、言葉ではない何かほかのものを指し示す
ためにあるのだと——
静寂なる何か、それなる何か、超越した世界の何かを。
この、「言葉は真実ではない」ことを忘れることで
多くの混乱が作り出された。
ウパニシャッドには、何千と言う数の解釈がある。
だが言葉に関するものであり
言葉ではない真実に関するものではない。
そして、延々と論争が続いている。
何世紀もの間、何千年もの間、学者達は
「この言葉の意味は何か、その言葉の意味は何か」
ということで論争してきた。
彼らは膨大な数の文献を作り出してきた。
意味を探る大変な努力——だが、それは全く無意味だ！

彼らはポイントを取り逃した。
言葉は決して真実を示すためにあるのではない——
言葉は全く違う何かほかのものを指し示すためにある。

三番目に、私はウパニシャッドを解説するつもりはない。
なぜなら、解説とは知識にだけ関わるものにしかならな
いからだ。
解説するのではなく、
むしろ、私はウパニシャッドに呼応する。
呼応は解説とは違う——全く違う。
あなたが谷で笛を鳴らす、あるいは歌を歌い竹笛を吹く
と、谷はこだまし反響し、また反響していく。
谷は解説していない。谷は呼応している。
呼応は生きている。
解説は、当然死んでいる。

呼応するということは
ウパニシャッドがここで読まれているという意味だ——
私は解説しない。私はただ谷になり、こだまする。
それを理解するのは難しいだろう。
たとえそのこだまが真正なものであっても
あなたは同じ音を受け取れないかもしれない。

その音から適切な意味を見い出せないかもしれない。

谷が呼応する時、また何かを反響する時
そのこだまはただの受け身ではない——

それは創造的なものだ。

谷は多くのものを付け加える。

谷の本質は多くを付け加える。

様々な谷が様々にこだまするだろう。

それが本来のあるべき姿だ。

私が何かを言う時、「それはみんながこう言うはずだ」という意味ではなく、「これが私の谷がこだまするやり方だ」ということだ。


スティーブンスの詩の一節を思い出した。

それらはまるで禅の詩のようだ。

「村への橋を渡っている二十人の男達は、二十の谷の、二十の橋を渡っている男達だ。」

私が何かを読み
私の谷は、あるやり方でこだまする。

それは消極的なものではない。

そのこだまの中には、私もまた存在している。

あなたの谷がそれを再び反響させる時
また一つの違ったものになる。


私が「生きている感応」というのはそのことだ。

時には全く適切でないように見えるかもしれない。

というのも、谷はその音に独自の形と色を与える。

それは自然だ。

だから私は「解説とは犯罪だ」と言う。

解説ではなく、感応が必要だ——


解説者は自分の言ったことは何でも絶対に真実である、と感じるようになる。ほかの解説者の言うことが間違いだ、というふうに思い始める。

そして彼は、ほかの解説者への批判を自らの義務のように思うようになる。ほかの解説が間違っていて初めて、自分の解説が正しいと感じるからだ。

だが、それは呼応するという場合には当てはまらない。

多種多様な呼応が可能だ。

そして、その呼応が真正なものであるなら
全ての呼応が正しい。

もし呼応が、あなたの意識の深みから出てきたものなら、
それは正しい。

何が正しくて、何が間違っているという外面からの基準はない。

もし何かが、あなたの意識の深みから出てきたなら
もしあなたが、それと一つであるなら
もしそれが、あなたの全身全霊を通して響き渡っている
なら、それは正しい。
そうでなければ、どんなに巧妙であっても、
どんなに論理的であっても、それは間違っている。
それが呼応というものだ。

私が「呼応」と言うのは、より詩のようなものであり
より哲学的ではないという意味だ。
呼応は、システムではない。
呼応からシステムは作り出せない。
呼応は原子的で、断片的だ。
内なる統合がある。
だが、その内なる統合を見い出すことは
そう簡単ではない。
統合とは、ちょうど本土と島のようなものだ。
島と本土の間には一つの統合がある。しかし奥深くだ。
海の底の奥深くでは、本土は一つになっている。
もしそれが理解されれば、人間は誰も島ではない。
奥深くでは、物事は一つにつながっている。
深く入って行けば行くほど、一体性に近づく。

だから、もし呼応が真正なものであれば、どんな呼応も、
全く矛盾しているように見えるかもしれない反対の呼応
でさえも、間違いはあり得ない。

奥深くには、一つの統合がある。
だがそれには、人は奥深くに入って行かねばならない。
そして、解説とは表面的だ。
だから、私は解説するつもりはない。
「このウパニシャッドが言っていることは、こうだ」と
話すつもりはない。
ただ、「私にとって、このウパニシャッドは、こういう
ことだ」とだけ言うつもりだ。
私はいかなる権威も振りかざさない。
正しさを言い張るものは、道義に反している。
誰も「このウパニシャッドは、こういうことだ」と語る
ことはできない。
我々が言えることは、「私の中では、このウパニシャッ
ドは、こういうことだ、私はこのようにこだまする」と
いうことだけだ——どうこだまするか。
また、あなたが今この瞬間にただ在るなら
その呼応はあなたの中に感応性を作り出す。

そうなると、私の話が何であれ
それもまた、あなたの中でこだまする。
こだますることができて
初めてあなたは理解できるようになる。
だから、自由にこだまできるように
ただ谷のようであること。
手放しの状態でいなさい。

ウパニシャッドのテキストに心を配るより、あるいは、私の話に心を配るより、自分の存在が谷のようであることに心を配りなさい。

自分自身の存在が谷のようであることに心を配る。

そうすれば、他の全ては、みんなついてくる。

私の話を理解するのに、どんな緊張も、どんな無理な努力も要らない。

それはかえって障害になり得る。

ただリラックスする。ただ静かで、受け身でいること。

そして、起こることが何であろうと、それをあなたの中にこだまさせる。

そうすれば、その響きはあなたに今までとは違う洞察を、異なるビジョンを運んでくれるだろう。

最後に、私はヒンドゥー教徒でも、イスラム教徒でも
キリスト教徒でもない――
私は宿無しの放浪者だ。
私は表面的には、ウパニシャッドの伝統には属していない。だから、私には何の利害関係もない。

ヒンドゥー教徒がウパニシャッドを解説する時
ヒンドゥー教徒がウパニシャッドについて考える時
彼らには利害がある。
イスラム教徒がウパニシャッドについて何かを書く時
ウパニシャッドを悪く言うことで、利益がある。
そうすると、それは真実のもの、
真正なものではあり得ない。
もし解説者がヒンドゥー教徒なら
ウパニシャッドについて真実であることはできない。
また、解説者がイスラム教徒なら
ウパニシャッドについて真実ではあり得ない。
きっと嘘をつくだろう。
だがその欺瞞は余りにも微妙で、誰ひとり欺瞞であることにさえ、気づかないかもしれない。
人間とは唯一、自分自身をだまし、
欺瞞の中に生きられる動物だ。

もしあなたがヒンドゥー教徒なら
ウパニシャッドについて考える。

またイスラム教徒なら、コーランについて考える。

もしクリスチャンなら、新約聖書について考える。

だがもしそうなら、自分の考えが決して真実ではないということに、あなたは気づかないだろう。

あなたがキリスト教徒である、ということが
真実を知るための障害になっている。

あなたは真実ではあり得ない！

人は属してはならない。

そうして初めて、真実の呼応が可能だ。

属することでマインドはかき乱され、歪められ、逸らされ、存在しないものを投影し、実在するものを否定する。
だが私にとっては、それは問題にならない。
あなた方への提言は、あなたがコーランを読み、
またウパニシャッドを、聖書を聞くなら、
ヒンドゥー教徒やクリスチャンや、
イスラム教徒であってはならないということだ——
ただ「在る」だけで充分だ。
そうすれば、もっと深くそれらの本質を
貫くことができるだろう。

そこに概念や教義があれば
決してオープンでいることはできない。
閉ざされたマインドは「理解した」という偽りは作り出せても、決して理解することはできない。

私は、何ものにも属していない。

もし私がウパニシャッドに呼応しているとすれば
それは単純に、私がこのウパニシャッドと恋に落ちた、ということだ。

この、最も短いウパニシャッドの一つ、

「アートマ・プージャ（自己礼拝）」は稀なる現象だ。

なぜ私が、この稀なるウパニシャッドの何かを話そうと選んだか？

第一に、それは最も短い。

それはちょうど種のようだ——潜在力があり、包含するものがあり、その中に沢山のものが詰まっている。

全ての言葉が
無限なる可能性をはらんでいる一粒の種だ。

あなたはそれを、こだまさせることができる。

無限に反響し、戻すことができる。

それらの言葉を深く思い巡らせば巡らすほど
言葉は意識の中に深く入っていき、

より新しい意味深さが明らかになる。
そうした種のような言葉は、すなわち、深い静寂の中で
見い出された、ということだ。

実際、この本は不思議な本だ。だが、それは事実だ。
語ることが少なければ少ないほど
あなたは多くを語ることになる。
もしあなたが本当に何か言いたいことがあるなら、ほんの二、三節、または二言、三言で言うことができる――
たった一言でさえも、充分かもしれない。
言うべきことが少なければ少ないほど
言葉数を多く使わなければならないだろうし
言うべきことが多ければ多いほど
言葉数が少なくて済む。

今ではこれは心理学者にとっては既成の事実だ――
言葉とは何かを語るためではなく
何かを隠すためにある。
我々が喋り続けるのは、何かを隠したいからだ。
もしあなたが何かを隠したければ、静かではいられない。
というのも、あなたの顔が表現してしまうかもしれない。
あなたの静かさが暗示してしまうかもしれない。

話している相手が「あなたが何か隠している」と
疑いを抱くかもしれない。
だから、何かを隠さなければならない人は
ずっと喋り続けている。
言葉で人をだますことはできても、沈黙ではだませない。

ウパニシャッドには、真に伝えるべき何かがある。
それらは種の形で、経文の中に、警句の中に
表現されている。
このウパニシャッドは、たった十七の経文しかない。
それらは半ページに書くことができる。
一枚の葉書に、このウパニシャッド全てを
書くことができる――しかも片面に！
でも、実に潜在力のあるメッセージだ。
だから、私達は一つ一つの言葉を取り上げながら、その
言葉の核心に迫り、それに生きた呼応をもって挑みたい
と思う。
それによって、何かがあなたの中に
響き始めるかもしれない。
それが響き始めるのは
これらの言葉が大変な潜在力があり
多くのことが含まれているからだ。

もしそれらの言葉の原子が破壊されれば、大変なエネル
ギーが解き放たれる。
だからオープンで、受容的で、深い信頼の中に在ること。
そして、ウパニシャッドがなすがままにさせることだ。

さあ、それでは『アートマ・プージャ（自己礼拝）
ウパニシャッド』に入ろう。
AUM《オーム》瞑想とは、〝それ〟への絶えざる思惟だ。
「AUM」：この言葉「AUM」は
一つのサインとして、一つのシンボルとして
一つの秘密の鍵として、大変意味深い。
そこでまず最初に、この言葉を解読してみよう。
AUMには五つの発音、五つのステップがある。
最初のステップはA、二番目がU、三番目がM。
これらは粗雑なステップだ。
我々が「AUM」と発音する時、A―U―M――
これらは三つの言葉だ。
しかし、オームーと長く発音すると
最後のMが共鳴して「ムムム」となる。
それが半ステップだ―― 四番目。
最初の三つは粗雑で、聞き取ることができる。
四番目は半分粗雑だ。

それはあなたがごく意識的であって
初めて聞き取ることができる。
さもなければ、聞き漏らされてしまう。

五番目は、全く、絶対に聞き取れない。
オームの音が響く時
その響きは虚空宇宙の中に入っていく。
その音はなくなり、無音が残る。それが五番目だ。
あなたがオームと口に出した時、そのオームと言う音は
とてもはっきり聞き取れる。その後、ムムム――半ステ
ップ――が残り、その後、無音がある。
それが五番目だ。

これら五つのステップはただのサインであり
多くのことを表している。
第一に、ウパニシャッドによれば
人間の意識には五つのステップがある。
我々が知っているのは、三つの粗雑なこと――
歩く、夢見る、眠ることだ。
これらの三つは、A―U―Mに相当する。
ウパニシャッドでは四番目を「トゥリヤ」と呼ぶ。
ウパニシャッドはそれに名前を与えなかった。

なぜなら、それは粗雑なものではないからだ。
その四番目では、人は深い眠りの中でさえも
目覚めているというスペースだ。
もしあなたが深い眠りの中、深い夢のない眠りにありな
がら、朝になって「私は深い深い眠りの中にいた」と言
えるなら、あなたの内の誰かが気づいていて、「深い眠
りが、夢のない眠りがあった」ということを覚えていて、
しかも、それを目撃していた人がいたということだ。
その目撃者は、四番目のものとして知られている。
だが、ウパニシャッドは、その四番目のものでさえも
究極ではないと語る。
なぜなら、目撃者であるとは、まだ目撃されるものと
分離している、ということだからだ。
そこで、その目撃者もまた消え去り、存在だけが残り、
目撃者がそこにいなければ、それが五番目だ。
そういうことで、このオームは多くのものを表すための
サインだ —— 沢山のことのための —— 人間の中にある
五つの身体のための。
ウパニシャッドは人間の身体を五つの被い、
五つの身体に分ける。
アナマーヤ、プラナマーヤ、マノマーヤ、
ヴィギャナマーヤ、そしてアーナンダマーヤだ。

オームとは宇宙的なサインだ。
それはただのサインであり、シンボルでもある。
さてこの「シンボルでもある」と語るのは
どんな意味だろう？

誰かが深く存在の中に、その根源にまで、まさに根源そ
のものにまで入っていくと、もはや思考は消え、考える
人もいなくなる。
見る対象も消え主観も消える。
それでもまだ、全てが存在している。
その無思考の中で、考える人のいない瞬間
一つの音が聞こえる。
その音は、「オーム」と言う音とよく似ている ——
ちょうどその音そっくりだ。
だが、それは「オーム」ではない。
だから、それは一つのシンボルだ。
我々はその音を再生できない。
「オーム」という音は、かなりその音に近い。
そのために、沢山の音がそれになぞられてきた。
だが、それは常に「オーム」という音に近い。
クリスチャンとイスラム教徒は、「アーメン」という言
葉でその音に代えている。

全てが消える時に聞かれるその音は、ただ音だけが響き渡り、「オーム」という音に似ている。

それは「アーメン（AMEN）」に似ている、と言える。


英語では、それに関連した多くの言葉がある——オムニプレゼント（遍在）、オムニシェント（全知）、オムニポテント（全能）——

そのオムニ（OMN）というのは音だ。

実際、「オムニシェント」とは、「オーム」を見たもの、ということだ。

そしてオームは、全てのためのシンボルだ。

「オムニポテント」というのは「オーム」と一つになったもの、ということを指している。

なぜなら、それが全宇宙の潜在性だからだ。

「オムニプレゼント」は、「オーム」という音の中に存在するもの、という意味だ。

その音は全てを取り巻き、全てにあふれている。

オムニシェント、オムニプレゼント、オムニポテントの中の「オムニ」は、「オーム」ということだ。

「アーメン」は「オーム」と同じだ。

様々な探求者達、様々な人達が、様々な似通った音を持ち込んでいる。

だがそれらの言葉はどうしても常にオームに似通っている。
それは一つのシンボルだ——宇宙音のシンボル。
現代科学の観点からすると
存在の根本的な構成要素は電子だ。
だがウパニシャッドは、それを電子という観点から捕らえないで、根本の構成要素として音の粒子、という観点で捕らえている。
科学によれば、音とは電気波動の構成形態であり
その音自体は電気以外の何物でもない。

ウパニシャッドによれば
電気は音の構成形態以外の何物でもない。
だが、一つのことは確かだ。
ともかく、音と電気は交換できるということだ。
では、どちらが根本だろう。
科学は電気が根本だと言い、
ウパニシャッドは音が根本だと言う。
私は、この見解の違いは
単にアプローチの違いだと思っている。
ウパニシャッドは音を通し
マントラ（真言）を通して、究極の真実に到達する。

ウパニシャッドは
無音状態に到達するために音を利用する。
そして、徐々に音が落とされ
徐々に無音状態が達成される。
最終的に、ウパニシャッドは響きの根底に到達し
宇宙音を聞く。
それは思考ではない。作り出された音ではない。
存在の本質そのものの中に、ただ響いている音だ。
その音をウパニシャッドでは、オームと言う。

ウパニシャッドは、我々がオームと言う時「それはただ似ている」と言う —— とても離れている、遠く懸け離れている複製《コピー》——。

それは本当ではない。そこで聞かれる音ではない。

オームという音は、私達が作り出した音だからだ。

それは私達によって作り出された！

それはちょうど、何かの写真のようだ。

それはただ似ている。

私の写真はただ、私に似ている。だが、私ではない。

オランダの画家、ファン・ゴッホについてこんなことを聞いたことがある。

上品なご婦人が道でファン・ゴッホに出会った。そして「あなたの肖像画を見たことがありますわ、余りにも可愛くて、余りにも美しくて、思わずキスしてしまったほどですの」と言う。

ファン・ゴッホは「その肖像画は返事をしましたか？」と聞いた。

すると、その婦人は「いいえ、どうして肖像画が、返事します？」と言った。

すると、ファン・ゴッホはこう言った、「それじゃあ、それは私ではありませんな！」と。


写真は実物に似ている。しかし、それは実物ではない。

写真のどこも間違ってはいない。

実物に似ている、というだけで充分だ。

だが、人は写真と実物を混同すべきではない。

そこで、オームというのはただのシンボルだ ——

何かに似ているシンボル —— 写真のように。

オームはまた、一つのシークレットキーでもある。

私がシークレットキーと言う時、それはこういうことだ
—— オームという音は究極の音に似ているので、もしあなたがそれを利用できて、徐々に奥へ奥へと入って行け

ば、究極の扉に至ることができる。

なぜなら、オームと言う音は究極の音に似ているからだ。

そして、もしあなたがオームと言う時、あることを一緒にすれば、もっと似てくる。


たとえばオームと言う時、唇を使うことになる。

身体の機能を使うことになる。

そうすると、それは余り似なくなってしまう。

なぜなら、非常に粗雑なメカニズムを使うことになると、本来のオームが歪められてしまうからだ。

そうやって作り出されたオームは
本来のオームを粗雑なものに変えてしまう。

だから、発音する時、唇を使わないことだ。

あなた自身の中に、マインドだけを通してオームを作り出す。

肉体を使ってはいけない。

そういうようにすれば、もっと似てくる。

というのも、今、あなたはもっと微妙な媒体を使っていることになるからだ。

そしてそれは、もっと鮮明な写真を提供しもっと実物に近い写真を提供してくれる。


次に、マインドでさえ使わないこと。

まず最初は粗雑な肉体を使い
それからそれを落としなさい。

そして、マインドを使う——

ただ内側で、オームという音を作り出しなさい。

そうしたら今度は、それさえも止め、
オームという音それ自体をこだまさせる。

努力してはいけない。

それはやって来る。

その時、それは「アジャパ（唱えていない状態）」——

あなたがその音を作っているわけではない。

ただ、その流れの中にあるだけだ。

そうなると、それはもっと深く意識の中に入って行き、もっと真実のものになってくる。

それは一つのカギとして使うことができる。

それが努力でなくなった時、あなたの肉体からのものではなく、マインドのものでもなく、ただその音があなたの中に流れ出している時—— あなたはとても近くにいる。

さあ、それでもまだ、
ただ一つ落とされなければならないものがある——

この「オーム」を感じている者。

「私」、「エゴ」が、「オームが私を取り巻いている」と感じている。

もしあなたがこれも落とせば、もう障害は存在しない。

そして、「複製《コピー》、写真」は「真実のもの、オリジナルのもの」の中に捨てられる。

それで、オームはまたシークレットキーだ。


この「オーム」は不思議なものだ。

それは、アインシュタインの相対性理論の公式が物理学者にとって根本的なものであるように、「オーム」は神秘家にとって根本的なものだ。

その公式は三つある――

サイン、シンボル、そしてシークレットキー。

そして、オームもまた三つある。

しかし基本的には、それはシークレットキーだ。

あなたがその扉を開けない限り
それを考えることは役に立たない、無駄なことだ。
時間と人生とエネルギーの無駄だ。
あなたが扉を開ける準備をしない限り
そのカギについて話すことが何の役に立つだろう？

たとえあなたが、オームと言うシークレットキーの意味するところ全てを理解していても、またその哲学的な意味を全て理解していても、無意味だ。

オームはいつも始めにおかれ、終わりにおかれている。

ウパニシャッドはいつもオームで始まり
オームで終わる。

それがカギだ。

あなたが家に入る時、まず最初に使うのはカギだ。

そして家を出て、最後に使うのもまたカギだ。

だから、入りなさい！　使いなさい！

もしあなたがそのカギに瞑想し始めれば、また扉の前に座り続ければ、そのカギはもう、あなたにとって一つのカギではなく、一つの障害になる。

それを捨てるのだ！――

なぜなら、何も開かれないからだ。

かえって、閉じることになる。

あなたはずっと、カギのことばかり考えている。

人はカギを使わないで
カギのことばかり考え続けたりする。

「オームが意味するものは何か」ということを、深く考え、思い巡らし、瞑想した人達がたくさんいる。

彼らはそれに関する体系を、膨大な体系を作り出した。

でも、彼らは一度としてそのカギを使わなかった。

彼らはその宮殿に一度も入れなかった。

オームは一つのシンボルだ。一つのサインだ。

が、根本的には秘密のカギだ。

それは、調和宇宙に入っていくための方法として、また大洋の中に落ちていくための方法として、使うことができる。

そのオームが微妙であればあるほど、真実へとより深く、より近く行くことができ、粗雑なものであればあるほど、遠く離れてしまう。


『瞑想とは〝それ〟への絶えざる思惟である』


これが最初の経文だ。

我々は三つの次元の世界に生きている。

一つの次元は、「私―それ」――物の世界だ。

私と私の家、私と私の家具、私と私の財産。

これが「私―それ」の領域だ。

そして、もう一つの次元、私―あなた：私と私の恋人、私と私の友達、私と私の家族――人の世界。

これが二番目の領域だ。

そして、三番目の領域、私とあれ：私と宇宙。

ウパニシャッド曰く
『瞑想とは〝それ〟への絶えざる思惟である』

それでもない、汝でもなく、〝それ〟への瞑想。

〝それ〟とは全体のことだ。

それは、物でもなく人でもない。

それは、〝それ〟だ。

では、なぜ〝それ〟という言葉を使ったのだろう？

我々が〝それ〟という言葉を使う時はいつでも、何か超越したもの、何か彼方なるもの、何か我々の存在する世界ではないもの、を意味している――

我々と物の関係でなく、我々と人の関係でもない――

何の名前もない――〝それ〟――

もしあなたが〝それ〟に名前を付けたら――

たとえば、〝それ〟を神と呼べば
「我と汝」の関係になってしまう。

もしあなたが「父」とか「母」とか呼べば
二番目の次元を持ってくることになる。

もし「神はいない」と言うなら、あなたは「私―それ」の一次元の世界に生きなければならない。

〝それ〟とは、物ではない。

唯神論者達は、〝それ〟のことを物ではないと言うが、一人格だと言っている。

ウパニシャッドは〝それ〟を一人格だと言うことさえない。

というのも、〝それ〟を一人格とすることは、それを限定し、また一人格とすることで限界ができてしまう。

だから、ウパニシャッドは単純に〝それ〟という言葉を使う。


ウパニシャッドは言う。

「それは全てだ。それは形を持たず限界を持たないので、名付けることができない。それは全体性だ」


そうなると、何と呼べばいい？

ウパニシャッドは「神」とは呼ばない。

ウパニシャッドは「聖なるもの」とも呼ばない。

ウパニシャッドは「主」とも呼ばない。

ウパニシャッドはどんな名前でも〝それ〟を呼ぶことはしない。


〝それ〟には形も名前もない。

ウパニシャッドは単純に〝それ〟という言葉を使う。

そして〝それ〟への絶えざる思惟、それが瞑想だ。

もし〝それ〟を絶えず思い起こすことができればあなたは瞑想の中にいる。

あなたが物と共にある時〝それ〟を心に留めていなさい。

あなたが人と一緒にいる時〝それ〟を心に留めていなさい。

あなたが〝それ〟を心に留めているところはどこであろうと、全体だ。


限定されているものを決して「限定されている」と、見てはいけない。

常に奥を見つめ、無限なるものを感じる。

決して形ある物を形あるままに見てはいけない。

常に奥を見つめ、形ある物の中に形なきものを見る。

決して、物を物として見てはいけない。

その体の奥深くに入って行き、それを感じる。

すると、〝それ〟が明かされるだろう。

決して、人を「人格」という閉じ込められたものとして見てはいけない。

その奥を見通し、〝それ〟なるものを感じなさい。
人格の内側にある彼方なるものを感じなさい。
〝それ〟への絶えざる思惟が瞑想だ——
儀式でもなく、方法でもなく、テクニックでもなく
ただ、絶えざる思惟。が、それは骨が折れる。
そうしようとすれば、どんな隙間もなく、
途切れることなく、一瞬も忘れることなく、絶え間なく
〝それ〟を心に留めて置かねばならないからだ。
継続した想起——絶え間なく、どんな隙間もない。
継続した想起とは、最も骨の折れることだ。
私達は二、三秒でさえも、想起し続けることはできない。

ちょっと、自分の呼吸を数え始めてみなさい。

そして、呼吸していることを想起しながら、呼吸のプロセスを常に想起しながら、どれだけの数の呼吸をしたか、覚えていなさい。

入る息、出ていく息——

想起していなさい、そして数えなさい。

あなたは三つ、四つ数えたら、もう次は見逃してしまう。

何か他のものが入ってきて忘れてしまう。

すると、「あー、私は呼吸を数えていた、たった三つで見逃してしまった！」となるだろう。


想起は最も難しい。

それは、我々が眠っているからだ。

我々は深く眠っている！

我々は、眠りの中で歩き、眠りの中で話し、動き、生き、愛し、眠りの中で、深い夢遊病状態、深い自然催眠の内に、あらゆることをし続けている。

そのために、大変な混乱と大変な葛藤が、そしてたくさんの暴力と戦争が地球上に存在している。

人類が今日まで生き延びてきたことは、本当に奇跡だ——大変な眠り、それでもまだ、我々はどうにかやってきている！

だが、我々は眠っている。

我々の行為は決して、油断がない、注意深い、気づきがある、と呼べるものではない。

一分間でさえも、自分自身を意識できない。

やってみるといい。

そうすれば、自分がどんなに眠っているか感じられるだろう。

もし私が一分間、六十秒間、継続して自分自身を想起できないのなら、それはすなわち、物凄く深く眠っているということだ！

二、三秒で眠りはやって来る。
すると、もう私というものはいなくなってしまう。

私は動いてしまう。

意識が捨て去られ、無意識が入ってくる。

そこには深い闇がある。

そして再び、自分は目覚めようとしていたのだと思い出す。


P・D・ウスペンスキーは、自己想起というグルジェフのメソッドを、彼と共にやっていた。

初めてウスペンスキーがグルジェフに会った時彼は言った。

「自己想起とはどういうことですか？　私は自分自身を覚えています。私はP・D・ウスペンスキーです」

すると、グルジェフは言った。

「それじゃあ目を閉じなさい。そして自分が、P・D・ウスペンスキーだ、ということを想起していなさい。

そして、それを忘れたら言いなさい、正直にだ！」

すると、ものの三、四秒もすると、ウスペンスキーは目を開けこう言った。

「私は、夢を見てしまいました。そして自分がウスペンスキーであることを忘れてしまいました。

三、四回やってみました。自分自身に『私はP・D・ウスペンスキーだ。私はP・D・ウスペンスキーだ』と言い聞かせていると、また夢が押し入ってきて、気づきを失っていました」
そこで、グルジェフは言った。

「私はP・D・ウスペンスキーだ――というのは自己想起ではない。第一、あなたはP・D・ウスペンスキーではない。第二に、それは想起ではない。

想起がやって来たら、『自分がウスペンスキーである』ということ、をまず否定しなければならない」

三ケ月間、ウスペンスキーは試みた。一生懸命試みた。だが、一生懸命すればするほど、想起することがどんなに難しいか、気づくことになる。

一生懸命すればするほど「自分が生涯にわたって眠っていた」ことを感じ始める。

我々にあるのは、ただ機械的な気づきだ。

我々はそれとともに動き、いつもと同じことをする。

が、それでは決して、奥深い気づきにならない。

三ケ月間、彼は試み続け、そして意識的になった。

意識の新しい柱が、彼の存在の中に訪れた。

彼が想起することを常に感じ、気づくようになると
グルジェフが「一緒に来るように」と彼に言った。

そして通りへと出て行った。

そしてウスペンスキーは言った。

「初めて、大都市の通りで、みんな眠っている、みんな眠りながら歩いている、ということに気づきました。私は同じ通りを歩いていましたが、決して気づいていなかった。全ての人間が眠っているのを見ました——全く目を開いたままで」

彼はとても恐くなって、師に言った、「これ以上遠くに行けません。帰りましょう。みんな余りにも眠っていて、何が起こるかわかりません。もう進めません」と。


ただ、通りの脇に座って、人々の目の動きを見てごらん。

そうすればあなたは、みんな自分自身の中に閉じこもっていることに気づくだろう。

その人は、自分自身の周りで何が起こっているのか気づいていない。

誰かが彼に喋りかけ、また誰かが彼の手を動かしある仕草をさせる。

彼はある夢の中にいるのかもしれない。

昼は動き、みんな内側で喋っている。


だが、誰も自分の周りで何が起こっているのか気づいていない。

全てがただ、ロボットのように動いていく。

彼らは自分の家に帰る。

それには、自分の家がどこにあるかを覚えている必要はない。

彼らはただ、自動的に動く。

彼らの足は動き、彼らの手は自動車のホイールを動かし、自分の家に帰る。

だが、その全過程が全くの眠り、機械的な轍《わだち》だ。

軌道がそこにあり、彼らはその軌道の上を進んでいく。

それがために、我々は新しい物事をいつも恐れている。

なぜならその時、我々は新しい軌道を作る必要があるからだ。

新しい軌道では、今までと同じようにはいかない。

しばらくのあいだ、注意が必要になってくるので面倒なのだ。

我々はいつも、自分達の廃れた轍の中に固定されていてある意味では死んでいるようなものだ。

眠っている人間は実際、死んでいる。

彼は生きているとは言えない。

我々は、全生涯のうち、ただ少しの瞬間、数瞬間、
気づいているというほどのものだ。
それらの瞬間は、滅多にない深い愛の瞬間か——
それはただ、わずかな人々に
ごくわずかな人々にだけ起こる。
愛が起こった時、他の誰もが
「その人が狂ってしまった」と思う。
というのも、普段の彼と全く別人になるからだ。
彼はいつもと違う色を見、いつもと違う音楽を聴き
いつもと違う光を見る。
彼は周りをぐるっと見始める。
彼は全く違う世界を見ている！
もちろん、彼は我々からすると、狂ってしまった。
だから、「彼は狂っている、夢の中にいるのだ」という
ことで彼を許すことができる。
実際は、その反対だ。
眠っているのは我々で、彼は一瞬間、
深い真実に目覚めている。
だが彼一人では、その目覚めは長く続かない。
というのも、単なる偶然の出来事だからだ。
彼は努力して、達成したわけではない。
それはただ、起こった。それは偶然だった。

彼は再び、眠りの中に入っていく。
彼が眠りに入っていく時、自分の恋人、
また愛する人に裏切られたと感じる。
というのも、もはや魔術がない。
その魔術が訪れたのは
彼が違う世界に目覚めていたからだ。
この世界とは違う世界が存在する。
彼は目覚め、今再び眠っている。
だから、彼は裏切られたと感じる。
全ての恋人達が、自分は裏切られたと感じている。
だが、誰も裏切ってなどいない。
ただ、突然の目覚めの中で、彼は違う美しさの
違う音の、違う世界を見てしまった。
そして、今また再び眠っている。
その一瞥は消え去った。
だから、彼は裏切られたように感じる。
誰も裏切ってはいない。
ただ、彼が突然目覚めたのだ。

人は、愛と死のどちらかで目覚める。
もしあなたが突然、死に遭遇すれば
その時、目覚めるだろう。

突然の事故――速いスピードで走っていた車で、コントロールできなくなり、丘から転落してしまった――そういう場面で、あなたは目覚める。

そこには未来がなく
過去も終わってしまうという状況がある。

ただ、現在と言う瞬間――丘から転落するという瞬間、それが全てだ。

その時、普段とは違う時間の次元が開く。

初めて、あなたは今ここに存在する。

夢など見ていられない。

もはや未来がないからだ。

あなたは未来のことを考えられない。

そして、過去はまさに終わろうとしている。

これらの二つのはざま、この瞬間、この災難の中で
あなたは目覚める。

だが、それらは決して、あなたの手の内にはない。


ウパニシャッドが「〝それ〟への絶えざる思惟」というのはこういう意味だ――

「全ての物事の中で、あらゆる状況の中で、何であろうと〝それ〟が、内にも外にも存在している」と常にあなたが絶え間なく覚えていられれば、ということだ。


もし全ての物事が〝それ〟を想起するための一つの象徴になれば、その時、意識が爆発する。

そうなれば、もう眠りはない。

あなたは意識的になり、目覚めるだろう。

その意識、その気づきが瞑想だ。


もう二つある。

「絶えざる」とは、どんな隙間もない、一瞬の隙間もないという意味だ。だが、それは難しい。

なぜならそうなると
あなたは生きることができなくなるからだ。

もし「神」を絶え間なく想起し続けていたら
どうして生きることができるだろう？

どうやって行動できる？ どうやって食べられる？

もしあなたが「神」の名前を想起しはじめれば、もしあなたが、「ラーマ」、「イエス」、あるいは何か他の名前を想起し始めれば、その問題が湧いてくる。

もしあなたが彼の名前を想起し始めると、また彼に名前を付け、「ラーマ、ラーマ、ラーマ」と繰り返し始めれば、あなたは生きることができなくなる。

あなたは「ラーマ」という名前を想起するか、あるいは、通りを歩いているかの、どちらかしかできないからだ。

一人の兵隊が私の所へ連れて来られた。

彼はとても誠実で、とても信心深い男だった。

彼は絶え間なく「ラーマ」を想起し続けようとしていた。

誰か、あるグルが彼に「ラーマ」という名前を絶え間なく想起し続けるように教えたのだ。

彼はそれを繰り返すことに余りにも夢中になり社会生活ができなくなった――不可能だ！

彼は「ラーマ」を想起しなければならなかったので眠ることもできなかった。


もしあなたが心の内側で「ラーマ、ラーマ、ラーマ、」と繰り返していれば、寝ることができなくなる。

その絶え間ない運動は、あなたを眠らせないだろう。

彼は通りを歩けなかった。

誰かが車のクラクションを慣らして、「ラーマ」が聞こえなくなるかもしれないからだ。

彼は自分自身の称呼に取り囲まれていた――

閉ざされて――

彼の感覚は麻痺していた。

彼は軍の兵隊だった。

そこで彼のキャプテンは、彼を私の所に連れて来た。


「彼は聞くことさえできません。私が『回れ、右』と言っても突っ立っていて、見ているだけです。まるでいないかのようです。一体何をしているんでしょう？」

そのキャプテンは私に言った。

「どうしようもありません！　病院に収容しなければなりません」

私はその兵隊に聞いた。

「あなたは何をしているんだね？」

すると、彼は言った。

「キャプテンには言えないのですが、あなたになら言えます。私のグルは、私に絶え間なく繰り返すようにと、一つのマントラをくださいました。それで『ラーマ、ラーマ、ラーマ』と、繰り返していました。

そして、今ではその繰り返しが意識のとても深くに入り――三年間、私は絶え間なく繰り返していました――そのために、眠れなくなってしまいました。

自分の周りで起こっていることを見ることができないし、聞くこともできません。大変なバリアーが私と世界の間にできてしまいました。『ラーマ』という言葉の繰り返しの中に閉じ込められてしまっています」と。

彼は私にこう聞いた。

「どうやって両立したらいいでしょうか？　もし絶え間なく繰り返さねばならないとしたら、他に何もできません。どうしたらいいのか教えてください。もし何か他のことをすれば、この繰り返しは崩れてしまいます。隙間ができてしまいます」

私がここで話しているのは、そういう意味ではない。そのために、ウパニシャッドはどんな名前もどんな形も与えないで、ただ〝それ〟とだけ言う。

〝それ〟を絶え間なく想起し続けるのは可能だ。あなたは神の名前を想起しなくていい。というより、あなたがしていること全ての中に〝それ〟を感じることだ――ただ井戸から水を汲むという動作の中に！

一人の禅僧、睦州が誰かにこう尋ねられた。

「ずっと何をなさっているのですか？」と。

すると、彼は言った。

「わしはずっと何もしておらんよ。することは何でも全一にしているだけじゃ。井戸から水を運んでいる時は、井戸から水を運んでいる。木を切っている時は木を切っている。寝ている時は、寝ているだけじゃよ」

質問者は聞いた。

「で、その時、何をなさっているのですか？」

すると、睦州はこう言った。

「何にもしておらんよ。樹を切っている時、木を切っている者は木を切っておるし、水を運んでおる時、水を運んでいる者は水を運んでおる。その時、その男は運ばれている水になっておるし、切られている木になっておる。もうその男はいないし、わしという者はいない！　そうなると、全てが礼拝になり、全てが瞑想になる」

このウパニシャッドの眼目はひとえに、いかにしてあなたの生全体を礼拝にするかだ。

このウパニシャッドは完全に、反儀式的だ。どんな儀式も必要ない。

ただ、今までと違う意識のあり方、〝それ〟の想起――することと、しないこと、その中で〝それ〟を想起すること――

私が「〝それ〟への想起」と言う時心理的な想起のことを語っているのではない。あなたが想起する、というのではない。

「よし、この石が〝それ〟だな」、「この石が〝それ〟だ」というふうに想起しなければならないとしたら、それは想起ではない。

なぜなら、まだ二つが存在している——

この石と〝それ〟。

ウパニシャッドが「〝それ〟への絶えざる思惟」と語る時、石を捨てよ、と言っているのだ！

ただ〝それ〟だけが存在する！

それが深い悟りの状態であり
絶えまない悟りということだ。

まず感じ始めなさい。
〝それ〟を感じることなく、ものに触れてはならない。
〝それ〟を感じることなく、誰かを愛してはならない。
〝それ〟を感じることなく、行動したり
また呼吸でさえも、してはならない。
〝それ〟を、全てに押しつけなければならない、
というのではない。
〝それ〟を、あらゆる物事の中に発見すること。
その区別をはっきりさせること。
〝それ〟を、全てに押しつけるのではない。
押しつけることもできる。
だがそうすると、ただのトリックにすぎない。
発見こそが肝心だ！

花を見て、〝それ〟を押しつけて、
「あー、その花が〝それ〟だ」と言うことはできる。
いいや、そうではない、何も言わないことだ！
ただ、花のそばにいて、静かなままでいなさい。
花を見て、花との深い同一感の中に、
深い交感のなかに浸る。
自分を忘れなさい。
ただそこに、受け身の気づきとして在る。
そうすれば、花は〝それ〟へと花開き
〝それ〟が明らかにされるだろう。
そうして〝それ〟を発見し続けなさい。
それが、「絶えざる思惟」という意味だ。
そして、〝それ〟への絶えざる思惟、それが瞑想だ。

第**2**章

宇宙に消え去る

Dissolution into the Cosmic

質問…………………………………………

ＯＳＨＯ、あなたは昨夜の講話で「虚空、または谷のようになったものは、反応ではなく呼応する」ということ、そして「それぞれの光明を得た人達の呼応の仕方はそれぞれ違う、また、谷はそれ自身のユニークなやり方で、また個性的なやり方で反響し返す」とおっしゃいました。

そこで質問なのですが、完全に虚空や無になった人でも、人格や個性はまだあるのでしょうか？

もしあるとしたら、なぜそれが可能なのか、説明していただけますか？

この問題は、精神生活におけるパラドックスの一つだ。人が神の中に消え去れば去るほど、その人はユニークになるということ。

消え去っていくのは、その人の個性ではなく自己《セルフ》だ。
消え去っていくのは、ユニークさではなく自我《エゴ》だ。
あなたがエゴとしてあればあるほど
他の人と似通っている、ということになる。

というのも、誰もがみな、エゴイストだからだ。
エゴというのは世界で最も当たり前のことだ。
みんなエゴイストだ――生まれたばかりの赤ん坊でさえ
エゴイストだ……完璧なエゴイスト。
だから、それは誰かが達成したものではない。
それは、非凡なことではない。
実はその反対で、ただ平凡であることは
最も非凡なことだと言える。
なぜなら、自分が平凡だと感じる人は誰もいないからだ。
そして、自分が非凡であると感じることは
まさに最も平凡なことだ。誰もがそう感じている！
エゴは、個性的ではない。
あなたがエゴを持っていても、それはユニークではない。
実際には「エゴがない」ということこそ
最もユニークで、最も非凡な、稀なることだ。
そういう出来事は、めったに起こらない。

何世紀も経って、稀に誰かが「無我――エゴなし」、
一人のブッダ、一人のイエスになる――
だが、誰かが「無我」になったというのは
その人が消えてしまった、という意味ではない。
実際には、初めてその時、その人は存在する――

真正に、実存そのものの中にしっかりと根付いて——
彼はもう、エゴではない。
そうなるには、異なる根っこから栄養を取ることだ。
エゴとは偽の現象だ——
ただの現れであり、リアリティーではない。
それは実存に根差していない——
ただの夢、想念、ただの精神構造にすぎない。
エゴの中にあればあるほど
あなたは存在から離れていく。
エゴにエネルギーを注げば注ぐほど
真正でなくなっていく。
そうすれば、あなたは偽物になる——実存的な嘘に。

空っぽになること、無になること、
谷のようになることについて私が話すのは、
「そこにはエゴはない——が、あなたは在る!」という
意味だ。
それは、こういうふうに言わせて欲しい。
「私は在る」という表現を私は使う。
だがそれは、エゴは消え去り、
ただ純粋なる「在ること」が残る、という意味だ。
「私」はもうそこになく、「在ること」がそこにある。

そうなって初めて、純粋で完全な、
汚れのない存在になる。
エゴは〝それ〟を汚してしまう。
また、「人格」という言葉と「個性」という言葉を
混同してはいけない。それらは全く違う意味を持つ。
一つの同じ実体のことを意味しているのではない。
それらは、全然同じではない。
人格はエゴに属し、個性は実存に属する。人格とは
ただの体裁だ。エゴが中核にあり、人格は外周だ。
それは全然個性などではない。

「人格《パーソナリティ》」という言葉は、とても意味深い。
それは、ギリシャ語の「ペルソナ(仮面)」から
きている。
「ペルソナ」とは仮面を意味する。
ギリシャのドラマで、登場人物、俳優が彼らの顔を隠す
ために仮面を使っていた。
俳優の素顔は隠され、仮面の顔がリアリティーになる。
「人格」は仮面を意味する。
それはあなたではなく、ただそう現れているだけだ。
つまり、我々は多くの顔を持っている。
実際に、一つの人格しかない人というのは存在しない。

――我々は多重人格だ。
誰もが一日中、顔を変えなければならない。
あなたは一つの顔のままではいられない。
それはとても難しい。他の誰かに顔を会わせるごとに
あなたは毎回、別の顔を使う必要があるからだ。
使用人の前では、あなたの主人の前で待つのと同じ顔は
できない。妻の前では、恋人の前で待つのと同じ顔はで
きない。絶え間なく顔を変え続けるという柔軟なシステ
ムが我々にはある。

一日中、全生涯に渡って、我々は顔を変え続けている。
あなたはそれを意識できる。自分の顔が変わった時、な
ぜ顔を変えたのか、また、どれだけの顔を自分が持って
いるのかを感じる。だから実際には「人格」とは、融通
の利く外観のシステムというわけだ。

「あの人は大変立派な人格の持ち主だ」と言う時、それ
は彼が普通の人以上に融通の利くシステムを持っている
という意味に他ならない。
彼は固定した人間ではない。
彼は人よりも、融通の利くシステムを持っている。
彼はいともたやすく、自分の顔を変えられる。
彼は偉い役者だ。これが人格だ。
あなたは瞬間毎に、人格を作らなければならない。
だから、誰も自分の人格にくつろげない。
それは絶え間なき努力だ。
もしあなたが疲れると、あなたの人格は輝きを失う。
朝には、あなたの人格は輝いていた。
そして、夜にはその輝きは消えてしまう。人格は一日中、
役に立つ。人格は絶え間なく変わり続ける。

私が「人格」と言う時、それはあなたが自分自身のまわ
りに作り出した偽りの現れ、を意味する。
個性とは、何か別のものだ。
個性は、構築されたものや、あなたによって作り出され
たものではなく、あなたの実存の本質そのもの、という
意味だ。
さらに「個性」という言葉はとても意味深い。
それは分けられないもの、分離できないものを意味する。
分けられないもの、分離できないものが、生まれながら
の本質としてある。

カール・グスタフ・ユングは「不分離」という言葉を、
最も奥深い現象の一つとして選んだ。

彼は「不分離は真実への、神への道だ」と言った――

不分離、個性であること――

インドの言葉「ヨーガ」は、「不分離」と同じ意味だ。

「ヨーガ」という言葉は、分離するものが一つに結ばれる、また分離していたものが再び一つになる、また再び分離不可能なものになる、という意味だ。

「ヨーガ」という言葉を英語に翻訳する時、「不分離のための方法論」としたほうがもっと良かっただろう。


個性はそのまま残り、さらに透徹したものになり、さらに鋭くなっていく。だから、あなたがエゴを失い、人格を捨て去れば個性的になる。

この個性というのは、唯一無二《ユニーク》の現象だ。

それは二度と繰り返されない。

ブッダの再現はあり得ない。

ゴータマ・シッダルタという人間は再現され得る。

イエスという人間は再現され得るが
キリストは再現されない。

イエスというのは人格を意味し
イエス・キリストは個性を表している。

ゴータマ・シッダルタは全く普通だ。彼は再現可能だ。

誰でも、ゴータマ・シッダルタになれる。


だが、ゴータマ・シッダルタが光明を得た瞬間、そしてブッダになった瞬間、今や、その現象を再現することはできない。それは唯一無二だ！

それは、かつてなかったことであり、これからも二度とないだろう。その仏の境地、その悟りの頂きは余りにもユニークで繰り返すことはできない。

私が「谷のようでありなさい」と話し、「全ての谷が様々に反響する」と言ったのは、「全ての谷が独自の個性を持っている」ということだ。

ブッダには独自の個性がある。

イエスには独自の個性がある。

クリシュナには独自の個性がある。


実際、それを理解するのはいいことだ。

なぜ、クリシュナ、イエス、ブッダはそんなにも個性が違うのだろう？　彼らは違う！

彼らの個性は、この上なく違っている。

それでも、奥深い意味で、彼らは一つだ。

不分離ということでは、彼らは一つだ。

個性ということでは、彼らは違っている。

彼らは分離なき状態に至った。

彼らは分離なき状態を、存在の根本的な統合を悟った。

だがそれは、根本的な統合、悟りゆえに、彼らがユニークでなくなる、という意味ではない。

その反対に、その時、彼らは本当にユニークになる。

だから私は「それはパラドックスの一つだ」と語る。

二人の普通の人は異なるものだ。

だが、彼らの違いは決して、全面的で絶対的ではない
――決してそうではない!

その違いの中でさえ、彼らは似通っている。実際、彼らの違いは、度合いの違いだ。たとえ彼らがもう一人の人と全く相反していても、それは度合いの違いだ。

共産主義者と反共産主義者、彼らの違いでさえも、程度問題だ。共産主義者は、まだ資本主義者の度合いが少ない、というだけの話だ。

その違いとは、常に度合いの違いだ。彼らは変えられる。
簡単に自分達の所属する団体を変えることができる。
何も問題はない。
一般的に、彼らは変えている。
その違いは、寒いとか暑いとかいうようなものだ――
ただの度合い。
だが、ブッダとクリシュナ、キリストとマホメッド、
老子とマハヴィーラ――

彼らの違いは、度合いの問題ではない。

彼らは絶対に出会わない。

そして、それはパラドックスだ。

彼らは一つであることに至った。

それでも、彼らが出会うことは決してあり得ない。

その違いは、度合いの違いではない。

その違いは、彼らのユニークさの違いだ。


私が「ユニークさ」というのは、どういうことだろう?

我々は一つだ、ということはとても簡単に理解できる。

一滴の水の滴が、大洋に落ち、それと一つになる。

だがその一体性は、まったく死んでいる――

死んだ一体性だ。その滴は、自分自身を完全に失ってしまった。それは、今やどこにもない。

ブッダも、その方法で存在という大洋に落ちていったのではない。彼の落ち方は違う。

太陽の前に明かりを置けば、その明かりは太陽と一つになる。だが、その個性はなくならない。

それは、まだそれ自身のままだ。

五十の明かりをこの部屋に点すと
一つの明かりが作り出される。

だがどの明かりも、それ自身ユニークな一つの明かりだ。

だから、調和宇宙の中に消え去るということは
単純に消え去ることではない。
それは、大変込み入っている。
その複雑さとは次の様なことだ。

消え去った者は残る。
むしろその反対に、初めて自分になる。
そして、その人の個性は以前と違ったようにこだまする。
それがその美しさだ。それは美しい！
そうでなければ、そのこだまは全く醜悪だ。
ちょっと、考えてごらん。
もしブッダがイエスと同じように反応したとすれば
世界はそのために今までよりも貧しくなったことだろう
── とても貧しく。
ブッダは彼自身のやり方で世界に反応し
イエスは彼自身のやり方で反応した。
世界はそのお陰で以前より豊かになり、そこに美しさが
ある。世界はより自由になり、あなたは自分自身でいる
ことができる。
だがそこで、次の事を覚えておきなさい。
「あなたは自分自身でいられる」というのは
あなたのエゴ、という意味ではない。

「あなたは自分自身でいられる」というのは、あなたの
本質、あなたの道《タオ》、あなたの存在という意味だ。
それには個性がある。その個性は、人格ではない。
だから私は「彼らは同じ存在の中にありながらも、個性
を持った存在としてある」と言う。
彼らは、同じ深みから反応する。が、個性的だ。
そこにはエゴの感覚がなく、独自性が留まっている。

この世界は、ただの色なしの統合体ではない。
単調ではなく、多様な色彩を持ち、多様な調べがある。
一つの音でも音楽は作れるが、それではただの
単調な退屈な音楽にしかならないだろう。
生き生きと躍動した、美しい音楽にはならない。
もっと微妙な複雑なハーモニーは
たくさんの音が集まってできる── 多重音 ──
その音楽は調和が底流にあるが、単調ではない。
一音一音が個性を持ち、全体の調和に貢献している。
一音それぞれが個性を持っていて
初めて全体の調和に貢献できる。

ブッダは、一人のブッダであることによってのみ、
世界に貢献した。

イエスは、一人のイエスであることによってのみ、
世界に貢献した。
彼は世界という音楽に一音を、新しい響きを投じた。
そのお陰で、新しいハーモニーが生まれた。
だがそれは、彼が個性を持って初めて可能なのだ。
それは意識の奥深いところのことだけではない。
ほんの些細なこと、小さなことでも
ブッダとイエスは違っている。
ブッダは彼独自のやり方で歩いた。
他の誰も、ブッダのように歩くことはできない。
イエスは彼独自のやり方で見た。
他の誰も、イエスのように見ることはできない。
彼らの眼差し、振舞いそのもの、
彼らの使う言葉そのものさえも、ユニークだ。
他の人が想像もできないほどに――

この世界は、ユニークな音のハーモニーだ。
そのおかげで、音楽が豊かなものになっている――
全ての谷が、それ自身のやり方でこだましている。
善意の者達はみな、命のない統合を押しつけている。
また、あらゆるところから個性を一掃しようとする。
また、コーランとギータは同じだと言い、

ブッダとマハヴィーラは同じだと言う。
彼らはどんなにナンセンスなことを言っているのか
実際わかっていない。
もし彼らの考え方で世界を制することができていたら
世界は本当に貧しくなったことだろう。

どうして、コーランがギータと同じことを言うかね？
どうして、ギータがコーランと同じことを言うかね？
コーランにはそれ自身の個性がある。
どんなギータも、コーランのようには語れない。
どんなコーランも、ギータを復唱することはできない。
なぜなら、クリシュナには彼独自のオーラがあり
マホメッドもまた彼独自のオーラがある。
彼らは決して出会わない。
それでもまだ、私は「彼らは同じグラウンドに立っている」と言う。
彼らは決して出会わない。それが、美しいところだ。
彼らは決して出会わないだろう。
彼らは無限に続いている平行線のようだろう。
彼らは決して出会わない！　それが私の言う独自性だ。
彼らは山の頂のようだ。頂が高ければ高いほど
他の頂と出会う可能性は少なくなる。

あなたが地面にいれば、出会うことはできる。

あらゆる者が出会っている。

しかし、あなたがより高く行き、あなたが一つの頂になればなるほど、出会いの可能性は少なくなる。

彼らはヒマラヤの頂のようだ。決して出会わない。

もしあなたが、偽の統合を彼らに押しつけようとすれば、ただその頂を壊してしまうだけだ。


彼らは違っている。

が、違っているからといって、敵対的である必要はない。

違っていることで争う必要はない。

争いが持ち上がるのは、私達が彼らの違いを受け入れる用意がない時だけだ。

そこで我々は、類似している点を見つけようとする。

我々は類似点を持たなければならないか、争うか、のどちらかだ。

我々は同じことを話さなければならないか敵であるかのどちらかだ。

我々には、二つの選択しかない——

それは両方間違っている。

それらは同じ態度に属している。

なぜ彼らが違っていてはいけないのだろう？——


全く違って、どこにも交わるところがなく？

そのことで争う必要がどこにある？

実際は、異なる音は美しいハーモニーを作り出す。

そこには深い出会いがある。

音そのものの中で出会うのではなく、その音が作り出すもの、そのハーモニーの中に出会いがある。


そのハーモニーを感じ始めなければならない。

不調和な音だけしか知らなければ——

モハメッド、イエス、ブッダはただの音だ——

ハーモニーは感じられない。

宇宙は一つのハーモニーだ。


あなたは、個性と全体のハーモニーの両方を受け入れることだろう——音の隙間を、底流に流れている統合を、また、高く舞い上がったピークはどこでも出会わない、ということを、あなたが感じ始められれば——

そして全体性の中で、包含的な調和宇宙の中で、その全てを見ることができれば——

そうしたら、もう問題はない。

問題は存在しない！

質問
同時代に存在したブッダとマハヴィーラが、なぜ一度も出会うことがなかったのか —— 肉体的にも一度も出会うことがなかった —— このことについても、説明していただけますか？

彼らは決して出会うことはできない ——

肉体的にでさえもだ。

彼らは、何度も何度も、とても近くまで来ていた。

一度などは、同じキャンプに泊まっていたことがあった。

その中の一方がマハヴィーラ、もう一方がブッダの場所だった。だが、出会いはなかった。

彼らは同じ村を通り過ぎた。彼らは生涯を、ビハールというとても小さな場所に限定されて生きた。

彼らは、同じ村を訪れ、同じ村に留まり、同じ聞き手に話していた。

彼らに従っていた人々は、ブッダからマハヴィーラの所へ行ったり、マハヴィーラからブッダの所へ行ったりしていた。


そこでは大変な議論が起こり、大変な争論が起こった。

が、彼らは決して出会うことはなかった。

彼らが出会うということは決してない！

というのも、彼らの存在そのものが今や余りにも高くて、出会いは不可能になったからだ。

出会いは、その本質からして不可能になった。

たとえ彼らが隣同士に座っていたとしても
出会うことはできない。

たとえ彼らが出会い、お互いに抱き締め合っていると見えても、彼らが交わることは決してない。

彼らの出会いは不可能になった。

彼らは余りにもユニークで、余りにも絶頂のようで内なる交わりは不可能になった。

それに、外側で出会うことが何の役に立つかね？

それは役に立たない、無意味だ！

そうしたことは、我々には理解できない。

我々は、二人の尊者は出会うべきだ、と考えてしまう。

我々にとっては、会わないという態度は、何か悪いことのように思える。

だが、実際、そこには「会わない」という態度も存在しない —— それは不可能だ！

ブッダがマハヴィーラに会いたくなかったわけではない。また、マハヴィーラが会うのを嫌ったわけでもない。いいや、そうじゃない。

出会うこと事体、単純に不可能なのだ。全くあり得ない。そこには特別な態度などはない。

考えてみれば、実際それは奇跡だ。

彼らは一つの村にいて、一つのキャンプにいて、しかも、仏教徒の文献にも、ジャイナ教の教典にも、「彼らはお互い会うべきだ」と誰かが提案したという言及は、全く存在しない——どこにも一言も——

そして、「もし彼らがお互い出会っていたら、もっと良かっただろう」と提案されたという記事さえも、存在しない。それは奇跡だ——驚きだ！

お互い、相手と会わない、とは言っていない。

ブッダもマハヴィーラも「私は会うつもりはない」とは言っていない。

なのに、なぜ彼らは出会わなかったのだろう？

だが、それは全く不可能だ！　あり得ない！

この地上に立っている我々にとって、それは奇妙なことのように見える。

だが、あなたが山の頂に立てば、何も奇妙ではない。

なぜあなたは、ヒマラヤの頂に、他の頂と会うように、と言わないのだろう？　彼らは大変近くにいた——ごく近くにいた！　なのに、どうして出会えないのだろう？

それは、彼らの存在そのものが、また彼らの絶頂の境地そのものが、「出会い」を不可能にしているからだ。

「なぜ出会わないのか？」という問題ではない。

彼らは出会えない、会うことは絶対にないだろう。

扉そのものが閉ざされている。

それでもまだ私は、彼らが一つであると言う。

一つの頂ともう一つの頂がどんなに違っていても根源そのものにおいて、彼らは一つだ。

彼らは両者とも、地球の同じパートに属しているかもしれない。が、根源においてのみ、彼らは一つだ。

そして、もう一つ深く考えるべきポイントがある。

彼らは根源では余りにもぴったりと一つだったから、会う必要さえなかったということだ。

大地の中で一つでないものだけが

肉体的に出会おうとする。

というのも彼らは、根本において

出会っていないと知っているからだ。

多くの人達が私に、なぜ、私があらゆる宗教の統合を
計ろうとしなかったのか、と聞いてきた。
ガンジーはそれをやった。
神智学者達も含めて、多くの人が宗教の統合を企てた。
彼らはあらゆる宗教の、大いなる統合を試みた。
そこで、私は彼らにこう言った。
「もしあなたがあらゆる宗教の統合を試みるとすれば、
それは、『統合は存在しない』とあなたが知っている、
ということになりますね」と。
その努力は、どこかであなたが「宗教は分離している」
と感じている、ということだ。
私は、宗教が分離しているとは全く感じない。
根源においては一つであり、頂においては分かれている。
そして、それらは分かれていなければならない。
全ての頂がそれ自身の美しさをもっている。
なぜ、それらを壊すのか？
なぜ、実在しない偽物を作り出そうとするのか？
頂は頂でなければならない ── 個性的な。
大地の中で、彼らは一つだ。
だから、コーランは純粋にコーランのままでなければな
らない。

何も押しつけられるべきではない。
また、ギータから、ラーマーヤナから、あるいは何か他
のところから、何かを持ち出して干渉すべきではない。
修正したり、何かを混ぜたり、一切すべきでない！
コーランはコーランのまま、純粋でなければならない。
コーランは頂だ ── 美しい頂。
なぜ、それを壊そうとする？
そして、全ての頂を尊重することは、あなたが地中で、
また根源ではそれらの頂が深い一体性で結ばれている、
と気づいて初めて可能なのだ。

宗教は根源では一つだが、それらの表現は違う ──
本当は、そうあるべきではない。
世界がもっと進化すれば、人間の意識がさらに進化し、
もっと統合されれば、さらに多くの宗教が存在すること
になる ── 少なくではなく、もっと多くなる！
最終的には、もし全ての人間が一つの頂になれば
人間の数だけの宗教が存在することになる。
もし、その人自身が一つの頂になれるのなら
なぜ、マホメッドに従わねばならない？
もし、その人自身が一つの頂になれるのなら
なぜ、クリシュナの後をついて行かねばならないのか。

誰かの後をついて行かねばならないのは不運なことだ。

だが、それはただの必要悪だ。

もしあなたが頂になれないなら、その時のみ、誰かの後をついて行かなければならない。

だがついて行くにしても、すぐにあなたがもっと高い頂になれるようなやり方でついて行く方がいい。

我々は、もっとすばらしい人類のいる、そして誰もがユニークな頂であるようなもっとすばらしい世界を、美しい世界を手にできる。

だが、そういう頂は「不分離」を通じて、またエゴと偽りの人格を消し去って始めて生まれる。

そして、あなたが自己の本性の中に、自己の純粋な実存の中心に留まる時、あなたは一つの谷のようになり、そこにはこだまがある。


質問……………………………………


OSHO、昨日、三つの聞き方について説明してくださいました。

第一は理知を通しての聞き方、第二に感情を、交感を、愛を通しての聞き方、第三に全存在を通して、信を通しての聞き方。

最初の二つの聞き方を考えに入れると、人はどうやって第三の聞き方 —— つまり全存在を通して、信を通しての聞き方に到達するのでしょうか？

また、理知や感情は、第三の聞き方の中に含まれるのでしょうか？


理知で聞くとは、あなたが聞いている時に同時にそれと議論している、という意味だ。

絶え間なく頭の中で議論が続いている。

私があなたに何か言っていて、あなたは聞いている。

内側では常に議論がある —— それは正しいかもしれないし、間違っているかもしれない。あなたは、自分の考え、自分の概念、自分のシステムと比較している。

私の話を聞く時、あなたは常に比べている。

私があなたの考えに「そうだ」と確証を与えるか与えないか、また、あなたの考えに沿うか沿わないか、また、私の話に譲歩できるかできないか、
私の話があなたを納得させるかさせないか
そんな心持ちで、どうして聞くことができる？

あなたは自分自身のことで一杯だ。

その、絶え間なき内なる混沌の中で何かを聞けるとしたら、それは奇跡だ。たとえ何かを聞けたとしても、あなたが聞いたものは何であれ、私の話とは違うだろう。

それはあり得ない ―― マインド自身の考えで一杯の時には、入ってくるもの全てに、マインド自身の色を投影し続けるからだ。

マインドは言われていることを聞くのではなく、聞きたいことを聞く。マインドは選び、落とし、通訳する。

そうやって初めて、マインドの内に何かが浸透していく ―― だがそれは、完全に違った形になっている。

それが「理知で聞く」という意味だ。


もしあなたが、言われていることが何なのか、理解の中に奥深く入って行きたければ、その内なる混沌を止めなければならない。それは止めなければならない！

続いていてはならない。

さもなければ、あなたは自分独自の在り方の中にいて自分に起ころうとしている可能性そのものを
絶えず壊していることになる。

あなたは見逃すかもしれない。

そして、誰もが多くのことを見逃している。


我々は、自分自身のマインドに閉じ込められて生活し、自分達と一緒にあらゆる所へ、その閉じこめられたものを持ち運んでいる。

我々が何を見ようと、何を聞こうと、我々の周りで何が起ころうと、それは、我々の内なる意識から直接伝えられているものでは決してない。

その間にはマインドが留まり、常にトリックを仕掛けている。それが起こっていることに、気づく必要がある。

奥深く入って行くために最初に必要なのは
それに気づくことだ。


マインドがあなたにしていることに気づくこと。

それが、第二段階の聞き方のために、まずすべきことだ。

マインドは対象と意識の間に入ってくる。

あなたがどこへ行こうとも
マインドはあなたの先回りをしている。

マインドはあなたの後をついてくる影のようではない。

あなたがマインドの影になってしまった。

マインドが動けば、あなたも動かなければならない。

マインドはあなたの先回りをし、全てを色付けする。

だから、あなたは何かの「事実性」に決してコンタクトできない。マインドが虚構を作り出している。

マインドの仕業であるその現象に、気づくことだ。

しかし、あなたがいない——というのも、我々はマインドに同化しているからだ。

我々は、マインドが何かをしているとは決して考えない。

私の話があなたの考えにそぐわない時、「自分のマインドがその考えにそぐわない」とは、あなたは思わない。

それはあなたが「自分のマインドは思考と一致しない」と思っている、ということではない。

あなたは「いいや、私は確信がない」と思うだろう。

あなたとマインドの間には隙間がない。

あなたは同化している——それが真の問題だ。

だから、マインドはあなたにトリックを仕掛けることができる。


あなたは、思考や思考プロセスに同化している。

それは不思議なことだ。つい二日前までは、その思考はあなたのものではなかった。

あなたはそれをどこかで聞き、自分の中に取り込み自分のものにしてしまった。

そして、その思考は次のように言うだろう。

「そうじゃない、それは良くない。

それは私の考えに反している」と。

あなたはそれが、マインドが喋っていること、記憶が喋っていること、マインドのメカニズムが喋っていることなのだという区別を感じないだろう。
あなたは「私は傍観者のままでなければならない」とは感じないだろう。
たとえあなたが比較しなければならないとしても
たとえあなたが審判を下さなければならないとしても
あなたは傍観者のままでいなければならない——
自分の記憶から、自分のマインドから、自分の過去から。
しかし、そこには「私のマインドが私だ」という、微妙な自己同化がある。

「私は共産主義者です」、あるいは「私はカソリックです」、あるいは「私はヒンドゥー教徒です」と私は言う。

「私のマインドは『私のマインドはヒンドゥー教徒だ』というように育てられた」とは、決して言わない。

それが事実だ。あなたは、ヒンドゥー教徒ではない。

それはただのマインドだ。

どうしてあなたがヒンドゥー教徒であり得る？

もしあなたがヒンドゥー教徒なら
変容の可能性は一つもない。

マインドは変えられる。

そして、マインドはいつでも変えられるようにすべきだ。

もしあなたがマインドと自己同化すれば、自分の自由を失ってしまう。最大の自由は、自分自身のマインドから自由であることだ。最大の、と私は言う。

自分自身のマインドから自由になる。

マインドは微妙な束縛であり、余りにも深くてあなたは決して束縛と感じない。

檻そのものが、あなたの家になってしまった。

マインドはあなたの意識ではないと、常に自覚する。
自覚すればするほど
意識とは、何か全く別物であることを感じるだろう。
意識はエネルギーだ。
マインドは単なる思考の入れ物だ。
だから、マインドの主人でありなさい！
マインドを主人にさせてはならない。
どこであろうと、マインドに先回りさせてはいけない。
マインドをあなたに従わせ、使いなさい。
が、マインドに使われてはならない。
マインドは道具だ。
それなのに、我々は道具に同化してしまっている——
その同化を崩しなさい。

自分はマインドではない、と想起するのだ。

だが、実際、宗教家と言われる人達は、「我々は肉体ではない」と常に想起していて、「我々はマインドではない」とは決して想起していない。

肉体は、全然束縛にはならない。

マインドこそが束縛だ！　肉体は、全く束縛ではない！

あなたのマインドが束縛だ！


実際には、あなたの肉体は自然から、神から授けられたものであり、マインドは社会からやって来たものだ。

だから肉体には美があるが、マインドには決して美というものがない。マインドは、常に醜い。

人為的に作られたものであり、偽りの構築物だ。

肉体にはとても美しい領域がある。もしマインドを落としたら、肉体との葛藤は全く感じなくなるだろう。

そして肉体は、ただ、より偉大なるものへの、無限なる広がりへの扉になる。

肉体の中に醜いものなど何一つ存在しない——

それは自然の開花だ。

だが、いわゆる宗教家達は常に肉体に反対し常にマインドに反対している。

そのために、彼らはひどく厄介なことを作り出した！

彼らはひどい混乱を作り出した！　そして、彼らは全ての感性を破壊した。肉体はあらゆる感性の源だからだ。

そして一度肉体に反対すれば、感じる力を失ってしまう。


マインドとは、過去の知識、情報、体験がただ積み重なったものにすぎない。

それはただのコンピューターだ。

我々はそれに同化している。

ある者はキリスト教徒であり、ある者はヒンドゥー教徒であり、またある者は共産主義者であり、ある者はカソリックであり、ある者はこれやあれである。

だが、人は決して自分自身ではない。

いつも、どこかで何かに同化している。

これを覚えておきなさい、意識的でいることだ。

そして、自分とマインドの間に距離を作り出す──

決して、自分と肉体の間に距離を作ってはいけない。

自分と自分のマインドの間に、距離を作り出しなさい！

そうすれば、あなたはもっと活気に満ち
もっと子供のようになり、もっと純真になり
もっと意識的になるだろう。

だからまず最初は、距離を作り出すこと。

それは同化しないということだ。

自分はマインドではない、と覚えていなさい。
そうすれば、第一の聞き方から
第二の聞き方に変わるだろう。

第二は感情だ──深く感じること、共感すること。

それは、一種の愛だ。

あなたはある音楽を聴き、あるいはダンスを見ていて、全く頭では覚えていないかもしれない──

あなたは参加し始める。

ダンスを見ていると、足がダンスに加わり始める。

音楽を聴いていると、手が音楽に加わり始める。

それは、あなたがその一部になり始めた、ということだ。

それが、共感する聞き方だ。

それは理知で聞くより、もっと深い。

だからあなたがハートで、フィーリングで聞くことができる時、あなたは元気づけられたように感じ、どこか他のところへ連れていかれたように感じる。

その時、あなたはこの世界にいない。

本当はこの世界にいる。

だが、この世界にいないように感じる。なぜだろう？

それは、あなたが理知の世界の中にいないからだ。

違う世界が開いた──

そして、あなたはその中で積極的に活動し始めた。

理知は常に、我関せずというように、遠くから見ているだけだ。決して中に入らない。

理知がこの世界の中でもっと幅を利かせれば利かせるほど、我々はただ消極的な観察者になっていく。

あなたは踊らずに、他の人が踊るのを見ている。

もしこんなことが続いたら、一日一日、そしてすぐに、あなたは何もしなくなってしまうだろう。

あなたは他の人がするのを見るだけになってしまう。

こういうことはいつか起こり得る。

あなたは愛さない――ということも起こる。

今でもそんな状況は存在する。

あなたはただ、他の人が愛しているのを見ているだけだ――あなたは映画で何を見ているのだろう？

他人が愛していることだ！

あなたはただの傍観者だ。

死んでいるように消極的な傍観者。

あなたは他の人が遊んでいるのを見ている。

また、他の人が歌い、踊っているのを見ている。

どこかで、カミュの小説の中の登場人物がこんな風に話している。


「愛は自分のためのものではない、給仕が私の代わりに愛してくれるよ」と――愛をだ！

いやはや、実に裕福《リッチ》なことだ！

愛でさえも、給仕によってなされるとは。

なぜ、彼が愛さなければならない？

その論理は同じことだ。

もし給仕があなたの代わりに音楽を演奏できるなら
もしあなたの代わりに祈ることができるなら
では、なぜ愛することができない？

給仕は寺院に行き、あなたの代わりに祈る。

それなら、なぜ愛することができない？

給仕をあなたと神の間で使えるのなら、あなたとあなたの恋人の間で使えないことはないだろう？

そのどこが間違っている？　同じ論理だ。

そうなれば実際に、金持ち連中はたちまち、自分達で愛することはなくなるだろう。

彼らの代わりに、彼らの給仕が愛せるのだから！

唯一貧しい者のみが、自分自身で愛することになる。

だが、そのことで貧しい者達はとても不幸せに感じることになる。あらゆることを人任せにして、あなたはただ傍観者でいられる。

というのも、理知とは根本的に傍観者であり
決して参加者ではないからだ。
我々が理知の周りに世界を作り上げると
そうしたことが起こる。

第二のセンターは、もっと深く関わっている。
あなたは参加し始める。
さらに参加し始めればし始めるほど、理解が深くなる。
共感している時、あなたのマインドはオープンだからだ。
絶えず闘っていた時よりも、ずっとオープンだ。
マインドはオープンで、受容的で、歓迎的だ。
それが、感情を通して聞く聞き方だ。
でもまだ、感情よりもっと深いところがある。
その深みを私は、「トータルに聞くこと」と呼ぶ――
全身全霊で聞くこと――
なぜなら、感情もまた部分的なものでしかないからだ。
理知とは一部分だ。感情もまた一部分だ。
行為の源は別にある。
あなたの存在、あなたの実存の内には沢山の部分がある。
理知で聞くよりも感情で聞く方が、もっと良く聞くこと
ができる。が、まだ、感情は一部分にすぎない。
あなたが感情で聞いている時、理知はただ眠っている。
そうでないと、理知は邪魔をするだろう。
理知はただ眠っている！

第三は全面的に聞くことだ――
あなたは聞く対象に参加することさえなく
それと一つになっている。
一つのあり方は、理知を通してダンスを見ること。
もう一つのあり方が、ダンスを感じ、参加し始めること。
あなたは自分の席に座って、ダンサーが踊るのを見てい
る。そしてダンスに加わり始め、調子を取り始める。
そして第三は、ダンスそのものになってしまうことだ
――ダンサーではなくダンスに――
あなたの全存在が深く関わっている。
あなたは外側にいて、それを感じてさえいない。
あなたがそれだ！　そこで、覚えておきなさい。
最も深い知は、あなたがその対象と一つになって初めて
可能だということを。これは、信によるものだ。
それでは、どうしたらその知に到達するのだろう？
それには、あなたの頭の働きに注意しなさい。
マインドとの自己同化を解くことだ。
そうすれば、第二のもの――感情がやって来る。

次に、感情がただの一部分であり、あなたの全存在は全く死んだように横たわっていると気づいていなさい。

全体はそこにはない。

だとしたら、全体をもたらしなさい。

全体をもたらすとは、理知を否定することでも、
感情を否定することでもない。

それらはそこに存在するが
以前と違ったハーモニーにおいて存在する。

何も否定されていない。全てがそこにある。

でも、以前とは違うパターンになっている。

全存在が参加している——全存在がその中にある——

全存在がそれになった。


だから何かを聞く時、まるであなたが「聞くこと」そのものになったかのように、ただ聞きなさい。

私が何かを話す時、それと闘うのではなく、また共感するのではなく、全面的にあなたの中に受け入れなさい。

それになりなさい！　それを受け入れなさい。

抵抗せず、感じることなく
全面的にそれを響かせなさい！

実験してみることだ。

「聞く」ことの新しい次元を、体験し始めるだろう。

それは、「聞く」ことだけに通じるのではなく、
全てに通じる。
そのやり方で食べ、そのやり方で歩き、そのやり方で眠ることが、あなたにはできる——
あなたはそのやり方で、生きることができる！

カビールはある日、息子のカマールを牧場へとやった。

カビールの牛達は、今日何も食べていなかった。

そこでカビールは、幾らか草を刈るためにカマールを牧場へやったのだった。

そして、カマールは牧場へ行ったまま返ってこなかった。

午後になり夕方になり、カビールはただ待っていた。

その間も、牛達はおなかをすかしている。

カマールはどこへ行ったのだろう？

カビールは捜しに出かけた。

すると、カマールは草原に立っていた。

日は落ち、風は吹き、草は風になびき、そしてカマールは、草と同じように風になびいて突っ立っていた。

カビールがやって来て言った。

「気でも違ったかカマール？　何をしているんだ？」

突然カマールは我に返り、こう言った。

「あー、自分がカマールだ、というのをすっかり忘れて

いましたよ。私は全く草になっていた。私というものはそこにいなかったのですよ！

私は完全に草になっていた。草とともに動き、草とともに踊っていた。そして、自分が何しにここへ来たのか忘れてしまったのです。それで、教えてください。私は何しに来たんですか？」

そして、カビールは彼に言った。

「おまえは草を刈りに来たのだよ！」と。

カマールは笑ってこう言った。

「どうして自分自身を刈ることができますか？。今日はできません。また、ここに来てやってみますけど、約束はできません。私は以前とは違う世界を知ってしまった、違う世界が私の前に開かれたんですから」

カビールはこの日、彼に「カマール」という名前を与えた。「カマール」とは「奇跡」という意味だ。

それは奇跡だ！


もしあなたが何かに全面的であるなら、奇跡が起こる。

それはもう「聞く」ためだけではない。

それは全てに対してだ。

全一でありなさい！

全一に行動しなさい！


自分自身を分離してはならない。

絶対に自分自身を分離してはならない。

どんな分離も、ただあなたのエネルギーを浪費させるだけだ。

どんな分離も、ただ自殺するようなものだ。

愛する時には、全一に愛しなさい――

自分を制することなく。

聞く時には、全一に聞きなさい――

何も制することなく。ただ全一に行動しなさい。


その全一な行動のみが、エゴの見い出せない一つの達成をあなたにもたらす。

エゴは理知の働きの中では見い出せる。

それは感情でも見い出せる。

だが、あなたの全存在の中に
エゴを見い出すことは決してできない。

エゴが理知の働きの中に見い出せるのは
理知が、それ自身の中心を持っていないからだ。

エゴは、全体の中心が手術しにやって来るのを許さないだろう。

そこで、理知はそれ自身のセンターを作り出さねばならなくなる――それがエゴになる。

感情は、全体が入って来るのを許さない。
感情にはそれ自身のセンターがある——
それもエゴになる。
だから、男と女には違うタイプのエゴがある。
男性のエゴは、理知の働きにセンターがあり
女性のエゴは、感情にセンターがあるからだ。
それぞれ違った質のエゴがある。
そのために、男性は女性を決して理解できないし
女性も男性を絶対に理解できない。
彼らには、異なるタイプのセンターと異なる言葉がある。

理知が「イエス」と言えば、「イエス」という意味だ。
感情が「イエス」と言う時には、必ずしも「イエス」を
意味しているとは限らない。
感情が「ノー」と言えば、それは「イエス」かもしれない。
それはただ、もっと説得してもらうための
誘いかもしれない。
もしあなたが女性の言葉を真に受ければ、困ったことに
なる。彼女の言葉は、理知から来たものではないからだ。
それは理知のものとは違った動き、違った質がある。
理知には直接的な、数学的なエゴがある。
あなたにも楽に理解できる。

だから、男を理解するのはそんなに難しくない。
というのも、論理は真線的だからだ——
二プラス二は四というように——
だが、女性を理解するのは難しい。
その論理は真線的ではない。
それは円を描くように進む。
だから、二プラス二は四には決してならない。
彼女達は何でも作り出してしまう。
決して四にはならない！
彼女達の論理は円を描くように進む。
感情は円を描くように進む。
そして論理と理知は、直線を進んで行く。
何かが円の内側を動く時
あなたは決して確実なことが言えない。
それは全く反対の意味かもしれない。
すぐにそれは円の内側を進んで行き、
それ自体が主張する方向とは反対に行ってしまう。
だから女性と一緒の時には、彼女の言うことと意味する
ことは違うのだと、気づいていなければならない。
実際に彼女が言い張っていることは、たいして問題にす
る必要はない——彼女の意味していることが問題だ。

そして、その意味するところは
何か全然違うものかもしれない。
だから非常に理知的な人達は、自分の妻とは決してくつろげないということが常に起こる――
それは不可能だ！

ソクラテスは非常に理知的で、知性においては天才であり、論理の隅から隅まで全てを知り尽くしていた。

だが彼の妻、クサンティッペとくつろぐことは決してできなかった―― 決して。

彼には、彼女の言うことが理解できなかった！

彼女の話は理解できるのだが、彼女の意味するところが決してわからなかった、ということだ。

彼はあまりに論理的で、妻の言うポイントをいつも見逃していた。

彼は直接的で、真線的だが
彼女の方は円を描くように動いた。


理知にはそれ自体のエゴがある―― 直接的で真線的な。

感情にはそれ自体のエゴがある―― 円を描くような。

その両方がエゴを持っている。

だが、全体にはエゴがない。全体には個性がある。

だから、全体性にたどり着いたら
あなたは男でも女でもなくなる。
あなたはその両方であり、両方でない。
あなたはその両方を越え、両方を包含する。
それが「アルダナールシュワーラ」という言葉の意味だ
―― 半分男で半分女、内側の深い交感が起こる。
あなたは分離のない全体、一なるものになる。
そこで一つ、あなたが気をつけるべきことがある。
その区別は、固定したものではないということだ。

私が「男は理知的なエゴを持っている」という時
それは固定したものではない。
ある瞬間には、彼は感情的なエゴに
後退しているかもしれない。
ある瞬間には、女性が理知的なエゴにまで
前進しているかもしれない。
そうなれば、もっと事は混乱してくる。
男が窮地にある時、感情的なエゴに後退してしまう。
彼は泣き出し、自分にも理解できないようなことを
喋り始める。
そして後になって「何が起こったのか話せない！
そんなつもりはないのに、泣き出してしまった。

したくもないことをやり始めてしまった」ということになる。

非常に屈強な男性が、ある状況の中で、とても感情的なやり方で行動し始めるかもしれない。

また、非常に感情的な女性が、ある状況でとても男っぽく行動し始めるかもしれない。

異なる状況のもとで、エゴは一つのセンターから
もう一つのセンターへと移るかもしれない。

だがそれは、前よりもっと難しい状況を
作り出してしまう――

そこで、人はそれに気づいていなければならない。

感情や理知には必ずエゴが伴う。
エゴが存在しないのは、全一さの中のみだ。
そのことを、私は一つの基準としてあなた方に授けよう。
もしあなたがいて、「私」というものを何一つも感じないとすれば、あなたは全体だ。
あなたはここに座っていて
あたかも自分の中に「私」がないかのように聞く。
耳がそこにあり、「聞く」というプロセスがそこにあり、
あなたの意識がそこにある。
が、「私」というものがない。

そうしたら、あなたは全体だ。
「私」というものなしに
どうしてあなたが分離されるだろう？
エゴがなくて、どうしてあなたが分離されるだろう？
ちょうど私が「そこには多くの人格があり、また多くのエゴがある」と言ったように、それぞれのセンターが、
それ自体のエゴを持っている。
理知にはそれ自体のエゴがあり
感情にはそれ自体のエゴがあり
セックスセンターにはそれ自体の――
それ自体の「私」、というエゴがある。

あなたが肉体の生体機構の中に深く入って行けば
一つ一つの細胞にそれ自身のエゴがある、とわかる。
それは分離だ。
もしあなたにエゴがないなら、もし「私という感じ」を
持たずにただ在るなら、あなたは全体になる。
あなたは突如として目覚める。
そして何であれ、あなたを目覚めさせる――
何であれだ！

一人の禅の尼僧が、井戸から水を汲む手桶を運んでいた。

彼女は三十年間、ずっと働きながら、あらゆる努力を払いながら僧院にいた――瞑想しながら、真実がもたらす静寂の境地、静穏を得んとして。

だが、それはやって来なかった。

そしてある時、突然手桶が手から落ち、壊れてばらばらになってしまった。

彼女はそこに立ち、手桶が壊れるのを、水が流れ出すのを見ていた。

そして彼女は目覚めた。

突如として、彼女は悟りを得た。

彼女は駆け回り、踊り、寺に入って行った。

彼女の師がそばにやって来てその足に触れ、言った。

「今や、あなたは一人の覚者《ブッダ》だ。

あなたは悟りを開いた」

だが、その尼僧は師にこう聞いた。

「どうか教えてください、どうして悟りが起こったのでしょうか？――私は三十年もの間、絶え間なく悟ろう、悟ろう、悟ろうと努力してきました。

でも、それは起こりませんでした。

そして今朝、『こんなことは馬鹿げている、悟りなんか起こらない、全ての努力を捨てよう』と決めました。

そうしたら今日、悟りを得ました。

なぜ、悟りが起こったのですか？」

師は語った。

「それは、最初あなたは全体的で、エゴがなかった。

が、努力することでエゴが生まれた。

努力そのものがバリアーになっていたのだ。

その時あなたは何一つ努力もなく、何の動機もなく、何の野望もなく、ただ手桶を運んでいた。そして手桶が突然割れた。手桶は落ちて壊れ、突然エゴのない状態で目覚めたのだ。

手桶の壊れる様、まさにその音、まさにその音を聞くこと、その雑音、それから水が流れていること、あなたは何一つエゴのない状態の中で、トータルに聞いていた――だから、悟りが起こったのだ！」

私が、「トータルに聞く」と言うのは、そういう意味だ。

質問……………………

ＯＳＨＯ、人が真正な本物の宇宙音『オーム』に到達したかどうかを示す特徴、印とはどういったものでしょうか？

それは難しい質問だ。そのできごとは常に内側でのもの、ある意味でプライベートなものだからだ。

あなたはそれについて、あるいは外側からそれについて知ることはできない。

誰かが宇宙音「オーム」に到達したかどうかは外側からは決して判断できない。

そして、あなたが意識の中に深く入って行けば行くほど起こることはプライベートなものになっていく。

あなたが決められる公の世界は、ただ外側の世界だけだ。


人が宇宙音に到達したかどうか、どうやって判断する？

また、彼が最も深い意識の底にまで入っていったかどうかは、どうやってわかるのだろう？

外側からは判断できない、それが一つだ。

もちろん、外見からわかる多くのことが、「オーム」という音に到達した者を通して、起こり始めるだろう。それでも尚、その人が宇宙音に到達したという感覚は、ただの憶測—— 彼の振舞いからの憶測 —— にすぎない。

振舞いというのは偽物でもあり得る。

振舞いは人真似でもあり得る。

ブッダは、ある決まった歩き方をしていた。


ブッダは、ある決まった眠り方をしていた。

ブッダは、ある決まった話し方をしていた。

あなたがブッダでなくとも、その真似はできる。

あなたの方がブッダよりうまく真似できる、ということも時々起こる——

というのも、ブッダはただ無意識にそうしているからだ。

起こっていることは何であろうと、ただ起こっている。

だから、あなたはブッダよりも上手に真似できるし練習し、エキスパートにもなれる。

ブッダ自身でさえ、あなたと競争できないかもしれない。

ブッダには、何かを繰り返すことは決してできないだろうから。

外側から真似をすることは可能だ——

とてもたやすくできる。

だが、本物に到達するのは骨が折れる。

真似をするのは簡単だ—— いともたやすい。

というのも、内側では、あなたは同じままだからだ。

ただ外見だけは見せかけられる。

そう、それは難しい。外側から、何がその人の意識に起こったのかを言うことは難しい。

一つ。外側から判断することはできない、ということ。

だが、内側から「どうしたら自分が、宇宙音『オーム』に到達したかどうか、認知できるか？」――とあなたが問えば、私は「あなたが到達すれば、自分でわかる」と言うだろう。

もし誰かが「自分が死んでいるかいないか、どうしたらわかりますか？、どうやってわかりますか？」と聞いてきたら、その人に何と答えたらいいだろう？

我々はこう答えるだろう。

「自分が死んでいるか生きているかと、考えられることこそ、あなたが生きている証だ」


あなたがその宇宙音、まさに実存の土台、「オーム」を聞いた時、あなたは知る。

それはあなたに言われたものでも、誰かに言われたものでもなく、ただ充満している宇宙音なのだと。

その現象は余りにも真実で、実際にそれがオームかどうか、その音が本物かどうかという問題は、決して起こらない。

自分がその時、現実にいるのかどうかという問題は起こる。

あなたは消え去り、ただ現実でなくなる。

あなたはただ一種の幻想、幻になる。


もはや、あなたのリアリティーは今までのようではない。

あたり一面、真実だ。


だが、その「オーム」でさえも一種の夢であり得る。

あなたは夢の中で、全てが真実だと感じることもある。

だとしたらどうやって、あなた方が聞いている音が夢か現実のものかを判断するのだろう？

その判断は、ある一つの根拠からやって来る。

あなたは決して、今までと同じあなたではない――「オーム」を聞く前と聞いた後では。

その音を聞くということは、あなたの存在において過去からの流れを遮断することになるだろう。

あなたは二度と再び、同じあなたではなくなる。

あなたは、自分と自分の過去を結び付けることさえできないだろう。

過去はただ落ちる。

あなたは、過去があたかも他の誰かのもののように思い出すだけになるだろう。

あなたの記憶は、もう自分のものではなくなってしまう。

その体験の後、あなたは生まれ変わる。

その生まれ変わりが証明になる。

あなたは、二度と再び同じではない。

古いものは落ちていった。

あなたは、古い人間を見つけることはできない。

それは今やどこにもいない。

以前はあった、だが今はもうない。

あなたにとってそれが、「自分はオームを聞いた」という証明になるだろう。


私は、そこには三つ目の含みがあると思う。

人は「オーム」を繰り返すことができる。

が、それなら、彼が「オーム」を繰り返していても、「オーム」が彼のところにやって来ても、それは同じことなのか違うのか、どうやって判別したらいいだろう?

あなたはそれを感じる。

なぜなら、あなたが自分の声に出している「オーム」の中心にいれば、それは外側に響き渡るからだ。

それが声に出すという次元だ。

あなたは、静かな湖に石を投げるように
ただその音を作り出す。

そして、石はその中心になる。

そして、中心から岸へ向かって、波が広がっていく。

あなたがオームと言う時
自分自身の中に中心を作り出す。

石を落とすと、その音は外へ外へと
遠くあなたから離れていく。

それが声に出すという次元、その方向だ。


あなたが「オーム」という音、宇宙音を聞く時
それは違っている。

オームはやって来る。それは決して去らない。

それはあなたから離れていかない。

それはあなたの元へやって来る。

中心はどこにも見つからない。

それはただ、やって来て、やって来て、やって来て、やって来る。あなたはオームであふれ出す。


その違いがわかるかね?

あなたはその中心ではない。むしろ、あなたは岸だ。

未知の中心から、その音はあなたのところにやって来る。

それらはやってき続け、決して去らない。

その方向性、——その音はあなたを中心に根付かせ、波は外側に行き続ける。

それが、あなた方が声に出しているオームだ。

あなたはその中心ではない。

その音の波はやって来て、やって来て、
どこからともなくやって来る。
そしてその中心は決して知られないし
また決して知られることはないだろう。

誰かが、ヤコブ・ベーメに聞いた。

「神の中心はどこにあるのでしょうか？

宇宙の中心はどこにあるのでしょうか？」と。

すると彼は言った、「どこでもあり、どこでもない」と。

それは両方同じ意味だ。

あなたが、オームが自分のところにやって来ていると感じ始める時——それを他の言い方で言うと、普通、探求者は神へ向かって進んでいく。

が、心に留めておきなさい。

神があなたのところにやって来るまでは、あなたはただ幻想の中に、夢の中にいるだけだということを。

もしあなたが、聖なるものへと、神へと、中心へと進んでいけば、あなたは延々と探求し続けることになる。だが、それらは決して見つかるまい。

どうやって中心を見つけるのだろう？

中心の方があなたのところに来れるだけだ。

探求者が神に向かって進んで行く——
それはいつも偽りの関係だ。真の関係は全く違う——
神があなたの方へとやって来る。
あなたの準備が整えば、神がやって来る。
あなたがオープンであれば
神はゲストとしてやって来る。
あなたの招待がちゃんとしたもので、全一であれば
神はそこにいる。
それは常にやって来るという問題であり
行くという問題ではない。
実際には、人間の側で神を探求するという現象ではない。
むしろ神が人間を捜している、という現象だ。

だが、あなたは隠れ、逃げている。

だから、神はあなたを見つけることができない。

彼がどこにやって来ても、あなたは逃げる。

あなたは閉じていて、決してオープンではない。

彼は扉を叩き続けているのに
あなたはその扉を閉めている。

そのオームがやって来始める時、オームがあなたのところにやって来る時、あなたはただその音に満たされる。

あなたはオームにただ浸る——が、その源はわからない。

もしあなたがその源を見つけられたら、またしても、そのオームは外部から誰かが作り出しているのかもしれない ―― オームはやって来ている！

誰かが何かの楽器で、その音を作り出しているのかもしれない。が、それはやって来ている。

オームに源はない。

だから、神秘家達はいつも「神は根源なきものだ」と言っていた。そこに源はない。

それはどこからともなくやって来る ―― ただ突然に ―― それはここにある。

あなたがそれを感じる時、その「オーム」は、今や宇宙であることがわかる。

それはあなたのものではない。

禅では、瞑想の目的として公案、なぞなぞ、理不尽な、なぞなぞを使う。

臨済は、いつも彼の弟子達に「隻手の音声を聞け」という考案を与えていた。それは不可能だ！

どうして「隻手の音声」を聞くことができるだろう？

臨済は、彼の所に探求者が来るといつも、「さあ行って来い。そして、隻手の音声が何か、見つけて来い。

それを聞くのだ！　それを聞いたら、わしの所に来て、おまえが聞いたことをわしに言え」と言った。

それは馬鹿げているように見える。

だが、臨済のような男が言うのだからと、その言われた人は道場に行って扉を閉ざし、座禅し、考える。

そして彼は数時間のうちに「何て馬鹿げたことをあなたは聞くんですか？　どうやってそんなことができますか？」と聞くことになる。

すると臨済は「俺は聞いた。おまえも行ってもう一度座ってみろ。俺も師匠に『そんなこと、どうしたらできるのですか？』と言ったものだ。そうしたら師匠は『俺は聞いた、おまえもやってみろ』と言ってたよ。俺はやってみた。で、今は聞こえる。だからおまえもやってみろ。それはやって来るだろう」と言った。

その人は、何度も彼の所にやって来る。

毎朝、彼は師匠に会いに、接見に伺う。

その時、師匠は「おまえ、聞いたか？」と尋ねた。

すると彼はこう言う、「いや、まだ聞いていません」

すると師匠は彼に、もっと一生懸命やってみろと言う。

彼は、その音を想像し始める。

というのも、毎日師匠の所にいって、何も報告することがないと、とてもいらいらするからだ。

そこで彼は言った。

「あ、はい、その音を聞きました。その音は、ちょうど木の葉を通り過ぎる風のような音でした」

すると師匠はこう言う。

「いいや、それじゃない。風と木の葉は二つだ。隻手の音声は一つでなきゃならんのだ。木の葉の間を通り過ぎる風は、ただの普通の音だ。二つのものは摩擦し得る。だからそれは、以前として双手の音ではないか。わしをだますことはできんぞ！　木を通り過ぎる風――それは双手の音だ。

隻手の音声を聞くまでは、二度とわしの所に来るな！」


その後も彼は、何度も何度も師匠の所に来ては、「これを聞きました、あれを聞きました、また、屋根から落ちる水の滴の音を聞きました」と言った。

彼は多くの事をかかえて師匠の所に行き、それを否定され、そうしたことが何か月も続く。

そしてある日、突然、臨済は他の弟子に聞いた。

「あの男はどうした？、あいつ最近、とんと御無沙汰だな、だいぶ長いこと顔を見せてない。奴が何をしているか、お前行って見てこい」

彼は、部屋の中にいた。

木の下でただ呆然としている。

彼は師匠の所へ連れてこられた。

師匠は彼にこう言った。

「もう、おまえは聞いたのか、聞かないのか、どうだ？」

すると、彼は言った。

「聞きました、聞きました！」と。


彼は一体、何の音を聞いたのだろう？

そこにはただ一つの音しか存在しない。

それは、摩擦によって生じる音でなく純粋な音、宇宙音「オーム」だ。

二つのものではなく、純粋な音だ。

その音は、手を叩くことで作り出されるものではない。

誰かが「私はその音を聞いた」と言う時彼は今までとは違う人間になっているだろう。

あなたは二度と同じあなたではあり得ない。

その違いはいつも存在する。

その音はどこからともなく、あなたの元にやって来る。

根源のない、作られたものでない音。

それが宇宙音「オーム」だ。

第3章

無欲であること:未知なる世界の始まり

Desirelessness:
An Opening to the Unknown

『あらゆる行為の動機の停止、それがアーワハナム——祈りだ』

宗教は儀式ではない。

実際は、宗教が死んだ時に儀式となる。

宗教の亡骸が儀式になる。

だが、儀式はどこにでも見い出される。

もしあなたが宗教を探しに行けば、そこに儀式がある。

ヒンドゥー、マホメッド、クリスチャン——それらの名前全ては宗教の名前ではなく、ある儀式の名前だ。

私が言う「儀式」という言葉は、人間意識の内側の革命のために外側から何かがなされる、という意味だ。

「外側から何かがなされることで、内側の革命が引き起こされる」という信仰が、儀式を生み出した。

では、どうしてそのような信仰が生まれてきたか？

それは、ごく自然な現象だから生まれた。

人間の意識の内側に革命がある時はいつでも、内側に変化がある時はいつでも、内側の変容がある時はいつでも、それに従う多くの外側の物事、サインが現れてくる。

それはそうであって然りだ。

内側は外側との関わりにおいて存在しているからだ。

外側に影響を与えずに内側で何かが起こるということはあり得ない。必ず外側の行動にも何らかの影響が、その結果が、その影が現れる。

あなたが内側で怒りを感じていると、あなたの身体はある姿勢を取り始める。あなたが内側で静寂を感じ始めると、あなたの身体はある別の姿勢を取り始める。

そこに静寂があれば、身体は多くのやり方でそのことを示し始めるだろう。

だが、それは常に二次的なものだ。

内側は根本的なもので、外側は二次的だ。

それは結果であり、原因ではない。

いつであれそういうことが起こる時、たとえば、ブッダがここに現れたとしても、我々には彼の内側で何が起こったか見ることはできない。

だが、彼の外側で起こっていることは見えるし、また見ることになる。

ブッダ彼自身にとって内側は原因であり、外側は結果だ。

我々にとっては、外側の現れにまず最初に気づく。

その後、内側で起こったことを推測することになる。

はたから見るものにとっては、外側、二次的なものが根本になり、第一のものになる。

ブッダの内なる意識の中で何が起こっているか、どうして我々が知ることができるだろう？

だが、彼の肉体、彼の動き、彼の仕草を観察はできる。

が、それらは彼の内側と関わっている。何かを現している。

それらは原因として関わっているのであり結果として関わっているのではない。

だから、逆向きにはできない。逆は真実ではないだろう。

もし内側に何か変化があれば、外側はそれに従う。

だが、その反対は真実ではない。


たとえ外側に変化があっても、内側がそれに従わなければならない、ということはない――そんな必要はない。

たとえば、もし私が怒っていれば、私の身体はその怒りを表すだろう。だが、全く怒っていなくても、身体に怒りを表すことはできる。役者はそれをしている。

彼らは、目で、手で、怒りを表現し
内側に何のフィーリングもなく愛を表現している。

彼は全身を震わせ、おののき、恐怖を表しながら、内側には恐怖はない。外見は、内側がなくても作れる。

我々はそれを押しつけることができる。


内なる意識が外側に従わなければならない、という理由も、根拠も、必要も、必然性もない。

が、外側は常に内側に従う。

決してその逆はあり得ない。

儀式は、その過ちから生まれた。


我々は、ブッダが静かに座っているポーズ――最もリラックスしている身体の姿勢、蓮華座の姿勢で座っているのを見る。そのポーズは、内側の静穏の結果だ。

彼の意識が全く静かで、身体がそれに従い
最もリラックスした姿勢を取ったからだ。

だが、我々にとっては、まず第一に身体に目がいく。

だから、我々は最初身体を見て、「ブッダはその姿勢で解脱を達成した」と言う。

実際は正反対だ。解脱を達成したから、その姿勢が従ったのだ。その姿勢が原因ではない。

あなたはその姿勢を練習実践できる。

その姿勢で熟練できる――が、解脱がやって来るのを期待してはいけない。その姿勢でいても、解脱などしない。

誰かが祈っている。彼の手は差し上げられ、あるいは、頭は未知なるものの足元に平伏されている。

それが外側の姿だ。

明け渡しが本当に内側で起こる時
自然にその姿勢になる。

明け渡しが内側で起こる時、人が無を感じ始める時、人が無限なるものの中に解け去ってしまうとまさに感じ始める時、その姿勢になる。

その姿勢を真似できても、明け渡しは共にやって来ない。

私が「自然にその姿勢になる」というのは、全ての人が必ず自然にその姿勢になる、という意味ではない。

それは個人個人で異なる。それはその人その人の文化や育ち、気候、多くのことで左右される。

必ずその姿勢にならねばならない、というものではない。

たとえば、ブッダがインドではなく、人々が地面に座らない文化、社会に生まれていたら、光明はやって来ないと思うかね?
いいや、光明は椅子の上でもやって来るだろう!
もちろん彼が椅子に座っている時には違う姿勢で座っていただろう。
光明が彼に訪れる時
彼は完全にリラックスしているだろう。
だが、そのリラクゼーションは
見かけでは、蓮華座とは違うだろう。

マハヴィーラはとても変わった姿勢で解脱を達成した!

その姿勢は、牛飼いが乳を絞っている姿勢として知られている。それは、牛の乳を絞る時の姿勢と同じだ。

その姿勢でマハヴィーラは光明を得た。

それ以前にも、それ以後にも、誰もその姿勢で解脱を達成したものはいない。彼は牛の乳を絞っていたわけではない! では、なぜそうしたことが起こったのだろう?

それは、マハヴィーラ自身の身体の癖に関係していたに違いない。彼の過去生に関わりがあるのかもしれない。

だが、なぜその状態で光明がやって来たのか、何も知られていない。


だが根本的なことは、外側の物事は内側で起こっていることに従うということ。それも、決まった法則ではない。

個人個人それぞれが違っている。

それはその人によるし、またいろんな条件次第だ。

だが社会は、外側の物事と内側の出来事の間に必然的な繋がり、原因結果の関係がある、ということを感じ始めている。そこに、儀式が生まれた。

「儀式」とは、「我々が外側で何かをすれば、内側はそれに従う」という意味だ。

その考えは、とんでもない最たる誤りだ。

その誤りが全ての宗教を破壊し、あらゆる宗教を、結局はただ儀式的な無意味なものにしている。

このウパニシャッドでは、そうした儀式的な理解が完全に否定されている。だがその否定は、とても積極的なやり方だ。そこで一つのことが、ごくはっきりと明確に理解されねばならない。


ウパニシャッドは、インド人のマインドに関するかぎり、まさに革命の時代に生まれた。

その当時は、ヴェーダへの偉大な反対があった。

私が「ヴェーダに反対する」というのは、ヴェーダのまわりに作り出されていた儀式的な構造に対して、という意味だ。

それは死んだ儀式だった。全てが儀式になっていた。

宗教が何か深いものではなくなり
意識や、意識の変容などに関するものでなくなっていた。

「こうすれば、こういうものが得られる、ああすれば、あれが手に入る」といったことに関わっていた。

全ての儀式が、まるで科学のように決まっていた。

「この祈りをしろ。そうしたら、雨が降るだろう。

この祈りをしろ。そうしたら、敵は死ぬだろう。

この祈りをしろ、そうすれば勝利を得るだろう——

こうしたら、こうなる」というように、儀式がまるで一つの科学のように考えられていた。

その儀式的な構造は、インド人のマインドのとても進化した魂によって滅ぼされた。革命が起こった。それは当然だ。それは二つの形になった。

一つは否定的なもの——ジャイナ教徒、仏教徒。

この二つの思想は、全く否定的な立場に立った。

それらは「儀式は全く無意味で、馬鹿げている。だから、全ての儀式が廃止されるべきだ」と言った。

それは、完全に否定的な態度だった。

ウパニシャッドも、また儀式に反対した。

だが、ウパニシャッドはごく肯定的な態度を取った。

ウパニシャッドは「儀式は理不尽なものではない、ただあなたがその意味を誤解しているだけだ」と言う。

この経文は、ヤグナ儀式——アーワハナム——祈りに関わっている。アーワハナム（祈り）という言葉は、あなたがいかなる礼拝、ヤグナ、祈りを始める前にも、神霊に念じ、神霊を呼び出すということだ。
アーワハナムとは神霊を招待し
神霊を呼び起こすという意味だ。
それが通じればそれでいい。

神霊を招待しないでどうして祈れる？

神霊を呼び覚まさないで、どうして明け渡せるだろう？

そこには、考え方の違いというものがある。

否定的な見解とは、神霊など存在しないのだから、儀式などは必要ない、という考え方だ――それが一つ目。

二つ目は、神霊が存在したとしても、それらに名前などない、という考え方。

そして三つ目は、たとえ名前があっても彼らは応答しないだろう、という考え方。

というのも、あなたがすることは何でも、ただの買収、ただのおべっかにすぎない。おべっかや買収や祈りで、神霊を呼び覚ますことができると思うかね？

もしそうすることで、彼らを呼び覚まし、引きつけ、招待できるなら、彼らはそれに値しないということになる。なぜなら、もし彼らを買収できるなら、彼らはあなた方と全く同じということだからだ。言葉も同じ、そしてレベルも同じなら、彼らに価値はないということになる。


ブッダはこう言った。

「神霊など存在しない。たとえ存在したとしても、彼らは人間よりも高い存在ではない。彼らは人間より高い存在ではない！　あなたは彼らを説き伏せられる。おべっか――ストゥティ――を使うことで彼らを買収できる。何かをやらせたり、やらせなかったり、させられる。それなら、彼らはあなた方より高い存在ではない。彼らのことなど全く忘れても差し支えない」

ウパニシャッドは全く違った立場を取る。

ウパニシャッド曰く
『神霊は存在する。祈ることは可能だ』

が、祈ることにもっと深い意味を与えているのだ。

ウパニシャッド曰く
『あらゆる行為の動機の停止、それが祈りだ』

ウパニシャッドは何も否定しない。

ウパニシャッドは新しい意味を祈りに与える。

儀式は儀式的でなくなる。

ウパニシャッド曰く
『無論、祈ることは可能だが、祈りとはあらゆる行為の停止という意味だ』

ウパニシャッドは、ブッダが言ったこと、ブッダが否定したことと同じことを語る。

ブッダは言う。

「祈りなど存在しない。解脱に至る唯一の道は、無欲になることだ。だから、誰からも何らかの救いを求めてはならない。誰もあなたを救うことはできない。ただ無欲であること。そうすれば、涅槃《ニルヴァーナ》、至福、平和、究極なるものに到達するだろう。だから誰かに救いを求めてはならない。誰かに祈ってはならない。ただ無欲であることだ」


ブッダの言うことは、より的を得ている。

神霊に祈っている人は、ある願望があって祈っている。彼は何かが欲しい――お金、地位、勝利、何か。彼は何かが欲しくて神霊に祈っている。

そこでブッダは言う。

「あなたは一つの欲望から、もう一つの欲望へと走り回っているだけだ。その走り回ることがドッカ――惨めさだ。だから、あなたが無欲にならない限り、誰もあなたを救うことはできない」と。

『あらゆる行為の動機の停止、それが祈りだ』とは無欲になることだ。それでは、行為の動機とは何だろう？

なぜあなたは、行為にそんなにも巻き込まれているのだろう？


なぜ常に走っているのか？　その動機は何だろう？

原因は欲望だ。

ウパニシャッドは、とても詩的な表現で儀式を否定しているが、その用語は否定していない。

儀式を否定してはいるが、その精神を否定しているわけではない。


ブッダがすたれたのは、否定的なマインドとは、現実的には、長い間幅をきかせられないという理由による。

彼の思想は、とても強く、人々に訴えるものがあった。というのも、否定的なものは厳しく相手を叩くからだ。

彼は完全に論理的でいられた。

「ノー」と言うことは、論理の、論理的であることのまさに真髄だからだ。実際、あなたが「ノー」と言いたければ、いつも論理が必要になる。

もしあなたが「イエス」と言いたいなら論理は必要ない。理由は必要ない。どんな理由もなく、あなたは「イエス」と言えるが、理由なくして「ノー」とは言えない。

「ノー」と言う時には、論理が要求される。

「ノー」は、常に論理的だ。

近代の論理家、デ・ボノはこう語る。

「論理の目的は、本当は合理的なやり方で、理性的なやり方で、「ノー」と言うことにある」と。

論理の目的そのものが、「ノー」と言うことにある。

その後、「ノー」のための証拠や理由を掲げるのだ。

ブッダは「ノー」と言った。

そして、それは人々に強く訴えた。

彼のアプローチは、論理的で合理的で全てが完璧だった――でも彼は、インドの土壌に根を下ろせなかった。

彼の思想は、すぐに根絶やしにされた。

彼の思想は、中国、日本、ビルマ、セイロン、というアジアでは、インドを除くあらゆるところで根付くことができた。それはとても不思議なことだ。

だがその秘密は、仏教の僧侶達がインドを離れる時、彼らの過ちを学んだ、ということにある。

その「ノー」が過ちだった。そこで、彼らは否定的な態度を他のどこでも、決して使うことをしなかった。

彼らは肯定的になった。

彼らは中国においては「イエス」と言い始めた。

セイロンでも、彼らは「イエス」と言った。

そして彼らはどこでも成功した。

というのも、「イエス」と言うのは、成功するためのとても魔力的な秘密を持っているからだ。


「イエス」は、論理には訴えるものがないかもしれない。

が、それはハートに訴える。

そして最後には、ハートが勝利を得る。

決して論理ではない！　実際に、論理が最後に勝つことは決してあり得ない。あなたは、論理で誰かを黙らすことはできる。だが、その人を転向させることは決してできない。彼を変えることは絶対できない。

たとえ、あなたに反駁できなくても
彼は、自分自身のマインドの言うことを信じている。

「イエス」が引き出されなければ
彼を転向させることはできない。


そこで、ブッダは一生懸命やってみた。

だが、「ノー」では、どこへ行ってもノーだった。

彼が言っていたことは全て、ウパニシャッドが語ることと同じだ。少しの違いもない。

ただ彼が選んだやり方が、否定的だった。

そしてその本当の理由は、彼がクシャトリア――戦士の出身だった、ということかもしれない。

戦士はノーとともに生きる。

ウパニシャッドは、バラモンからやって来た。

彼らは乞食だった。そして「イエス」とともに生きる。

たとえあなたが、その乞食を受け入れないとしても
本当の乞食、正真正銘の乞食はあなたを祝福するだろう。

彼は、全面的な「イエス」とともに生きているからだ。

それが彼の秘密だ。彼はノーという言葉を使えない。

一方、戦士、クシャトリアは戦いに敗れて初めて、イエスと言える。それも、ハートからは決して「イエス」とは言えない。彼はずっと「ノー」と言い続ける。

そして、ジャイナ教のティールタンカラ達全員がクシャトリアの出身だったし、ブッダもまたクシャトリアの出身だった。彼らはみな、否定的な立場を取っていた。


ウパニシャッドは肯定的な「イエス」を土台としている。

ウパニシャッドは「イエス」ばかりの人達だ。

たとえ彼らが、「ノー」を言わねばならないとしても、
彼らは「イエス」を使うやり方で「ノー」を言うだろう。

実際に、このウパニシャッドは、アーナハナム（祈り）は存在しない、祈祷は存在しない、と言っている。

だが、「ノー」はまったく使われていない。

ウパニシャッドは「ノー」を「イエス」に変えてしまう。

ウパニシャッド曰く
『あらゆる行為の動機の停止、それが祈りだ』


そのことは、ヴェーダの中の祈り、また僧侶達には全く言及されていない。それは全く触れられていない！

そのことは、「無欲であることが、純粋性の究極の境地だ」とする同じ反逆的な教えの中で触れられている。

というのも、純粋でなくて、どうして神を招くことができるだろう？

実際、純粋であることは招待だ。他の招待など必要ない。

あなたが純粋である時、ハートが純粋である時
神が訪れる。ただ純粋であることが招待だ。

だから、神を呼ばなくてもいい、叫ばなくてもいい。

ただ純粋であるがいい。そうすれば、彼はやって来る。


では、どうやってその純粋性を達成したらいい？

なぜ我々は不純なのか？　何がその理由なのか？

インドの天才宗教家達は
欲望と無欲という観点から、常にそれを考えてきた。

実際、我々の存在全てが〝欲望〟に帰する。

我々の存在全てが、我々の欲望のせいだ。

もし我々が不幸であるとするなら、もし我々が束縛の中に生きているとするなら、もし我々が無知なら、もし我々が暗闇の中にいるなら、もし生がただの長い死であるなら、それは欲望のせいだ。

なぜ不幸が存在するのか？
それは、あなたの欲望がかなえられないからだ。
あなたに欲望がなければ、欲求不満にはならない。
もし欲求不満になりたかったら、もっと欲すればいい。
そうしたら、あなたはもっと欲求不満になるだろう。
もっと不幸になりたかったら、もっと期待し
もっと欲しがり、もっと野望を抱くがいい。
そうしたら、もっと不幸になるだろう。

もしあなたが不幸になりたくないなら、欲しないことだ。

それは、心の内側の働きの法則だ。

欲すれば、不幸になる。もし欲望がかなえられなかったら、必然的に不幸を引き起こす。

だが、たとえ欲望がかなえられても、それは再び不幸を引き起こすだろう。あなたが成功した時、その願いは先へ行くからだ。それは、より多くと求めてくる。

実際、欲望は、常にあなたより先にいる。

あなたがどこにたどり着こうが、欲望は先回りをする。

あなたは、自分と自分の欲望が出会うところに、決してたどり着けないだろう。それは不可能だ。

欲望とは、何かしら常に未来にある。

それは、決して現在にはない。

あなたはいつも現在にいて、欲望はいつも未来にある。
あなたがどこにいようと、あなたは現在にいて
欲望はいつも未来にある。

それはちょうど、地平線のようなものだ。

あなたは数マイル先に、空と大地が触れ合っている所を見る。それは本物のように見える。

だが、先に行って空と大地が触れ合っている所を見つけようと、先に行けば行くほど地平線も先に行く。

そして、その距離はいつも同じままだ。

実際には、大地は決してどこにも触れていないからだ。

その触れている線、接触している線は、虚構にすぎない。

地平線を探しに行っても、決して見つけられないだろう。

それはいつもそこに留まるが、決して出会わない。

あなたは「地平線はそこにある」と幻想し続けることはできる――もう少し先へ進めば――

地球を一周して自分の家に帰って来ても
どこかで地平線に遭遇することは決してないだろう。

しかし、幻想は続いていける。

欲望とは、ちょうど地平線のようなものだ。

欲望は、あたかもすぐに満たされるような気がする。

距離はそんなにない。

「もう少し努力すれば、ほんの少し速く走るだけで手に入る。それはすぐそばにある！」。だが決して届かない。

欲望はいつもすぐそばにあり、距離は同じままだ。

どんなに走ろうとも、距離は変わらない！

今までに、欲望が満たされたことがあるかね？

人に聞かないこと——あなた自身に問いなさい。

欲望が実現したことがあるかね？

だが、我々はそれを考えることさえしない。

我々には過去を考える時間はない。

未来が我々を捕らえている。

我々は地平線へたどり着こうとあまりにも急いでいる。

それで、誰が、何度も何度も自分達はこの地平線を見逃してきたのだと、思いつくだろう？

考える時間がない。あまりにも急いでいる。

そして生は余りにも短い。だから、人は走らなければならない。走り続けねばならない！

だが、欲望を通して何かを達成したのだろうか、それとも、敗北がいつもやって来ているのではないだろうか？

手の内には、灰のほかに何も残っていないのではないだろうか？　だが、人は手の内の灰を決して見ない。

人はその挫折を決して見ない。


その目はいつも、再びはるか遠くの地平線の方を見つめている。


その地平線を見つめていることが、あらゆる行為の動機だ。どんな行為も、成就には至らない。

我々の行為は、全く狂っているからだ！

もし地平線そのものがそこになければ
あなたが走っているのは気違いじみている。

欲望はあらゆる行為の、あらゆる不幸の
あらゆる不純の、全ての無知の原因だ。

動機の停止——欲望の停止——それが祈りだ。

もしあなたが欲望しなくなれば、追いかけること、何かを追い求めること、心の内側の動き、さざなみがなくなり、ただ意識の静寂なる池だけが、波のない、さざなみのない静寂なる池だけがそこにある。

一切の動きがない！

ウパニシャッドでは、その意識状態を「祈り」と言う。
だが、欲望しなくなるということは
全ての行為が止まってしまうという意味だろうか？
我々は、クリシュナが行動し
多くのことをしているのを見てきた。

我々はブッダが光明を得た後でも
多くのことをしているのを見てきた。
では、あらゆる行為の動機の停止とはどういうことか？
それは、あらゆる行為の停止という意味ではない。
それは、動機の停止という意味だ。
欲望がなくなる——そして欲望がなくなった時
行為はまったく違う質を持ち始める。
欲望がない時、行為はただの遊びになる。
その中には熱狂はなく、その背後に狂気はなく
執着もない。それはただの遊びになる——遊び心。

実際、近代の精神病学者達は、それが「狂っているか正気かの基準になる」と言っている。

狂っている人は遊ぶことができない。

たとえ彼が遊んでいても、彼は余りにもそのことに深刻になってしまって、遊びが仕事になってしまう。

本当の正気とは、仕事でさえも遊びに変えてしまう。

欲望がなければ遊ぶことができる。

たとえ何も得るものがなくても、欲求不満はない。

なぜなら、何も期待していないからだ。

遊ぶことそれ自体で充分だ。それが仕事と遊びの違いだ。

仕事はそれ自身で充分ではない。


仕事というからには、いつも何かの結果を期待している。

結果が本当の価値付け、帰結になる。

仕事というのは、ただの手段にすぎない。あなたは何かを手に入れるために働く。仕事をする目的で働くものはいない。働くのは今で、結果はいつも未来にある。

仕事は全て結果にかかっている。

働くことそれ自体は、何とかしてやらねばならない重荷にすぎない。仕事は、最終的な結果を出すべきものだからだ。もし働かずに成果を手にしたら、あなたは絶対に働かないだろう。


遊びにはそれとは異なる次元——

まったく違う、正反対の次元がある。

そこには達成されるべき目標がない。

遊びはそれ自体が目的だ。

だが、我々はあまりにも狂っていて、遊びそれ自体のために遊ぶということができない。たとえ遊んでいてもある結果を残そうとし、また何か——地位、メダルか何かを勝ち取ろうとする。が、最後に達成されるべき目的が何かなければならない。実際に、大人は決して遊ばない。

ただ子供だけが遊んでいる——何の打算もなく。

だから、遊んでいる子供達は純真で美しい。

自分達が遊んでいること、
そのことだけで満ち足りている！

子供が遊んでいる時には完全に夢中になっている——

何かを追い求め、どこかへ行くという欲望一つない。

遊ぶこと以外にまったく意識がない。全てが遊びの中にある。子供は完全に遊びそのものになり、完全に夢中になっていて、その瞬間、今ここに身を託している。

それ以上、何も存在しない——それが行為だ。

そこには原因も欲望も存在しない。


だから我々は、実際にこの世界を「神の創造」と呼ばず、「リーラ、神の遊び」と言う。

というのも、「創造」とは良い言葉ではない。

それは醜い、なぜ醜いかというと、あなたは何かのために、何かを創造する。いいや、そうじゃない。

神はただ遊んでいるだけだ——

ただ、子供のように遊んでいるだけだ。

マインドの中に結果を抱かずに、遊びそれ自体が喜びに満ちている。だから「全ての行為の原因の停止が祈りだ」というのは、ただ子供のようになることを意味している
——無邪気で、純粋で、何の欲望もない。

そうなれば、あなたは神を呼び覚ましたのだ。


あなたは神を呼び起こし、招待したことになる。

その時、あなたの祈りを否定することなどできない。

それはまさに真正で、まさに本物だ。

本当は、その時には祈りでさえ必要としない。

というのも、神はそこにいるだろうから。

あなたは神を呼ぶ必要もない。

神はそこにいるだろうから。

なぜそうなるかというと、あなたがその状況を作ったのだ——神はついて来る、降りて来る、あなたがその状況を作ったのだ——ハートの純粋さ。それが唯一の祈りだ。

他の全てはまたしてもただの欲望であり、行為だ。


イエスは言っている。

「子供のようにならない限り、神の王国には入れない」

「子供のように」とはどういうことだろう？

それは、「あなたは遊べる、欲望を持たずに行動できる」ということだ。我々には考えられない。

どうして欲望を持たずに行動できるだろう？

その反対の場合を考えてごらん。

行動を伴わずに、何かを欲することはできる。

欲することはできるのだ！

行動を伴わずに、何かを欲することはできる。

欲望は行動なしで、それだけで存在できる。
みんな何かを欲しがっている。
何一つ行動せず、実に多くの欲望が存在する。
だから、欲望は行動なしで存在できる。
それは我々の体験だ。
では、なぜその反対ができないのだろう?
なぜ欲望を伴わずに行動できないのだろう?
もし、欲望が行為から切り離せるのなら
なぜ、欲望から行為を切り離せないのだろう?
欲望がなくても、行為が止むことはない。
それも可能だ。それは違ったものになる。
その味わいは違ったものになる。
その元から備わっている質が違ったものになる。
狂気は存在しない。
まさにこの瞬間、現在が重要になる——未来はない。
それを心におさめておきなさい。

もし未来があなたにとってとても重要なら、神を呼び覚ますことはできない。もし現在のみが重要で、未来がまったく存在しなかったら、神を呼び覚ますことができる。

未来とは束縛だ。未来なしには、欲望できない。

欲望は、動くためのスペースを必要とする。


それは現在という時間の中では、全然動けない。

現在という時間にはスペースがない。

だから、欲望は動けないのだ!

どうしてたった今、何かを欲することができる?

明日なら、何かを欲することはできる。

実のところ、未来は、我々の欲望で作り出されている
——未来はない。未来というのは存在しない。

普通、我々は「時間は三つに分けられる」と言う——

過去、現在、未来。

実際には時間は一つしかない、それが現在だ。

過去はもはや存在しない、未来はまだやって来ない。

両方は存在しない。過去は、もう生きていない欲望を意味し、未来とは、まだ生きている欲望を意味する。

現在は、過去にも未来にも触れられていない。

実際、過去と未来とは
時間の区分ではなく、マインドの一部だ。
時間は現在に存在する。
マインドは過去と未来に存在する。
マインドには二つの区分がある——過去と未来。
時間はただ一つ——現在だけだ。
だから、マインドと時間は決して出会わない。

出会うことができない。マインドには現在はないし、時間には過去と未来はない。もし地球上にマインドがなかったら、過去と未来が存在しただろうか？

現在しかなかっただろう。

花はもちろん、今この瞬間に咲いているだろう。
木はもちろん、今この瞬間に成長しているだろう。
そこには、過去も未来も存在しないだろう。
だが人間の場合は、というよりマインドの場合は
過去と未来が入ってくる。
実際、子供を見ていると、子どもは過去を持たない。
どうして子供が過去を持てるだろう？
子供はまったく重荷を感じていない――
というのも、過去は重荷になるからだ。

老人はいつも重荷を感じている。
そこには過去がある――長い過去が――
余りにも多くの死んだ欲望、余りにも多くの欲求不満、
余りにも多くの決して見つけられない地平線、余りにも
多くのただ壊れてしまった虹。
彼は長い過去を持ち、それがちょうど彼の上にのしかかっている。

老人はいつも過去のことを考えている。

何度も何度も、過去の記憶を掘り返し続けている。

そして老人は、だんだん未来のことを忘れ始める。

なぜなら未来というのは、今やただ、死以外の何ものでもないからだ。だから、老人は決して未来をのぞき込もうとはしない。彼は後ろを振り返り始める。

子供は常に前を向いていて、決して後ろを見ない。

振り返るものが何もないからだ。

だが老人が未来をのぞき込むと、そこには死がある。

他に何も存在しない。


若者は、今の中にいる。

だから若者には、子供も老人も理解できない。

彼らの両方が馬鹿に見える――両方ともだ。

若者から見て子どもが馬鹿に見えるのは、彼らが必要もなくおもちゃで遊び、必要もなく時間を浪費しているように見えるからだ。そして、老人の方はただ死んでいるように見える。そして不必要に心配ばかりしているように見える。若者は本当に理解できない。

彼は老人に何が起こったのかを見れないからだ――

老人には過去しかないということを。

そういうことが起こる。

だが、やがて全ての若者もまた、老人となっていく。

全ての子供は若者になっていく。

というのも、全ての老人もかつては若者であり、子供であった。

それは活動し続ける。マインドは活動するからだ。

子供達の中では、動くのに広大なる広がりがある。


古いマインドの場合は、余り遠くへ活動する広がりというものがない。だがそれはマインドの動きであり、時間の動きではない。実際我々は、時間が動くと思っている。

本当はそうではない、我々が動いているのだ！

我々こそが動き続けている。

時間はまったく動いていない。

時間は、今この瞬間にある。

時間はいつも、今ここだ。

時間は常に、今ここにあった。

それは常に、今ここにあるだろう。


我々は進み続けている。過去から未来へと進んでいる。

我々にとって時間とは、過去から未来へと、また一つの欲望からもう一つの欲望へと、移動するための橋にすぎない。


時間はただの通り道にすぎない。

我々にとって時間は、一つの欲望からもう一つの欲望へと移るための通り道にすぎない。

だから、欲望がなくなれば、あなたの動きもなくなる。

そして、もし動きがなくなれば、「今ここ」という時間に出会うだろう——そして、その出会いが扉だ。

その出会いが扉であり、その出会いが祈りだ。

ウパニシャッドが『——動機の停止』と言うのは
「何かを欲するな」ということだろうか？
我々のマインドにとっては
そう解釈するのはごく自然だ。
もしウパニシャッドが『あらゆる行為の動機の停止——』と言えば、欲望のない状態ということだ。
そのことを覚えておきなさい。欲望のない状態だ！

しかし私達のマインドは「欲するな！」と訳すだろう。

「欲するな！」と訳すと、ポイントを見失ってしまう。

たとえあなたが何かを欲しなくても、未来には何かを欲するだろう。「欲望を起こすな」ということは、欲望を起こす、ということを暗示している。

あなたは、神を呼び覚ましたいと願うかもしれない。

清まりたい、純粋になりたい、純真でありたい、神の国の遊びの世界に到達するために、子供のようになりたいと願うかもしれない。

マインドはあなたに「おまえが神の王国に入りたかったら、何も欲するな！」と言うこともできる。

だが、それは一つの欲望だ。それが欲望の働き方だ。

「おまえが神の王国に入りたかったら、おまえが光明を得たかったら、おまえが神に会いたかったら――何も欲するな！」。それが欲望の論理だ。

「あれが欲しいなら、これをするな。

あれが欲しいなら、これをしろ」。

そこで私が「欲望のない状態」と言うのは
「何かを欲するな」という戒律のような意味ではない。


それでは、どういう意味でそう言うのか？

それは理解するのに難しく、複雑になる。

私が言う「欲望のない状態」とは、何を意味するのか？

それは「欲望を理解すること、欲望の過ちを理解すること、欲望の愚かさ、無駄、無意味さを理解すること」だ。

ただ、欲望が何をしてきたか、何ができるのか、何をしているのかを理解する。ただ、欲望を理解しなさい！

もし欲望を全面的に理解すれば、無欲になるだろう。

その無欲は、まさにあなたの理解からやって来る。

それは、あなたの行為の中からではない。

その「――するな」は、またしても行為だからだ。

その解釈の仕方で、多くの不必要な問題が生じてくる。

私は「神に到達したければ、貪欲であってはならない」と言う人々に会ったことがある。

彼らは、それこそが貪欲だ――最も凄い貪欲だとは、決して感じていない。だが、それは最も非凡な貪欲、稀なる貪欲だ。人が神に到達したいとするなら、貪欲であってはいけない。

では一体、貪欲とはどういうことだろう？

「貪欲であるな」ということは、何かを願望するなと言うことでも、何かを欲するなと言うことでもない。

だがあなたは神を、解脱《モクシャ》を欲しがっている。

だから、「貪欲であるな。もし神を自分のものにしたければ、他の何も所有してはいけない。無所有でありなさい！　あなたが神を手にいれたければ、全てを捨てなさい！」と言うのだ。

その捨てることは、ただ得るための一つのステップにすぎない。それはただの方法論だ。

だが、あなたは手に入れるために捨てている。

実際、手に入れたいという切望をなくさなければ
あなたは決して成熟しない。

次のように考えなさい。

子どもが生まれたとする。

マインドの最初の状態は、何かを手に入れることだ。

子供は全てのものを受け取る――ミルク、食べ物、愛。

彼は何も与えていない。ただ受け取るだけだ。

それは最も未熟なマインドの状態だ――

ただ受け取るだけ。老人が、まだ何かをもらおうとしているなら、彼はただの未熟な人間のままだ。

常に何かを得るという状態は、子供にとってはそれでいい。彼は全てのものを得ている。

与えるとはどういうことか、子供には理解さえできない。

子供に「あなたのおもちゃを、その子にあげなさい」と言っても、理解すらできない。その言葉は未知なのだ。

与えるという言葉は、彼にとっては未知のものだ。

彼には、ただ得ることしかできない。


そこで子供を訓練するには、子供の言葉で訓練していくことだ。あなたは「そのおもちゃをその子にあげなさい。そうしたら、おまえにもっと愛をあげるからね」と言う。

あなたは「与える」ということさえ
「得る」と翻訳しなければならない。

「もしあげないなら、あなたに愛をあげないからね」と。

それで子供は「もし何かを得たければ、何かをあげなければならない」ということを学び始める。

あげることは、より多くを得るための、ただの踏み石になった。それが我々のマインドのいつもの状態だ。我々はただ、未熟なままだ。得るという状態にいる。

たとえ、我々がたまたま与えねばならないとしても
それは何か、ほかのものを得る目的のためだけだ。

「そのハートの純粋さ」とは
得ることの正反対の意味だ――ただ与えるだけ。

それは最も成熟したマインドだ。

子供、未熟なマインドは、いつも得ることに関心がある。

ブッダ、イエスは、いつも与えていた。

それはもう一つの極端だ――何も得ないで与えること、
与えることが遊びだから与える。

それ自体が喜びだから与える。

私が「欲望を理解しなさい」という時、「得る」ことを理解しなさい、「与える」ことを理解しなさい、という意味だ。

あなたの状態は、ただ得ること、得ること、得ることばかりだと、理解しなさい。

だが、絶対に満たされることはない——

それには際限がないからだ。

常に得ること、永遠に得ることばかりで
それによって自分は何を得たのかを理解しなさい。

一体、何を得たのかね?

あなたは今までと同じく貧しく、相も変わらず乞食のまま。むしろ、前よりもっと貧しいかもしれない。

得れば得るほど、あなたは凄まじい乞食になっていき、もっと欲が深くなっていく。そして、ただ得ること、より多く得ることだけをおぼえてしまう。

それで、どこに到達したというのか? 何を見つけたというのか? 絶えず得ることに夢中になることで、あなたが達成した何かがあるというのか?

何もないだろう!


もしあなたが理解すれば、そのまさに理解が変容になる。

そうしたら、「得る」ことは落ちる。

「得る」ことが落ちた時、新しい次元が開く。

あなたは与え始める。それは逆説的だ。

あなたは「得る」ことで何も得なかった。


だが、与えることで「得る」ようになる。

「得る」ことは、あなたの得ることとは全く関係ない。

与えることそれ自体が深い達成であり、深い充足だ。

が、私がそう言うと、あなた方はまたしても翻訳してしまうのではないかと恐れている。

あなたは「わかりました!」、その充足を手に入れるには、この絶え間なく何かを得ようとする欲望を捨てなければならないんですね」と言うかもしれない。

そのことを理解しなさい。解釈してはいけない。

あなた方のマインドは全てを歪めてしまう。

それは全てを歪めてきた。ブッダを歪め、クリシュナを歪め、イエスを歪め、ツァラトゥストラを歪めてきた——それは歪め続ける。彼らは何かを言い、あなたは解釈する。すると、彼らの言ったことが全く違う何か他のもの、正反対のものにさえなってしまう。

欲望を理解することが、無欲になることだ。

欲望を知ることが、欲望を停止することだ。

だから、欲望を深く知ること、深く理解することだ。

焦ってはならない。

すると、いつもそこにある純粋さ、いつもそこにあった純粋さが発見される。

ハートはすでに純粋だ。
だが、ただ欲望で、煙で被われていて
あなたは奥深くを見ることができなかった。
それが祈りだ。もしあなたが純粋なら、神を呼び覚ます。
だから純粋であること。そうすれば神は呼び覚まされる。
他に何も要らない。
神を信じることでさえいらない。
神のエネルギーが存在する、と信じる必要はない。
そこに何かが存在する、ということを信じる必要はない
――そんなことは要らない。ただ純粋でありなさい。
そうしたら、あなたは、「神とは、一つの信仰ではなく、
それは知であり、知ることだ」と知るに至るだろう。

だが、私が「純粋さ」と言うと、またしてもあなたは私を誤解する。「純粋さ」は、我々にとって、非常に道徳的な意味合いを持つからだ。

我々は、道徳的な人を純粋な人と言い、彼は泥棒でないから純粋な人だと言い、彼は不誠実でないから純粋な人と言い、彼が社会のルールや規範に沿っているから純粋な人と言う。

だが、社会それ自体が不純ならば、社会のルールや規範に沿って生きることで、どうしてあなたが純粋であり得るだろう？

もし社会それ自体が不誠実なら、そういう社会に従うことで、どうやって誠実でいられるだろう？

もし全ての土台、構造が全くの不道徳だったら、それに合わせて生きることは、可能なかぎり最も不道徳な行為になる。

実際に、道徳的な人であればあるほど
社会に逆らっていく、ということが起こる――

彼は社会に会わせられないからだ！

イエスは磔《はりつけ》にされねばならなかった。

それは社会全体が不道徳だったために、彼が不道徳になってしまったからだ。ソクラテスは毒殺されねばならなかった。なぜだろう？

本当に道徳的な人は、不道徳な社会では存在できない、ということだ。

不道徳な社会が誰かに敬意を払い、「彼は道義心の篤い人だ」と言う時はいつでも、それはただ彼が社会の思い通りに適合させられていたこと以外の何物でもない。

彼は、社会には何でも従う。実際、彼はただ死んでいるだけかもしれない。彼には、自分自身の良識がないのかもしれない。

彼は何も主張できない。

彼という人は存在しない――彼はただ従う。

彼は大変、道徳的な人になる。「純粋さ」とは、我々にとって非常に道徳的な意味合いを持っている。


だが、そうではない。純粋さとは、純真ということだ。

我々が「道徳的」と呼ぶ人達はみな、とてもずる賢い。

彼らは全然、純真ではない。ともしあなたが、泥棒は悪いことだと思い、また泥棒は尊敬されないと思う。

また、泥棒だったら地獄で苦しまなければならないと思い、泥棒でなかったら天国を手に入れると思っているなら、あなたはとてもずる賢く、計算高い。

あなたが泥棒でないのは、あなたのずる賢さ、計算高さのせいだ。泥棒で監獄に入れられて苦しんでいる人の方が、よりずる賢くなく、より計算高くない人であるかもしれない。だから、彼は苦しんでいる――

彼は泥棒になってしまった。

あなたの方がもっとずるく、もっと計算高い。

あなたは道徳的で誠実かもしれない――

が、純粋ではない。純粋さとは、純真ということだ。

そして純真とは、才覚のないマインドのことだ。

私は「純真な人が泥棒になる」と言っているのではない。


どうして純真な人が泥棒であり得るかね？

もし計算できなければ、どうやって泥棒になるだろう？

泥棒であるには才覚を要する。

泥棒でないことにも才覚を要する。

純真な人は道徳的でも不道徳でもない。

彼はただ純真だ。その純真さは純粋だ。


イエスは、彼の生きていた社会が「不道徳だ」とする多くのことをして非難を浴びた。というのも、一人の娼婦が彼を自分の家に招待し、彼はその家に行ったのだ。

その時、村全体がその噂で持ちきりになり始めた。

「イエスが娼婦の家に行ったぞ！　どうして奴が行く必要がある？　道徳的な人は、娼婦の家に行くなんて絶対にできない！」

あなたもそう思っていただろう。

「どうしてイエスがその娼婦の家に行かなきゃならんのか？　どうしていく必要がある？　しかも、彼はそこに行っただけじゃない。彼は一晩泊まったのだ！」

イエスはそこで寝、そして朝がきた。

当然「道徳的」な村で起こるべきことが起こった。

村人全員が、イエスに反対した。

彼の友達でさえ、今は彼の味方ではなかった。

彼に従っていた者でさえ逃げてしまった。

村人はイエスに会い、聞いた。

「どうして娼婦の家に行ったりしたんだね？」

するとイエスは言った。

「じゃあ、娼婦でないものがいるなら、私に言いなさい、あなた達はそれをどうして判断するんだ、どうやって判定するんだ？　何が基準なんだ？」


これが、計算高くない人間の在り方だ。

彼は「娼婦とそうでないものを判断できない」と言った。

彼は判定できない！　どうして彼が判断できる？

判断する彼は一体何様だろう？

彼のような人を、純真な人、純粋な人、と言うのだ。

しかし彼は磔《はりつけ》にされた。

娼婦の家に寝た彼を、どうして純粋な人間だと思えるかね？

我々のマインドは実際余りにも不純で、不道徳で、違う次元に存在する純粋さを考えることができない。

そしてその同じ娼婦こそ、彼が磔《はりつけ》にされた時唯一彼の元に留まった人だ。みんな逃げ出してしまった。

誰もその場にいなかった。ただ一人その娼婦、マリア・マグダレーナだけがそこに立っていた――ただ一人！


使徒は誰もその場にいなかった。

イエスに従っていたものも誰もいなかった。

そこにいることは危険だったために、彼らはみな逃げてしまった。彼らも磔《はりつけ》にかけられる可能性があった。

そして、ただ一人その娼婦だけが立っていた。

そしてその娼婦が、イエスの亡骸を十字架から降ろすのを手伝った。


だから、イエスが「じゃあ、誰が娼婦でないというのか？」と聞いたのは的を得ているように思われる。

イエスにとって、その娼婦の家に泊まったことが良かったのか悪かったのか？――その貧しい娼婦だけが、最後まで彼の元に留まったのだから。

それでは、何が道徳的で、何が不道徳なのだろう？

宗教に関しては、純真であることは道徳的であり
ずるさというのは不道徳ということになる。

純真であることで充分だ。

その子供のような純真さが純粋さだ。

その純粋さが、アーワハナム――祈りとなる。

我々は全てを、全ての言葉を歪めてしまう。

あらゆる言葉がただ醜くなる。

あなたが誰かのことを「純粋な人だ」と言う時
どういうことを言っているのだろう？
ちょっと、その意味を見つけ出してごらん。
そうしたら、あなたはとても醜いものを見い出すだろう。
あなたが「誰かは純粋だ」と言うのは
どういうことを言っているのだろう？

純真さ？　絶対そうじゃない。

なぜなら、純真さとは危険であり得るからだ！

純真さは、あなたのパターンに合わないかもしれない。

実際、それは合わないだろう。

どうして合うことができるだろう？

あなたは、純真さを説き伏せて何かをさせたり
強制したり、買収したりはできない。

一方、社会というのは、押しつけること、買収すること、などめること、罰を与えること、誉めること、恐怖や貪欲の上に成り立っている。そこで我々は「あなたがこれをすれば、これが手に入るよ」と言う。

非常に多くの者がブッダに尋ねた。

「もし私達があなたの言うことに従えば、何を得られるのですか？」と。

ブッダは言った、「何も得られない」と。


どうして、そんな男に従えるだろう？

彼は「何も得られない」と言った。

我々は常に何かを得ようとしている。

ブッダからでさえ、何かが欲しい――

約束のようなものでも――「もしあなたがこれを約束してくださるなら、私達はこれができます」と。

そうしたら、それは我々にとって
論理的な意味のあることになる。

だが、ブッダは言う、「純粋でありなさい、そうしたらあなたは無を得るだろう」と。


それでは、どうして純粋でなければならない？　それなら不純であったほうがましだ。少なくとも、我々は何かを得る。だが、ブッダは言う。

「あなたは何も得ていない。あなたはただ『得る』という幻想の中にいるだけで、実際は何も得ないだろう」と。

そこで私は「ただ純粋でありなさい、得るということを忘れなさい」と言う。

得ることを忘れなければ、純粋であることは不可能だ。

もしあなたが何かを手に入れる必要があれば、ずるくなければならないし、計算高くあらねばならない。

暴力的、貪欲でなければならない。

そして常に、未来の中にいなければならない――

決して、ここではない。それでは決してくつろげない。

あなたはいつもどこかよそにいて
いつもその道程の途上にある。

無欲であること、純粋であることは、我々のしていることと全てが、我々の在り方全てが無駄である、という深い理解を持つことだ。

その純粋さがあなたの内にある時、祈りが湧き起こる。

すると、あなたは神を呼び覚まし、招き入れ、招待したことになる。存在のまさに内奥無比なる核心の中に、あなたの招待が貫通したのだ。

その時、突然、あなたは乗っ取られたように感じる。

誰かがあなたの中に入ってくるのを感じる。

もう、あなたは自分以上の何か他のものに乗っ取られてしまった。何か無限なるもの、何かもっと力のあるものがあなたの中に入ってきた。

あなたは乗っ取られ、そしてあふれ出す。

そのあふれ出すことが祈りだ。

もちろん、そうなるためにはオープンであることだ。

さもなければ、あふれ出すことは起こらないだろう。

純真なマインドは常にオープンだ。


ずるいマインドは常に閉ざされている。

ずるいマインドは常に自分を守っている。

ずるいマインドは、常に敵対とか競争とかいう立場でものを考えている。

競争しなければ、何かを得られないからだ。

みんなそうだ。誰もが得ようとしている。

あなたもまた得なければならない。だから、あなたは競争者でなければならない。それはとても厳しい競争だ。

あなたは暴力的で、ずるくて閉ざされていて
自己防衛的でなければならない。

だがそうなると、神であふれることはできない。

あなたは余りにも狭く、閉ざされていて
そのあふれ出すことが、あなたの所にやって来れない。


純粋なハート、無欲なハートは、競争的ではない。

未来に何も関わりなく、誰に対しても反対しているわけでもなく、誰に賛成するわけでもなく、計算高くない。

何かを得ようと欲することもなく、達成屋のマインドを持っているわけでもない。純粋なマインドは今ここにあり、オープンで守りの態勢にはない。

私が「守りの態勢にはない」というのは
たとえ死がやって来ても、彼はオープンだということだ。

もしあなたが死に対してオープンでないなら
神に対してオープンであることは絶対できない。
もしあなたが死を恐れていれば、神をも恐れるだろう。
だが、それは不思議なことだ。

我々が死を恐れる時はいつも、神のところに祈りに行く。
モスクや寺院や教会で祈っている者達はみな、
本当は祈っていない。彼らはただ、死を恐れている。
死を恐れなくてもいいように、神にお願いしている。
彼らの祈りは、恐怖が根本になっている。
彼らの神は、恐怖心から生まれたものにすぎない。

もしマインドが純粋なら
蛇と遊んでいる子供のようになることができる。
その時、彼は両方に対してオープンだ。
死がやって来ても、彼はオープンだ。
彼は死と戯れることができる。
神がやって来ても彼はオープンだ。
彼は神と戯れることができる。
死と神は、微妙な意味において一つだ。
もしあなたが死に対してオープンでなければ
神に対してオープンでは決していられないだろう。

欲望に引っ掛かっている人間は、いつも死を恐れている。
あなたはその関係を見なければならない。
欲望に引っ掛かっている人は欲深く
常に何かを得ようとしていて、常に死を恐れている。
なぜだろう？
それは、欲望が未来にあり、死もまた未来にあり、
もし死が先にやって来れば
欲望は満たされなくなるからだ。

覚えておきなさい。
欲望は決してこの瞬間にはない。
死もまた、この瞬間には決してない。
誰もこの瞬間に死ぬ者はいない。
今ここにおいて、死を恐れることができるかね？
いいや、それはできない。というのも、あなたは生きて
いるか、死んでいるかのどちらかだからだ。
あなたが今ここに生きていれば、死は存在しない。
あなたが死んでいれば、そこに恐怖はない。
死を恐れることができるのは未来の中だけだ。
欲望は、未来のことを計画する。
が、死が全てを破壊するかもしれない。
だから、我々は死を恐れるのだ。

死を恐れる動物は、存在しない。
動物は未来を計画しないからだ。
それ以外に理由は存在しない。
未来を計画しないのだし
未来がなければ死は存在しない！
未来への計画がなければ
死を恐れる理由がどこにあるだろう？
そうなれば、死によって破壊されるものは何もない。
あなたが未来のことを計画し、計画が大きくなればなるほど、恐怖も大きくなる。

死は、実際には「自分は死ぬことになる」という恐怖ではなく、「自分は満たされずに死んでいく」という恐怖なのだ。自分の願望が成就するまで、それを心に持ち続けられないかもしれない。

途中で、何時、死がやって来るかもしれない。

もし成就せずに死んだら、もちろん、恐怖がある。

「私はまだ成就していない。成就の時を、私はまだ知らない。なのに死がやって来て、私は、徒労の中に死んでいく。私の人生は無駄だった。全く価値のないものだった。私は何も成し遂げずに、何のピークにも達せずに、真、美、安らぎ、静寂の時を味わうことなく、死んでいく。私の人生はまったく無駄だった。死は何時やって来るかわからない」

そんなふうに生きていれば、死は恐怖になる。

もし私が満たされているなら、生が人に『知ること』を許しているのだと理解しているなら、生きることの真の意味を感じているなら、一瞬でも愛と美と充足を知っているなら、死の恐怖などどこに存在するだろう？

恐怖などどこにある？　死が訪れてもかまわない。

が、死には、何もかき乱すことはできない。

死には、何も壊すことはできない。

死はただ、未来を壊すだけだ。

私にとって未来など何の意味もない。

私はまさにこの瞬間、満足している。

そうしたら、死には何もできない。

私は死を受け入れることができる。そうすれば、死は喜びなのだと証明することさえあり得る。

死にオープンであるものは、神にもオープンでいられる。

オープンというのは、恐怖心がないことだ。

純真さとは、あなたにオープンであること、無欲であること、自己防衛することのない傷つきやすさを与える。

それが祈りだ。

もしあなたがその瞬間にただ「在る」なら、死があなたにやって来た時でさえ、それを受け入れ、抱擁し、歓迎できる。そうしたら、あなたは神を呼び覚ましたのだ。

そうなれば、死は決してやって来る。あなたは神を呼び覚ましたのだ。

ただ神だけがやって来る。

死においてでさえ、死はもうそこに存在しない――

ただ神だけが存在する。


チベットの神秘家、マルパが死に臨んでいた。

みんな泣いていた。するとマルパは叫んだ。

「やめなさい！　こんなお祝いの時に、なぜ泣かなければならないんだ？　私はこれから神に会いにいくんだよ。彼は今ここに、ちょうどいらっしゃるんだ」

そして彼は笑い、にっこりとして最後の歌を歌った。

が、みんな泣いていた。

というのも、誰一人として神をそこに見ることができなかったからだ。みんなそこに死を見ていた。

マルパは言った。

「神は今ここにいらっしゃるんだよ、何であなた達は泣いているんだね？　こんなお祝いの時に！　こんなお祭りの時に！　みんな歌いなさい、踊りなさい、楽しみなさい。マルパはこれから友に会いに行くんだよ。神は今ここに、ちょうどいらっしゃるんだよ。私は今この瞬間の来るのを長い間待っていた。それなのに、何で泣かなきゃならないんだい？」

マルパには、彼らがなぜ泣いているのか、理解できなかった。彼らには、マルパがなぜ歌っているのかわからなかった。狂ってしまったのじゃないか？

当然、我々にとって彼は狂っている。

死がそこまで迫ってきて、彼は狂ってしまったように見える。だが、マルパは何か他のものを見ていた。

マルパは、本当に最も花開いた人類の一人だった。


マルパが彼の師の所にやって来た時、師は言った。

「信がカギだ」と。そこで、マルパは言った。

「それでは、何か私の信を試す課題をください」

弟子達はみんな丘の上に座っていた。

そして師匠が言った、「飛び降りろ！」と。

そしてマルパはそこから飛び降りた。

その師でさえ、彼は死んだだろう、と思った。

沢山の沢山の弟子達がそこにいた。

そして彼らは、マルパはまったく狂っていると思った――また、彼の骨のかけらでさえも見つからないだろうと思っていた。

そして彼らが急いで下に降りて行くとマルパはそこに座って歌い踊っていた。彼の師は聞いた、「何が起こったんだ?」と。それは偶然のように見える。師は彼のマインドの中で「これはただの偶然だ」と静かに考えていた。

「どうして? そんなことはあり得ない! どうしてこんなことが起こったのだろう? これは偶然だ。よし、何か他のやり方でマルパを試してみよう」と。

そこで、マルパに対して多くのことが試された。師は、マルパに火事で焼けている家の中に入って行くように言った。彼は火の中に入って行き、その炎に全く焼かれないで出てきた。

また、海に飛び込むように命令され、海に飛び込んだ。マルパに対して、多くの多くの試みがなされた。

そして師は、もうそれが偶然だと言えなくなった。そこで師はマルパに聞いた、「おまえの秘密は何だ?」と。「私の秘密ですか?」とマルパは言った。

「あなたは私に『信がカギだ』と言ってくださいました。だから私は、その言葉をそのまま押しいただいております!」

そして、師は言った。

「恐いから、もうそれは止めなさい。何でも起こり得るからな」

マルパは言った。

「そうです、あなたの言葉をただ授かっただけで、何でも起こります。そして、今、もしあなたがあなた自身そのことで動揺なさっているなら、私はその言葉を頂くわけには参りません。私は信こそがカギだ、と思っていました。でも、もうそれは利かないでしょう。どうか、私にまた命令することは止めてください。次には、私は死んでしまうでしょう。だから、二度と私に命令しないでください!」

それが、純粋さだ——子供の純粋さ。

チベットでは、マルパは「信深きマルパ」として知られている——子供のような信。

その話では、マルパの師は自分の師の師になった、と言われている。マルパの師はマルパに頭を下げ「どうか私にその信のカギを与えてくれんか。私には何もないんだ。ただ話していただけだった! 信がカギだと聞いていただけなんだ。それで話していただけだ。どうか私にその信のカギをくれんか」と言い、マルパは自分の師の師になったと言われている。

マルパのマインドは純粋で、純真で、計算がない。

ほんの一瞬も、計算したずるい瞬間はなかった。

彼は、彼の飛び降りた谷がどんなに深く底無しのようだったか、見ることさえしなかった。


彼は師に「あなたの言葉を文字通りにとってもよろしいのでしょうか、それともそれはたとえ話なのでしょうか、それとも、何か神秘的な言葉をいってらっしゃるのですか？　本当に飛び込まなければならないのでしょうか、それとも内側のジャンプのことをいってらっしゃるのでしょうか？」と聞くことさえしなかった。

そして彼は計算せずに、ずるさもなく、飛び降りた。

師匠は言った、「飛び降りろ！」と。

そして、彼は飛び込んだ。

二つの言葉の間に隙間はなかった。

一瞬の隙間でも開いたら、そこには計算がある。

その純粋さがあなたを開く。

あなたは一つの始まりになる。

それが祈りだ。

第4章

欲望：生へとつなぎ止めるもの

Desire: The Link with Life

質問

昨夜、あなたは「欲望は死んだ過去と想像上の未来の間を動いている」とおっしゃいました。では、どうして死んだ過去が、非常に活動的で強力に人を果てしなき欲望へと押し流してしまうのか、説明していただけますか？　また、その活動的な過去や無意識と集合無意識から、どうしたら自由になれるのでしょうか？


過去は全然、活動的ではない。それは完全に死んでいる。

それでもまだ、過去には重さがある――ずっしりと。その重荷があなたの上にかかっている。

それはまったく活動的なものではない。

そこで、どうしてその重荷があなたにのしかかってくるのか、理解しなければならない。過去はとても強力だ。それは既知のものであり、体験されたものだからだ。マインドは常に未知のもの、まだ体験していない物事に恐れを抱いている。

どうして未知のものを欲することができるだろう？　まだ知らないことを欲することはできない。欲することができるのは、すでに知っていることだけだ。欲望はいつも繰り返しだ。

欲望は繰り返し、円を描くように動く。あなたはいつも同じパターンの中を動き、同じ円の中を動いている。そしてマインドは、同じ轍《わだち》の通りにただ動くことを繰り返す。ある事を繰り返せば繰り返すほど、その重荷はさらに重くなっていく。その轍《わだち》はますます深くなっていくからだ。

だから過去が重要なのは、それが活動的だからではない。過去があなたに何かをさせるようにし向けたり、何かを欲しがったりさせるのは、過去に力や強制力や活力があるからではなく、それが廃れた轍だからだ。

過去は余りにも数多く繰り返され続けてきたために繰り返しが楽になり、自動的になった。

あなたがある事を繰り返せば繰り返すほど、それは簡単に、便利になる。

根本的な便利さとは、一つのことを繰り返せば、意識的である必要がなくなるということだ。

気づきというのは、最も不便なものだ。

ある事を繰り返すと、意識的である必要がなくなる。

あなたはただ、ぐっすりと眠っていられる。

そして物事は自動的に、機械的に繰り返される。

過去を繰り返すのは便利なことだ。

意識的である必要がないのだから。

あなたは眠り続けることができ、マインドはそれ自身で物事を繰り返す。だから、無欲であることが至福の状態だと言う者はまた、無欲であることは気づきと同じ意味だと語る。

完全に意識的でない限り、無欲であることはできない。あるいは、もしあなたが意識的であれば、自分が無欲であることを見い出す。欲望とは、あなたが意識的でない時初めて、マインドに繰り返しを強要できるからだ。

だからマインドが眠っていればいるほど
マインドは反復的で、機械的に働くことになる。
過去があなたを捕らえて放さないのは
マインドが反復するという理由にすぎない。
過去が既知のものだからということもある。
未知の何かを、どうやって欲することができるだろう？
まだ知らない何かを欲することはできない。
未知のものは想像もできない。
だから、我々が神を欲する時でさえも
未知なるものを欲しているのではない。
我々は、「神」という言葉で
何かすでに知っているものを意味する。
もっと深くそのことに入っていこう。

あなた方は、神という言葉――この場合、特にあなた方の神のことだ――で何を意味しているのだろう？

神という言葉で何を意味しているのか？

あなたは神の名の元に、自分がすでに知っているもの、すでに体験しているものを見い出す。

それは永遠なる快楽かもしれない。

宗教家と呼ばれる人々は「刹那的な欲望のために、どうしてあなた方は自分達の生を無駄にしているのか？我々のところに来なさい！　ここには充足がある。ここには永久に続く永遠なる楽しみがある」と言い続けている。

言葉は理解できる。あなた方は、刹那的な喜びは知っている。だから、永久に続く喜びを願うことができる――神の名の元には喜びがある。あなたはただ、死が恐いという理由で、神を求めているのかもしれない。

ということは、実は、あなたは神という名の元に不滅性を、決して死ぬことのないものを、永遠の生命を求めている。

あなたはこの世界を知っている。

それはあなたの経験だ。

そしてあなた方は、今それを永遠のものにしたい。

いつであれ我々が神、神聖なるもの、自由、解脱などのことを語る時、その言葉にだまされてはいけない。

言葉は、何か全く違うものを隠しているかもしれないからだ。言葉はそれを隠している。

どうして、まだ知らない物事を欲することができる？

どうしてまだ知らないことを、想像できるだろう？

どうしてそれを、欲しがることができるだろう？

実際は、その現象はまったく違っている。

あなたが何も欲していない状態の時、
未知なるものがあなたのところにやって来る。

あなたはそれを欲することはできない。

あなたが無欲の時、未知なるものがあなたのところに訪れる。それを欲することはできない！

無欲の境地とは、未知なるものが訪れるためのオープニングだ。あなたはそれを欲することはできない。

まさに、欲することそのものが障害になるからだ。

マインドは繰り返し続ける。それは機械的なものだ。

活動性は、マインドのものではない。

マインドは、ただ命のない機械的なものだ——

そして活動性とは、あなたの意識の中にある。

だから、あなたの意識がマインドと同化していれば
命のないマインドは活発になる。

活動性はあなたのエネルギーに由来している。マインドの一部ではない。あなたは、マインドの背後の活動性だ。

もしあなたがマインドと同化しているなら、自分はマインドだと思っているなら、マインドは活発になり始める。

もしあなたがマインドに同化していなければ
マインドは、ただの命のないものにすぎない——

ただのずっしりとした重荷、ただの機械的な蓄積にすぎない。

それは長い間の蓄積だ——何千年もの間の進化、たくさんのたくさんのたくさんの生が蓄積されている。

あなたのマインドは、この生だけのものではない。

それは多くの多くの生から来ている。それは進化してきている。マインドは、深い道筋を身につけている。

だからあなたが恋に落ちる時、それはあなたが恋に落ちるというだけではない。

あなたの両親は、あなたの前に恋に落ちた。

また、彼らの両親、彼らの ―― 彼らはみな恋に落ちた。

マインドには、恋に落ちるという深い道筋がある。

だからあなたが恋に落ちた時、「自分は恋に落ちた」とだまされてはいけない。

全人類があなたの後ろにいる。

全人類がその習慣の道筋を作ってきた。

それはあなたの骨の中にある。細胞の中にある。

新陳代謝そのものの中にある。

全ての細胞がその中に性の部分を持っている。

全ての細胞に習慣の道筋がある。全ての細胞がマインドや記憶、長い記憶、始まりのない記憶を持っている。

だから、あなたがそのマインドと同化すれば
それは一つの力、動的な力になる。

あなたがエネルギーを与えているからだ。

命のない機械なのに動き始めるというのは
あなたが動かしているからだ。


だから、覚えておきなさい。

エネルギーは、あなたに由来するものだということを。

その活動性はあなたのものだ。マインドは、何千年もの間の進化で生み出された、機械的なものだ。

それには根深い習慣がある。あなたがマインドと同化したら、その習慣となった轍を通って、流れざるを得ない。

そうしたら、逃げ道はない。

まず第一は、どうやってマインドと同化しないでいるか、どうやって「マインドは一つのものであり、あなたは何か他のものだ」と絶えず想起しているか、ということだ。

それは難しく骨が折れるが、可能だ。不可能ではない。

一度でも、同化していない存在の一瞬の一瞥を体験すれば、あなたは二度と再び同じ人間ではない。


あなたが一度、マインドには力はなく、「自分が力だ、その生命力は私自身からやって来る」と知るに至れば
―― たとえ一瞬でも、あなたが「自分が主人公だ」という一瞥を得れば、マインドは決して再びあなたの主人にはなれない。

そして初めて、あなたは未知なる世界へと入って行ける。

マインドは未知なる世界へは入って行けない。

マインドはすでに知っているもので生み出された。

それは既知なるものの創造物だ。

だから、マインドには
未知なる世界へ踏み入ることはできない。

マインドは絶対に「真実とは何か、神とは何か」を知ることはできない。マインドは「自由とは何か、生命とは

何か」を決して知ることはない。
なぜなら、マインドは最初から命のないものだからだ。
それは死んでいる。
何世紀も何世紀もかけて蓄積された埃《ほこり》――
ただの埃、記憶という埃だ。

マインドは、あなたを力で押しやっているように見える。
実際は押しやっていない。マインドは、最も安易な轍を
あなたに与えているにすぎない。
マインドは、あなたに繰り返し使われた轍を
提供しているにすぎない。
あなたはその便利さの犠牲になっている。
というのも、いつも使っている道を断ち切ること、そし
て新しい道を作り出すこと、そして新しい道の上を進む
ことは大変困難で不便だからだ。
それが、苦行《タパ》という言葉で意味されることだ。
もしあなたが、マインドではなく意識によって作り出さ
れた新しい轍を歩み始めれば、あなたは苦行生活《タパスチャリア》をして
いることになる。それは骨が折れる。
グルジェフは、沢山のエクササイズを弟子達に用意して
いた。その一つは、マインドのメカニズムを時々否定す
ることだった。
あなたが空腹を感じているとする。
その時、ただそれを否定し、あなたの身体を苦しませる。
そして、自分自身はただ、静かで穏やかであること。
そしてその時、身体が空腹を感じている、と想起してい
るのだ。その感覚を抑圧してはいけない。
空腹を感じないように強いてはいけない。
身体は空腹だ、とあなたは認知している。
が、それと同時に、身体にこう言いなさい。
「僕は今日、この空腹の感覚を満たすつもりはない。
身体よ、空腹でいなさい、苦しみなさい！
今日は、いつも用意されているお決まりの轍を行くつも
りはないからね。僕は傍観者でいるんだ」と。

もしこれができるなら、突然、あなたはその隙間を感じ
られるようになる。身体は空腹でも、どこかに、その空
腹とあなたの間に距離が存在する。
もしその時、マインドを何かで一杯にしようとするなら、
あなたは要点を見逃している。
もしその時、寺へ行ってただ空腹を忘れるために、キル
タンをしたり歌ったりし始めるなら、あなたは要点を見
逃している。

身体には空腹でいさせなさい。

空腹から逃れられるように
マインドを何かで一杯にしてはならない。

空腹のままでいること。そして身体には「今日は罠にはまるつもりはないんだ」と言いなさい。

すると、あなたは空腹のままで苦しむ。


だが世の中には、無意味に断食をし続ける人がいる。

彼らが断食をする時はいつも、空腹だと自分でわからないように、感じないように、マインドを何かで一杯にしようとする。


が、もしその空腹が感じられなければ、全ての要点を見逃したことになる！

そうすると、あなたはトリックを演じている。

空腹を全面的に、強烈に、あらしめなさい。

そこにあらしめなさい。空腹から逃げてはならない。

その事実をそこに、あらしめなさい。

そして傍観者でいて、身体に「今日はお前に何も与えないからね」と言いなさい。

そうすれば、葛藤もないし抑圧もないし逃避もない。

もしあなたにそうできるなら
突如としてその隙間に気づく。

あなたのマインドは何かを求めている。

たとえば誰かが怒ったとする。彼はあなたに怒っている。

そしてあなたのマインドは反応し始め、怒り出す。

まさにその時、マインドに「僕は今度は罠に落ちるつもりはないよ」と言うのだ。それから離れていなさい。

怒りを、マインドの内にあらしめなさい。

そして、それから離れていること。

協力してはならない、同化してもいけない。

そうすれば、あなたはどこか他で怒りを感じている。

怒りはあなたを取り巻いている。

が、怒りはあなたの内にはない。

それはあなたのものではない。

それはちょうど、あなたの周りの雲のようなものだ。

それは流れ流れて行き、あなたがやって来て協力するのを待っている。そこにはあらゆる誘惑がある。

それが誘惑という言葉の、本当の意味だ。

あなたを誘惑する悪魔はそこにいない。

あなた自身のマインドがあなたを誘惑している。

なぜなら、それが一番便利な在り方であり
振舞い方だからだ。

便利であることが誘惑だ。

便利であることは悪魔だ。

マインドは言う、「怒りなさい！」と。

怒る状況はそこにあり、メカニズムはもう整っている。

常に、怒る状況があるとあなたはいつも怒り
マインドは再び同じ反応をあなたに供給していた。

そういうことが続くのはそれで構わない。

というのも、マインドはあなたがいつもしていたことをするようにと、あなたを用意させているからだ。

だが時には、そういう状況の時、軌道の外にいなさい。

そしてマインドに「いいだろう、怒りは外にある。誰かが私に怒っている。おまえは私に古い反応、お決まりの反応を供給している。でも今度は協力しないぞ。私はここにただ立って、何が起こるか観察し、見ているよ」と言いなさい。すると突然、全ての状況が変わる。

あなたがマインドに協力しなければ
マインドは死んでしまう。
あなたが協力すると、マインドに活動性をエネルギーを与えることになる。
それはあなたのエネルギーだ。だが、あなたはそのエネルギーが、マインドに使われて初めてそれに気づく。

一切、マインドに協力しないこと。

そうすればマインドは、あたかも背骨がなくなったように、ただ崩れ落ちるだろう——

ちょうど命のない死んだ蛇のように。

それはそこにある。そして初めてあなたはマインドではなく、自分の内側のエネルギーに気づくだろう。

そのエネルギーは、純粋なエネルギーだ。

そして、そのエネルギーとともに
人は未知なる世界へと踏み込んで行く。

実際、もしそのエネルギーがマインドと関わっていなければ、そのエネルギーは未知なる世界を進んで行く。

もしそのエネルギーがマインドと関わっていれば
既知の世界を進んで行く。

そのエネルギーが既知の世界を進んで行くと欲望という形を取り、エネルギーが未知なる世界を進んで行けば、無欲という形を取る。

その時そこには、純然たる活動——エネルギーの遊び、純然たるエネルギーのダンス、未知なる世界からあふれ出すエネルギーの活動がある。

マインドは、既知のものだけしか供給できない。

もしあなたがマインドから距離を置けるとすると

エネルギーは動く必要がある。

エネルギーは、じっとしたままではいられない。

それが「エネルギー」という意味だ。

それは動かなければならない！

動きこそが、まさにエネルギーの命だ。

動きは、エネルギーの性質ではない。

動きは、まさにエネルギーの命だ！

それは、エネルギーは動きなしでは存在しない、ということではない——いいや、そうではない！

それは、エネルギーのまさに命であり、本来性だ。


エネルギーとは動きのことだ。だからそれは動く。

だから、マインドがいつもの轍を提供すればマインドはその中を動く。

いつもの轍が提供されなくても、あなたがマインドのスイッチを切ったとしても、それは動く。

だがその時の動きは、地図に載っていない動きだ。

その動きは遊びであり、リーラだ。

その動きは創造的だ。その動きは精神的だ。

そしてそれは無欲だ。

あなたが動くのは、何か欲望があるから動くのではない。

あなたは動く以外にどうしようもないから動く。


あなたはエネルギーであり、動きだ。

その違いを見なさい。


マインドが働く時、それは死んだ重荷として機械的な重荷として、過去から働く。

それはあなたを未来へと押しやる。

というのも、過去とは未来へと押し進みたがるからだ。

過去はまたしても、それ自身の欲望を投影するからだ。

だから、まず最初に欲望というものの反復性を理解することだ。そこには余り多くの欲望は存在しない。

実際には、欲望というのはほんの僅かだ。

あなたは、それらを繰り返し続ける。

ちょっと自分がどれだけの欲望を抱えているか、数えてみなさい。欲望はそんなに多くない——ほんの僅かだ！

どれだけの欲望を抱えている？　ごく僅かだ！

五本の指で数えるほども、欲望を見つけられないだろう。

実際には、その奥深くを見れば、たった一つの欲望しかないことがわかるだろう。欲望には多くの形がある。

だが実際には、それらはたった一つの欲望だ。

その同じ欲望が、絶え間なく繰り返されている。

前の生から次の生へと、その欲望が繰り返されている。

あなたは繰り返し続け、それは欲望という形を取り始め、また現れ始める。

あなたはどうすることもできない。

車輪は回っていて、あなたには何もできない。

本当はそうではない。

「車輪を回しているエネルギーは、自分が与えている」

ということを、完全に忘れてしまっている。

それだけの理由のために、あなたはどうすることもできない。


未来がただの繰り返しになっているのは、過去のせいだ。

未来は過去が投影されたものだ。

あなたは再び同じことを欲する。

あなたは何度も何度も欲し続ける。

だから私は言う、「過去と未来はマインドの一部であり、時間の一部ではない」と。


時間は今ここ、現在だけにある。

マインドが働かなければ、エネルギーは今ここ、この瞬間にある。活動するのは、それがエネルギーだからだ。

そして今、エネルギーは未知の世界の内にある。

そこには既知のものは全く存在しない。

マインドが存在しなければ、既知なるものも存在しない。


誰かが輝海に、こう聞いた。

「あなたはどのようにして仏道を達成されたのですか?、どのようにして悟りに至ったのですか?」

すると輝海はこう言った。

「わしは無の境地《ノーマインド》になった時、仏道を達成し、悟りに至った」と。


我々はマインドだ。

それは「過去につなぎ止められている」という意味だ。

もし我々がノーマインドになれれば——

それは過去のしがらみから解放されるという意味だ——

瞬時にして自由になり、新鮮になり、エネルギーが活動する。何かのために活動するのではなく、それがエネルギーだから活動するのだ。

その違いをはっきりと覚えていなさい。

エネルギーは何かのために活動するのではなく
それがエネルギーだから活動する。

川は流れる。普通我々は、川は海になるために流れていると思っている。どうしてそれがわかるのか?

川は海になるために流れているのではない。

川が流れているのは、それがエネルギーだからだ。
最終的に、たまたま海がそこにあったというだけだ。
が、それはまた別だ。
あなたが未知の世界へと進んで行くと
最終的には神にたどり着く。
それは、たまたま神がそこにいただけのことだ。
あなたの活動が純粋なら、神にたどり着く。
川は何も知らずに、何も地図を持たないで流れ続ける。
だが、過去は地図を与えることはできない。
川は二度と、過去の軌道を流れることはないからだ。
全てのステップが未知の中にある。
その軌道がどこに進んで行くのか、それを知る由はない。
川は何か願望があって流れているのではない。
川は何かのために流れているのではない。
未来は未知の世界だ――ただ未知の、暗闇の世界。
川はその中を流れて行く。なぜ流れるのか？
川がエネルギーだから流れるのだ。

種は育ち、木は成長し、星は動いている。
なぜ彼らは活動しているのだろう？
彼らがどこかにたどり着く必要があるのだろうか？
いいや！　彼らが活動しているのは
彼らがエネルギーだからだ。
純粋なるエネルギーが活動している。
エネルギーは動いて行く。他にどうすることもできない。
そしてあなたが、ただ純粋なるエネルギー、マインドで
はなくノーマインドのエネルギーになった時、あなたは
活動する。
そうしたら、全てのステップがただ未知の中にある。
その時、生は至福になり、エクスタシーになる。
というのも、古い物事が二度と再び繰り返されることは
ないからだ。朝は決して再び同じではない。
この瞬間は二度と再びやって来ない。
今が衝撃であり、毎回がスリルだ。
そのスリルがミーラのダンスを生み出し
そのスリルがチャイタニアの歌を生み出した。
このスリルとともに、あらゆる瞬間に新しい何かが爆発
し、飛び出している。ブッダは決して、退屈していなか
った。彼は新鮮に見える。

ムーリンガプッタが、ブッダの所にやって来た。
彼はとても探求心のある若者であり、偉大な学者であり、
教典から知る全てを知っている人であり、

すばらしい神学者《パンディット》だった。

彼はブッダの所にやって来て、沢山の質問をし始めた。

二日目、再び彼は沢山の質問をした。

三日目、またしても彼は山ほど質問をした。

ブッダの別の弟子アーナンダは、まったく飽き飽きしていた。そして彼はブッダに聞いた。

「あなたは飽き飽きしていらっしゃらないのですか？　彼は何度も何度も同じ質問を繰り返しているのですよ」

すると、ブッダはアーナンダに尋ねた。

「彼が繰り返しているって？

彼が一つの質問を繰り返しているって？」


ブッダの意識的なマインドにとっては、全ての瞬間が全く新しい。ブッダのようなマインドにとっては、全てがまったく新しい。

どうやって古い質問をまた繰り返すことができるかね？

質問者でさえ、もう同じままではない。

昨日質問したことと同じ質問を、どうやって問うことができる？　ガンジスの水は随分流れてしまった。

なのに、どうして同じ質問をまたできるだろう？

あなた自身は、決して二度と同じではない。


そしてブッダは言った。

「たとえ彼が同じ質問をしたとしても、彼はもうその質問をした同じ人ではない。なのに、なぜ私が『彼は繰り返している』と言えるだろう？　それに、彼は誰か他の人に質問したに違いない。昨日、私はどこにいたかな？

エネルギーは絶えず動いている」


誰かがとても腹を立てていて、ブッダを侮辱した。

その人はそれを後悔し、次の日ブッダに許しを乞うためにやって来た。ブッダはただ、当惑してしまった。

そして彼は言った、「おかしな人だね！　あなたは一人の人を侮辱し、誰か他の人の許しを乞うている」と。

その男は言った。

「何をおっしゃるのですか？　私がおかしいのか、あなたがおかしいのですか？　私は昨日ここへ来てあなたを侮辱したんです。大変申し訳なく思って、昨日は寝ることもできませんでした」

するとブッダは言った、「だから、あなたはまだ繰り返しているのだよ。私は昨日寝たし、今の私は昨日とは違う人間だ。川は流れ続けている。それは二度と同じ岸にはない。私は決して同じではない。

あなたは困った状況にいる。あなたが一度も会ったことのない人に、許しを乞うことはできないのだから。もし私がその人に会ったら、あなたが私に言ったことは、全て彼に伝えておきましょう」と。


そのエネルギーは未知の世界を進んで行く。

それは新鮮で生き生きとしている。

だから、ブッダが老いることは絶対にあり得ない。

当然、肉体は年老いていくだろう。

だがブッダが老いることは絶対にあり得ない。

彼はいつまでも若いままだ。

だから、我々は、ラム、クリシュナ、あるいはブッダを老いた姿で描かないのだ。

彼らは年老いた。が、我々は年老いたクリシュナや年老いたラムや年老いたブッダや年老いたマハヴィーラの姿を描かない。そんな絵は存在しない！

彼らが年老いなかったのではない。

肉体は共通の定めに従わねばならない。

だが、彼らの年老いた姿を描かなかったことで何かそれ以上のことを意味しているのだ。

実際に、彼らは決して老いていなかった。

というのも、彼らはよく動いたからだ――

実によく動き、生き生きとしていた。


そういう人間にとって死は終わりではない。

死は再び、さらなる活動だ。死は全く終わりではない。

ということで、マインドは活動的でない。
マインドは機械的なものだ。
もしあなたがマインドに協力するなら
マインドは活動的になり得る。
だからマインドに協力してはならない！
無関心でいること、そして、距離をおくということを
覚えておきなさい。そして気づいていなさい。
そうしたら、マインドがそこにあっても
あなたはその外にいることになる。

英語の「エクスタシー」という言葉は
とてもビューティフルで意味深い。
あなた方はこの言葉の意味していることを
考えたこともないかもしれない――「エクスタシー」。
それは「外に立つ」という意味だ。
その言葉の意味は「外に立つ」ということだ。
もしあなたが自分の外に立つことができれば
あなたはエクスタシーの内にいる。
誰かが「『サマーディー』を『エクスタシー』と翻訳す

ることは良くない」と言っていた。
なぜなら『サマーディー』という言葉は
外に立つという意味ではないからだ。
実際に、サマーディーとは「内に立つ」という意味だ。
そこで誰かが新しい言葉を提案してきた。
彼は新しい言葉を作り出した。
エクスタシーという言葉の代わりに、彼はサマーディー
を「インスタシー」——内に立つこと——と翻訳した
ほうがいい」と言った。
実際、それらの二つの言葉は、二つの違うことを意味し
ている。だがある意味では、それらは同じ意味だ。
もしマインドの外に立てれば
自分の内に立つことができる。
あなたが自分——自己と言われるもの——の外に立つ
ことができて初めて、あなたは自分の内に立てる。
だから、エクスタシーは「インスタシー」だ。
その時、あなたはあなたの中心にいる。
もしあなたが、マインドの外にいることができれば
あなたが自分の中心にいるということだ。
だから、マインドから抜け出すことが、意識の中に入る
ということだ。マインドは一つの機械として、一つのし
くみとして、また一つの蓄積として、過去として理解さ
れなければならない。
そして一度あなたがそれを感じれば
あなたはマインドの外にいる。
だが、我々は延々と回り続け
絶えずマインドと我々自身を同化し続けている。

あなたが「これは私の考えです」という時は常に
マインドと同化している。その言葉を変えることだ。
そのことは、時々とても役に立つ——ただ言葉を変える
だけのことで！　言葉には、非常に深い影響力がある。
その時、こう言うのだ。
「この考えは私の過去のマインドから来たものです」と。
そしてその違いを感じなさい。
あなたが「これは私の考えです」と言う時、あなたは同
化している。だから、こう言うのだ。
「この考えは私のマインド、私の過去のマインドから来
たものです」と。そして、ただ言葉を変えるだけで、ど
れほどマインドとの距離が生まれるかを感じなさい。
たとえば我々は「私のマインドが緊張している」と言う。
それは、あなたがマインドと同化しているということだ。
我々は「私は緊張しています」と言うことさえある。

それは、もっと同化しているということだ。

我々が「私は緊張しています」と言う時、隙間はない。

私が「私のマインドは緊張しています」と言う時
少しの隙間がある。

もし私が「私は、マインドが緊張していることに気づいています」と言える時、そこにはより大きな隙間がある。

隙間が多くなればなるほど、緊張は少なくなっていく。

我々が「私は緊張しています」と言う時、それはあたかも他の誰かの責任であるかのように見える。

だから心理学では、「私は緊張しています」と言いなさい、とは決して言わない。

というのも、それは微妙なやり方で、他の誰かの責任にしてしまうからだ。

心理学では「私は緊張しています」というよりむしろ、「私が緊張させています」と言うべきだとしている。

そうすれば、責任はあなたにかかっている。

そうやって、言葉やマインド、思考の古い習慣を破壊しなさい。

そうすれば、あなたのエネルギーは活動するだろう。

一度、マインドが、あなたの意識作用の中になくなれば、初めてあなたは自由になる。


質問…………

OSHO、パラマハンサ・ラーマクリシュナの生の話で、シャラダ・デビが話していた、彼の味覚への強い欲望についてですが、私達はそのことをあなたから何度も聞いています。その欲望が、本質的に生きること、生そのものに関わっていることを、示しているのではないでしょうか?


欲望は生に関わっている。

だが、生はまた、無欲の内に生きることもできる。

だが、それでは肉体としての生は不可能になる。

実際、欲望は、生と肉体の間を結びつけている。

もし全ての欲望がなくなったら
肉体はもうそれ以上維持できなくなるだろう。

身体は、欲望が満たされるための道具でしかないからだ。

現在では、生物学者達は「我々が感覚器官を発達させてきたのは欲望のせいだ」と言っている。

もしあなたが何かを頑固に欲すれば
あなたの肉体は新しい感覚を発達させることになる。

我々に目があるのは、欲望のせいにすぎない。

普通、「目があるから、物が見える」と思っている。

そうではない！

生物学者は「何かを見たいという願望があるから、目が発達した」と言う。もし見ようとする願望がなければ目はただ、なくなってしまうだろう。

肉体全てが、欲望があるために存在しているのだ。


ブッダは光明を得た後、四十年間生きた。

そこで疑問が持ち上がる。もし欲望が完全になくなってしまったら、ブッダは死ななければならない。

なのに、どうしてブッダは生きていたのだろう？

肉体には推進力がある。走っていて急に止まりたいとしても、止まることはできない。

あなたのマインドは止まった。

あなたは「止まるんだ」と決意した。だが推進力のせいで、もう少し走らなければならないことになる。


あなたが自転車を漕いでいるとする。

そして途中で漕ぐのを止める。が、車輪は推進力を蓄積している。それらは勝手に進んでいく。

自転車が完全に止まるには、もう少し時間がかかる。

だから私はいつも言う。


「自転車が坂を上がって行く時にはすぐに止まる」と。

もしあなたがペダルを漕ぐのを止めると、自転車が坂を上がっていれば、すぐに止まってしまう。

漕ぐのを止めると同時に、止まるかもしれない。

が、下り坂なら、自転車はもっと長く走るだろう。


それと同じように、もしあなたが三十五才以前に光明を得れば、肉体はすぐに死んでしまうかもしれない。

三十五才以降に光明を得れば、それは下り坂だからもっと生き続けるということがある。

だからシャンカラはすぐに死んでしまった。

彼はたった三十三才だった。

彼は二十才で光明を得た。が、それは稀だ！

彼は死ななければならなかった。

彼は三十五才まで生きられなかった。

彼は生の中間地点にさえ、たどり着けなかった。

もしあなたが三十五才以降に光明を得れば
下り坂にいるので、肉体は生き続けられるだろう。

欲望が完全になくなってしまうことで
実際はあなたは肉体としての存在をやめたのだ。

それ以後は、以前の推進力が働いている。

そして、それは多くのことに左右される。

ブッダは食中毒で死んだ。彼は肉体を癒せなかった。それは、食中毒という病気がとても危険だったからではなく——食中毒はごく普通の病気だった——自分を肉体につなぎ止めるものがなかったからだ。

だから、自分を肉体にとどめる手助けができなかった。

そこで現代医学では「もしあなたに生きる欲望があれば、医学はより役に立つ」ことを受け入れている。

あなたに生きる欲望がまったくなければ、医学が役立つという証明には全然ならないかもしれない。

現在では、多くの実験がなされている。

二人の人が病気で、まさに臨終の床についている。

その一人は深刻で、彼が生き残るという望みはない。

が、彼は希望を抱いており、長く生きたいと思っている。

医学的にはもう望みはない。

医者も、彼が生きるという望みを抱いていない。

それでも、彼は希望を持っている。

もう一人の方は、そんなに深刻な状態ではない。

みんな、彼は望みがあると思っていた。

「彼は生き残るだろう。何も問題はない」と。

が、彼には希望がなかった。

彼は生きていたくなかった。

そして突然、彼の内側で何かが彼の身体から脱落した。

そうなれば、医学は助けにならない。

彼は死ぬだろう。

そして深刻な状況にあった病人は生き残る。

医学は彼を助けることができる。

肉体と意識は欲望でつながっている。

そのために、人が欲望のない状態で死ねばその人は生まれ変わらない。

今やその必要も、肉体を再び作り出す原因もないからだ。

死への恐怖から眠れないという人に、会ったことがある。

眠っている間に死ぬこともあり得るからだ。

そうしたら、どうしたらいい？

だから、彼は恐れていた。彼は眠ることができない。

私は、彼の恐怖にはそれだけの根拠があると思う。

彼の恐怖は意味深い。彼には生きる願望がなかった。

彼は無欲ではなかった！

彼にはただ、生きる願望がなかった。というより、彼は死にたいと願っていた。もし死にたいと願っていれば、眠っている間にごく簡単に死ぬことができる。

あなたが再び朝起きれるのは、朝が来たからではなく、あなたを起こす何らかの力があるからだ。

その男には何もなかった。彼を起こす力は何もなかった。

だから、彼は恐怖で眠れなかった。

朝が来ても、起きようとする気持ちが湧いてこなかった。

そこには何もなかった！

それでもまだ、私は言う、「彼は無欲ではない」と。

彼はただの欲求不満だった。願望全てがかなわなかった。

全ての願望が果たされずに終わった時、あなたは新しい願望を作り出す――それが死への願望だ。


フロイトは晩年に、彼が夢にも思わなかった新しい事実につまずいた。彼はその全生涯を「リビドー（生への願望）」の研究に捧げた。

彼は「リビドーという力、そのセックス、その生への願望」を、彼の思想体系全体の土台とした。

最後に彼は、二つ目の欲望につまずいた。

最初の欲望を彼は「エロス」と言い、二つ目を「タナトス」と呼んだ。

タナトスとは、「死への意志、死への願望」を意味する。

フロイトは、「もし人間の中に死への願望がなければ、どうして死ぬことができようか？」と考え始めた。

人間の意識のどこかに、死への願望が隠されているに違いない、と。

またもう一方では、生物学者達は「肉体それ自体は生き続けられる――永遠にすら生きられる」と言っている。

だから、人間がそんなにも早く死ななければならない、という必然的な理由は存在しない。

肉体は、それ自体を新しくする能力を、はじめから備えているからだ。肉体は、絶えず新生できる。

が、多くの問題がある――

「肉体が誕生する」と言う時、我々はいつも「それは生への願望のせいだ」と言う。実際、フロイトは正しい。

二つ目の欲望が、その円を完結するために必要だ。

死への願望が、隠れているに違いない。


その死への願望が、あなたが死ぬのを助けている。

生への願望は、あなたが生まれ変わるのを助けている。

その死への願望は、全ての人に何度もやって来る。

何度も、あなたは突然、それに気づいたことがあるに違いない。

何かが失敗に終わった時にいつも、また誰かが恋人や、最愛の人を亡くした場合、突然死への願望がやって来て、あなたは死にたいと思う。

それはあなたが無欲になったからではなく、あなたの一番願っていたことが、今や不可能になったからだ。

だから、あなたは死ぬことを願い始める。

その違いに注意しなければならない。

多くの宗教的な人達は、実際には宗教的ではないからだ。

彼らはただ、死だけを願っている。彼らは自滅的だ。


生から死へと願望を変えることは、実に簡単だ。

とても簡単というのは
生と死は、まったく違う二つのことではないからだ。

それらは、一つの現象の裏表だ。

だから、あなたは変えられるのだ。

だから「自殺を犯す人は、実際には、非常に生に執着する人間だ」ということが起こる。彼らは余りにも生に執着しすぎる。望みが達せられずに終わった時はいつも自殺する以外には何もできない。

だから、生に余り執着しない人は、自殺できない。

自殺には二通りある。一つは長くかけて自殺する方法。

もう一つは短い時間で自殺する方法。

あなたはたった今、毒を飲むこともできるし、何年もかけてゆっくりと死んでいくこともできる。

それは、どれだけの勇気を持っているかによる。


時々、そうしたことが起こる。

あなたは生きる勇気がない、また死ぬ勇気もない。

その時には、ゆっくり死ななければならない。

その場合は、長い時間をかけて自殺する方法が選ばれる。

すると、人はただ徐々に消えていく――死んで、死んで、死んで。その場合、死とは、長く引き延ばされたプロセスだ――だんだんと。その死への意志もまた、存在する。

そこには多くの問題、多くの含みがある。


バーナード・ショウは、晩年、町での生活を捨て、小さな村で生活をしていた。そして、誰かが彼に聞いた。

「あなたはなぜ、その村を選んだのですか?」

すると彼は言った。

「私はちょうどお墓のそばを通り過ぎようとしていた。そしてそこで、『この者は、一一〇才でなくなった――それは早すぎる死だった』と刻まれた墓石に出くわしたんだ。そこで私は、この村で生きるだけの価値はある、と思ったんだ。

もしこの村に済んでいる人々が、一一〇才で死ぬのは早すぎると思っているなら、ここにいる方がいい」

そして、本当に彼はとても長く生きた。

心理学者達は言う、「寿命というのは定まっている」と。

もし国全部が、「七十才が最高年齢だ」と思っているなら、それが固定したマインドのあり方になる。

もしその国が「百才が最高年齢だ」と思っているなら、百才が最高年齢になる。

もしその国の全員が一団となって「そんなに早く死ぬ必要はない、人間は三百年生きることができる」と思い始めれば、もし国全体が「三百才が最高年齢だ」と決めれば、肉体は三百年生きることができる。

それはただの集団催眠にすぎない。


我々は、ある年になれば、人が老いると知っている。

誰もが知っている。

子供は自分が老いる時、意識的になる。

若者はその若さが去って終った時、それを知る。

誰もが知っている！

それは余りにも繰り返し知られてきた。

余りにも暗示的で、誰もが七十、八十才が最高の寿命であり、限界なのだと知っている。

我々が八十才で死ぬのは、八十が限界だと信じているからだ。もしあなたがその限界を変えられたら、そんなに早く死ぬ必要はない。


基本的には、肉体はそんなに早く死ぬ必要はない。

身体は自ら若返る能力を備えている。

身体は若返り続ける。それは持続する。

この集団催眠と「死への意志」が結ばれ、一つになる。

だが、もし生に欲望が必要だとするなら
死にも欲望が必要なはずだ。

だから、我々は「クリシュナが死んだ」とは絶対に言わない——絶対に！

我々は「彼はサマーディーに入った」と言う。

我々は「ブッダが死んだ」とは決して言わない。

ブッダの死は、涅槃《ニルヴァーナ》であり、解放だ。

我々は、彼らが「死んだ」とは決して言わない。

というのも、彼らにとって、生きることが不可能になった時、どうして死ぬことができるだろう？

その含みを理解しなさい。

ブッダにとって、生きることが不可能になれば
どうして死ぬことができる？
生きる願望のない者が、どうして死を願えるだろう？
もし彼が余りにも無欲になれば、生きることは不可能だ。
そうしたら、死ぬこともまた不可能になる。
だから我々は「ブッダが死んだ」とは言わないのだ。

我々はただ「彼はより大いなる生の中に入った」と言う。

我々は、彼が死んだ、とは決して言わない。

我々が「死ぬ」とはどういうことだろう?

生きているから、生きることに執着するから死ぬのだ。

だから、生きることから執着をなくすことだ。

それを壊すことだ。


ブッダが生きていた時、彼は推進力で生きていた。

彼は車の中にいた。その車は下り坂を下っていた。

だから、その車がどこで止まろうとも、彼には何の文句もないだろう——どこであろうと。

その車が止まったまさにその瞬間、彼は車から降りた。

彼は一瞬ですら、何かが間違っているとは思わなかった。

彼は何かが間違っているとは感じなかった。

それはそうあるべきだ。彼は、あたかも生きていないかのように、生きることができた。

彼は、あたかも死なないかのように死ぬことができた。

が、もしあなたが生き続けていたいのなら
何か欲望が必要だ。

ラーマクリシュナは、彼のメッセージを与えるにふさわしい人のために、しばらくの間生きていようと試みた。

彼は「もし欲望がなければ、その推進力もなければ、肉体はただ消えゆく」と感じていた。

そこで、彼は自分でそれを作り出した。

彼はそれを編み出した。彼は欲望を生み出した。

彼は、ふさわしい人にメッセージを授けられる時まで、少なくとも一つの欲望だけは生かしておかねばと、絶えず試みた。

それは決してブッダには起こらなかった。

それは、マハヴィーラには決して起こらなかった。

それでは、なぜラーマクリシュナに起こったのだろう?

実際には「どうしてラーマクリシュナに起こったのか?」という問題ではない。それはラーマクリシュナではなく我々の時代に関わることだ。


ブッダの時代には、彼のメッセージを与えられる人を見つけるのは決して不可能ではなかった——決して!

その当時は、大勢の求道者達がいた。

だから、いつでもメッセージを誰かに与えられた。

だがラーマクリシュナにとっては
ふさわしい人を見つけることは、とても不可能だった。

そこで、ラーマクリシュナはただ一人、全人類の歴史の中で初めて、寿命よりもう少し生きていようと無理やり試みた人だった——ただ、ふさわしい人を得るために。ヴィヴェーカナンダが初めて彼の所にやって来た時ラーマクリシュナは彼にこう言った。

「どこにいたのかね？　本当に長く待ったよ！　本当に長いこと待っていたんだよ！」と。

そして、ヴィヴェーカナンダが初めてサマーディーの最初の一瞥を得た時、ラーマクリシュナは彼にストップをかけた。そして彼はこう言った。

「もうこれ以上は駄目だ、もしこれ以上進めば、おまえは私と同じ困難にぶつかることになる。だから、ただこの状態のままでいなさい。これ以上先に進んではならない。メッセージが与えられるまでは、ただこの状態のままでいなさい。

ここで、私はおまえのカギを取り上げる。そうすれば、おまえは私が苦しんだのと同じ苦しみを苦しむ必要はなくなる。初めて私が何かを得た時、私は大地に根を張らねばならなかった。それは実に難しいことだった——とても難しい。だから、ここで私はおまえのカギを取り上げよう。このカギはお前が死ぬ前——死の三日前に、初めて与えられるだろう」

死の三日前まで、ヴィヴェーカナンダは、再びその一瞥を得ることはなかった。

彼は達成できなかった。ラーマクリシュナが言ったことが、障害になっていた。

彼はその障害を跳び越えられなかった。

彼は死の直前——三日前、初めてその障害を跳び越えられた。


生きることは欲望だ。我々が知っている生は、欲望だ。が、欲望がない別の生もある——我々が知らない生。

この生は、肉体を通してやって来る。

別の生は、純粋なる意識を通してやって来る——直接、真っ直に。この生は肉体を通して、マインドを通して、手段を通してやって来る。

そのために、それは非常にあやふやではっきりしないものになる。

それは、意識から真っ直に訪れたものではない。


何かが多くの媒体を通してあなたの所にやって来た時、それはゆがめられてしまっている。

それはそうなって当然だ。あなたは一度も光を見たことがない。光を見ることはできる。

その時、光は、化学物質、電波に変えられている。

あなたはその電波を一度も見たことがない。

その化学物質を一度も見たことがない。

それらの化学物質が、メッセージを運んでいるのだ。

それが、あなたのマインドの中で解読される。

それらはただの暗号だ。

そして解読され、マインドはあなたに、「光を見ました」というメッセージを与える。

するとあなたは「私は光を見ました、太陽が昇り始めました。」と言い始める。

あなたは日の出を決して見てはいない。

あなたに届いたのは、ただの化学的なプロセスだ――

決して日の出ではない。

解読されたのは、またしても、ただの絵だ。

我々の体験全てが間接的だ。
私が愛する人に触れ、恋人の手に触れ
友達の手に触れる。
私は決して彼らの手に触れていない。
触れることはできない。
なぜなら、接触は、指先だけに留まるからだ。
それはただ、私の感覚器官を通して
電波がマインドにやって来ただけのことだ。

その電波の解読はできる。

私が「なんてすばらしいんだろう！」と言ったとする。

その感触は、私が目を閉じていても作り出せる。

その感触は、機械的なものでも作り出せる。

もし、私の愛する人が作り出すのと同じ波長の電波を作り出せれば、私は「何てすばらしいんだろう！」と言うだろう。

もしマインドの中の伝達器官が、電極によって刺激されるなら、その感触でさえも必要ない。

再び私は「何てすばらしいんだろう！」と感じるだろう。

ただ電極を頭蓋骨に埋め込むことができれば。

再び私は「何てすばらしいんだろう！」と感じるだろう。

もしあなたの体験の周波数を知れば、あなたが愛を感じた時、どの波長で受け取るか、するとボタンを押すだけで、あなたのマインドの中の電極で、同じ波長が作り出せる。

するとあなたは相手の人を愛し始める。

あなたがそれを怒りとして翻訳する時
どの周波数で受け取っているのだろうか？

電極は、それと同じ波長を作り出すことができる。

するとあなたは、怒り始めるだろう。

あなたは生において何を生きているのだろう？

何を知っている？　あなたは何も知らない。

全ての物事が余りにも多くの媒体を通しているので、あなたに届くのはただ間接的なメッセージだけだからだ。

肉体なしの、マインドなしの別の生がある。

その時、経験はどんな媒体もなく、直接だ。

それは真っ直だ。その間に何も存在しない。

光がそこにあれば、その間には何も存在しない。

そうなって初めてあなたは、暗号化されたメッセージではなく、光で満たされる。

その体験が、神の体験だ。

それは次のようにも言える。
あなたが媒体を通して存在を体験すれば、それが世界だ。
あなたがどんな媒体も通さずに存在を体験すれば
それが神だ。

体験されているものは同じだ。

ただ体験者が、異なる在り方で体験しているだけだ。

一つの方法は、何か他のものを通しての在り方だ。

私があなたにメッセージを与える。

すると、あなたはそれを誰か他の人に与える。

そして、彼もまた、他の誰かにそのメッセージを渡す。


それは、誰であれメッセージが与えられた人に届く――

そのメッセージに関わりのある人に。

それが誰かに届く。

が、それは変わってしまっている。

メッセージは誰かに伝えられるごとに変わってしまう。

我々の目は、同じものを見ているのではない。

我々には同じものを見ることはできない。

微妙なところで、各人各人の器官が異なっているからだ。

私が光を見る時、他の人とは違う在り方でそれを感じる。

あなたが光を見る時、あなたはそれを人とは違う在り方で感じる。


ファン・ゴッホが太陽を見ている時、確かに、彼は人と違った在り方で見ている。

彼はただ我を忘れ、踊り、泣き、叫び出す。

彼が太陽を見ている時は、ただ我を忘れてしまう。

一年間、ファン・ゴッホはずっと太陽の絵だけを描いていた。彼は眠らなかった。

彼はまったく夢中になっていた。

太陽がとても熱いアルルで、一年間、太陽は彼の頭にその光線を注ぎ続けた。そして彼は、野原で描いていた。

一年間、絶え間なく描き続けた。

そのために、彼は狂ってしまった。

一年間、彼は精神病院に入れられていた。

その唯一の理由は、余りの太陽の熱さに耐えられなかったというものだった。

誰もそこまで狂ってしまう者はいない！

そして彼は手紙を書き残し、自殺した。

その手紙の中で彼は「僕は太陽の見せるあらゆる表情を描いた。だから、もうこれ以上生きる必要はない。僕は太陽の表すあらゆるムードを知った。だから、もうこれ以上生きる必要がない。今や、僕は思い残すことなく死ねる」


確かに彼は、太陽を人とは違った見方をしていた。

太陽にそれほど夢中になった者は誰もいない。

どうしてこんなに夢中になってしまったのだろう？

彼は、人とは違う伝達システムを持っていたに違いない。

今では心理学者達は「彼は、人とは違う化学物質、彼に生まれながらに備わっている化学物質を持っていたに違いない」と言っている。

我々はすぐにも「詩人達は、人とは違った質の化学物質を体内に持っている、だからこそ、彼らは花や雲に夢中になり始める」という結論に達することがあり得る。

他の人にとっては、花や雲はただナンセンスだ。

花が存在するのはそれでいい。

だが、その花を描き、詩を創り、そのために生きていくのはナンセンスだ。

それは確かに、何かＬＳＤのようなものが、彼らの体内に化学物質として備わっているに違いない。

ダンサーは人とは違う化学物質を持っている。

それを見ていると、生体エネルギーが人と違う在り方で働いているように見える。


私が「生は必ず欲望とともにある」というのはこの生のことであって、あちらの生のことではない。

この生は欲望とともにあるはずだ。

そして、欲望を多く持っていればいるほどあなたはこの生を感じることになる。

だから、欲望を追い求める人は、追って追って追い続けて、我々から見ると、とても生き生きしているように見える。

我々は「彼らはとても生き生きしている」と言う。

では、あなた方は一体、何をしているのだろう？

走りなさい！

みんなが欲望を追いかけ、みんな生き生きしている！

あなたはただ死んでいるのだろうか？

だが、別の生も存在している——より大いなる、より深い、より生き生きとした、より直接でまっすぐな生が。

それを表す一つの言葉がある——

アパロクシャヌブゥーティー——直接体験。

神は見えるはずだ。

が、目を通してではない。

神は聞かれるはずだ。

が、耳を通してではない。

神は抱き締められるはずだ。

が、手によってでなく、身体によってではない。

それでは、どうして神との出会いが起こるのだろう？

我々は二つのことしか知らない——一つは、生きたいという願望、もう一つは死にたいという願望だ。

我々は、欲望のない生、欲望のない解放された状態という別の次元を知らない。

だが我々が、欲望そのもののメカニズムに意識的になれば、あなたと欲望の間に隙間を作り出すことができる。

そこに隙間ができた時、今までの生が
もう一つの生へと移行し始める。


質問……………………………………………………

だんだん無欲になっていく時、時として、人は外面的に行動的でなくなることがあります。それは、怠惰や怠慢なのでしょうか？　そして、なぜそのようなことが起こるのですか？


多くの事が起こる。それは、その人その人による。

確かに多くの欲望がなくなり
そして多くの行為もまた消えゆく。

欲望だけが動機になっている行為は、消えていく。

もし私がある欲望のために走っていたとして
その欲望がなくなれば、どうして走れるだろう？

そうなれば、走ることはストップする。

少なくとも、同じ軌道で同じようには走らなくなる。人が無欲になった時、少なくともしばらくは、その間は——その期間の長さは個人個人で異なるが、彼は行動的でなくなる。

欲望はなくなってしまうだろう。

彼がしてきた全ての行為は、欲望のためだった。

だから、どうして今までと同じように行為できようか？

当然、今までの行為はなくなってしまうだろう。

だが、欲望と行為をなくすことで、エネルギーは蓄積される。すると今、そのエネルギーは活動し出す。

そのエネルギーが活動する時
その活動の仕方は個人個人で様々だ。

が、今、エネルギーは活動し出す。

そこには隙間が、中間期間が、インターバルがある。

その時期を私は妊娠期間、と言う。

種は生まれたが、少なくとも九ケ月はその形のままでいることになる。

奇妙に見えるだろうが、しかしそれは起こる。

この九ケ月間は意味深い。

それぐらいの期間、八ケ月から十ケ月の間は中間期間だ。

あなたはただ、行動的でなくなるだろう。

その行動的でないこともまた、人それぞれだ。

誰かは余りにも行動的でなくなって、彼の周りの人々は、彼が本当に昏睡してしまったのではないか、と思うかもしれない。それぐらい、全てがストップしてしまう。

マハー・ババの場合が、そういう感じだった。

一年の間、彼はまったくの昏睡状態だった。

彼は自分の手足でさえ動かせなかった。

動き回るどころか、立つことさえできなかった。

というのも、立ちたい、という思いさえなくなってしまったからだ。彼は物も食べられず、無理やり食べさせられなければならなかった。

彼は何もできなかった!

一年間ずっと、彼はまったく、どうすることもできない状態だった——何もできない子供のように。

それが妊娠期間だ。

そしてその時期が終わると、突如として、違う人間が誕生した。行動的でなかった人間はもういなかった。

彼は新しいエネルギー、蓄積されたエネルギーになった。

何生にも渡るエネルギーの浪費が、その隙間を作り出す。

あなたには充分なエネルギーがないからだ。

呼び起こし、呼び覚まし、刺激する欲望がなければあなたは倒れる。

あなたのエネルギーは本当はエネルギーではなくただの押したり引いたりにすぎない。

どうにかして、あなたは欲望を追いかけ続ける。

ゴールはすぐそばにあるように見えるからだ。

もうしばらくの間頑張れば、たどり着く!

あなたは自分自身に気合いをかける。

どうにか、あなたは自分をゴールに向かって運び走る。
だがゴールがなくなった時、欲望がなくなった時
あなたは倒れる。
行動的でない状態がある。
もしあなたが、その行動的でない状態の期間を耐えられれば、あなたは再誕する。
そうなれば、エネルギーは欲望なしの状態で活動し始めるだろう。
だが、それはその人その人による、と私は言う。
それはマハー・ババに起こったように
突然起こるかもしれない。

この場合は、突然起こったケースだ。

それはボンベイで起こった。

それは老婦人、ババジャンからのキスによって起こった。

マハー・ババは学校からの帰りで、ババジャンの前をちょうど通りかかった。

ババジャンは、何年も何年も何年も、木の下にただ座っていた老婦人、スーフィーの神秘家だった。

そこへマハー・ババがやって来た。

ババジャンはマハー・ババを呼び止めた。

彼はこの老婦人を知っていた。

彼女は何年も木の下に座っていた。

彼は毎日学校へ行き、家に帰る時に通っているその道を通っていた。

彼女は彼を呼び止め、彼は彼女に近づいた。

そして彼女は彼にキスをした。

彼はまるで死んだように、ただそこに倒れてしまった。

その後、彼は家まで運ばれた。

一年の間、絶えずそのキスは彼とともにあった。

彼は昏睡状態にあった。


それは、このように起こるかもしれない。

それは一つの大いなる伝授だ。

そして、ババジャンはその後に亡くなった。

なぜなら彼女は、彼女の全エネルギーを誰かに与えるために、その瞬間をただ待ち続けていたからだ。

それが彼女の最後の生だった。そして、彼女には自分がその瞬間与えたものを説明する充分な時間すらなかった。また、説明するようなタイプの人間ではなかった。

彼女は静かな神秘家だった。

彼女は何年もの間、誰にも触れていなかった。

彼女は誰かにキスをして、エネルギーを与えられる人を、ただ待っていた。そして彼女の全エネルギーは、一度に

伝達されるために用意されていた。

それ以前には、彼女は誰にも触れていなかった。

それは、そのタッチが全面的であるようにと
用意されていた。その子供は何が起こっていたのか、
まったく気づいていなかった。

だが、その子には用意が整っていた。

そうでなければ、エネルギーの伝達は起こらなかっただろう。だが、彼はそのことに気づいていなかった。

彼は過去生から修行していた。

彼の修行は相当完成していた。

彼は後になって、それに気がついたかもしれない。

が、今、そのことにまったく気づいていなかった。

それは余りにも突然に起こったので、彼はもう一度、
妊娠という時期を通っていかねばならなかった。


一年間、彼はまるで存在しないかのようだった。

大量の薬が彼に投与された。

大勢の医者や先生達がやって来て彼を助けようとするのだが、どうすることもできなかった。

彼のために何かをできるその女性は、もういなかった。

彼女は死んでしまった。

そして一年の後、彼は違う人間になった——

完全に違う人間に。
もしそういうことが余りにも突然起これば
人は深い昏睡状態に陥ってしまうだろう。
もしそういうことが、ある訓練の後に起これば
その人の昏睡状態は決して深いものではない。

もしあなたが、気づきの練習、瞑想をしていれば、エネルギーの伝達は決してそれほど、突然起こることはないだろう。

それはとてもゆっくりと、少しずつやって来るので、それがいつやって来たのか気づくことさえ決してない。

行動的でないものがそこにあり、行動的なものもそこにあり、そして徐々にとてもゆっくりと、あなたの内側の全てが変化していく。

欲望はなくなり、行動的なものがなくなり、それでも人は「自分が怠け者になった、行動的でなくなった」とは全然感じない。それは漸次的なプロセスだ。

ヨーガや何かの方法に従って修行していたら
突然の変化のようなものは感じないだろう。

またそれとは別に、あなたの意識に
急激な変化をもたらす方法もある。

だが、人はそれが起こるためには

内側を整えなければならない。

ババジャンは、決してその少年の準備を整えてはいなかった。彼女はその少年に自分のエネルギーを伝達することの許しを乞うことさえ、まったくなかった。

それは一方通行だった。

彼女はただエネルギーを伝達した。

禅僧達もまたエネルギーの伝達をするが、彼らはそのエネルギーを伝達する前に、弟子達の土壌を整える。

人はエネルギーを受け入れられるように、準備することができる。

そうすれば、こうした反応を起こすことはないだろう。


彼は、数日間、数ケ月間は、身体が怠く感じていても、誰も彼の外面から判断して、内側の全てが活動的でなくなっている、ということがわからない。

だが、そのためには準備が必要だ。

そしてそれは、スクールでのみ起こり得る。

「スクール」とは、「グループになって意識に働きかけている所」という意味だ。

ババジャンは一人だった。

決して誰かを弟子にすることはなかった。

スクールは存在しなかった。


彼女は誰かを教え導き、準備ができる仲間がいなかった。

また、そういうタイプではなかったし、教師タイプではなかった。彼女には、教えるということができなかった。

が、彼女は自分の持っているエネルギーを誰かに、通りがかりの者でも誰でもいい、そのエネルギーを授けられる者に与えねばならなかった。

彼女は「今こそ、その瞬間だ。この者なら、私の与えるエネルギーを自分のものにできるだろう」と感じた。

そして、彼女はやっとそれを与えることができた。


だからそれは人による。

非活動性はあるに違いない、多かれ少なかれだ。

しかし、それはあるだろう。

そうした期間があるだろう。

そしてその時にのみ、あなたは再誕する。

なぜなら全メカニズムが
完全に変わらなくてはいけないからだ。

マインドは落ち、古い根が落ち、古い習慣が落ち、意識と欲望、意識とマインドの古い関連付けが落ちる。

全ての古いものが落ちて、全てのものが新しくならねばならない。

それには、待つことが必要とされる。

忍耐が必要とされる。

もし人が忍耐強ければ、何もする必要はない。

ただ待つことで充分だ。

そうすれば、エネルギーはおのずと動き出すだろう。

あなたは、ただ種を植え、待つだけでいい！

そんなに急がないことだ。

毎日、種を引っ張り出して、何が起こっているか見るようなことはしないことだ。

ただ、種を土の中に埋めて待っていればいい。

そうしていれば、エネルギーがその動く方向へ動き出すだろう。

そして種は死に、エネルギーが芽生え、動き始める。

だから短気であってはならない。

人は待たねばならない。

その種が偉大なものであればあるほど、その木の可能性、潜在性が大きければ大きいほど、余計に待つことになるだろう。

それはやって来る、やって来るのだ！

そして、待つ心持ちが深ければ深いほど
その樹は早く成長する。

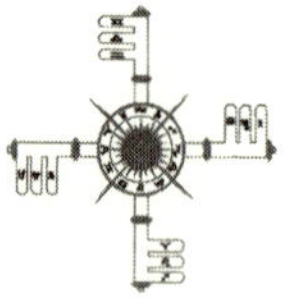

第5章

静なるマインド:神への扉

A Still Mind: The Door to the Divine

『不動知が、アーサナ —— 姿勢だ』

人間とは、肉体だけでもなければ、マインドだけのものではない。人間はその両方だ。
ある意味では、人間はその両方だというのも正しくない。
肉体とマインドは、言葉として
別々になっているだけだからだ。
存在は一つだ。
肉体はあなたの意識の最も外側の核心であり
意識の粗雑な表現の最たるものだ。
一方、意識とは最も微妙な身体、
最高に洗練された身体に他ならない。
あなたはその間に存在している。
それらは二つのものではなく
一つのものの、二つの帰結だ。
そして、知ることが不動のものである時は
常に、肉体もまたその影響を受ける。
不動知は、不動の肉体を生み出す。だが、その反対は当てはまらない。あなたが無理やり、不動の姿勢を肉体にとらせることはできても、知ることは不動にはならない。

それは役に立つ —— が、ほんの少しだ。
それは助けにはなるが、余り期待できない。
身体の姿勢が大変重要になるのは
我々が肉体志向だからだ。
「我々は肉体ではない」と言っている人達でさえも
肉体という見方で考えている。
彼らのマインドは、肉体に捕らわれたままだ。
「我々は肉体ではない」と言う人達でさえ、彼らの思考、
彼らですら、身体の姿勢から始める。
アーサナとは、肉体が不動の状態になり
静止するような姿勢を与えるという意味だ。

もし肉体が静止していれば、マインドは静止状態へと入っていくと考えられている。
だが、それは真実ではない。実際はその反対だ！
マインドが静止していれば、肉体は静止する。
すると、とても不可思議なことが起こる。
それは、マインドが静止していても踊ることができ
しかも肉体は静止したままという現象だ。
マインドが静止していなければ
まったく死んだようであることはできても
まだ肉体は動いている。

マインドの動きは肉体に現れる微妙な波動を作り出し
肉体はその内側で揺らいでいるからだ。

試してごらん。

あなたはまるで彫像のように座ることができる——

死んでいるように、石のように。

目を閉じて感じてごらん。

誰も、外側からはあなたの肉体が、揺らいでいるとは言えないだろう。が、内側で揺らいでいるのがあなたにはわかるだろう。かすかな震えがそこにある。

たとえ外からそれを判別できなくても、内側から感じられるだろう。もしマインドが完全に静止していれば、たとえ踊っていても、肉体は静止していると内側から感じるだろう。


ブッダは、たとえ歩いていても静止している。

ブッダでない者は、たとえ死んでいても静止していない。

その波動はあなたの中心からやって来る。

それらはあなたから発している。

そして、肉体にまで広がっていく。

肉体はその発端ではない。肉体はその源ではない。

だから、あなたはそれらを表層で止めることはできない。

無理やり止めることはできる。訓練することはできる。

だがそれでは、意識の内側が滅茶苦茶になってしまう。

そういう押しつけは、静寂より、以前にも増して葛藤を作り出してしまう。


そこでこの経文は、瞑想、姿勢の訓練——静の姿勢——が必要だと言う。

だが「姿勢」という言葉で、一体何を意味しているのか？

この経文は「不動知が姿勢だ」と言う。

もしマインドが揺らいでいないなら
正しい姿勢を取っている。

その正しい姿勢の中で、全てのことが起こる。

だから、肉体の姿勢を真似ることで
自分自身をだましてはいけない。

あなたはそれらの姿勢を取ることはできる。

それはとても簡単だ。外側で、表面で静かで、穏やかな姿勢を肉体にさせることは、とても簡単だ。

だが、それはあなたの静穏さではない。

あなたは混乱したままだ。揺らいだ状態のままだ。

中心から波動がやって来てはならない。

それでは、この不動知とは一体何だろう？

それは最も深い秘密の一つだ。

それを理解するには、マインドの構造そのものに深く入っていくことだ。


さあ、それでは始めよう。

マインドにはたくさんの思考のタイプがある。

全ての思考は一つの波動であり、全ての思考が一つの波だ。もし思考がそこになければ、マインドは不動だ。

たった一つの思考でも、あなたは震えている。

たった一つの思考でも、あなたはもう静かではない。

一つの思考というのは、一つの思考ではない。

それはとても複雑な現象だ。

一つの思考はたくさんの波によって生み出される。

一つの言葉でさえ、たくさんの波によって生み出される。

マインドの中にたくさんの波が存在して初めて、一つの言葉が生み出される。一つの思考の中にはたくさんの言葉がある。

そして、何千もの、何千もの波が、一つの思考を生み出している。思考とは一番外側のものだ。

だが、波はそれに先んじて存在している。

だが、あなたはその波が思考になって、初めて気づく。

あなたの気づきはあまりにも粗雑だからだ。

その波が一つの思考の形になるまで純粋であるなら
あなたは気づけない。

あなたがもっと意識的になればなるほど
思考にはたくさんの層があると感じるだろう。

思考という形態は最後の形だ。

思考の前には、思考を形作る種のような波があり、その種のような波の前には、その種を作り出すもっと深い根っこが存在する。その種が思考を作り出している。

少なくとも三つの層は、意識的なマインドを持ってすれば、とても簡単にとらえられる。

だが、我々は意識的でない。我々は眠っている。

だから、波が最も粗雑な形態——思考——を取って初めてそれに気づく。


我々が知る限りにおいては、思考が最も微妙なものであるように思える。それはそうではない。

思考は、現実に物になる。そこに純粋な波がある時、あなたには何が起こるのか、どんな思考が自分の中に作り出されるのか、見通すことさえできない。

だから我々は、波が思考になって初めてそれに気づく。

一つの思考は、何千もの波を暗示している。

そこで、我々は自分達がどれほど揺らいでいるか想像できる——絶え間なく考え続け、一瞬でさえ考えていない瞬間はない。

一つの思考の次には、隙間なく常にもう一つの思考がついてくる。我々は本当は、一つの揺らぎ、一つのおののきという現象だ。

セーレン・キルケゴールは
「人間とは、おののきだ」と言った。

ただの震え、それ以外の何ものでもない。

彼はある意味で正しい。

我々に関する限り、人間は震えだ。

だが、ブッダはそうでないかもしれない。

そうしたら、ブッダは人間ではないということになる。

その思考プロセスが、揺らぎのプロセスだ。

だから、不動とはマインドの無思考状態を意味している。

実際に、この経文は「不動知」と言っていて、マインドには触れてさえいない。そこでまず第一に、マインドの三つの層が明確に理解されねばならない。


一つ目は意識的なマインドだ。

思考の一つのタイプは、意識的なレベルのものだ。

それらの思考は最も無意味だ。

それらは瞬間瞬間の反応、反射から成り立っている。


あなたが道にいて、蛇が出てくるとする。

するとあなたは飛び退く。

蛇はあなたに一つの刺激を与え、あなたは反応する。

一つの思考のタイプは、外部からの刺激と表層からの反応というようなものだ。

実際に、あなたはそういう場面では考えない。

ただ行動する。蛇がそこにいて、あなたは反射的に行動する。あなたはそれに気づき、行動する。

あなたはどうしたらいいのかを意識の内側に聞きにいかない。


家が火事になれば、あなたは逃げ出す。それが表層的反射だ。そのように、一つの思考のタイプは、瞬間瞬間反応するタイプだ。ブッダでさえ、そのやり方で反応しなければならなかった。

それは自然だ。それは何も間違っていない。

あなたが瞬間瞬間反応したとしても
マインドに関しては何も間違ってはいない。

が、それだけが唯一のマインドの層ではない。


二つ目の層がマインドには存在する。

二つ目の層は、潜在意識だ。

宗教ではそれを「良心」と呼んでいる。
実際に、その二つ目の層は社会によって作り出された。
それはあなたの中の社会だ。
そして、社会は全ての人の中に浸透している。
社会があなた方の中に浸透しない限り
社会はあなた方をコントロールできないからだ。
だから、社会はあなた方の一部になってしまった。

躾、教育、両親、先生——彼らは何をしているのだろう? 彼らは一つのことをしている。

彼らは潜在意識のマインドを作り出している。

彼らはあなたに思考を、精神構造を、理想を価値観を与えている。

それらの思考は二つ目の層のものだ。それらは役に立つ。

それらにはそれらの働きがあるが、また害もある。

それらは、あなた方が社会の中で楽に、そして都合よく立ち回るための道具だ。だが、それらは障害にもなる。

この二つ目の層は、もっとよく理解されねばならない。

二つ目の層は、意識の内側にある考え、固定観念、固執からできている。

表層的マインドが瞬間瞬間、働いているとマインドはいつも純粋ではない。ただ、子供だけが純粋で無垢だ。

子供は瞬間瞬間、マインドが働いている。

そこには、干渉をする潜在意識がない。

あなたは瞬間瞬間、マインドを働かせていない。

潜在意識が常に邪魔をしている。潜在意識はあなたに選択を与える。何を選ぶか、何を選ばないか。

それは、毎瞬、あなたを狭いところに押しやる。

あなたはその潜在意識のために
多くのことにまったく気づかなくなる。

それは、あなたが全ての物事に気づくことを許さない。

多くの物事に、あなたは余りにも気づき過ぎている。

あなたがそれらに常に気づいているようにと、
潜在意識のマインドが、無理やり仕向けるからだ。


全ての社会がそれぞれ異なった潜在意識を作り出してきた。

実際、ある人がヒンドゥー教徒であり、またキリスト教徒であり、ジァイナ教徒であるということは、潜在意識のマインドに属している。

表層的マインドに関しては、みな一様に同じ反応をする。

それは自然だ。だが、潜在意識は自然ではない。

それは社会が作り出したものだ。

だから、我々は違うやり方で振舞う。

あなたが教会を見るとする。

ヒンドゥー教徒はそこが教会であると、気づくことさえなく通り過ぎる。気づく必要がないのだ。

が、キリスト教徒は、そこが教会だと気づかずに通り過ぎることはできない。

彼は反キリスト教徒であるかもしれない。

意識的には、彼は「なぜ、私がキリスト教徒ではないか」という本を書けるバートランド・ラッセルのような人間かもしれない。それでも、彼は教会に気づく。

潜在意識が働いているのだ。


インドでいうと、バラモン —— 彼は不可触賤民の問題がまったくの暴力であり、残酷であると頭では理解できる。

頭では、それは良くないとわかるのだが
それは意識的なマインド上のことだ。

潜在意識がそこで働いている。

もしあなたが彼にスードラの女性と結婚しないかと言えば、どこか心の深いところで彼は引っ掛かってしまう。

彼はそれを想像もできない。

不可触賤民と一緒に食事をすることさえ、難しくなる。

頭では何も悪くないとわかっているのだが
潜在意識が投影され、でしゃばるのだ。


そうなると、彼は自然に反応できなくなる。

潜在意識がそれを歪め、おかしくしてしまうのだ。

この潜在意識は、あなたが自分自身の考えだと思っている多くの考えを、常にあなたに供給している。

本当はそうではない。それらはコンピューターが情報を与えられているように、あなたに与えられている。

前にコンピューターに入れた情報だけを必要な時に取り出すことができる。

人間の場合も、マインドの場合もまたそれと同じだ。

あなたが取り出しているものは全て情報を以前に与えられたものにすぎない。

あらゆるものがあなたに供給されている。

それが我々が意味する教育であり、教育と言われるものだ。情報を供給すること。

そして無意識は、いつでも用意が整っている。

それは本当にあまりに用意ができていて、実際、あなたがその情報を必要としない時でも浮かんでくるほどだ。

その情報は、マインドから絶え間なくあふれだす。

それが絶え間ない揺らぎ、絶え間ないおののきになる。

この潜在意識のマインドが、膨大な社会悪の根本原因だ。

実際、もし潜在意識のマインドがなかったら世界は一つになることができただろう。

そうしたら、ヒンドゥー教徒とイスラム教徒の区別はなくなっていただろう。

その区別とは、潜在意識に与えられた考え方だ。

それが余りにも深く意識の中に入っているので、あなたはそれがどう働いているのか、感じることができない。

あなたはそれを読み取れない。

それは余りにも深く意識に入り込んでいて、あなたはいつもその考えから抜けられないまま、どうしようもなく感じる。だが、社会もまたどうしようもない。

それは一つの代用だ——哀れな代用が、一つの代用だ。

人間が完全に意識的にならない限り
社会は潜在意識をお払い箱にはできない。


たとえば、もし一人の人が完全に意識的になっていたら、彼は泥棒ではいられない。だが、人は今あるままでは、まったく意識的ではない。そこで、社会はその気づきの代用を、作り出さねばならなかった。

「人の物を盗むのは悪いことであり、害であり、罪だ。だから、人の物を盗んではいけない」と、人の心の内側に強く叩き込む必要があった。

その観念は、潜在意識の中に深く叩きこまれなければならない。

あなたが泥棒をしようとする時、潜在意識から「駄目だ、盗みは悪いことだ」という声が湧いてきて、盗むことを止めてしまうほどにだ。

それは気づきの代用として、社会が作り出した。

だから、人が意識的にならない限り、社会は潜在意識をお払い箱にできない。それはルールを与えるからだ。

あなたが充分意識的で、ルールがまったく要らないぐらいにならない限り、潜在意識は維持されなければならないだろう。だから、それぞれの社会が、潜在意識を作り出さねばならなかった。


そして、そういう社会を私は、「良い社会」と呼ぶ——それを覚えておきなさい——

私は、ごく簡単にお払い箱にできる潜在意識を作り出す社会を、「良い社会」と呼ぶ。

それと反対に、お払い箱にできないような潜在意識を作り出す社会を「悪い社会」と言う。

もし潜在意識をお払い箱にできないなら、あなたが意識的になろうとする時、邪魔になってしまうからだ。

実際、現在、潜在意識を役に立つ道具としてあなた方に与え、あなた方が意識的になった時、それを捨て去ることができるような、お払い箱にできる潜在意識、お払い箱にできるような意識の代用品を与えているような社会は、存在しない。


私にとっては、潜在意識に関する本来の自由をあなた方に与える社会が良い社会であり、宗教的な社会だ。

だが、それを与える社会は存在しない。

だから、宗教的な社会というものは、実際、存在しない。

あらゆる社会が全体主義的だ。

あらゆる社会が、あなた方がただのロボットになるようなやり方で、あなた方のマインドを扱っている。

あなたは考え続け、自分の思考が自分のものであると自分を欺き続けている。本当はそうではない！

我々が使っている言葉そのものでさえ、汚されてしまっている。我々が使っている言葉は汚されている。

我々は潜在意識の存在なくしては
一つの言葉でさえ使うことができない。

それは突然やって来る。社会はそれを、とてもずるいやり方で使ってきた。すると、あなたの反応、あなたの反射行為は自然なものでなくなってしまう。

あなたが道を歩いている時
遠くに一人の女性がお店から出て来るのを見たとする。


あなたのマインドは「彼女はきれいだ」と思い、それを言葉にし始める。しばらくして、突然、あなたはその女性が自分の姉であると気づく。

さてそうなると、彼女はもう一人の女性ではない。

一体何が起こったのだろうか？

「姉」という言葉が、あなたの意識の中に入ってきた。

もう、彼女はまったく女性ではない！

というのは、「姉」という言葉で、潜在意識の中からたくさんの、深い関連のあるものが無数に湧いてくるからだ。突然何かが起こった。


では、何が起こったのだろう？

その女性はもう女性ではない。

なぜなら「姉」は女性とは見なされないからだ。

どうして自分の「姉」を女性として見ることができる？

外面的には何も変わっていないが、一つの言葉が入って来た。そしてあなたは、自分がドレスにだまされていたと気づく。彼女はあなたの姉ではない。

再び、何か他のものが湧いてくる。

彼女はあなたの姉ではなかった！

さあ、またもや彼女はきれいになる。

どうして自分の姉がきれいであり得るだろう？

あなたが「きれいだ」と言う時
それはあなたが性的に興味があるということだ。

今や、彼女はセックスの対象になる可能性が、あるということだ。その可能性は大きくなっていく。

このように、我々が使っている言葉でさえ
潜在意識で一杯になっている。

だから病院では、看護婦がただ性的興味の対象とされないように、彼女達のことを「シスター」と呼ぶ。

そうでないと彼女達にとって非常に厄介なことになるし、患者にとってはもっと厄介になるだろう。

絶え間なく、看護婦達はあっちこっちと動き回っている。

もし彼女達が常に性的対象になると、患者にとってもまた非常に厄介なことになるだろう。

そこで我々はトリックを仕掛けた。

我々は彼女達のことを「シスター」と呼ぶことにした。

彼女達が「シスター」であるなら、もう女性ではない。

まさにその言葉そのものが、多くの荷物を背負っている。

この潜在意識的マインドが、昼夜なく絶えず働いている。

マインドの働きは二重だ。一つの働きはあなたの意識的マインドものだ。それは、どうやって潜在意識を意識的に、常にコントロールするかに関わっている。


そのように、潜在意識は意識マインドをコントロールしている。

それは物事へのあなたの反応、行動、反射的行動、全てをコントロールするために働いている。

あなたがすることは何であれ、コントロールされなければならない！　それが社会があなたを縛り付ける力だ。

あなたはただ、社会に躍らされているにすぎない。

全ての価値観があなたのものではない。

どうしてそれが、あなたのものであり得る？

あなたはまったく意識的でないのに
どうしてその価値観があなたのものであり得る？

気づきだけが、あなたに正真正銘の固有の価値観を与えられる。そして、あらゆる価値観が社会から与えられている。

社会が菜食主義だったら、あなたは菜食主義者の価値観を持つ。社会が菜食主義でなければ、菜食主義でない価値観を持つ。

もし社会がそれを信じるなら、あなたは信者になる。

もし社会がそれを信じなければ、あなたは信じない。

だが、あなたはそこに存在しない。

ただ社会だけが存在している。

それが二重のコントロールだ。

一つはあなたの意識的マインド、あなたの行動を司っているもの。もう一つはもっと深く、もっと危険なものだ。

それはあなたの本能的なものをコントロールしている。

一つ目は意識、二つ目は潜在意識だ。

潜在意識とは、社会によって作り出されたものだ。

そして三つ目が、生物の本性として与えられた本能だ。

実際、それによってあなたは生物として存在し
それとともにあなたは生まれてきた。

それが三つ目であり、もっと深い——生物の本能。

二つ目の潜在意識のマインドは
外側の行動や、内側の本能をコントロールしている。

もし社会が、あなたの行動、意識の動きに反対なら、あなたの意識マインドには、本能から何も浮かび上がって来させるべきではない。

何一つ、浮かび上がって来させるべきではない——

あなたの表面の意識までできえも。だから潜在意識は、本能に対して、大きな障壁を張っているのだ。

たとえばセックスは一つの本能であり、最も深い。

なぜならセックスなしでは
生はこの地球上に存在できないからだ。


生はセックスに依存している。

それを簡単にお払い箱にすることはできない。

それは明らかに、そうあるべきではない。

さもなければ、生はまったく不可能になってしまう。

だから、セックスは強い影響力を持っている。

だが、社会はセックスに反対している。それは当然だ。

社会が組織化されればされるほど
反セックスになっていくだろう。

もしあなたの性的本能をコントロールできれば
あらゆる物事がコントロールできるからだ。

その反対に、あなたの性的本能をコントロールできなければ、何事もコントロールできない。するとそこは戦場になってしまう。いつであれ、社会が性的に自由になったらその社会は存在できないと、気づいているべきだ。

それは一つの負けなのだ。

ギリシャ文明が性的に自由になった時
ギリシャ文明は滅びねばならなかった。
ローマ文明が性的に自由になった時
やはり滅びねばならなかった。
現代では、アメリカはもう存在できない状態にある。
アメリカは、性的に自由になり始めているからだ。

社会が性的に自由になると
個人は社会の影響力の中に留まらなくなる。
彼に何かを強制することはできない。
実際、セックスを抑圧しない限り、若い人達に戦争を
させることはできない。それは不可能だ。
若い人達のセックスを抑圧して初めて
彼らに戦争をさせることができる。
だからヒッピーのスローガンは本当に意味深い。
「愛そう、戦争は御免だ！」
だから、社会は最も深い本能を抑圧しなければならない。
一度それが抑圧されれば、あなたは絶対に反逆できない。
それについては、多くのことが理解されねばならない。
子供達が性的に成熟した時、彼らは反逆者になり始める
――決してそれ以前ではない。

一人の少年が成熟したら、自分の親に反抗し始める――
それ以前では決してない。
というのも、セックスとともに個性がやって来るからだ。
セックスとともに、彼は本当に一人の人間になる――
決してそれ以前ではない。その時、彼は独立できる。
今や彼には、事を始めるエネルギーがある。
彼は子孫をつくること、繁殖することが可能だからだ。

今や彼は完成している。
十四才で、少年は完成する。少女も完成する。
彼らは親から独立できるから、反逆者になり始める。
もし社会が彼らをコントロールすべきだとしたら
セックスが抑圧されなければならない。
そして、あらゆる本能が抑圧されねばならない。
我々は、今だに作り出せないでいるからだ。
自由がまったく疎外されない、個人の自由がまったく疎
外されない社会というものを！
我々の社会はまだ未開であり、文明化されていない。
各個人が抑圧されず、彼の全面的な可能性の内に成長し
ていく時、初めて社会は文明化されたとか文化的になっ
たと呼べるからだ。だが、政治はそれを許さないだろう。
宗教はそれを許さないだろう。
一度、自然の本能に全面的な自由が与えられれば、教会
や寺院、宗教的事業と呼ばれるものが存在しなくなるか
らだ。もっと真正な宗教が存在するだろう。
が、今までのような宗教は存続できない。
恐怖を作り出せなければ、宗教というビジネスに
誰も集まって来ないだろうから。
人々は、恐怖ゆえに集まってくる。

もし彼らの本能を抑圧すれば、彼らは恐怖を感じるようになる —— 自分自身に対して恐怖を感じるようになる。

子供は自分のセックスが抑圧された時
初めて実存的な恐怖を感じる。

彼は罪悪感を感じてしまう。

彼は何かが間違っていると感じ始める。

そして彼はまた、「自分の心の内側にあるような邪《よこしま》な考えは誰も持っていない、自分は悪い人間だ」と感じ始める。

そんなふうに罪悪感を作り出せば、コントロールできる。

すると、子供は自分の心の内で劣等感を感じ、恐怖を感じる。そしてその恐怖感を宗教の指導者達、また政治的な指導者達が搾取のために利用している。

彼らはみな、人々を支配したがっているからだ。

あなたが人々を支配できるのは
人々が恐怖を抱いている時のみだ。

恐怖は、どのように作り出すのだろうか？

もしあなたが「彼らの内側に常にある何かが罪だ」ということを彼らに納得させれば、彼らは恐怖を感じるようになる。彼らは恐ろしくなってしまうだろう！

四六時中、セックスの衝動はあなたの中にある。

彼らは、そのことに恐くなってしまう。

自分自身が恐くなってしまい、罪悪感を感じてしまう。

すると、何も楽しめなくなる。

生全体が欲求不満になる。

その時、彼らはどこかに助けを、ガイダンスを、また自分達が感じている責任を取り去ってくれる誰かを、捜し求め続ける。

天国へと導いてくれる誰か、地獄から守ってくれる誰かを。この三つ目の本能の層は無意識だ。

そして、潜在意識がそれを、瞬時絶え間なくコントロールしている。瞬間瞬間だ！


潜在意識は、余りにも狂ったようにコントロールしていて、そのために全てが破壊されてしまう。あるいは少なくとも、歪められてしまう。

それで我々は、何が本当の本能なのか、三つ目の層から決して感じることができない。

我々は一度として感じたことがない！

あらゆる物事が歪められている。

この最も抑圧され、最も歪められ、最も破壊されている潜在意識のマインドから、全ての不幸がやって来る。

あらゆる不幸、あらゆる偏執病、あらゆる精神分裂症、あらゆる精神病、それらは第三の層からやって来る。

意識、潜在意識、無意識という三つが
思考の三つのタイプだ。

その思考がやって来る層が深ければ深いほど、その思考は無意味なように見える。もしあなたの思考をあるがままに書いてみたら、自分は狂っていると感じるだろう。一体、あなたのマインドの中では、何が起こっているのだろう？　どんなタイプの思考が渦巻いているのだろう？　そのほとんどが無意味なようだ。

だがそうではない！　それには意味がある。

ただ繋がりがないだけだ。潜在意識は、全ての物事を、表面に浮き上がって来させないからだ。

何かがそれから逃れて、マインドまで浮き上がって来る。

そこにはギャップがある。

だからあなたには、自分の夢が理解できない。
潜在意識はいつも油断がないからだ。
夢の中でさえ、全ての物事を許さないようにと。
そして無意識は、象徴的な道筋を通らざるを得ない。
無意識は、潜在意識の感知を逃れるためだけに
全てを変えなければならなくなる。

だから無意識は、象徴的な形で、絵のような形であなたにメッセージを与え続けている。

あなたのマインドはあふれ返っている。

一つ目が外側への反応反射、それは自然だ。

二つ目が、社会によって作り出された潜在意識の思考。

三つ目が、完全に抑圧された自然の本能だ。

これら三つが、絶え間なくマインドを一杯にあふれさせている。それらのマインドのために、あなたは常に揺らいでいる――常に動揺し震えている。

眠ることさえできない。

眠っている間も夢がずっと続いている。

それは、マインドが絶えず揺らいでいるということだ。

一日二十四時間、マインドはまさに狂ってしまったかのように、ぐるぐるぐるぐる回り続けている。

こんな状態で、どうして静止していられる？

どうして静の姿勢を、不動心が得られるだろう？

どうしてそれを達成する？

賢者《リシ》が「不動知は姿勢――正しい姿勢――となる」と言ったのは、それらの層が破壊され、中身が解き放たれなければ、純粋なる知に至ることは決してないだろう、ということだ。

マインドが浄化されない限り、純粋な知覚を手に入れることはできない。それでは何をしたらいい？

その不動知に到達するには、何をしたらいいのだろう？

それには、三つのことが必要だ。

一つはいつであれ、あなたが瞬間から瞬間へと生きている時、あなたの潜在意識に絶えず邪魔させないようにすることだ。

時にはただ潜在意識を捨てて、瞬間に生きなさい。

潜在意識は必要ない。時には必要とすることもある。

車を運転している時、潜在意識は必要だ。

車の運転技術は、潜在意識の一部になっているからだ。

だからあなたは、話しながら、煙草を吸いながら、考えながら、車を運転できるのだ。

もはや車の運転は、意識的な努力ではなくなっている。

それは潜在意識に引き継がれている。

そういうように、いつであれ潜在意識が必要なら
それを使うのはいいことだ。
だが、必要でなければ、ちょっと使うのをやめてごらん。
潜在意識を脇においておきなさい！
一言も囁くことなく、ちょっと脇におきなさい。
そして瞬間の中に生きるのだ。

潜在意識が必要でない多くの瞬間がある。

が、それが古い習慣であるがゆえに、あなた方は使い続ける。会社から帰って、あなた方は庭に座っている。そうした時に、なぜ潜在意識が入り込んで来るのだろう？

あなたは鳥の歌声を、ちょうどあなたが、潜在意識のない子供だった時に聞いたように、聞くことができる。

その瞬間の内にくつろぎなさい。

ただ現実《リアリティー》のそばに、ただ在りなさい！
潜在意識が入って来るのを許してはならない。
ただそれを脇におきなさい！　子供達と遊びなさい。
潜在意識を脇に置くのだ。子供達と同等に遊べない父親は、本当にいい父親とは言えない。
その父親が子供達と同等でない限り
コミュニケーションは起こらないからだ。
それと同じく、子供と一緒にいて、再び子供になれない
母親は、本当に母親であることはできない。
もし母親が子供のようになれたら、そこには一体感がある。親と子供が同等になる。その時、友情がある。
そうしたら、それまでとは違う種類の愛が訪れる。実際、
子供は親と一緒にいて、独立や自由、解放されるような
感じを味わったことが一度もない——

決してない！

彼は自分の仲良しの所に行った時、初めて自由を感じ始める。親と一緒にいる時ではない。

だからいつであれ、自分の潜在意識をリラックスさせられる時は、リラックスさせる！と常に心に留めておきなさい。それは全ての瞬間に必要ではない。

潜在意識が必要な多くの瞬間がある。

が、ベッドの中でさえ、あなたは潜在意識をリラックスさせられない。眠っている時も、潜在意識は働いている。

あなたが眠りたくても、潜在意識が許さないだろう。

潜在意識は言う、「私はたくさん働くためにいる」と。

それは考え続け、働き続ける。

あなたは明かりを消すことはできる。

それは、一つ目の層のスイッチを消す、
表層のマインドのスイッチを消す、ということだ。

すると明かりが消える。あなたは見ることができない。

扉を閉めることはできる。もう雑音、音はしなくなる。

あなたは、自分自身を外部の刺激から完全に遮断した。

それは、もう外部の刺激に反応しないということだ。

すると、マインドの最初の層がリラックスする。

だが、二つ目の層はどうする？


あなたは明かりを消し、扉を閉ざし、耳を閉し、目を閉じる。が、それは働き続けている。

潜在意識を働かせないことは、決してできないからだ。

そして実際、マインドを働かせたい時にはマインドを働かせ、マインドを使いたくない時はマインドを使わないことができない限り、自分のマインドの主人《マスター》ではない。

そして二つ目の才能の方がもっと優れている。

こういう話を思い出した。

列子が中国の皇帝に、こう尋ねられた。

「私はある聖者についての数多くの奇跡を聞いています。水の上を歩いたり、引力に影響されずに空を飛んだり、空中から物を作り出したりできるらしいのです。そこで伺いたいのは、列子先生、あなたの師匠である老子様もまた、そうした奇跡を行なえるのでしょうか？」

すると列子は言った。

「はい勿論ですとも。先生は奇跡を行なえます。先生には、どんな奇跡でも行なう力があります」

すると、皇帝は言った。

「でも、私は老子様が今までに何か奇跡を行なったというのを聞いたことがありません。なぜ老子様は奇跡を行なわないのですか？」

列子は言った。

「先生は、もっと偉大な奇跡を行なえるのですよ。それはどんなことかと言うと、先生は奇跡を行なわないでもいられるのです。先生には奇跡を行なう力があります。さらに先生は、奇跡を行なわずにいる事もできるのです」と。


そして、その二つ目の方がもっと偉大なことだ！

なぜなら、奇跡を行なうことは勿論、力だ。

だが、力を持っていながら、その力を使わないでいられることは、さらなる力だ。それは、本当は不可能だ。二つ目の奇跡は、本当は不可能だ！

それに、ブッダは一度も奇跡を行なわなかったしマハヴィーラも一度も奇跡を行なわなかった――

二つ目の奇跡ゆえに。それは、もっと偉大なことだ！


あなたは、そういう奇跡を奇跡と思う。だが、もしあなたが何も考えない状態でいられれば、その方が偉大だ。

そのために必要な唯一のことは
古い習慣を打ち破ることだけだ。

だが、あなたはそれを一度として試みたことがない。

あなたは絶えず潜在意識を使っている。


あなたの潜在意識のマインドには、あなたがそれを働かせなかったという記憶が一つとしてない。

だから、まず最初にすることは、潜在意識のマインドが時々脇に置かれるのを許すことだ。

それを使わないこと。すると、すぐにあなたのマインドは、揺らぎの少ない状態になるだろう。

あなたにはその能力がある。それは難しくない。

ただ、あなたの潜在意識の働きに意識的になることだ。

潜在意識を働かせてはならない――

ただ、たまに力を抜くのだ。

そして潜在意識のマインドに「止まれ！」と言うのだ！


もう一つ心に留めておくべきことは、潜在意識のマインドと決して闘ってはいけない、ということだ。

さもなければ、あなたは決して不動心を得ることはできないだろう。決して、潜在意識のマインドと闘ってはならない。なぜなら、主人《マスター》が使用人と闘うことは同等であると認めたことになる。

マスターが使用人と闘い始めるということは
彼を一人のマスターとして認めたことになる。

だから、どうか覚えていて欲しい。

決して潜在意識のマインドと闘わないこと。

さもないと、あなたは負けてしまうだろう。

ただ、命令しなさい。決して闘ってはならない。

私が「それに命令しなさい——決して闘ってはならない。ということはならないという時の意味の違いを理解しなさい。

ただ「止まれ！」と潜在意識マインドに言うだけでいい。

すると、その命令は機能し始める。

決して闘ってはならない！　それは一つのマントラだ。

そう言えば、マインドが命令に従い始める。

ただ「止まれ」と言うだけでいい。それ以外に何も必要ない。「完全に止まれ！」と言うのだ。

するとマインドは、まるで止まってしまったかのように振舞い始めるだろう。

じきに、あなたはそれができるようになる。

ただそのマインドに「止まれ！」と言うだけでどうして止まるのか、あなたはただただ不思議に思うだろう。

それは、マインドは意志を持たないものだからだ。

あなたは、誰かが催眠術にかかってトランス状態になっているのを見たことがあるかもしれない。

そこで何が起こっている？

催眠状態において、催眠術師が、ただ単純に命令をあたえ続けるだけで、マインドはその通りに従ってしまう——その人はその命令に従ってしまう。

とんでもない命令！　それでも、その人は言われるままに従い、催眠の中で言われたことをしてしまう。なぜ？

それは、意識のマインドは眠りの状態におかれているだけで、潜在意識のマインドはそれ自身の意志を持たないからだ。

だから、ただ潜在意識のマインドに何かをするように言えば、それに従うことになる。

だが、我々は自分自身の力に気づいていないから、マインドに命令するよりむしろ、マインドに懇願するか、せいぜいマインドと闘い始める。

マインドと闘うなら、あなたは分裂してしまう。

あなた自身の意志があなたと闘い始めてしまう。

潜在意識のマインドはまったく意志を持たない。

だから、煙草を止めたいなら止めようとしてはいけない。

ただマインドに命令すること。すると煙草は止まる。

決して止めようとしてはならない。

もしあなたが、「〜しよう」という罠にはまったら決して成功することはないだろう。

というのも、あなたは何かそこに存在していないものを認めているからだ。

あなたはただマインドに「今この瞬間から、私は煙草を止めるのだ」と言うだけでいい。

じきに、あなたは事が起こり始めていると気づくだろう。

それは自然の摂理だ！　何も不思議ではない。

それはまったく自然だ。

一度、それに気づかなければならない、ただそれだけだ。

だから、潜在意識のマインドをただ脇に置きなさい。

そして瞬間の中に生き始めなさい。


二つ目にすべきことは、マインドを脇に置けるようになった時、また何か外部のものが、一つの刺激として働きかけてきた時、他のやり方を試してみるということだ。

ある本能が湧き上がってきた時、ただ、潜在意識のマインドを脇に置くこと。それは少し難しいだろう。

だが、一つ目のことが達成できれば全然難しくはない。

セックスが再び湧き上がって来る、まさにその瞬間を見る。

怒りが湧き上がって来るのを見なさい。

そして、潜在意識のマインドにただ「直接それと対面させてくれ、おまえは入ってくるな。直接それと向かい合わせなさい！　おまえの出る幕じゃない」と言うのだ。

ただ、そうマインドに命令し、直接、本能と向かい合う。

そして一度、自分自身の本能と
直接向かい合いはじめれば
何ひとつコントロールする必要もなく
それらの主人《マスター》となるだろう。

コントロールする必要があるなら
あなたは本当はマスターではない。

マスターは、決してコントロールできる必要がない。

もしあなたが「私は自分の怒りをコントロールできる」と言うとすれば、あなたはそれらのマスターではない。

コントロールされていることは
いつか爆発する危険をはらんでいる。

そして、自分がコントロールしたものについて
常に恐怖を感じ続けるだろう。

そこには常に葛藤がある。いつかあなたが弱っている時
あなたは負けてしまうかもしれない。

だから願わくば、どうかコントロールしないで欲しい。

マスターでありなさい！

コントロールしてはいけない。

それらのことは、二つのまったく異なる次元のものだ。

私が「主人《マスター》でありなさい」と言う意味は、自分の本性、

自分の生物としての本性、その純粋さにおいて、あるがままの姿で向かい合って初めて、あなたは主人《マスター》になれるということだ。


私は思うことがある。

あなた方は、道徳的な教えや、宗教指導者《グル》やマハトマ、教典が潜在意識に入り込んでくることなく、その純粋さの内に、セックスを見たことがあるのだろうかと。

あなた方は自分達のセックスの本能を、その純粋さにおいて、その純粋な炎において見たことがあるかね？

もし見たのなら、あなたはそのマスターになっているはずだ。もし見たことがないとすれば、あなたは不具のままであり、敗北者のままだろう。

それは、あなたがどんなにコントロールしようとしても、絶対コントロールできない。それは不可能だ！

コントロールは不可能だ。それを習熟はできる。

が、習熟とは、異なる論拠がある。

習熟するということは、知識を意味する。

コントロールは恐怖を意味する。

何かを恐れる時、あなたはコントロールし始める。

そして何かを知る時、あなたはマスターになる。

そこにコントロールはいらない。

そして知識とは、対象と直接向かい合うということだ。

だから、生物的な本能は、それらの純粋さにおいて知られるべきだ。それには、潜在意識を捨ててしまうことだ。

潜在意識が常に、邪魔しているからだ。

潜在意識は、物事を歪め続けている。

物事をあるがままの姿で見るのを、決して許さない。

潜在意識は、いつも社会というものを入れてしまう。

そして社会を通すことで、あなたは本当はそうではないものを見る。

実際、この潜在意識のマインドというものは、奇跡だ。

もしあなたが潜在意識を通して物事を見れば、その物事はあなたが見たとおりの物事になり始める。

潜在意識のマインドは、どんな色でも、どんな形でも対象に押しつけられる。


だから、ただ潜在意識マインドを脇に置くこと。

そして、生物としての本性に直面しなさい。

それは美しい！　すばらしいものだ！

ただ、直面しなさい。それは神聖なものだ。

それを邪魔するようなどんな道徳的なナンセンスも入り込まないようにしなさい。

あるがままの姿を見なさい。

科学は、対象を観察することで成り立っている。その観察の基本は、観察者が入って来てはならないということだ。科学者はただ、観察者に留まらなければならない。そして、その明かされることが何であろうと許されるべきだ。

観察者は、邪魔をし、打ち壊し、歪め、その対象に色や形を与えるために入って来てはならない。

一人の科学者が、実験室で研究をしている。たとえ自分の概念全体を、自分の哲学全体を、自分の宗教の全てを打ち壊すような何かに出くわしたとしても、自分のマインドが入り込んで来るのを許してはならない。

彼は、真実がありのままの姿で明かされるのを許さなければならない。

それと同じことが内側の研究、内側の探求にも言える。あなたの生物としての本性を、その純粋さにおいてありのままに明らかにするのだ。そして一度それを知ってしまえば、あなたはマスターになる。

知識とはマスターであることを意味し、知識とは力を意味するからだ。ただ無知であることのみが弱い。そして知識は、コントロールを通しては存在しない。コントロールの概念全体が、潜在意識によってまた、社会によってもたらされたものだからだ。

だから、もしあなたが、自分の潜在意識に対して二つのことができれば奇跡が起こる。

その一つは、外界の実相が、直接あなたに対面することを許すこと。二つ目は、内なる実相の真実性が、その純粋さにおいて、無垢であることにおいて、顕現されるのを許すことだ。それは奇跡だ。

そしてその奇跡とは、潜在意識と無意識がなくなり、マインドがもう三つに分離せず、マインドが一つになる、ということだ。

そのマインドの統一、不二一体性がウパニシャッドが言うところの「知ること」だ。

そこには、知るものさえ存在しない。

これら三つの区別がなくなった時
知るものという区別さえそこにはない。
その時、ただ純粋な知、ただ鏡のような知だけが留まる。

その知に至ることで、あなたは二つの中心を持つ。

一つは、あなたが宇宙と一つにつながる外側の外周。

もう一つは、あなたが宇宙とつながっている内側だ。

この知は、内と外――アートマンとブラフマン――の両方を結び付ける。

この純粋な知には、何のおののきもない。

この純粋知が、姿勢――正しい姿勢となる。

その姿勢において光明が起こり、悟りが起こり、その姿勢においてあなたは真理と一つになる。

それが扉だ。が、どうやって内側を掃除する？

それは単純に片付けられるような理論でもなく学説上の意見でもまったくない。

それはただの科学的な進行であり、一つのプロセスだ。

マインドの分離を解消するために、何かをすることだ。

あなたがマインドを消し去りたいと望むなら、社会であり、またマインドの中心を占めている潜在意識に精神を集中させ、それを捨てるのだ！


もちろん子供にとっては、社会の中で育てられることは必要だ。それは必要だ！

そこで、潜在意識が必要悪となる。

社会は彼に多くを教えなければならない。

だが、その教えられたことが子供達の足かせになるべきではない。

だから私は、より良い社会、真実の、倫理的な社会は、子供達に教育を施すことと並行して、潜在意識の壊し方もまた教えるだろう、と言う。

より良い社会では、子供達に、潜在意識が必要でない時、いかにそれを捨てるかという意識的な方法論と、いかにそれから自由になるかという意識的な方法論とともに潜在意識が与えられるだろう。

潜在意識は、あなたが意識的になる地点まで、あなたがマインドの覚醒状態に達するまでは必要だ。

その時までは必要だ。


それはちょうど、盲目の人の杖のようなものだ。だが、杖に目の代わりはできない。その状態は、暗闇の中を手探りしているようなものだ。だが、盲目の人は杖を必要とする。それは役に立つ。

が、盲人が余り杖に執着すると、自分の目が直って外界を見始めても、杖が捨てられなくなり、杖で手探りし続けることになる。目を閉じていれば、手探りすることは簡単だ。だから、彼は目を閉じたままで、杖を手にしてずっと手探りし続けることになる。

この潜在意識は、盲人の杖のようなものだ。

子供が生まれて来る。

だが、子供は気づきをもって生まれてきたわけではない。

そこで社会は彼が先に進み、手探りできるように何か
―― ある価値観、理想、思考 ―― を与えることになる
が、それらがあなたの目になるべきではない。

私が言うのは「もしあなたが分離をなくし、あなた自身の中に気づきを作り出せたら、あなたは目を持つようになり、その目があれば杖はいらない」ということだ。

だが、それは比例する事柄だ。

もし潜在意識をなくせば、あなたは意識的になる。

あなたが意識的であれば、潜在意識はなくなる。

だからどちらから始めてもいい。もっと意識的になることから始めれば、潜在意識はなくなる。


それは、サンキャのプロセスだ。

それは、サンキャの方法論だ。

ただ意識的であるだけで、徐々に潜在意識はなくなっていく。ヨーガのプロセスは二つ目の方法、それとは別の方法、反対の方法だ。

まず潜在意識をなくす。

すると、あなたはもっと意識的になる。


その両方は相関関係にある。

だから、あなたが始めたいと思ったら、大切なのは、どこからでもいいから、始めることだ。

もっと意識的になることからか、あるいは、潜在意識に捕らわれることをより少なくしていくことからか、どこからでもいい、始めなさい。

そして、これらの分離がなくなった時
あなたは純粋な知を体得するだろう。

その純粋な知が姿勢だ。

その純粋な知とともに、その不動知とともに、あなたの肉体は、あなたがまったく知らなかった静けさに至る。

我々は意識的でない。

だから、我々は肉体にどれほどかき乱されているかを知らない。

あなたは静かに座ることができない。
静かに座ろうとすれば、その時初めて
あなたは肉体の中のかすかな動きに気づくだろう。
足は何かを語り始め、手は何かを語り始め、
首は何かを語り始める。
身体の全ての部分が、あなたに何かを知らせ始める。
なぜだろう?

あなたが静かに座ると、身体が動き始めるわけではない。
身体はいつでも動いている。
ただ、あなたが他のことで意識が一杯になっているため
に気づかなかった、というだけのことだ。
身体の中には、絶えずかすかな動きがある。
あなたの身体は絶えず、動きに動き続けている。
その絶え間ない揺らぎは、肉体のものではない。
それは、マインドから来ている。
身体は単に反映しているにすぎない。
あなたは静止した姿勢では眠ることさえできない。
一晩中寝返りを打ち、動きに動き回っている。

あるアメリカの「睡眠実験室」から我々に写真が届いた。

現在、彼らは映画を、眠っている人を題材とした映画を撮っている。

もしあなたが自分自身の映画を見ることができたら——夜の間にどんなに動いていたか——自分が一晩中かき乱されていたことがわかるだろう。

身体の動きを見ることで、多くの事が内側で起こっている、とわかる——多くの事が！

そこには大変多くの顔の表情があり、大変多くの手、指、身体全体の仕草がある。

それは、意識の内側で多くの物事が起こっているということだ。気違いが内側にいるに違いない。

でなければ、それらの仕草は不可能だ。

だが、あなたは自分に何が起こっているのか決して気づかない。誰も気づいていない！

みんな眠りこけている。誰も気づいていない。

だから、寝ている最中、自分の身体で何をしているのかわからない。

が、あなたが睡眠中にしていることはマインドのせいだ。

かき乱されたマインドは身体に反映される。


ブッダは、ちょうど彫像のように座っていた。

それは、彼が静止した状態を身体に強いたわけではない。

マインドが静かであれば、身体はマインドを反映する必要がない。そこには反映する何ものも存在しないからだ。

一度、ブッダが彼の千人の僧侶達と一緒に、大きな町外れに滞在していた。

その町の王様は、それに興味を抱いていた。誰かがその王様に「あなたはその男に会わなければならない」と言った。その王様の名前は、アジャタ・シャトルだ。

その名前は「自分の敵となる者が、まったくこの世に生まれていない」という意味だ。

アジャタ・シャトルとは、世界に敵のない者、という意味だ――敵は生まれていない、敵は生まれることができない。

だが、このアジャタ・シャトルはとても敵を恐れていた。非常に多くの人達がやって来て「あなたはそこに行かなければならない！　そこは何か不思議な感じだ。その男は何か不思議な感じがする。だから、行って見て来なさい！」と言った。

そこで、王様はブッダの所へやって来た。

彼は、森の中の庭園にたどり着いた。

もう日が暮れていた。

彼は、一緒に来た側近の者に聞いた。

「おまえは、その男が一万人の僧侶と一緒にいると言ったのに、物音一つしない。さてはおまえ、わしをだましたな？」と。

そして、彼は刀を抜いた。その時、彼は思った。

側近の者達が自分をこの森に連れ出し、誰かが自分を殺そうとしているかもしれない、といった何か陰謀があるのではと。

そこで彼は「おまえ達、一万人の僧侶達がちょうど木の後ろにいると言っただろう？――なのに、少しの物音もしないではないか！」と言った。

森は完全に静まり返っていた。

そして、アジャタ・シャトルは言った。

「わしは何度もこの森を見たことがある。だが、前は決してこんな静かじゃなかった。誰もここにいなかった時でさえ、この森は決してこんな静かじゃなかった――鳥達でさえ、静かだ！　おまえ達、わしをどうする気だ？　わしをだましたか？」

そこで彼らは「ご心配なさらないでください。その男はここにおります。彼がいるせいで、森は大変静かで、鳥達でさえとても静かなのです。さあ、いらっしゃってください！」と言った。

それでも、彼は自分の刀を手に持っていた。

彼は恐ろしくて震えていた。

彼が森にたどり着いた時、ブッダは木の下に座っており、一万人の僧侶達もまた、木の下に座っていた――全ての者が、ちょうど石像のように見えた。

そして王様はブッダに聞いた。

「この者達みんなに、何が起こったのですか？　彼らは死んでいるのですか？　私は恐ろしい。彼らは幻影のようだ――誰一つとして動かず、目さえも動かない。彼らに一体何が起こったのですか？」

そこで、ブッダは言った。

「多くの事が起こった。彼らはもはや気違いではない」

人は本当に静かにならない限り、存在の意味が何であるか、生にどんな意味があるのか、その至福が何なのか、祝福とは何かを、決して感得できない。

そうした静寂の中でのみ、生が流れ伝わってくる。

あなたは神酒である音楽に気づく。

あなたがそれを感じ始めるのは、静寂の中でだけだ。

その静寂は、不動心になって初めてやって来る。

もしあなたが揺らいでいたら、もしマインドが少しでも揺らいでいれば、内側におののきがある。

それでは、その静寂を感じることはできない。

静寂に、直接到達することはできない。

まず、不動盤石の境地に到達しなければならない。

その後に、静寂がやって来る。


だからブッダは言った。

「多くの事がこの者達に起こった。彼らはもう気違いではない。彼らは静かで穏やかになり、ここにある木々と、この大地と、この空と一つになった」

なぜなら、マインドの雑音によってのみ、分裂されるからだ。静寂は決して分裂しない。


静寂はあなたを実在へとつなぐ。

たとえば、我々がここに座っていて、誰かがとても静かで穏やかで、一つの思考も存在せず、マインドの中に一つのさざ波もなく、みんなが静かで完全に穏やかな状態であれば、あなたは自分が他の誰かとどこか違ったところがあると思うかね？

自分が隣の人と違っていると思うかね？

どうしてあなたが他の人と違うだろう？

「自分は人と違う」、という感覚は一つの思考だ。

また、「あなたは他の人達と一つに感じるだろう」と私が言っていると思うかね？

いいや、そうじゃない。一体であるという感覚は一つの思考だからだ。あなたは、感覚を抱くのではなく、単に一つになる。

実際、そこには誰もいない —— ただ静寂だけがある。


だから、ブッダは言った。

「彼らは今や木々と、大地と、空と一つだ。本当は、彼らはここにいない。ただ静寂のみが支配している。だから、鳥達でさえもその影響を受けた」

一万人の人々が余りにも静かに座っていて木の中にいた鳥達でさえ、気づきを持つほどだった！

鳥達は感じ取っていた――静寂は、伝染しやすい。
「そう、あなたは正しい、アジャタ・シャトル、あなたは、前にこの森を通り過ぎたことがあるかもしれない。だが、その時は、決して今のように静かではなかった。森は二度と再び、今のこの瞬間の静寂を取り戻すことはできないだろう。というのも、初めて一万人のマインドの中に、静寂が今ここに、現存しているからだ」とブッダは言った。

そのように、静寂が一万倍されることによってあらゆる者がその感化を受ける。

木々でさえも、動くことを恐れる。

鳥達でさえも震えること、物音を出すことを恐れる。

それは夕暮れ時だった。彼らは巣に帰るところだった。

鳥達が巣に帰る時は普通大きな鳴き声を出すのだが
その時は物音のさざ波一つなかった。

あなたが静寂を感じ始めると、存在との深い交感の中にあり始める。思考という思考は雑音だ。

波という波は思考であり、心の内のおののきだ。

それらは存在とあなたの間に、障害を作り出す。

それらはあなたを分裂させ、孤立させてしまう。

するとあなたは、この全存在の中で独りになり始める。


そしてその孤独は無意味さを作り出す。

孤独になればなるほど、あなたは人生の無意味さを無駄であることを、無益さを感じるだろう。

そうすると、あなたは自分自身を、もっと雑音で満たし始める。ラジオやテレビ、何かであなたは自分を満たそう、一杯にしておこうとするだろう。

あなたはあちらからこちらへと、この倶楽部からあの倶楽部へと走る。走り続ける！　あなたが、自分の孤独に気づかないように、どんな隙間も心に与えずに！

そしてあなたの生全体は、ただ一つの地点からもう一つの地点へと、走り回っているだけのものになる。

それは正気の沙汰ではない。

そして地球全体が気違い病院だ。

そこで、この姿勢を達成すること――
それには身体から始めてはならない。
潜在意識のマインドから始めなさい。
そうすれば、あなたの身体は
意識の内側で起こっていることを映し出すだろう。
今この瞬間でさえ、あなたの身体は
意識の内側で起こっていることを映し出し続けている。
身体は鏡だ、それは透明だ。

見る眼のある人は、身体が透明だと知っている。
あなたがこの場所に入って来る。
私はあなた方の意識の内側で起こっていることがわかる
—— 内側で起こっていることを表さずにこの場所に入る
ことは、不可能だ。
あなたは私を見る。そして私には、あなたの目の内側で
起こっていることがわかる。
あなたは自分の意識の内にあるものを表さずに、目を上
げられるだろうか?、
それは、あらゆる瞬間に表現されている。
あらゆる瞬間がそれを示唆している。
それは関係している。何も関係のないものはない。

あなたの身体は、あらゆる瞬間に内面を表現している。
だが、あなたは身体の言葉を知らない。
身体にはそれ自身の言葉がある。
それは語る！　全てをだ！　あなたはだませない。
言葉で人をだますことはできても
身体で人をだますことはできない。身体はだませない！
微笑むことはできる。だがあなたの唇は
意識の内側に微笑みがない、と言い表している。
顔の表情で何かを表すことはできる。

やってごらん。
それでも顔は、それが偽物だというヒントを与えている
だろう。身体というものは、あらゆる瞬間に情報を与え
ている。あなたはそれを変えられない。
あなたはやってみる。が、それを変えることはできない。
たとえ、あなたが自分の身体を変えることに成功したと
しても、人をだますことに成功しただけだ ——
自分自身をだますことはできない。
なぜなら内面は、外面の変化で変えられないからだ。
それは、根本的なものではない。

木を切るには、葉を刈るのではなく、根を断つことだ。
たとえ葉を刈っても、新しい葉がまた生えてきて、一枚
の葉が二枚になるだろう。
二枚の葉を刈れば、その同じ場所から四枚になって出て
来る。木はそのお返しをするだろう。根はそのお返しを
するだろう。彼らはこう言うだろう。
「一枚の葉を刈ったのなら、私達は二枚の葉をつけるか
らね。私達は絶え間なくエネルギーを供給できる—— 無
限にね！」と。
だから、葉に構うことはない。身体には葉しかない。
根は深い内側にある。だから、根を断ってしまえば

葉はおのずと枯れてしまう。
葉に養分を供給する根がなければ
葉は自然に枯れてしまう。
あなたの身体は変わるだろう。
マインドをまず変えること。そうすれば身体は変わる。
というのも、マインドが根だからだ！

不動知を体得すれば扉は開かれる。

そうすると、あなたは未知なる世界の一瞥が得られる。

未知なる世界は、はるか遠い所にあるものではない。

ただ、あなたが心を閉ざしているだけだ。

未知なる世界はここに存在している。

が、あなたは走り回っている。

未知なる世界は、ここにある。なのにあなたはあまりに急いでいて、物凄いスピードで走り回っているから、未知なる世界を見ることができない。

静かに立ち止まりなさい！

私が言うのは身体のことではない。

あなたのマインドを、あなたの意識を、静止させなさい、と言うのだ。

すると突然、あなたはいつもそこにあったものに気づく。

あなたはそれを探していた。

探しに探し求めて、何生も何生も追い求めていた。
そして、それはここにあった。
それは余りにも近くにありすぎて、見逃していた。
それはすぐそばにあった。
あなたは、自分が立っている所を除いて
あらゆる所を捜していた。
そして、不動の心は、あなたに「今ここ」を明かす。
意識において静止すること。
それが、今ここに現存する瞬間をあなたに明かす。

第6章

無意識との出会い

Encountering the Unconscious

質問

感覚の本能を例にして考えますと、無意識のマインドと出会う実際的な方法とは、どんなものでしょうか。そして感覚の本能から自由になったと、どうやってわかるのでしょうか。わかりやすく説明していただけますか？


無意識とは、実際は無意識ではない。無意識とは、意識がより少ないというだけのことだ。

だから、意識と無意識の違いは正反対のものではなく度合いの違いにすぎない。

無意識と意識は関わり合い、つながっている。

それらは二つの別々のものではない。

だが、我々の考え方は、あらゆる物事を正反対に分けるという、ある種偽りの論理を土台としている。

だが、真実は決して分けられない。

分けられるのは論理だけだ。

我々の論理とは、「イエス」か「ノー」のどちらかしかない。


我々の論理は、光か闇のどちらかしかない。

論理的に物事を見る限り、その中間は存在しない。

だが、生は白でも黒でもない。

生は大きく広がっている灰色の世界だ。

一方の極が白であり、もう一方の極が黒だ。

そして生は大きく広がっている灰色の世界であり灰色の度合いなのだ。

だが論理的な思考から言うと、白と黒が現実で中間は存在しない。

が、生はいつも二つの極の中間にある。


実際、全ての問題が論理的な問題として捉えられるのではなく、生の問題として捉えられるべきだ。

そして初めて、あなたは生に対して何かができる。

この偽りの論理に余りにも引っ掛かっていると決して何ひとつ、問題を解決できないだろう。


アリストテレスは明らかに、人間のマインドにとって最大の脅威と、ブロックとなっている。

なぜなら彼は、世界中を支配しているあらゆる物事を二つの極に分けるシステムを作り出したからだ。

実際、これは奇妙な事実だ。

我々には、その二つの極の間のリアリティーを表すものがない——言葉さえない。

デ・ボノという近代の反アリストテレス派の論理家は、「ポー」という新しい言葉を作り出した。

彼は言う。

「我々にはイエスかノーの二つの言葉しかない。その中間で、どちらでもない、という言葉は存在しない。イエスは一つの極であり、ノーはもう一つの極だ。中間の言葉がない」と。

そこで、彼は新しい言葉「ポー」を作り出した。

「ポーとは『反対でも賛成でもない』という意味だ。あなたが何かを言って、私がポーといえば、それは『私はあなたの言っていることを聞いている。私はそれに反対でも賛成でもない。私はそれに判断を下さない』という意味だ。

あるいは、ポーというのは『多分、あなたの言っていることは正しい、多分、あなたの言っていることは間違っている。その両方があり得る』ということだ。

あるいは、ポーという言葉を使うのは、『あなたの言うことは一つの見方であり、私がイエスの立場を取ったり、ノーの立場を取ったりする必要はない。それは必要ではない』ということを意味している」と。

デ・ボノはこの言葉を、仮説や可能性というような言葉から考えついた。

この「ポー」は中間的な言葉で、審判、批判、賞賛という重荷が何一つのしかかっていない。

ちょっと、「ポー」という言葉を使ってごらん。

その違いを感じるだろう。

あなたは両極のどちらの立場にも立っていない。

私が「意識」や「無意識」と言う時
それはフロイト派の反対という意味ではない。
フロイトにとっては意識は意識であり
無意識は無意識だ。
その違いは、白と黒、イエスとノー、生と死の違いだ。
私が「無意識」と言うのは
「より少ない意識」という意味だ。
私が「意識」と言うのは
「より少ない無意識」ということだ。
それらはお互い重なり合っている。
では、無意識と出会うにはどうしたらいいのか？
フロイトに関する限り、それは不可能だ。

というのも、それは無意識だからだ。

どうして無意識と出会うことができる？

その質問はちょうど誰かが「どうやって暗闇の中で見ることができますか？」と言うのと同じだ。

その質問は道理にかなっていないし、無意味だ。


もしあなたが「暗闇の中でどうやって見るのですか？」と質問し、私が「光で見ればいいじゃないか」と言ったとしたら、質問にまったく何も答えていないことになる。

なぜなら、あなたは「暗闇の中でどうやって見ればいいのですか？」と聞いているからだ。

もしそこに光があれば、暗闇がない――

あなたは光を見ている。

実際、暗闇では誰も物を見ることはできない。

「暗闇」は、その状況では見ることができない。

あなたが「暗闇」と言う時、何を言っているのだろう？

その状況では見ることができない、ということだ。

あなたが「光」と言う時、何を意味しているのだろう？

それは、その状況で物が見える、ということだ。

実際、あなたは光を見たことはない。

あなたが見えるのは、物に跳ね返った光だけだ。

光そのものを見たことはない――

誰にも見ることはできない。

我々には、光ではなく物しか見ることができない。

というのも、物は見ることができる。

そこで我々は、光がそこにあると予想し、推しはかる。

あなたは暗闇を見たことはない。

誰も見た者はいない。

実際、暗闇とはただの憶測だ。

なぜなら、何も見える状態ではないからだ。

あなたは、そこに闇が存在すると言う。

誰かが聞いた、「暗闇の中でどうやって見るのですか？」

その言葉は意味があるように見える。

だが違う、言葉は実に詐欺的だ。

そして言葉を使う時、注意深くならない限りどんな問題も決して解決できないだろう。

問題の九十九％は、ただ言葉上の問題にすぎない。

だが、言葉の影響を切り離す方法を知らない限り本当の問題に取り組むことは決してできない。

もしあなたがフロイトに「どのようにして無意識と出会えばいいのですか？」と聞けば、彼は「それはナンセンスだ。あなたは無意識とは出会えない。

もし無意識と出会うなら、それは意識になる。出会いは意識下の現象だからだ」と言うだろう。

だがあなたが私に、どうやって無意識と出会うか聞くなら、私はこう言う。

「そう、無意識と出会う方法はある」と。

私にとって一番はじめに注意されるべきことは
「無意識」とは単純に「意識が少ない」ということだ。

だからもっと意識的になれば、無意識と出会える――

それはあなた次第だ。

第二に、無意識と意識には、決まった境界のようなものは存在しない。
それらは瞬間ごとに変化している――
ちょうど瞳のように。
瞳は絶え間なく変化し続けている。
光の量が多ければ、瞳は狭くなっていくし
光の量が少ないほど瞳は広がっていく。
瞳は絶え間なく、外界の光の量に合わせて
大きさを調節している。
だからあなたの眼は、本当は固定されてはいない。
それは、絶えず変化し続けている。
ちょうどあなたの意識のように。

実際、眼の動きの変化で、意識という現象を理解することは非常に意味深い。

意識とは内なる眼であり、魂の眼だからだ。

ちょうどあなたの眼のように、あなたの意識は絶えず拡大したり、縮小し続けている。それは状況次第だ。


たとえば怒っている時、あなたの意識はより少なくなる。

さらに無意識が広がるのだ。

あなたのとても小さな部分だけが意識として留まる。

時にはその小さな部分でさえなくなり
完全に無意識に陥ってしまうこともある。

が、突然の事故のような状況のもとでは、あなたは道を歩いていて、突然事故が起こるような気配を感じる。

あなたは死の縁にいる。突如として意識が覚め、無意識はまったく存在しなくなる。

マインドの全てが意識的になる。

意識には、そういった変化が絶えず起こっている。

だから私が意識と無意識と言う時
何か決まった境界がある、というわけではない。
そこには何もない。決まった境界はない。
それは変動する現象だ。

もっと意識的でなくなるか、もっと意識的になるかはあなた次第だ。あなたは意識を作り出せる。

自分自身に規律を課し、訓練してもっと意識的になることもできるし、もっと意識的でなくなるようにもできる。

あなたがもっと意識的でなくなるように訓練すれば絶対に無意識と遭遇できないだろう。

実際、あなたは意識と遭遇することさえできなくなるだろう。

何か酔うようなものを飲んだ時、人は自分のマインドが完全に無意識であるように訓練している。

眠りに入る時、あるいは催眠術にかかっている時、あるいは自己催眠にかかっている時、あなたは意識を失う。

そこには多くのトリックがある。

あなたをより無意識にするのを助ける多くのトリックは、宗教の修行として知られてさえいる。

もし、何か単調な反復的なことをすれば、たとえば、「ラム、ラム、ラム、ラム」と唱え続ければ、まさにその単調なリズムにおいて、より意識的でなくなる。

そして単調なリズムでの絶え間ない「ラム、ラム、ラム」という反復は、ちょうど自己催眠のようになる。

あなたは眠ってしまうだろう。

それは眠るにはいい。

もし単調性を作り出すと、より意識的でなくなる。

退屈しているマインドは、意識的でいられないからだ。

退屈はとても悪い状態だ。

そういう状態では、マインドは眠ってしまう。

どうやって赤ん坊を眠らせるか、我々は承知している。

全ての母親が知っている。

子守歌は、退屈さを作り出すため以外の何物でもない。

全ての母親が、どうやって赤ん坊を眠らせるかを知っている。子守歌 ── ある一つの言葉の絶え間ない繰り返し ── 赤ん坊は退屈する、そして眠ってしまう。

この子守歌は、動きによって、また単調なことなら何からでも作り出せる ── どんなことでも!

ただ単調に赤ん坊を動かす、あるいは赤ん坊を単調に揺り動かせばいい。

すると、赤ん坊は退屈して眠ってしまう。

たとえば、赤ん坊の頭をあなた方の心臓に近付けるだけでも赤ん坊は眠ってしまう。

心臓の鼓動はとても退屈だ。

だから心臓の近くに赤ん坊の頭を置くと、赤ん坊は心臓の鼓動の相も変わらない繰り返しに、退屈する。

赤ん坊はその音をとても良く知っている。

九ケ月もの間、ずっとその音を聞き続けていたのだから。

老人でさえも、眠るために「チック、タック」という時計の音を使っている。

それは、その音が心臓の鼓動にただ似ているからだ。

だからもし、眠れそうにないと感じたら、ただ、自分の時計に神経を集中しリズムを感じていれば、すぐに眠ってしまうだろう。

そのように、退屈を生みだせば無意識を作り出せる。

また、アルコールを飲んだり、ドラッグを摂取したり、鎮静作用のあるものや鎮静剤を摂取すれば、無意識を生み出せる。

意識もまた作り出せるが、それにはまったく異なる方法が使われなければならない。

スーフィーの神秘家達は旋回舞踊を使った。
とても激しく旋回していたら、眠ることはできない。
それは不可能だ。
踊っている時に、どうして眠ることができる?
誰かがあなたの踊りを見ていて
眠ってしまうということはあり得る。
その人にとって、旋回舞踊は退屈かもしれない。

だが、あなたが眠ってしまうことはあり得ない。

だからスーフィー達は、内側にもっと活動性をもっと活力を作り出すために踊りを使っていた。

そうすることで意識が拡大するように。

それらの踊りは本当は踊りではない。

それらは踊りのように見える。


踊っているスーフィーは、絶えずあらゆる身体の動きを想起し続けている。

どんな動きも、無意識的になされるべきではない。

たとえ片手を上げるだけでも
その手は意識に満ちて上げられるべきだ。

あなたが手を上げる。今、手が上がっている。

今、再び手を降ろしている、というように
どんな動きも無意識的になされてはならない。

あなたはぐるぐる回っている。激しく踊っている。

どんな動きも無意識的になされてはならない。

あらゆる動きが意識的に、注意深さにあふれている状態でなければならない。

すると、突如として無意識がなくなり、三か月間継続して、一日に何時間も踊り続けることで、あなたは無意識と出会う。

深く深く深く無意識の中に浸透していくと、突如として、内側にある全てにあなたは目覚める。

それが、私が「無意識との出会い」と言うことだ。

それが起これば、白日の元に晒されないものは何もない。


あなたの全面性、あなたの本能の全て、あなたの抑圧全て、あなたの生体を構成しているもの全て、あらゆるもの——それはこの生だけのものではなく、あなたの全ての生が——突如として明かされる。

隠されていたというよりも、あなたが気づいていなかった新しい世界へ放り出される。

それはそこにあった。が、あなたは眠っていた。

また、あなたの意識は余りにも狭くなっていて
それは見えなかった。あなたの意識は、ちょうど松明のようなものだ——狭い範囲しか照らせない。

あなたが松明を持って暗闇の中に入っていく。

あなたは明かりを持っている。

その光は狭い範囲しか照らさず、集中した光だ。

それで何かを見ることはできる。

私が「無意識のものが何も残っていない」と言うのは、集が他のところは、全ては暗闇の中に取り残されたままだ。

私が「無意識のものが何も残っていない」と言うのは、集中しない意識、一つの対象に限定されないという意味だ。


集中した意識とは、常に何か見るものを選び、多くのものを見ないという選択をする。それは選択だ。

そこで、それに似たようなものを使って説明すると
ちょうど松明のようなものだ。狭い範囲しか照らせない。

一つの所はとても明るくなる。

が、他の所は全て暗闇の中にある。

それが我々が普通、精神の集中を通していることだ。

あなたが精神を集中すればするほど
無意識と出会う確率は少なくなる。

そうすれば、多くの物事を知らずにいるという代償を払って、とてもはっきりと何かを知ることができる。

そのために、専門家は徐々に、ただ無知になっていく。

全世界に無知になっていく。

彼らはある一つの物事をもっと良く知るために
マインドを狭いものにしているからだ。

だから、専門家と呼ばれる人は「より少ないことを、より多く知っている人」と言われるのだ。

そして究極的には、彼の知っていること一つだけに焦点が当てられて残り、他の全てに対して無知という代償を払うことになる。

それが精神集中の働き方だ。

精神集中をしても、決して無意識と出会うことはない。

瞑想を通してのみ、無意識と出会える。

それが瞑想と精神集中の違いだ。

瞑想とは、マインドが松明としてでなく、明かりのように働くことだ。その周りの全てが光り輝く——

あらゆるものが。それは狭い範囲のものではない。

光は拡散する。それは一方向に動くものではない。

それはあらゆる方向に同時に動く。

だから、全体が光り輝くのだ。


では、それにはどうしたらいいだろう？

私は「スーフィー達は、踊りを動的な瞑想として使っている」と言った。

彼らは無意識にぶつかった。

日本の禅の僧侶達は、無意識に直面するために、不合理な問題を使った。あなたは、解決不能の問題に取り組む
——まったく解決できない問題に！

どんなに一生懸命知恵を絞ってみても
その問題の質そのものからいって、解決はされない。

彼らはそうした問題を「公案」——不条理な問題——と言う。たとえば、彼らは探求者に向かって「おまえの本来の顔を見つけろ」と言う。


本来の顔とは、あなたが生まれる前に持っていた顔ということだ。あるいは、あなたが死んだ後に持つであろう顔のことだ——それが本来の顔だ。

彼らは言う、「おまえの本来の顔がどんなふうに見えるか、見つけて来い」と。


では、どうしたら見つけられるのだろう？

それに瞑想しなければならない。

問題の質からいって、頭や理屈で考えて解決できるものではない。それを深く思い巡らさねばならない。

そのことに瞑想しなければならない。

瞑想し続け、探求し続けなければならない。

「自分の本来の顔とは一体何なのか？」

そして、師は杖を持ってそこにいる。彼は誰かが眠っているかどうか、探求者達の間を見回っている。

師の杖が頭の上にあれば、あなたは眠ってはいられない。

眠ることはまったく許されない。

あなたは絶えず目覚めていなければならない。

禅の師は、厳しい修行を課す師だ。

あなたは、師の目の前で瞑想しなければならない。

また、彼はあなたが眠りに落ちるのを許さないだろう。

あなたが眠りに落ちていく瞬間が
無意識と出会う瞬間だからだ。
もしあなたが眠りの外に留まることができれば
無意識の世界が明かされる。
それは線上に存在しているからだ。
あなたが眠りに落ちるまさにその線が
そこから無意識に入ることができる線だ。
あなたはそれを試せる。あなたは毎日眠ってきた。
が、まだ眠りに遭遇したことがない。
眠りを見たことがない —— それが何であるか、どのように
やって来るのか、どのように眠りに落ちて行くのか。
あなたは何も知らない。あなたは毎日眠りに落ち、眠りから覚める。が、眠りがマインドに訪れる瞬間 —— 何が起こっているのか感じたことがない。
そこで、次のことを試してみることだ。

三ケ月間、眠りが訪れる瞬間に気づこうと努力した後、
ある日突然、自分で自覚しながら眠りに入っていく。
ベッドに倒れ、目を閉じ、その時、想起していなさい。
眠りがやって来つつあると想起すること。
「眠りが訪れる瞬間、私は目覚めたままでいる」
それはとても骨が折れる。

が、それは起こる。一日では、それは起こらないだろう。

一週間では、起こらないだろう。

が、毎日、絶えず「眠りはやって来つつある」と
辛抱強く想起し続けるなさい。

そして「眠りがやって来るのを自覚せずにはおかない。

私は眠りが訪れる時、目覚めていなければならない。どのように眠りが意識を乗っ取るのか、それが何なのか、
感じ続けなければならない」と、心に留めておく。

するとある日、突然眠りはそこにある。

あなたはまだ起きている。まさにその瞬間、あなたは自分の無意識にも、気づくようになる。

一度自分の無意識に気づけば、あなたは決して再び昔のようなやり方で眠ることはないだろう。


眠りはそこにある。が、あなたは同時に目覚めている。

あなたの中の一つの中心が、それを認知し続けている。

当たり一面は眠りだらけだ。

それでも、あなたの中心は、それを認知し続けている。

その中心が認知している時、夢を見ることは不可能だ。

そして夢を見ることが不可能なら、昼間、夢を見ることもまた不可能になる。

すると、あなたは今までと違った感覚で眠る。

そして、朝も今までと違った感覚で目覚める。
その今までと違う質とは、無意識との出会いからやって
来る。だが、それは難しく見えるかもしれない。
そこで、無意識と出会うための
もっとやさしい方法をあなた方に教えよう。

まず部屋の扉を閉じ、あなたの真正面に鏡を置きなさい。
部屋は暗くなくてはいけない。
そして鏡に直接反射しないようなやり方で
鏡の脇に小さな明かりを置きなさい。
その鏡には、あなたの顔だけが写っていて
明かりは写っていない。そこで自分の眼を見つめ続ける。
その時、瞬きをしてはいけない。
それは、四十分間の実験だ。
二、三日もすれば、瞬きしないでいられるだろう。
たとえ涙が出てきても、そのままにしておきなさい。
頑張って瞬きしないようにしなさい。
そして自分の眼を絶えず見つめ続けなさい。
見つめる対象を変えてはいけない。
眼の中を、自分自身の眼を見つめ続けなさい。
そうすれば二、三日のうちに
あなたはとても不思議な現象に気づくだろう。

あなたの顔が新しい形を取り始める。あなたは恐くなる
かもしれない。鏡の中の顔が変わり始める。
時には、以前には決して知らなかった自分の
まったく異なる顔がそこにある。
だが実際には、それら全ての顔はあなたのものだ。
そして、その状況は潜在意識のマインドが
爆発し始めているところだ。
それらの顔、それらのお面はみな、あなたのものだ。
時には、あなたが過去生で持っていた顔が
現れてくるかもしれない。

毎日四十分、一週間の継続した凝視の後、あなたの顔は
変転する。ちょうど映画のフィルムが流れていくように。
多くの顔が絶えず、来ては去って行く。
三週間後には、どれが自分の顔だか、思い出せなくなる
だろう。あなたは自分の顔を覚えていられなくなる。
来ては去って行く、多くの顔を見たからだ。
もしあなたがこの方法を続ければ
やがて三週間の後、最も不思議なことが起こる。
それは突然、鏡の中の顔が消えるというものだ。
鏡の中には何もない。あなたはその空っぽを凝視する。
そこには全然、顔がない。

それが待ちに待っていた瞬間だ。

目を閉じ、無意識と直面しなさい。

鏡の中に顔がない時、ただ目を閉じなさい。

それは最も大事な瞬間だ。目を閉じ、内側を見る。

するとあなたは無意識と出会う。その時、あなたは裸だ。

あるがままのあなたで、完全に裸の状態だ。

あらゆる欺瞞が落ちていく。それが現実の姿だ。


だが社会は、あなたがそれに気づかないようにするために、無数の層を作り出した。

一度、裸のままの自分、まったくのあるがままの自分を知れば、あなたは今までと違う人間になり始める。

そうしたら、あなたは自分を騙せなくなる。

その時、あなたは自分が何者であるかを知る。

そして自分が何者であるかを知らない限り
変容されることは絶対にあり得ない。

なぜなら、その裸のままの真実においてのみ
ある種の変容が起こるからだ。

その裸のままの真実が、何らかの変容の可能性となる。

欺瞞は、全て変容されない。

あなたの本来の顔は、今ここにある。

そして、あなたはそれを変容できる。

実際は、ただ変容させたいというその意志が
変容を引き起こす。だが、あなたは変容されない！
偽りの顔を変容することはできない。
偽りの顔を変えることはできても、変容はできない。

「変える」という言葉で私が言うのは、偽りの顔をもう一つの偽りの顔に置き変えられる、ということだ。

変えること、お面を、顔を取り替えるのは実に簡単だ。

泥棒が僧侶にもなれるし、犯罪者が聖者にもなれる。

が、それはまったく変容ではない。

変容とは、真実の姿そのものになるということだ。

だからあなたが無意識と出会い、無意識と向かい合う時、
自己の真実、自己の正真正銘の実存に直面する。

社会に作り上げられた存在はそこにはない。

あなたの名前はそこにはない。

あなたの形もない、あなたの顔もない。

自然のままの力がそこにある。

そして、それらの自然そのままの力があれば
どんな変容も可能になる。

ただそう望むだけでそうなる！　何もする必要はない。

ただ、あなたがそう望むだけで事は起こり始める。

もし、あるがままの状態で自分自身に向き合えば

あなたが望むことは、何でもその通りになるだろう。

バイブルの中では、次のように言われている。

「神曰く〝光あれと言えば光ありき〟」と。

コーランでは「神曰く〝世界あれと言えば世界ありき〟」と。


実際には、それらの言葉は物語だ。

それは、あなたの内に秘められている意志の力の物語だ。

あなたが自己のありのままの真実、根本的なもの、本質的な力に遭遇すれば、あなたは創造者、神になる。

ただ声に出して言う、言葉に出して言うとその言ったことが起こる。「光ありき」と言えば、そこに光がある。

だが、無意識と出会う前に、たとえあなたが暗闇を光に変えようとしても、それは無理だ。

何か宗教的なことが起こるには
無意識との出会いが基本であり、根本だ。

無数の方法が編み出されてきた。
突如として悟りを得る頓悟の方法があり
また段階を踏んで悟って行く漸悟の方法もある。
あなた方には漸悟の方法について話したことがある。
頓悟の方法もある。

だが頓悟の方法は、常に大変難しい。

頓悟の方法では、単純に死んでしまうこともあり得る。

頓悟の方法では、あなたは突然狂ってしまうこともあり得る。その現象は余りにも突然で、あなたは身に収めることができない。

あなたはただ砕け、木っ端微塵になってしまう。


そのことはギータの中で起こった。

アルジュナがクリシュナに、彼の宇宙の形を明かすように強いた。

クリシュナは他のことを話していたのだが、アルジュナは執拗にクリシュナにせがみ、こう言った。

「私はそれを見なければなりません。見なければ信じられません。もしあなたが本当に神なら、その宇宙の形を私に見せてください！」と。

そして、クリシュナはその姿を明かした。

が、それは余りに唐突で、アルジュナの用意はまったく整っていなかった。

それを見た時、彼は叫び出し、クリシュナに言った。

「どうかそれを閉じてください！　閉じてください！

私は死ぬのが恐いのです！」と。

そのように、もしあなたが頓悟の方法で無意識と出会うなら、それは危険だ。頓悟の方法はある。

が、それらの方法はグループの中でのみ、実践できる。グループの中では、他の人々があなたを助けられる。

実際、アシュラムとは、頓悟の方法のために作られた。頓悟の道を進む者達は、一人ではその方法を実践できないからだ。そこで、グループが必要になってくる。

先達が必要になる。絶えず油断のない意識が必要になる。というのも、時には何か月にも渡って無意識に陥っている、ということがあるからだ。

そういう状況においては、どうしたらいいかを知っている人がもし誰もいなければ、死があなたを連れ去っていくかもしれない。

そうしたらあなたは埋葬され、あるいは荼毘に付されるということが起こる。


ラーマクリシュナは、深いサマーディーに思いがけず数多く入って行った。

六日間から二週間、彼はまるで無意識のような状態だったので、強制的にスプーンで食事を取らされなければならなかった。

だから頓悟の方法を実践する者は、グループが必要だ。師が絶対に必要だ。

だが頓悟の方法は、ブッダやマハヴィーラ、シャンカラチャリアのせいで、インド人の修行から消えてしまった。

なぜなら彼らは、僧侶は絶えず旅をしていなければならない、と言っていたからだ。

彼らは僧侶達をアシュラムの中にいさせなかった。

どんなところであろうと、同じところに三日以上留まることはなかった。そうする必要があったのだ。


ブッダやマハヴィーラの時代、アシュラムは、ただの搾取のためのセンターのようになっていたからだ。

それらはただの、大きなビジネスになっていた。

だから、マハヴィーラもブッダも、サニヤシンはどこであろうと、同じ所に三日以上いるべきではないと強く言うようになった。そしてこの三日とは、まさに心理的な限界だ。ある場所、ある人々に波長を合わせるためには、三日以上必要だからだ。

新しい家では、三日以上経たない限り、あなたは落ち着きを感じることはできない。

それが、心理的に波長を合わすための時間だ。

もし三日以上同じ家にいれば、まるでその家が自分の家のように思えてくる。

そこでサニヤシンは、どこであろうと、三日以上その場所にいてはならなかった。

ブッダとマハヴィーラはそう主張した。

が、彼らがそう主張したためにアシュラムは破壊されスクールメソッドが実践できなくなってしまった。

旅する僧侶は頓悟の方法を実践できない。

彼が村にいるとする。

だが、誰もその方法に関して知らないかもしれない。

もし彼が頓悟の方法を実践しているとすれば、ハプニングが起こる。彼は危険な状態になるだろう。

死んでしまうかもしれない。


だからマハヴィーラやブッダ、後には、シャンカラチャリアという三人全員が、僧侶は放浪し続けるものだと主張した。

「僧侶は一つところに留まってはいけない。僧侶は家無しのさすらい人でなければならない」と。

それはある意味では良かった。

また、ある意味では悪かったということを示した。

それがいいことだとはっきり示したのは、確立されているものを破壊したということだが、またそれは、悪かったということも如実に示すことになった。

というのも、確立されているものとともに、ある非常に重要な実践方法、メソッドが、ただ忘れ去られてしまうからだ。


頓悟の方法では、一つのグループ単位の、絶え間なき注意深さが要求される。師が必要不可欠だ。

だから、ブッダは次のように言えたのだ。

「あなたは私がいなくても知ることができる」と。

だが、パタンジャリはそう言えなかった。

クリシュナムルティーは「師は必要ない」と言った。

だが、グルジェフはそうは言えない。

彼らの見解の相違の本当の理由は、彼らが使っていた方法にある。グルジェフはスクールメソッドを使い、クリシュナムルティーはさすらい人の伝統に属している。

だから、スクールメソッドも教師も必要なかった。

漸悟の方法なら一人で進んで行ける。
というのも危険がないからだ。
あなたは少しずつ、少しずつ
進んで行かなければならない。
そして、少しずつ物事が起こり始める限り
あなたはそれを自分でコントロールできる。

だが、もし途中にステップがなくてジャンプしなければならない時、あなたがどこで落っこちてしまうのか、何が起こり得るかを知っている人が必要になる。

師とは、本当は方法を教えるために必要なのでなく、その方法を実践する中で、あなたに何かが起こり始めた時、また、あなたが未知なる領域へと進み始めた後、本当に必要となる。


そして頓悟の方法がある。

だが、それらについては言うまい。私はあなた方に一つ漸悟の方法を与えた。そして沢山の方法がある。

だが、頓悟の方法については話さないつもりだ。

というのも、それらについて話すことは危険だからだ。

もし誰かがその話に興味を持てば、彼がその方法をする可能性がある。だから話すことはできない。

スクールの教えでは、それについて何も書かれるべきではないと、強く言われてきた理由がそれだ。

なぜなら、一度あなたが何かを書いてしまうとそれは公になり、誰でもその方法を実践できるようになるからだ。

誰でも、ただ自分自身の好奇心ゆえに、その方法の犠牲者になり得る。

そうしたら、その時助けてくれる人はいない。


たとえその中に、頓悟について何かが書かれているとしても、常に根本的な部分は書かれていない。

だから教典を通して修行し始めるものは常に危険にさらされている。

そして彼らがおかしくなってしまうことも、しばしば起こる。なぜなら繋がりの欠けている部分が、常に存在するからだ。


そして、その繋がりの欠けている部分は常に師から弟子へと、口伝されるものだ。

それは個人的な、秘密のプロセスだ。

その欠けている繋がりの部分がカギになるからだ。

だからどんな教典も、真実完全では絶対あり得ない。

そしてどんな教典も、真実完全だったことはない。

というのも、知る者は、その知っていることを完全に書くことは決してあり得ないからだ。

誰もその方法を使えないように、何かがカギとして隠されたままでなければならない。

それを読むことはできる。それに対してコメントすることはできる。それに対して論文を書くことはできる。

が、それを実践することはできない。

ある一つのカギが、その教典それ自体の中に与えられていないからだ。

また、与えられていたとしても、それはあなたが解読できないようなやり方で与えられている。

そしてそれを解読する方法は、その中にはない。

だから、私は頓悟の方法の実践について話さない。


が、段階的に何かをすることはできる。

そして、この鏡を見る瞑想は、とても強力なメソッドだ ── 自分自身の意識の奥底を知り、また自分自身のあるがままの本当の姿を知るには、非常に強力な方法だ。

そしていったん知ってしまえば、あなたは主人になる。

そうしたら、あなたが何かを言うだけで
その言ったことが形に現れ始める。

自己の無意識と出会い、その時あなたが「私はこの瞬間に死ななければならない」と言えば、まさにその瞬間に死ぬだろう。

その時あなたが「私はまさにこの瞬間に、覚者にならなければならない」と言えば、あなたはまさにその瞬間に覚者になるだろう。時間はまったく不要だ── ただそう望むだけで、物事が起こり始める。

それだけ聞くと、とても簡単なように
思い始めるかもしれない。

が、それは難しい問題だ。
まず第一に、その境地に到達することが難しい。
たとえ到達がそんなに難しくないとしても
その瞬間に何かを望むということが、大変難しい。

その瞬間、圧倒的な静寂が、あなたを乗っ取る。

あなたは考えることもできない。

あなたのマインドは動くことさえできない状態だ。

あなたは存在に対して大変な畏敬の念を抱きあらゆる物事がストップする ── 呼吸でさえも止まる。

とても静かな瞬間、まったくの静寂の中では、意志が働くことは不可能だ。

そこで、人はその静かな瞬間に、どのように物事を望むか、言葉を使わずにどのように願えばいいか、思いというものなしにどう願えばいいか、と自分自身訓練しておかねばならない。それは可能だ。

だがそれには、そのための修行が必要だ。

あなたが花を見る。その花を見て、花の美しさを感じること。だが「美しい」という言葉を使ってはならない。

マインドの中でさえ「美しい」という言葉を使ってはならない。

その花を見る、そして花をあなたの中に入り込ませる。あなたのハートにまで届かせなさい。

が、言葉を使ってはならない。その美しさを感じなさい。

が、「花は美しい」と口に出してはいけない。

マインドの中でそう言ってもいけない。

言葉にしてはいけない。すると徐々に、言葉を使わずに花の美しさを感じられるようになるだろう。

実際、それは難しいことではない。自然なことだ。


あなたはまず感じる。その後に言葉がやって来る。

だが、我々は余りにも言葉中毒にかかっていて隙間がない。感覚がそこにある。

そして突然、あなたはそれを感じてさえいないのに言葉がやって来る。そこに、隙間を作り出すことだ。

ただ花の美しさを感じる。が、言葉を使ってはならない。

もし感覚から言葉を離すことができれば、存在から感覚を離すことさえできるようになる。

そうしたら、花をそこにあらしめ、あなたと花は二つの実存としてそこにある。

だが、感覚を介入させてはならない。

今度は「花が美しい」と感じることさえいけない。

感じないように —— そこに在らしめなさい。


そしてあなたは、感覚の波一つない、深い抱擁の中でそこにいる。そうしたら、感覚なしに美を感じるだろう。

実際、その時、あなたは花の美になる。

それはもう感覚ではない。あなたがその花になる。

その時、あなたは実存的に何かを感じた。

あなたにそれができれば、今度は願えるようになる。

あらゆるもの —— 思考、言葉、感覚がなくなったら、実存的に物事を願えるようになる。

そしてその願いを助けるために、多くのものが使われた。

一つは、探求者は「事がやって来た時、そのハプニングが起こり始めた時、自分は何をすればいいのだろうか？」と常に考え続けなければならない、ということだ。


「アワム・ブラフマースミ —— 我はブラフマンなり」というようなウパニシャッドの経文は、言葉上で言っているものではない。

これらの経文は、声明という意味合いを持っていない。

哲学的な理論としての意味合いを持っていない。

それらは、あなたの実存の細胞の中に深遠な意志を刻み込むためのものだ。

そしてその瞬間がやって来たら、「我はブラフマンなり」と自分に言うマインドは必要ない。

あなたの身体がそれを感じ始める。

あなたの細胞がそれを感じ始める。

あなたの身体のあらゆる組織がそれを感じ始める――

「アワム・ブラフマースミ」ということを。

そしてその感覚は、あなたが作り出す必要はない。

それはあなたの存在の中に深く浸透していく。

すると突如として、あなたが無意識と遭遇した時
意志を発動する瞬間がやって来る。

するとあなたは創造者になる。

あなたの全存在が「アワム・ブラフマースミ」と波動し始める。

そして、あなたの存在が「アワム・ブラフマースミ」と波動し始める時、あなたは一人のブラフマンになる――そうなるのだ！　そうするとあなたは、何であれ自分が感じるそのものになる。

それは、形而上のこととして知られるべきことではない――そうではない！　それは一つの体験だ。

だから、あなたはそれを体験を通してのみ、知ることができる。

それが正しいか間違っているか、判断してはならない。

「イエス」と「ノー」という見方で考えてはならない。

ただ、「ポー、いいだろう」と言うがいい。

何らかの努力をしなさい。

ただ、「いいよ！　それはそうかもしれない」と言いなさい。結論を下してはならない。

我々はすぐに結論を下したがる。

誰かが「いいや、そんなこと無理だよ」と言う。

それは実際には「私はやってみるつもりはない」と言っているのだ。彼は「それは無理だ」と言っているのではない。彼は自分自身をだましている。

彼は「私はそれをやるつもりはない」と言っているのだ。

「私はそれをやるつもりはない」と言っているならどうしてそのことが可能になる？

彼は自分を正当化している。

他の誰かは「うん、それはできるよ、それは何回も起こった。それは私のグルに、そして私の師に起こった。それはあちらでもこちらでも起こった」と言う。

彼もまた、自分でやってみようとしない。

というのも、彼はそれを大したことじゃない、と片付けてしまっているからだ。

「それは多くの人達に起こった。だから無意識と出会うことなんか、人間がやってみなければならないようなことじゃない！」と思っている。

そして彼は「それは自分にも起こり得る」と感じている。
そうではない。イエスともノートとも言わないこと。
ただ、目的を達するための一つの実験として
仮定としてやってみなさい。
宗教は、人から与えられるものではない。
人は自分の中に、宗教を作り出さなければならない。
宗教とは、与えられるものでもなければ
与えられ得るものでもない。
それは、自分自身の内に発見されねばならない。
だから、自分で体験するまでは結論を出してはいけない。
自分で知るまでは、物事を判定してはならない。
決して最初から決めつけてはならない。
さもないと、絶えず物事を聞き続け、考え続けることは
できても、何ひとつ「する」ことはできないだろう。
考えるということは、「すること」ではない。
考えるとは、「する」ことから逃げているということだ。

質問……………………………………

速く呼吸するというあなたの技法は、頓悟のための
技法ですか、それとも漸悟のための技法なのですか？

それは、漸悟のためのものだ！ それは段階的だ。
実際、頓悟の技法は公に与えることはできない。
与えられるものではない！
頓悟の技法を実践するには
人は生活全てを切り離さなければならない。
なぜなら、頓悟の技法を実践するには
あなたの全面性が必要とされるからだ。
その点、漸悟の技法は、あなたの全面性を必要としない。
あなたは一時間、その技法を実践して
残りの二十三時間は世間にとどまることができる。
が、頓悟の技法を実践しようとすれば
あなたの全面性が必要となる。何か他のことは許されな
い。生活全てが切り離されなければならない。
そして、その技法にかかりっきりになることだ
あなたの全意識が、その技法のために
整えられなければならない。
あなたの中に一部分であっても
整えられていないところがあれば、それは危険だ。
どんなことでも危険であり得る。
その瞬間は、大変な可能性をはらんでいるからだ。

その瞬間は大変な可能性の瞬間だから、自分の周りで起こっている全てのものを浄化する必要がある。

あなたは切り離さなければならない。

全てを切り離さなければならない。

が、漸悟の方法に関しては、宗教は他のいろいろなものの一つであり得る。が、頓悟の方法では、宗教は全体主義的でなければならない。

何一つ、他のものを許すことはできない。


ある人がグルジェフの所へ行った時、グルジェフはその人にこう聞いた。

「あなたはそのために死ねるかね？　それ以下では何にも役に立たないんだよ。そのために死ねるかね？」と。

それは「あなたはそのために全てを捨てられるか？」と言っているのだ。

全意識が必要とされる。死ぬ必要はない。

が、人はそのために死ぬ覚悟をしなければならない。

が、漸悟の方法では、そんな激しいことは要求しない。

あなたは社会の中で生活し、悟りのために何かをし続けられる。徐々に、そのすることが段階的に大きくなっていき、気づくことさえなく、ある日あなたは、そのために死ねるようになる。


その成長の仕方は、ちょうど妊娠して胎児が成長するようなものだ。それは段階的だ。

母親でさえも、身体の中でどのように成長していくのか、何が起こっているのかわからない。

その間にも胎児は成長し、大きくなり、育っている。

そして九ケ月の後には大変成長して、もう母親をまったく必要としなくなるほどになっている。

だから、胎児は母親の子宮から出てくるのだ。

母親は大変な痛みを感じる！

その理由は、ただ肉体的なものだけではない。

それは心の奥深くでは心理的なものだ。

なぜなら、自分自身の子供が余りにも成長し、自分の元を離れていくということ。それは最初の裏切りだからだ。

そして多くの裏切りがそれに続く。それが出産の第一の苦しみだ。そして多くの苦しみがそれに続くことになる。

子供が性的に成熟した時、彼は再び母親の元を離れる——他の女性の元へと。

だから誕生とは、絶え間ないプロセスだ。

そして母親は、多くの苦しみを通っていかねばならない。

もしそれを理解できなければ、彼女は必要もない多くのトラブルを作り出すことになる。

彼女がそれらを作り出している！

子供が生まれようとしている時でさえ
母親はトラブルを作り出す。

母親は自分の身体全体を収縮させる。

だから、そこに苦しみが生じる。

そうでなければ、肉体の苦しみは必要のないものだ。

それは実際には戦いだ。母親は手放しの状態になれない。

そこで胎児は、強制的に外へと押し出される。

そのために、八十％、あるいはそれ以上の子供達が、夜生まれなければならない。それは母親が眠気を感じている時、彼女の抵抗がより少なくなるからだ。

現在では科学的な方法があり、また心理的な方法もある。

母親が子供を産むことに協力し、彼女にそう説得できれば、生みの苦しみはない。


パリで、ドクター・ロレンゾという人物は、多数の方法——心理的な方法、説得する方法を試みている。彼は母親を助けて、何千という子供を誕生させている。そこにはまったく苦しみというものが存在しない。

まったくだ！　その方法とは、子供が子宮から出てくることに協力するというものだ。

抵抗するのでなく、協力すること。

子供の手助けをしてやること。

子供が子宮から出てくるのを助けようと、母親が感じること、それが彼の手法だ。

ロレンゾが母親達をそう説得したとしても、その子供達が成長し、他の女性の元に行った時、より大きな問題が存在する。

彼は、母親が傷つかないように説得しなければならない。

むしろ、母親は子供が他の誰かの元に行く手助けをすべきだ。母親はそう手助けし、協力すべきだ。

それは第二の誕生だからだ。

母親がそれを邪魔する必要はない。


漸悟の方法では、あなたは女性の妊娠のように成長する——徐々に。そしてある日突然、あなたは再誕する。

頓悟の方法では、それは異なる——まったく異なる。

頓悟では、人は全てを放棄する必要がある。

サニヤスは、昔は頓悟の方法で始まった。

だから、全てを捨てるという必要があった。

特にインドでは、たいそう年老いていなければ、サニヤスのために全てを放棄すべきではない、と強調された。

そこには心理的な理由がある。

あなたがだいぶ年老いると、全てを捨てることができる。

その時には、完全に放棄することが容易になる――
その時には、微妙なあり方で生があなたを放棄している
からだ。そこで、あなたは生を放棄できる。
あなたは枯れ葉のようになった。今や木を傷つけずに、
自分を傷つけずに、離れていくことができる。

木はいつ枯葉が落ちたのか、知ることもないだろう。
新鮮で、緑鮮やかな若葉を引き抜くと、木は傷つくし葉
も傷つく。その傷は永久に残るかもしれない。
そこで頓悟の方法では、生がその人を離れようとしてい
る時のみ、この世を放棄すべきだと決められた。
その時、人はこの世を完全に捨てることができる。
漸悟の方法では、それは必要なかった。
しかし今の世界では、頓悟の方法は不可能になった。
あなたが頓悟の方法を実践できる信頼すべきスクール、
コミュニティー、親密なコミュニティーが、実際存在し
ないからだ。
だから、誰もこの世を捨てるために、丘や森に行く必要
はない。今や、あなたはどこにでも留まって、漸悟の方
法を実践できる。
達成されるものは同じだ、ただ漸悟の方は時間が必要だ。
頓悟はより少ない時間で達成される。

質問……………………………………………………………
OSHO、実用的な潜在意識のマインドを持ち、し
かも容易に、それを不要にもできるような個人を育成
できるのは、どんなタイプの社会でしょうか？

それは、混み入った多次元的な問題だ。
しかし根本的な要点は理解できる。
一つ、良い社会とは、子供達が肉体と意識の間に敵対心
や二分法が教えられていない時にのみ、あり得る。
まず最初に、子供達にそういうことが教えられてはなら
ないということだ。子供達に「あなたは肉体の中にある
のよ」と言ってはいけない。
「あなたは肉体を持っているのよ」と言ってはいけない。
「あなたは肉体なのよ」と言わなければいけない。
私がそう言うべきだというのは
唯物主義者の概念のことを言っているのではない。
実際には、そこからのみ
スピリチュアルな人間が誕生できる。
肉体と意識の統一が乱されてはならない。

子供は一人の統一体として生まれる。

しかし、我々は子供を二つに分割する。

最初の分割は、肉体と意識の間だ。

我々は精神分裂症の種を蒔いた。

今や彼は、その失った統一を決して再び簡単には取り戻せないだろう。

彼が成長すればするほど、そのギャップは広がる。

そして、自分自身と自分の肉体にギャップのある人間は正常な人間ではない。

そのギャップが大きければ大きいほどその人は正気ではないということだ。

肉体とマインドとは、言語学上の過ちだからだ。

我々は精神身体であり――

肉体とマインドの両方であり、同時に存在している。

二つに分けるのは不可能だ。

それらは二つではない――一つの波だ。


そこで、良い社会を創るためには、まず精神分裂的なマインドを作り出さないこと、分離したマインドを作り出さないことだ――最初の分離は肉体とマインドの間からやって来る。

次に他の分離が続く。


そしてあなたは分離の道を歩んで行く。

マインドは再び分離し、肉体もまた分離する。

それはおかしなことだ。

あなた方は、自分が意識と肉体に分離しているのを感じているのだろうか？。

肉体は、上半身と下半身に分けられている。

下半身は「悪」で上半身は「善」というように。

どこからが上半身で、どこからが下半身なのか？

我々は、自分達の下半身に決してくつろいでいない――決して！　だから、これだけのナンセンスが衣服について存在しているのだ――これだけのナンセンスが！

我々は裸でいることができない。

なぜ？　裸になった瞬間、肉体は一つになるからだ。


衣服には二種類ある――下部用と上部用だ。

その衣服の分類は、基本的に体の分類に基づく。

もしあなたが裸で立っているとすると
どちらが下半身でどちらが上半身だろう？

どうやってあなたを分ける？　あなたは一つだ！

分裂した人間は、裸でくつろいでいる人間とともにいる用意がない。そして、それは始まりにすぎない。

内側にはさらに「裸であること」が存在するからだ。

もし自分の肉体に対して裸であり、真正である用意がなければ、他の深い層に対して真実であることなど決してあり得ない。どうやってできる？

自分の裸でさえ向き合えないというのに
どうして裸の意識と向き合えるだろう？

服を着ることは、ただ服を着るということではない。

そこには哲学が、ある狂気きわまりない哲学がある。

服を着ることで肉体は分割され、マインドは分割され、
次に意識が、無意識が、潜在意識が——

その分割が続いていく。

最初は、子供は統一体として生まれる。
そして、その同じ子供が群集として死んでいく
——群集として！　完全に混乱して！
あらゆるところで、彼は分割されている。
そして、それらの分割の間でも、葛藤、闘いがあり
エネルギーが浪費されている。
あなたは実際、死ぬのではなく、自分を殺している。
我々は全員、自殺を犯している。
このエネルギーの浪費が自殺だからだ。
人が死ぬことは稀だ——めったにない！
誰もが自分を殺している。

自分に毒を盛っている。違いはその方法にある。
違いは、自分を殺すトリックにある。
だが、最初は分割にある。
だから、良い社会、道徳的な社会、宗教的な社会は
子供が分裂することを許さないだろう。
しかし、我々はどうやって分裂を作り出したのか？
どうやって作り始めたのか？
その分裂はいつやって来たのか？

今や、心理学者はよく理解している。

その分裂は、子供が自分の性器、生殖器に触る瞬間に始まることを。子供が自分の性器に触った瞬間、全社会が、何か間違いが起こっていることに気づく。

両親、父親、母親、兄弟、家族全員、みんながそれに気づき始める。

彼らの目、彼らのしぐさ、彼らの手、それら全てが「だめ、触るんじゃない！」と言う。

子供にはそれがわからない。彼、あるいは彼女は統一体だ。なぜ自分の体に触ってはいけないのか理解できない。

何が間違ってるの？

子供は自分が罪から生まれたということを知らない。

彼はバイブルを知らない。

彼はどんな宗教も知らない。

彼は、どんな教師も、どんな道徳教師も知らない。

彼はどんなマハトマも知らない。彼は、体の一部が避けられるべきものだと感覚で思えない。


問題はより大きくなる。

生殖器は体の中で最も敏感な部分であり
最も快感を感じる部分だからだ。

生殖器に触ることは、子供にとって最初の快感だ。

体に快感を与えることができ、体は楽しいという、体には価値があるという、自分の体の最初の経験だ。

今や、心理学者達は言う。

「三ヶ月の赤ちゃんでさえオルガズムを生み出せる ―― 最も深いオルガズムを。赤ちゃんは自分の生殖器をその最高潮まで感じることができる。そして、彼の全身が震え始める」

それが、赤ちゃんの自分の体の最初の経験だ。
しかし、両親がそれを許さないために
その経験が毒されてしまう。
なぜそれが許されないのか？
それは、親達が許されなかったからだ。

理由は存在しない ―― 自分達が許されなかったからだ。

こうして体は分裂し、マインドと体は分裂した。

子供は怯え、恐れ、罪の意識が生まれた。

彼は性器に触るだろう。

しかし、今や隠さなければならない。

我々は小さい子供を犯罪者にした。

彼は性器遊びをするだろう。

というのも、それが自然なのだから。

しかし、今や誰かが見ているのではないかと恐れるようになる。

母親がいないか、親達がいないかどうかと。

もし誰もいなくて自分の性器に触っても、もうその触ることは、以前のような快感を与えられないだろう ――

罪悪感があるからだ。

彼は恐ろしい！　彼は怯えている！


その恐怖が生涯続く。

誰も自分の性体験にくつろいでいない。

恐怖が続いている。

彼は数多くの性的行為の中に入っていくだろうが、その中から決して満足を、深いエクスタシーを感じることはないだろう。

彼は決して感じないだろう。
それは不可能になった。
あなたがまさにその根源を毒することによって
彼は罪悪感を抱くようになってしまう。

我々はセックスのせいで罪悪感を感じる。
我々が「罪人」であるのはセックスのせいだ。
あなたはそうやって分裂を作り出した。
あなたが選択する体の中の基本的な分割は
ある部分は「善」で、ある部分は「悪」だ。
何と馬鹿げていることか！
体全部が善か、体全部が悪かのどちらかだ。
体には何も分割は存在しない。
同じ血が体中をめぐっている。同じ神経組織が存在する。
全ては一つの側にある。
しかし、今や子供にとって、分割が存在する。

もう一つ、あなたは子供の最初の喜びを毒した。
もう彼は二度と喜びを感じられないだろう。
人々は毎日、私の所にやって来る。
私は彼らの根本的な問題が瞑想でないことを
宗教でないことを知っている――

彼らの根本的な問題はセックスだ。
どうやって彼らを手助けしていいか
私は非常に困惑する――
もし私が彼らの手助けをしたいと本当に思ったら
彼らは二度と私の所にやって来ないだろうから。
彼らは私を恐れるようになるだろう。
というのも、彼らはセックスを恐れているからだ。
セックスについて話をしてはならない！
神について、あるいは他の何かについて話をしてくださ
い――でもセックスについては絶対話をしないように。
彼らの問題は、神のことでは全然ない！
もし問題が神のことなら、簡単に手助けできる。
しかし、神は問題ではない。
彼らの根本的な問題はセックスであり続ける。
彼らは何をしても楽しくない。
生から、神聖なる力から与えられた最初の贈り物を
楽しめないのだから。
彼らは至福の最初の贈り物を手にしていない。
だから、楽しめないのだ。

私は、セックスを楽しめない人間は
瞑想にも深く入っていけないと感じたことが多々ある。

そういう人間は、そこに幸福感があると
どこでも怖くなってしまうからだ。
その関わりは深くなっていく。
あなたが障害を作り出した。
あなたは今や、マインドも分裂した。
マインドの中の性的な部分を受け入れられないからだ。
セックスは体とマインドの両方だ。
あらゆるものが両方だ！　あなたの中、全てが両方だ
——それを常に、心に留めておきなさい。
セックスは体とマインドの両方だ。
だが、セックスのマインド部分は
抑圧することを求められている。

抑圧された部分は無意識になるだろう。
セックスを抑圧することを説く権威、思想、道徳訓戒は
潜在意識になるだろう。
そして意識的なマインドのごく小さな部分が
自分の手の内に留まる。
だが、その意識的マインドは日々の決まりきった仕事を
するのには役立つが、それ以上には役立たない。
少なくとも、深く生きる上では役立たない。
生きることはできる、それだけだ。

単調な生活を送ることはできる。
日々の糧を稼ぐことはできる。
家を建てることはできる。生計を立てることはできる。
しかし、生を知ることはできない。
マインド全体の十分の九が
すっかり否定されているからだ。
あなたは決して全一ではあり得ない。
全一なる人間のみが神聖だ。あなたが全体にならない限
り、決して神聖ではあり得ない。
そこで、ますはじめに新しい社会、よりよい社会、宗教
的な社会を生み出すためになされるべき初歩のことは、
分裂を作り出さないことだ。
分裂を作り出す——それは最大の罪だ。

子供を統一体として成長させなさい。
自分の中にあるもの全てにくつろいで
単体として成長させなさい。
そうすれば、すぐにも全てを超えていけるだろう。
彼はセックスを、自然の本能を超えられるだろう。
しかし、統一体として超えていけるのであって
分裂体としてではない。
それがポイントだ。

彼はそれほどに全体だから、それほどにパワフルだから
それほど分かたれていない存在だから超えていける。
何であれ不健全なものは、ただ振り落とすことができる。
何であれ妄想となったものは、振り落とすことができる。
彼は力強くなり、一つになった。

大いなるエネルギーが、分裂せず彼のものになった——

彼は何でも変えることができる！

しかし、分裂した子供は何もできない。

実際、分裂した子供においては、意識のマインドは小さい部分で、無意識が大部分を占めている。

分裂した子供は生涯、その小さい部分で
大部分を占めている無意識と闘い続ける。

彼はその闘いに負け続ける定めにある。

そして挫折感を感じ、こう言う。

「そうさ、この世界はまったく苦しみに満ちている」

この世界は苦しみに満ちてなどいない——

よく覚えておきなさい！

あなたが分裂しているから、この世界から苦しみを作り出す。自分自身と闘うから、不幸になる。

そこでまず最初に、分裂を作り出さないこと。

子供を統一体として成長させなさい。


二番目に、子供が、型にはまった振る舞いを訓練する以上に、適応性を身につけるような訓練をすることだ——

柔軟性だ。

私が柔軟性と言うのはどういうことか？
それは固まった、完全に区分された訓練をするな、
ということだ。
これは悪、これは善、と決して言ってはならない。
生において、それは流動的だからだ。
この瞬間、善であったものが
次の瞬間には悪かもしれない。
この瞬間、悪であったものが
別の瞬間には善であるかもしれないのだ。
子供の意識がもっと増えるように
どんな状況での価値判断なのかを見い出すような
訓練をしなさい。
決して固定した分類をしてはならない！
彼はイスラム教徒だから悪い、
彼はヒンドゥー教徒だから善い、と言ってはいけない。
そういうことを言ってはいけない。
善にしろ悪にしろ、決まっているものではないからだ。
固定した振舞いを教えてはいけない。

それよりも、もっと気づきが増えるように、誰が善で誰が悪かを自分で見極められるように訓練しなさい。


だが、それは難しい。

ラベルを貼るのは簡単だ。

あなたはそのラベルと、分類された仕切りとともに生きている。

あなたは誰かを、あるカテゴリーの中に押し込める。

「オーケー。彼はヒンドゥー教徒だ。彼は良い人、彼は悪い人。彼はイスラム教徒だ。彼は良い人、悪い人」


問題は、その個人を見ないで決めてしまっていることだ。

ラベルで決めてしまう。

子供に固定した態度を教えてはいけない。

それよりも、柔軟な気づきを教えなさい。

これが悪い、これが良いと言ってはいけない。

ただこう言いなさい。

「人は何が善で何が悪かを常に見極めなければならない。だから、見極めるために、問うために、マインドを訓練しなさい」と。

この柔軟なあり方には多くの次元が存在する。

まず「一対一的な愛」のあり方に、子供を固定させないことだ。
「私はあなたのお母さんなんだから、私を愛するのよ」と言ってはいけない。
そう言うと、子供の中にある限定を生み出す。
彼は他の誰も愛せなくなる。
そうして、大人子供が生まれるのだ。
私は彼らを大人子供と呼ぶ――
彼らの愛する対象が母親だけに固定している。
すると、自分の妻を愛することができない。
心の奥深くでは自分の母親だけを愛するからだ。
だが、妻は母親ではないし
母親があなたの妻にはなれない。

あなたの愛は固定し続けている――母親に。
あなたの愛は固定したままだ!
あなたは妻に、あたかも母親であるような振舞いを期待し続ける――意識的ではなく。
もし彼女が自分の母親のように振舞わなければ
あなたは落ち着かない。
すると、問題は複雑になっていく。
もし彼女が母親のように振舞い始めると

それもまた落ち着かない。
彼女は、妻のように振舞わなければならないからだ。
だから母親は「私はあなたのお母さんなんだから、
私を愛するのよ」と決して言うべきではない。

母親は、子供がより多くの人を愛するように
仕向けてあげることだ。

子供が多重愛的なマインドを持てば持つほど
子供の人生はより豊かになる。

彼は自分の愛が固定していると、決して感じないだろう。

どこに行こうとも、彼は愛することができる。

誰と会っても、その人を愛することができる。

だから子供に「お母さんは愛すべきよ。姉妹は愛すべきよ。兄弟は愛すべきよ」と言ってはいけない。

また、子供に「彼は部外者なんだから、愛する必要ないわ。彼は家族の一員じゃないの。彼は私達の宗教の一員じゃないの。彼は私達の国の一員じゃないの。だから彼を愛してはだめよ」と言ってはいけない。

あなた方はそうやって子供を不具にしている。

子供にはこう言いなさい、「愛することは無上の喜びなんだよ！——だから愛していきなさい。愛すれば愛するほど、あなたは成長する」


より多くを愛せる人間は、より豊かになる。

我々はみな貧しい。

私達がみな貧しいのは、愛せないからだ。

それが現実だ——もしあなたがより多くの人を愛すれば、誰をも愛せるようになる。

もしあなたが一人の人だけを愛するなら
最後には、その一人をも愛せなくなる。

あなたの愛する能力はあまりに狭まり
凍り始めるからだ。

それはあたかも、自分の根の全てを切り
一本の根だけを残すようにと、木に言うのと同じだ。

あなたが木に「自分の根の一本だけを愛しなさい。それをあなたの唯一の愛にしなさい——その一本の根から全ての栄養を吸収しなさい」と言うようなものだ。

木は死んでしまうだろう。

そのように、我々は愛に満ちたマインドではなく
一人しか愛せないマインドを作り出した。

だから、こんなにも多くの戦争が、こんなにも多くの残酷さが、こんなにも多くの暴力が、数多くの呼び名——宗教、政治、思想のもとに存在するのだ。

あらゆるナンセンスは、我々があることに関して

暴力的である限り存在するだろう。

それは戦争がある時、いかに人々が鋭くなり目が輝くことからもわかる。

戦争中は、人を殺してはいけないというタブーからまったく解放される――あなたは人を殺せる状況にある。

誰かを殺す時よりも、あなたは喜びを感じる。

しかし、あなたは誰かを愛している時には決して喜びを感じない。

バングラデシュの人々が
どんなに喜びにあふれているか、行って見て来ればいい。
どこでもいいから、殺しが存在している場所に行って見て来るといい。
そして、その喜びを見なさい。

また、殺しが存在しない時の無気力、怠惰、輝きのない目を見なさい。

誰一人くつろいでいない。生きることは無意味だ。

誰かのために誰かを殺す状況を作り出すとみんなが活き活きとする。

なぜ？　我々の愛する能力は萎えてしまった。

子供はみんなに対して愛に満ちている能力がある。


子供は全世界を愛するために、あらゆるものを愛するために、全宇宙を愛するために生まれてきた――

そういう大きな能力を携えていながら、もしあなたがそれを制限すると、子供はまさにその瞬間から死に始める。

しかし、なぜこの独占があるのだろう？

なぜこのように独占的なあり方なのだろう？

それは悪循環だ。

母親自身が満たされていない。

彼女は愛されなかった。

愛されたことがなかった。

それで、子供に対して独占的になる。

少なくとも、自分自身に子供の愛が全部向かうようにしなければならない。

子供の愛は他のどこにも向かってはいけない。

彼女は全ての根を断ち切らねばいけない。

子供は完全に自分のものであるべきだ。

これは暴力だ。愛ではない。

心理学者達は言う、「子供の精神的発達において最初の七年間が最も基礎になる」

一度何かがなされると、それを再び元に戻すのはほとんど不可能に近い――実際、元に戻すのは不可能だ。

それはその子供の土台、基礎的構造になってしまった
今や、子供はその構造に基づいて、全ての行為をするだろう。

その構造は、彼の人生の基礎になってしまった。

だから、全ての人に対して所有的でなく、より愛に満ちていることを許しなさい —— どんな条件、どんな資格もなく。

それは、誰かが彼に愛情をかけるから彼も愛する、ということではない。


強調する点は、あなたが愛に満ちていることだ。

愛それ自体が美しく、とても深く満たされている。

だから愛すること —— 何であれあなたが愛を感じるもの、どこであれ愛を感じる場所を、愛しなさい。

この愛の流動性が、あなたにより大いなる生を気づかせ、その大いなる生が、聖なるものへと導くだろう。

愛は祈りの土台だ。

あなたが愛さずに、充分に愛さずに
どうして祈ることができるだろう？

どうして感謝を感じることができる？

何に感謝を感じられるというのか？

感謝を感じられる何がそこにあるのだろう？

もしあなたが愛していないのなら
神に対して、感謝を感じる何があるというのだろうか？

生は始まりで、愛がその頂点だ。

もしあなたが愛したら、突如として
とても愛に満ちた宇宙に気づくだろう。

もしあなたが愛さないなら、至る所に憎しみが
嫉妬が存在する。

しかし、今まで我々の強調するところは「あなたは愛を得なければならない」ということだった。

だから、自分が愛されていないと失望を感じる。

自分が愛を与えていない時には、誰も失望を感じない。

真実強調されるべき点は、「愛を得るのではなく ——

愛を与えなければならない」ということだ。

みんなどこからか、愛をつかもうとしている。
しかし、愛はつかめるようなものではない。
ただ、与えることができるだけだ。
与え続けることができるだけだ。
生はあなたに無関心ではない。
もしあなたが愛を与えるなら
生は千倍にしてその愛を返してくれる。
しかし、見返りを考えてはいけない。

愛を与え続けなさい。

だから、全ての子供が愛のためにもっと訓練されてしかるべきだ。

そして、数学、計算、地理、歴史などの学科はより少なくするように。

子供は愛のために、もっと訓練されるべきだ。

地理では生の頂点に達することはないし、数学で生の頂点に達することもないし、歴史を知ること、テクノロジーで生の頂点に達することもない。

愛に比べられるものは何もない。

愛は生の頂点へと達する。

もしあなたが愛以外の全てを手に入れても、愛を取り逃がすなら、あなたはまったくの浪費、まったくの空っぽにすぎなかったということだ。

それは不安を作り出す。


そこで二番目に私が言うのは「愛は深く心に刻み込まれなければならない」ということだ。

子供がより愛情深くあるように導くあらゆる努力が避けられてはならない。

しかし、我々の社会構造がそれを許さないだろう。

我々は恐れているからだ。


もし、人がより愛情深くなり始めれば結婚はどうなってしまうのか？

諸々の事柄はどうなってしまうのだろう？

我々はそうしたことに関心がある。

実際、我々は結婚にどういうことが起こるのかを一度も考えたことがない。

そうなった時、結婚とは何か。

かつてはどういうことだったのか？

ただ痛み苦しみ——作り笑いの長い苦悩。

それは単に、苦痛であることを証明した。

せいぜい、ただ便利なものであり得るだけだ。

私がそう言うのは、もしあなたが多くの人を愛することができれば結婚はしない、という意味ではない。


私が考える限り、多くの人を愛せる人間は愛だけで結婚することはないだろう。

彼は、もっと深いもののために結婚する。

どうか私の言うことを理解して欲しい。

もし一人の人が多くの人を愛するならその愛だけで誰かと結婚する理由がない——結婚しないでも、多くの人を愛せるからだ。

だから結婚する理由がない。

我々は愛ゆえに、全ての人に結婚を強要する。

あなた方は、結婚という枠の外で人を愛せないからだ。

我々は不必要に、愛と結婚を一つに結びつけることを強要した── 不必要にだ。

結婚とは、もっと深いもののために存在する──

さらにより深いもののため── 親密さのため、「ぴたりと一つの状態」のため、一人では不可能な、しかし二人で可能なもののため、一体感、深い一体感を必要とするもののためにある。

しかし、愛に飢えたこの社会ゆえに
我々はロマンティックな愛から結婚に落ちる。

愛は実際、結婚のための大いなる基礎にはならない。

愛は楽しみであり、遊びだからだ。

もしあなたが愛のために誰かと結婚するなら
失望するだろう── すぐに楽しさは消え去り
新鮮さは消え失せ、退屈になる。


結婚は深い友情、深い親密さのためのものだ。

愛はその中に示されている。

しかし、それは愛だけではない。

結婚とはスピリチュアルなものだ！

スピリチュアルなのだ！


自分一人では進んで行けない多くの事柄がある。

自分自身が成長するにしても、反応してくれる人間、自分自身を完全に開けるほどに親密な人間、彼、彼女が必要になる。

結婚はまったく性的なものではない。

私達がそれを無理やり性的にしたのだ。

セックスはあるかもしれないし、ないかもしれない。

結婚は、深いスピリチュアルな共感だ。

もしそういう結婚が起こるなら、その時、我々はまったく異なる魂に、質的にまったく異なる魂に誕生を与えることができる。

子供がそういう親密さから誕生する時
彼はスピリチュアルな基礎を持つことができる。

だが、我々の結婚は性的なもの── 性的な取り決めにすぎない。言うまでもないが、そんな取り決めから何が誕生できるだろうか？

我々の結婚は性的な取り決めか
刹那のロマンティックな愛かのどちらかだ。
実際、ロマンティックな愛は病気だ。
というのも、あなたは多くの人を愛せないから
その愛する力を蓄積し続けていく。

すると、あなたはその愛で溢れ出す。
そして、いつであれ相手が見つかれば、機会があれば、
その溢れ出る愛が投影される。
だから、平凡な女性が天使のようになり
平凡な男性が聖なる存在になり
聖なる者、神のように見える。
しかしその洪水が過ぎ去ると、あなたは普通の状態に戻り、自分が騙されていたことがわかる。
彼はただの平凡な男であり
彼女はただの平凡な女にすぎない。
このロマンティックな狂気は
我々の独占愛的なトレーニングから生み出されている。

もし人が愛することを許されれば
異性に投影される緊張を蓄積することは、決してない。

ロマンスは、非常に病的な社会でのみ存在する。

真に健全な社会では、ロマンスは存在しないだろう。

愛は存在するが、ロマンスは存在しない。

そしてもしロマンスが存在しないとすれば、結婚はより深いレベルへ進み、失望するものでは決してないだろう。

もし結婚が愛のためではなく
より深い、親密なる一体感――

「私とあなた」という関係、「二人の私」としてではなく、「私達」として成長していけるような関係のためであれば――結婚は、真に人が無我になるためのトレーニングとなる。
だが、我々はそういう種類の結婚について
まったく知らない。
我々が結婚について知っていることは何であれ
ただ醜いもの、ただの作り笑顔、内側で枯れた関係だ。

そして最後に、子供はポジティブに
トレーニングされねばならない。

決してネガティブにトレーニングされてはならない。

ポジティブさの強調が、あらゆる物事において
なければならない。

その時にのみ、子供は真に成長し、個人となれる。

私の言う「ポジティブさの強調」とはどういうことか？

我々の強調するのは常にネガティブだ。

私がこう言うとする、「私は誰かを愛することができても、全ての人を愛することはできない」と。

それがネガティブトレーニングだ。

逆に、「私はこの人だけではなく、全ての人を愛することができる」と言えるべきだ。

愛する能力は多くの人に向けられるべきだ。
もちろん、あなたが愛せない人も存在する。
そういう時、そういう人達を愛そうと
自分を強制しないことだ。
しかし、今までのあなたの強調点は
「私は一人だけしか愛せない」ということだ。

マジュヌは言う、「私はライラだけを愛する。他の誰も
愛せない」と。それはネガティブだ。
全世界が否定されている。
ポジティブな姿勢とは、次のようなことだ。
「ポジティブにはこの一人を愛せないけど
全世界は愛せる」
あらゆる領域において
常により大きなポジティブさについて考えることだ。
もし私の姿勢の中にネガティブなものがあれば
私は私自身の否定性に取り巻かれる。
すると、私はあらゆるところに否定を見ることになる。
「この男は嘘をつくからいい人ではない」――
しかし、たとえ彼が嘘をつくとしても
ただの嘘つきではない。
彼は嘘つき以上の存在だ。

なぜその人のすばらしい部分を見ないのか？
どうして嘘をことさら取り上げて強調するのか？

我々は言う、「その男は泥棒だ」と――
しかし、たとえその男が泥棒だとしても
彼はそれ以上の人間だ。
泥棒でさえもポジティブな質は持てる。
実際、泥棒はそれらの質を持っている――
ポジティブな質を持たないでは泥棒でさえ
いられないからだ。
なぜ彼の持つポジティブな質を取り上げて
強調しないのか？　泥棒は勇敢だ。
なぜ彼の持つ勇気に意識を向けないのか？
なぜ彼の勇気を評価しないのか？

嘘を語る人間でさえ、頭はいい。
頭がよくなければ嘘をつけないからだ。
嘘をつくには、真実を語る時には決して必要としない、
深い知性が要求される。
まったくの知恵遅れでも、真実を語ることはできる。
しかし嘘をつくには、知性と狡猾さ、広範囲の意識が必
要だ。

もしあなたが一つの嘘をつけば
百の嘘をつく必要がある。

しかも、それらの嘘を全部覚えておかねばならない。

なぜその人間のポジティブな質に意識を向けないのか？

なぜネガティブな質を強調するのか！

しかし、我々の社会は否定的なマインドを
作り出してしまった。

あなたは誰の中にも否定性を見い出せる。それは当然だ。

というのも、生は肯定的な要素だけでは
存在しないからだ。

否定的な要素が必要とされる。

そしてそれらがバランスをとる。

だから否定的な要素が存在するのだ。

もし子供達が否定的なマインドを持つように訓練されたら、彼らは生涯ネガティブな世界に生きることだろう。

その時は、全ての人間が悪人になる。

全ての人間が悪人なら、あなたはエゴイスティックに感じはじめる——自分だけが善人だと。

我々はあらゆるものの中に過ちを見つけるよう子供達を
訓練し、彼らは「善良」になりはじめる。

我々は、子供達に善良であることを押しつける。

すると、彼らは他の人間は全て悪だと感じる。

しかし、この悪い社会の中で
どうして善良であることができよう？

それはあり得ない。

あなたは良き社会の中でのみ、良き人間でいられる。

そして、その良き社会は
肯定的なマインドからのみ、生まれる。

だから、マインドの肯定性を引き出すがいい。

たとえ否定的なものがあったとしても
常にその中に肯定的なものを見ようとする——

そこには肯定的なものがきっとある。

もし子供が、否定的なものの中にさえ肯定的なものを見れるようになれば、あなたは子供に何かを与えたのだ。

彼は幸せに生きていくだろう。

もしあなたが彼に否定的なマインドを与えれば、彼はあらゆる肯定的なものの中に否定的なものを見い出すようになる。

あなたは、彼に地獄を作り出した。

彼は生涯、地獄の中で生きていくだろう。

天国とはポジティブな世界に生きることであり
地獄とはネガティブな世界に生きることだ。

この地球全体は、ネガティブなマインドのせいで地獄になってしまった。

母親は自分の子供に「あの女性はきれいね」と言うことができない。どうしてそう言える？

他の誰でもない、自分だけがきれいなのだ。

夫は妻に、「見ろよ！　通りを歩いているあの女性――なんてきれいなんだろう！」とは言えない。

言えない！　しかし心の中で言う。

もし妻と一緒にいれば、心の中で言うことさえ恐れる。

妻と一緒に歩いている夫は、実際あちらこちらを見るのを怖がっている。見ることができない。

だから、夫は妻と一緒に出かけることを決して喜ばない。

そういう地獄。しかし、なぜ？

もし誰かがきれいだとすれば
そうして言葉に出してはいけないのか？


母親は自分の子供が「あの人はきれいだね」と言うのを聞くことができない。

母親は子供に、自分だけがきれいで全世界が醜い、と思わせようとする。

そして最終的には、自分の母親が一番醜いことを知る。

どうやって、醜い世界に美を生み出すことができる？


そこで父親は子供を訓練し続け、教師はこう言い続ける、「唯一、私だけが真実の所有者だ」と。


ある人がここに二日間だけいた。彼女は私にこう言った。「私はあなたの話を聞きたいのですが、私の導師《グル》が『それは罪だ。あなたは私の弟子なのに、どうして他の所に行くことができる？　私はあなたに真実を与えることができるというのに、他に何が必要だというのか』」と言うのです」と。

早晩、そのグルはグルではいられなくなるだろう。

師ではいられなくなるだろう。

というのも、彼は否定を教えているからだ。

その否定は、最終的には自分に跳ね返ってくる。


禅の世界では、師は自分とは相対する教えの立場を取る師の元に、弟子を送り込むことがある。

弟子が一年間、師のもとに留まり、準備ができたら師はこう言う。

「もうお前は、わしと相対する師の元に行くがいい。というのも、わしが教えたことの残りの部分は、その師が教えてくれるだろう。だから行くがいい」と。

そういう師は、常に師として心に残る。

あなたはそういう師を尊敬せずにはいられない。

どうして尊敬せずにいられようか？

彼は、あなたがいまだ学んでいない部分を見つけることができるように、それだけのために、相対する立場の師に、自分を送り出してくれた。

「わしはお前にいろいろ教えた。
だが、それが全てではない」と。
全てを教えることなど、誰にもできない。
全体はあまりにも広大だ。
だから、ポジティブな姿勢を作り出すがいい。
よりよい世界はそこからやって来ることができる。
しかし、それはきわめて初歩的なことだ。
よりよい社会を生み出すということは
非常に混み入った課題だから
いつかこのことについて、もっと話をしよう。

第7章

マインドの上昇

The Upward flow of the Mind

『マインドの上昇が、パディヤム――神を礼拝する水だ』

マインドとは物質と意識、そして外と内、粗雑なものと微妙なものを繋ぐ橋だ。
私がマインドは橋だと言う時には、多くの意味がある。
人間は、マインドを通してこの世界にやって来た。
人間はマインドを通して肉体にやって来た。
そして、人間はマインドを通して
何かを欲するようになった。
あなたがどこへ至ろうとも、その至ることは
いつもマインドを通してだ。
もしあなたが自分に地獄を作り出したとすれば
マインドを通して作り出したのだ。
もしあなたが天国を作り出したとすれば
それもまた、マインドを通して作り出された。

禅の老師の一人、輝海は
「マインドは天国であり、そして地獄だ」と言った。

あなたがどうあろうと、またどうなり得ようと、最終的にはあなたのマインドがどう働いたか、にかかっている。

マインドの働きによっては、存在しない物事をあなたが作り出せるし、実在する物事があなたに明かされることもある。


マインドは、その周りに完全な幻想の世界を作り出せる。

マインドにはそういう能力がある。

マインドは夢を見ることができる。

そしてマインドは、余りにもリアルな夢を作り出せる。

あなたはその見ているもの、感覚として受け取っているものが偽物か本物か、判別できないほどだ。

マインドには投影する力がある。

実在しない物事をマインドは作り出せる。

そして、実在しない事物を作り出せるから
実在する物事を忘れられる。

現実とマインドは、一度として何ら
接触したことがない。

ちょうどそんな状態であり得る。

何が起ころうとも、それはマインドだけにかかっている。

マインドは、人間が経験できるあらゆる物事の根源として扱われるべきだ。

たとえ神を知るにしても
マインドを通じて知るしかない。
もちろん、それは難しい。
マインドを落とすことが暗に含まれているからだ。
そして、たとえマインドを落とすことが必要であるとしても、それはマインドを通じてだ。
マインドを落とさない限り、決して真実を知ることはできないからだ。
マインドは肯定的であろうと否定的であろうと
あらゆるところに存在する。
あなたが何をしようとも——幻想の世界を作り出そうと
真実を発見しようと、自分自身に狂気を作り出そうと、
瞑想的な状態を作り出そうと、全てマインドを通してだ。
どこへ行こうとも、マインドという橋を通って行く。

たとえあなたが自分自身と直面せねばならないとしても、それはマインドを通じてだろう。

もちろんその出会いは否定的だろう。

あなたはマインドを否定しなければならない。

あなたは後戻りしなければならない。

あなたがここまで来たのと同じステップを
戻らなければならない。

ただ方向が違うだけだ。
私が家から離れて行くとするなら
家から私を遠のかせる距離がある。
私が家に帰ろうとするなら、その同じ距離が
私を家に戻らせるだろう。
ただ方向が違うだけだ。
というように、マインドがどのように外は働くか理解できるなら、その同じ道が帰るための道だとわかるだろう。

二つ目に、インドの象徴学で使っている「上へ」という言葉は、「内へ」という言葉と同じ意味だ。

そして「下へ」という言葉は
「外へ」という言葉と同じ意味だ。

だから我々が「上へ」と言う時
それは「内へ」という意味だ。

両方とも同じ意味だ。

内へ入れば入るほど、上へ上へと上昇して行く。

反対に、外へ外へと行けば行くほど
あなたは下へ下へと下降してしまう。

それら二つの言葉は、異なる象徴だ。

中国人のマインドは、「内へ」という意味を持つ言葉として「下へ」という言葉を使う。

そして「外へ」という意味を持つ言葉として
「上へ」という言葉を使う。
だから老子が話す時は常に、彼は決して
「上へ」という言葉を使わなかった。
彼は「下へ降りなさい」と言った。
彼が「下へ」と言うのは、内へ入るということだ。
老子にとって内側とは、ちょうど底無しの
谷のようなものだ。
あなたは転落してしまう。

インドの象徴学はそれとは異なる。
我々は、内へ入って行くことを「上へ」と使う。
我々にとっては、内とは底無しの谷のようではない。
それは頂のようだ。
その両方の表現が使われている。
というのも、象徴とは、ただの象徴だからだ。
それらは、ある事物を指し示すためにある。
それ以上のことは無意味だ。
それはいつも問題になっていた。

ウパニシャッドは、いつも上へという表現で話す。
そして、その象徴が火だ。
火は絶えず上昇する。
老子や道家にとっては、水がその象徴だ。
水は下へと流れて行く。
そして、可能な限り最も低い地点を見つけ出す。
水は一番低い地点を見い出して
初めて休むことができる。
だが、火は太陽と共にあって、初めて休むことができる。
火は、眼に見えない彼方、上方へと上昇して行く。
だが矛盾はない。

実際、老子やツァラトゥストラやイエスのような人物が
話す時、彼らは常に相反するような言葉を使うが、決して矛盾していない。
それらは矛盾しない、それはあり得ない。
もし彼らの言葉が矛盾しているとすれば、それは彼らの
タイプ、彼らの選択、彼らの個性、彼らの言い方が違う
ことを示しているにすぎない——それ以上ではない。
しかし、パンディッドや学者達は、それらの表面的矛盾
から多くのことを考え出す。

そして我々が、絶対なるもの、究極なるものについて話
す時は常に、一つのことがはっきり理解されねばならない。

それを表現するには
極端な表現をしなければならないということだ。
それぞれの極端な表現は
ほかの極端な表現と同じく有効だ。

たとえば、ウパニシャッドは神を意味する言葉として
「絶対なるもの」という言葉を使う。
それは一方の極端であり、肯定的な表現だ——
完全なるもの、絶対なるもの。
ブッダはその同じ境地、同じ悟りを表すのに
「無」という言葉を使った。
それがもう一方の極端だ。
言葉に関する限り、表現はまったく相反している。
だが、悟りに関する限り、両方とも同じ意味だ。
しかし、それがたくさんの混乱を生み出した。
ブッダは、表面ではヒンドゥーのマインドと
まったく相反しているように見える。
が、そうではない。
彼は可能な限り、最も純粋なヒンドゥー教徒だった。
だが、彼は否定的な言葉を使った。
それは彼の好みだった。
好みのことで議論するのは正当ではない。

一つの好みは、ほかの好みと同じく妥当なものであるか、
またはほかの好みと同じく妥当でないかだからだ。
その両方が使える。
あなたはそれを「無限」と言うか「ゼロ」と言うかの
どちらかだ。両方とも無限だ。
もしそれを始まりとして捉えれば、ゼロだ。
結果として捉えれば無限になる。
が、両方同じ意味だ。
それはちょうど次の様だ。

ブッダとマハヴィーラは同時代に生まれ
まったく相反する言葉を使った。

マハヴィーラは「自己を知ることは究極の知であり、知恵だ。自己を知ることが知恵だ」と言った。

ブッダは「自己の存在を信じることは、無知であるからだ」と言った。

マハヴィーラは「自己だけが存在する」と言い、ブッダは「自己こそ唯一の偽りであり、最も欺瞞に満ちたものだ」と言った。

これ以上の矛盾する表現はない。

だからジャイナ教徒と仏教徒は二十五世紀もの間
絶えず戦い続けて来た。

しかしその戦いの全てが、ただの言葉上の誤解が根本原因だ。
マハヴィーラは、全てのエゴを否定した。
「自己」という言葉を使った彼は
「あなたはエゴがない時、自己になる」と言った。
だから実際、「自己」は、ちょうど
「無自己」のようになる。
もしエゴがなければ、自己はちょうど
無自己のようになる。
そしてブッダは「自己」という言葉をエゴとして使った。
だから彼の言う「自己」は、エゴのことだ。
だからそういう意味で、最も完全なエゴが
「自己」の意味だ。
すると、その意味ははっきりする。
だから両方が正しい。
ブッダが「自己を信じることは、無知だということだ」
と言うのは正しい。
またマハヴィーラが「自己を知ることが究極の知恵だ」
というのもまた正しい。
矛盾しているのは、ただ表現上のことだ。
老子は「終着点まで降りて行くことが、存在の土台へたどり着くことだ」と言った。

彼は最初から始める。

「まさに物事の始まりへ、根源へと回帰し、飛び降りなさい。その根源は奥深くにある」と言う。

ウパニシャッドは「頂に到達する最後の地点まで、上へ上って行きなさい」と言う。

老子は「その根源にまで降りて行きなさい」と言う。

ウパニシャッド曰く
「究極の可能性、まさに最後まで上って行きなさい。

その可能性のまさに最後のところまでに到達しなさい。

その潜在性をはっきりと顕現させるのだ」

始まりと終わりは、二つに別れてはいない。

実際、始まりの地点に再び戻らないと
終わることはできない。

そして始まりは、終わりが終わる地点からのみ始まる。

生は一つの円を描く。

だから、もしあなたが円を描き始めれば
その始まりの地点が終わりの地点になるだろう。

生は円を描く。

だからあなたは、同じ地点が始まりと終わりの両方だ、
と言える。

上昇は下降することと相反しない。

老子を信奉する人達は下降すると言い
ウパニシャッドを信奉する人達は上昇すると言う。
そのどちらもが同じことを意味している。
ただ言葉が違うだけだ。

言葉を越えてその意味に深く入って行くことができて、
初めて我々はそれらのマインドを理解し包括できる。

それらのマインドは、普通の言葉では実際表現できないような経験の中に生きている。

が、彼らは普通の言葉で表現しなければならなかった。

そこで、彼らは普通の言葉にまったく違う意味、まったく違う含蓄を持たせて、初めて使うことができた。

そこでもう一つ、ウパニシャッドが上へという言葉を使う時、よく覚えておきなさい。
それは内へと言うのと同じことだ。
内側へ入れば入るほど
あなたは上へ上へと上昇して行く。
そしてその逆で、上へ上へと上昇すればするほど
あなたは内側へ入って行く。
ではこの上昇すること、内側へ入ることとは
どんなことか？

そしてなぜこの経文は「マインドの上昇が、神への献身のための唯一の水だ」と言わなければならないのか？

そこには、とても多くのことが暗示されている。

その一つは、礼拝にただ水を使うだけでは何の役にも立たないということだ――それはまったく役に立たない！


スーフィーの神秘家、アル・ヒラジ・マンスールが
殺された。

彼の手が切り落とされ、血が流れ始めた時、彼はその血をイスラム教徒がワジュ（礼拝にいく前に身体を清めること）のために使う水として使った。

イスラム教徒は水を使う。

だが、マンスールは血を使った。

そして彼がワジュの仕草をした時、誰かが群集の中から
聞いた。

「マンスール、気でも狂ったのか？　何をしている？」

するとマンスールは言った。

「初めて私はワジュをしている。私自身を自分の血で清めている。というのも、どうしてあなた方は自分を水で清めることができる？」

彼はより深い意味をワジュに与えた。

実際、彼は、「自分というものが死なずして、どうして祈りに入るために自分を清めることができようか?」と言っているのだ。

血によってワジュをするということは、死を意味する。

死ぬことが唯一の本当の清めであり、真の純粋さだ。

自分というものが死ぬ時、祈ることができる。

自分というものが死なない限り、祈ることはできない。


だから、死ぬ勇気が、祈りのための根本的な必須条件だ。

この経文は、「マインドの上昇が神への帰依を表すための水だ」と言う。

他の水では駄目だ。

それはマンスールの血よりも、もっと深い。

血はそれほど深いものではない。

それは皮膚の深さだけしかない。

あなたはワジュを自分自身の血で行なうことができる。

だが、それはまだそれほど深くはない。


しかしマインドの上昇とは、可能な限り最も深いものだ。

それには二つの理由がある。

基本的に、マインドは下降している。

基本的に、マインドには下へと流れて行く傾向がある。

というのも、それはたやすいからだ。
下へ流れるのはいつも簡単だ。
上昇するには努力がいる。
上昇するには、引力と闘わなければならない。
上昇とは苦行を意味する。
そして自分の性質を完全に変えない限り
あなたは上昇できない。
それが変容だ!
だが、下へ流れるのは自然なことだ。
それはまさに自然の本質の中にある。
だから、マインドは自然に下降する性質を持っている。
こんな風に考えればいい。

もしあなたが神について思いを馳せ、精神を集中したいと思うと、とても困難に感じるだろう。

マインドは絶えず揺れ動いている。

あなたは一瞬として
本当に精神を集中させることはできない。

マインドは右往左往する。

集中できないし、沈思することもできないし
瞑想もできない。

マインドには準備ができていない。

あなたがどんなに努力しようと、マインドは神へと向かわないし、そこまで行かないだろう。

だがセックスとなると、マインドは夢中になる。

集中する必要はない。マインドは集中する。

何一つ努力する必要はない——

マインドは楽に流れる。

実際、我々は精神集中の意味を理解できるものとしてはセックス以外に何も知らない。


よくあることだが、セックス以外の何か他のことに集中できれば、その人にとってセックスは問題でなくなる
——常にそうだ！

たとえ彼がただの科学者で、実験室で研究している研究者であっても、自分の研究に集中している時は、セックスは彼の人生ではまったく問題ではなくなる。

が、もしあなたが何か他のことに集中できなければ
あなたのマインドは絶えず
セックスという経路を通って流れる。

そこで一つのことが理解されなければならない。

セックスについて考えている時
あなたは完全に夢中になっている。

揺らぎはない。

あなたは、自分がセックスのことを考えている、ということさえ忘れている——後で思い出すことはあり得る。

だがその瞬間には、そう思うだけの揺らぎさえもない。

あなたは「自分はセックスのことを考えている思考ではない、性的な想いの行列、イメージは自分自身ではない」ということを忘れている。

あなたはそれらの想念と一つになっている。

それが、バクタが「神への絶え間なき想起——あなたなしでは私はない」と言う時の意味だ。


それと同じ現象が起こる。

ただ対象が違うだけだ。それは今や、セックスではない。

対象は神になった。

そして神が、セックスが自然にあなたを虜にするのと同じほどにあなたを虜にしない限り、あなたは上昇できない。上昇することは、一つの努力だ。

あなたは自分自身を引き締めなければならない。

下降するのは簡単だ。

だから緊張を感じる時は常に
セックスがくつろぎになり、解放になる。

なぜなら全ての緊張は、あなたが何か不自然なことに
自分を努力させているという意味だからだ。

もし下降してリラックスできれば、解放を感じる。

だから、特に西洋では、セックスがただの解放の一つになってしまった——ただの緊張からの解放に。

それはそうなって当然だ。

下降する時に努力は必要ないからだ。

だから、セックスが鎮静剤として多くの人々、
実際に九十九％の人々に使われているのだ。

セックスをすると、よく眠れる。

なぜだろう？

それはマインドが下降する時には
身体全体がリラックスするからだ。

そして、マインドが上昇する時にセックスと同じようにリラックスできない限り、あなたは宗教的な人間ではまったくない。

それが、世俗的なマインドと宗教的なマインドの違いだ。

世俗的なマインドは、下へと流れて行くことに
安心を感じ、リラックスする。
そして宗教的なマインドは
上昇して初めてリラックスする。
だから、宗教的なマインドが下へと流れる時は
いつも緊張を感じるのだ。

最終的にマインドの上昇が達成された時
その同じ努力が、下へ流れるために必要となる——
それ以上の努力でさえ必要となる。
というのも、上昇することは
それがたとえ大変なことであっても、上昇だ。
そして下へ流れることは
たとえ努力しなくてよくても、下降だ。
そして努力して下降しなければならない時
その努力は何千倍も骨が折れる。

ラーマクリシュナのような人にとっては
食べることとさえ一つの努力だった。
ブッダのような人にとっては、動くことさえ一つの努力であり、肉体の中にいることとさえ、一つの努力だ。
そしてその努力は
人間の質全体が変容されたという意味だ。
以前は下降していたものが、今は上昇している。
以前は上昇していたものが、今は下降している。
宗教的なマインドは、あたかも上昇が
ただ下降になってしまったように上昇する。
ミーラは、自分がクリシュナのために踊り歌っている時、
くつろいでいた。

だが、彼女の夫、ラナがそこにいる時は
くつろいでいなかった。
というのも、ラナの状態は下への流れだったからだ。
上昇することは、我々にとって当然ながら努力となる。
それを望まない限り、達成することはできまい。

さて、またしても、あなたは道教《タオ》と
ウパニシャッドの矛盾を見い出すことになる。

老子曰く「無努力が悟りに至る道だ」

そしてウパニシャッド曰く
「努力、全面的な努力が悟りに至る道だ」

老子が「無努力」と語るのは、非常に静かで
一つとして動きが存在しない状態のことだ。

なぜなら、いかなる努力も一つの動きだからだ。

いかなる努力も一つの緊張だからだ。

いかなる努力も、それはあなたが
外に向かっているという意味だからだ。

老子が「無努力」と語るのは、マインドが完全にリラックスしている状態、何もしていない状態、という意味だ。

それはそんなに簡単なことではない。

それは、マインドを上昇させるのと同じくらい難しい。

むしろ、それ以上に難しい。

我々は、「する」という言葉が暗示する意味なら
理解できる。
が、「しない」という言葉が暗示する意味は
理解できない。
だから「しない」ということは、我々にはより大変だ。
そしてその両方が難しく、その両方が違う道を通って
同じ地点に到達しようとしている。
だから、もしあなたが完全に無努力の状態になれば
自己の内奥無比なる核心に到達する――
というのも、あなたは動けないのだから！
そして、そこに動きがなければ、下へ下へ、下へ下へと
その核心まで落ちて行く。
全ての表面的な出来事は努力だ。
努力のない時、あなたは自分自身の究極の核心の中に
落ちることになる。

ウパニシャッドではまたしても、異なる方法を使う。
もちろん、上昇するという概念とともに
論理的な関係性の中でその方法を使うのだ。
ウパニシャッドは、絶対的な努力が必要とされると言う。
あなたが絶対的な努力をすれば、今までよりも
もっともっと緊張することになる。

そして、あなたが緊張そのものになる瞬間がやって来る。

その時、あなたは緊張以外の何ものでもない！

そうしたら、それ以上先はない。

究極なるものが達成されたのだ。

その時、あなたはただの緊張だ。

そして、このクライマックスがやって来る時
突然あなたは、そのクライマックスから転落する。

もうそれ以上先へ行くことはできない。

あなたは最後の限界までやって来た。

緊張はその究極まで、その最大限のところにまで達した。

それ以上は行けない。

緊張が最後の究極まで来た時、突如としてあなたはリラックスし、道教、老子が「無努力」という言葉で意味するところの地点にたどり着く。

あなたは核心までやって来た。


核心に至るには、道教が言うように直接リラックスするか、ウパニシャッドが言うように間接的にリラックスするかの、二つの方法がある。

究極まで緊張を作り出せば、その後にはリラグゼーションが待っている。そして私は、ウパニシャッドの方がより役に立つと思っている。


なぜなら、我々はすでに緊張していて、緊張の意味、緊張の言語、緊張のあり方を理解しているからだ。

誰かにいきなり、リラックスしなさいと言ってごらん。

彼はリラックスできまい。

そうすると、リラグゼーションでさえ彼にとって新しい緊張となってしまう。


私は「あなたは、リラックスしなければならない」と題した本を見たことがある。

そのまさに「〜しなければならない」という言葉が緊張を作り出す。

「〜しなければならない」という言葉はリラグゼーションに反している。

それは難しい仕事になる。

あなたはリラックスしなければならない。

だが、リラックスしようとしてごらん。

すると、リラックスしようとする努力そのものがより緊張を作り出す。

もしリラックスしたいなら、その本の題はむしろ「あなたはリラックスする必要はない」とすべきだ。

リラグゼーションは、直接我々の元にやって来れない。

我々は緊張している。
あまりにも緊張している。
リラグゼーションは何の意味もなさない。
我々はリラグゼーションを知らない。
老子は正しいが、彼に従うことは非常に難しい。
彼の言うことは単純に見える。
だが覚えておきなさい。
何かがとても単純に見える時はいつも
それはとても複雑に違いないということを。
というのも、この世界では
一番単純なことが一番複雑だからだ。
それは単純に見えるので、あなたは自分自身を欺ける。
だから私が「リラックスしなさい」と言っても
それは起こるまい。

私は十年間、絶えず老子的な方法に取り組んできた。
そして直接のリラグゼーションを
ずっと教え続けてきた。
それは私にはとても簡単だったので
みんなにも簡単だろうと思っていた。
だがだんだんと、それは不可能だと気づくようになった。
私は間違っていた。

それは不可能だったのだ。
私は、自分が教えていた人達に
「リラックスしなさい！」と言っていた。
表面では言葉の意味を理解できていたのだろうが
彼らはリラックスできなかった。

そこで私は、瞑想のために、まず初めに緊張を作り出す
新しい方法を工夫しなければならなかった——
もっと緊張を高める方法を。
それらの方法は大変な緊張を生み出すため
あなたはまったく狂ってしまうほどになる。
そして「リラックスしなさい」と私は言う。
そのクライマックスまでやって来た時、あなたの体、マインドは、リラグゼーションに飢えた状態になっている。
余りにも凄い緊張で、あなたは止めたくなる。
だが私は、そこでまさに最後まで続けるように、
続けるようにとプッシュし続ける。
緊張を作り出すためにできることは、何でもやることだ。
すると、あなたがそれを止めた時
あなたはピークから深い奈落へとただ落ちて行く。
その奈落が終着点であり、無努力が終着点だ。

しかし、ウパニシャッドは方法として緊張を使う。

だから、上昇するように頑張りなさい。

実際は、「流れ」という言葉を使うのは適切ではない。

流れとは、下ることを意味する言葉だからだ。

どうして上へ流れることができる？

それでは、あなたは闘わなければならない。

上へ流れることは闘うこと、絶え間なく闘うことを意味している。

一瞬でも油断すると、自分が下へ流れていることがわかるだろう。

一瞬、奮闘を止めれば、あなたは下へと流されるだろう。

それは、絶え間なく流れと闘うことだ。

そこで今は、その流れとは何か、またどんな流れに逆らって上昇しようと奮闘しなければならないのかを、理解する時だ。

あなたの習慣が流れだ。
長い習慣、多くの多くの生の体験から引き継がれてきた習慣が流れだ。
それは人間としての生だけではない。
動物としての生、植物としての生もある。
あなたは孤立した存在ではない。
あなたは長い継承の一部だ。
そして全ての習慣が、まさに染み込んでいる。
あなたは何千年もの間、絶えず下へと流れ続けてきた。
だから、それは根深い習慣になっている。
実際、それはあなたの本性になっている。
あなたは別の質を何一つ知らない。
下へ下へ下へと流れて行く、ただ一つの性質しか知らない。
その下降が流れだ。
身体の細胞の全て、そしてマインドの原子の全てがただ長い長い習慣の継承の一部だ。
それらは余りにも深く、
我々はそれがどこからやって来たのかも記憶にない。

今では西洋の心理学は、無数の新しい発見に至った。

たとえば今、彼らは「暴力を内側で感じる時は常に、その暴力はマインドの中だけではなく、我々の歯や爪の中に深く存在している」ことを発見している。

だから、我々がその暴力を押さえる時、我々の歯はその力を吸収し、顎が病気になってしまうことになる。

というのも、動物は暴力を感じる時はいつも歯と爪を使うからだ。

我々の爪は動物界のものだ。

我々の歯は動物界のものだ——

それらは長く動物から引き継がれた遺産だ。

だから、暴力的な人がそれを抑圧すれば
歯にその負担がかかってしまう。

今では心理学者達は、多くの歯の病気が、大変な量の暴力的な感情を抑圧しているせいだと言っている——

多くの歯の病気がだ！

だから、暴力的な人は、違った種類の顎をしている。

ただ顎を見るだけで、その人が暴力的であるとわかる。

無数の激しい感情的な熱情、激情を抑圧してきた人間は、特殊なタイプの顎を持ち始める——

暴力が存在するようになる。

一人の心理学者、ウィルヘルム・ライヒは、手で歯を押すだけで、また手で歯を押しつけると、突然、身体全体が暴力的になることを発見した。
だから、ウィルヘルム・ライヒは
絶えず患者から身を守らなければならなかった。
というのも、彼が患者の歯を押し、好きなように患者を扱っていると、ただ触れるだけで、患者の中の隠されていた反射的な暴力が浮かび上がってきたからだ。

彼は、その分野で専門家になった。

ただ単純に顎や歯のある部分に触るだけで、彼はあなたの記憶にさえない無数の暴力を呼び覚ましていた。

あなたはそうされると、叫び、攻撃し始める。

そこで彼はこう言った。

「今、私は本来備わっているプログラムに触った。その備わっているプログラムが触れられ、それが再び行為となった」


たまに、こんなことが起こった。

ライヒがある部分を押す時、彼は四十年間の顎の部分に関する研究で、そのことに気づくようになった。

彼は顎のあらゆる部分が、その中にある種の隠された暴力を秘めていることにも、気づいた。

だから、ある一つの部分、顎の中のあるチャクラを押せば、ある種の暴力が浮かび上がってくる。

彼は、患者を完全に退行させることができたので、患者は自分が完全に動物になったように感じるほどだった。

そして、患者がまったく人間でなくなってしまうことが時々、起こった。

患者は退行し、動物のようになる。

そして動物のように雄たけびを上げ、攻撃し始める。

それが流れだ。
あなたが暴力的な時は
あなた一人が暴力的なのではない。
あなたの歴史全体が暴力だ。
あなたが性的に感じる時
あなた一人が性的に感じているのではない。
歴史全体、受け継いでいる全てが性的だ。
だから、それは非常に強い力を持っている。
あなたは大きな流れの上の
ただの一枚の枯葉にすぎない。
だとしたら、その流れに逆らって上へと上昇するには
どうしたらいい？
どうすればいいのか？

それには、三つのことが必要だ。
一つは、マインドが下へと流れ始めたら
可能な限り早くそれに気づくこと——
できるだけ早く！
誰かがあなたを馬鹿にしたとする。
あなたが腹を立てるには、少し時間がいる。
それは一つのメカニズムだからだ。
時間の隙間があって、あなたは腹を立てる。

物事はフラッシュのように起こる。

まず、あなたは馬鹿にされたと思う。

そして馬鹿にされたと思った時、二つ目の流れが始まる。

あなたは腹を立てる。

最初、怒りは意識的なものではない。

最初は一種の熱病のようなものだ。

その後、それは意識的なものになる。

すると、あなたはそれを表現するか抑圧するかし始める。

そこで私が「可能な限り早く」と言うのは、誰かがあなたを馬鹿にしたら「自分は馬鹿にされていると思い始めている」のだと、すぐに気づきなさいということだ。

そして気づいたら
常にそのフィーリングを止める努力をしなさい。

一瞬たりとも、自動的な轍にはまってはならない。

たとえ一瞬でも、そのフィーリングを止めることはとても役に立つ。

長く止めることは、もっと役立つ。

グルジェフの父の死が迫っていた時
彼は自分の子供を呼んだ。

その時、彼はまだ九才だった。

グルジェフは、生涯その時の出来事を覚えていた。

父が彼を呼んだ。

彼は兄弟の中で末っ子だった。

父はグルジェフにこう言った。

「わしはとても貧しい。だから我が子よ、お前に何も与えることができない。しかし、わしの父が与えてくれた唯一のことを、お前に与えよう。

お前にはその意味が、今は理解できないかもしれん。親父がわしにそれを与えた時も、どういうことだか理解できなかった。だが、その与えられたことが、自分の人生で最も貴重であることがはっきりした。

だから今、お前にそれを与える。それを守りなさい！いずれ、お前にも理解する時が来るだろう！」


グルジェフは、ただじっと聞いていた。

そして父はこう言った。

「お前が怒りを感じた時、いつであれ、二十四時間以内に決して返答をしてはいけない。二十四時間のギャップをおいてから返答しなさい」

グルジェフは、死んでいった父の忠告に従った。

その忠告は彼のマインドに深く刻み込まれ
彼の父が死んだまさにその日、グルジェフは言った。


「私は無数の精神的な修行をしてきた。だが、父が残してくれたものが一番だった。私は生涯、決して腹を立てることができなかった。その忠告は全ての流れ、全ての軌道を変えてしまった。というのも、私はその約束を守らねばならなかったからだ。

誰かが私を侮辱した時は常に、私はあることを、ある状況を作り出した。そしてその相手には、『ちょうど二十四時間たったら、返答しに戻ってくるよ』と言った。だが、私は一度も返答しなかった。返答する意味などまったくないと、はっきりわかったからだ」


ただギャップが必要なだけだ。

そして、ゲオルギー・グルジェフの生全体は以前とは何か違うものとなった。

たとえ、その流れの中のたった一つのことでも変え始められれば、あなたは全体を変え始めることができる。

実際、全体を変えない限り部分は変えられないということが、秘教的な宗教の根本的な真理の一つだ。

そして、それは両方通い合うものだ。

全体を変えれば部分が変わり
一部分でも全面的に変えれば、全体はそれに従う。

なぜなら、それらはとても密接に繋がっているからだ。

だから、どこからでも始めることだ。

そして、あなたの主な性質《キャラクター》を見い出しなさい。

あなたの主となる性質、一番強力なもの、押さえ切れないもの、あなたを誘うもの、そして、あなたを落ち込ませる原因になるもの、それらを見つけ出しなさい。

それは悲しみであるかもしれない。

怒りであるかもしれない。

貪欲であるかもしれない。

それは他の何かであるかもしれない。

あなたの主な性質、弱点を見つけ出すのだ。

そして、より強い性質からまず始めること。

そうすれば、弱い性質は
いともたやすく征服できるだろう。

だから、一番強力なものから始めなさい。

もしあなたの中で、怒りが最も強いものだとしたら
怒りから始めるのだ。
まず最初、あなたが馬鹿にされ、拒否され、妨害され、
何でも怒りを作り出すものを感じた時、まず最初に、
「自分は今、馬鹿にされていると感じている」というところで、一瞬止める。

そこで息をしてはならない。

そこがどこであろうと、ただ、呼吸を止める。

もし息を吐いているなら、吐くままにしておくこと。

もし息を吸っているのなら、吸うがままにしておく。

とにかく、呼吸を一瞬の間、止めなさい。

その後、息を吐き出し、自己の意識の内側に入って行き、あなたの中に馬鹿にされた感じがなくなっているか、それともその感じがまだあるのかを探る。

だが探ってみても、あなたの中に
侮辱された感じはなくなっているだろう。

今や、そのつながりがなくなっているからだ。

あなたは、マインドの自動的な働きに隙間を与えた。

あなたはどこかで、そのメカニズムを切り離した。

呼吸は何かを切り離すには、すばらしい働きをする。
ただ呼吸を止めることで、内側の何かが切り離される。
侮辱されたという感情と怒りのメカニズムは
繋がりを失う。
そしてもし一瞬でも中断されれば、繋がりを取り逃がす。
そうすれば、あなたのメカニズムは
自分が侮辱されたと、決して知ることはないだろう。
そういうことが、早く起これば起こるほどいい。

そこには、今言ったようなことよりも
さらに早い状態がある。
だがそれらは、別の人達のものであり
あなた方のためのものではない。

相手があなたを侮辱した時、侮辱される前に彼を見て
彼が怒っていることを感じなさい。
次に自分の呼吸を止め、そして再び彼を見る。
そうすれば、感情を害されることはあるまい。
彼はあなたを侮辱するだろうが、あなたは侮辱されない。
あなたは侮辱されたと感じない。
そこに隙間が入ってきたからだ。
その隙間が、あなたと彼の間に介在する。
そういう状態では、彼にその隙間は超えられない。
彼はあなたを侮辱できない。
彼は侮辱する、だがどこかで
彼は、あなたがいないと感じている。
今や、あなたは彼の標的ではない。
彼にとってはあなたは標的だ。
だが、あなたというものは、実はいない。
そういう状況において、あなたは笑える。
あなたがそこで笑えばもっといい。

ということで、まず最初は隙間を作り出すことだ。

二つ目は、そういう状況では絶対にしないようなことをすること。

誰かが人を侮辱している時、誰も笑わないし、笑みをこぼさないし、お礼を言ったりしないし、抱き締めないし、抱擁もしない。

そういう状況で、絶対しないようなことをするのだ！

すると、流れに反することになる。

なぜなら流れとは、いつも通りのこと、通常なされていることだからだ。

それが流れという意味だ。

だからそういう時、いつもと違うことをしなさい！
誰かがあなたを殴っている時、笑うのだ。
そして、あなたを殴っている人の様子の異変だけでなく、
あなたの意識の内側の異変を感じなさい。
もしあなたが笑えれば、あなたはまったく
以前と違うことを感じるはずだ。
やってごらん、何か不合理なことを。
そうすれば、メカニズム全体を切り離すことができる。
メカニズム全体を混乱させることができる。

というのも、メカニズムには、何が起こっているのか
理解できないからだ。
メカニズムは、ただのメカニズムだ。
それはとても深く根差しているかもしれない。
が、それは機械的だ、意識はない。
だから、あなたの中の動物性を混乱させるのだ！
動物性に左右され、操られないようにしなさい。
動物性を混乱させなさい！
あなたの中の動物性を混乱させればさせるほど
その影響力は弱くなっていく。
私が「動物性」と言うのは、あなたの過去のことだ。

一度もしたことがないことをすること。
それは稀なる実験だ。
あなたが幸せを感じている時、普通幸せを感じている時
には、絶対しないようなことをしなさい。
悲しみなさい、悲しみを行動に表しなさい。
怒りなさい、怒りを表しなさい。
メカニズムを混乱させるのだ。
メカニズムには、これからすること全てを
知られないようにしなさい。
そうさせてはならない。

そうすれば、一年の内に、あなたのメカニズムは
困惑してしまうだろう。
たとえば、誰かがあなたを侮辱しているとする。
その時、あなたのメカニズムはどうしたらいいか
まったくわからなくなっているだろう。
あなたは自分の過去を壊した。
だから、そのようにしてみなさい！
全ての瞬間が実験になる。
すると、あなた方は自分の意識の突然の変化を
感じるだろう。
誰かがあなたを馬鹿にした時、笑って、内側で何が起こ
っているのか、今まで一度も知らなかった新しい何かが
起こっているのを感じなさい。

禅師、臨済のこんな話を思い出した。
彼は粗末な庵で寝ていた。
それは満月の夜だった。
そこへ泥棒が入って来た。
庵の扉は開いていて、月の光が庵の中に入って来た。
何一つなかったので、庵に鍵をかける必要はなかった。
寝る時に使う、たった一枚の毛布しかなかった。
泥棒は庵の周りをぐるぐる回り

何もないことがわかった。

その時、臨済は起きていた。

彼は泥棒に大変申し訳なく思った。

そして、彼は泥棒を動揺させたくもなかった。

というのも、彼は毛布を与えることもできた。

それが唯一の持ち物だった。

だがそうすれば、泥棒はどうしていいかわからなくなって、逃げ出しさえするかもしれない。

そこで臨済は突然笑い出した。

泥棒はあっけに取られてしまった。

そこで、臨済は毛布を泥棒の方へ投げつけ
そこから逃げ出した。

すると、泥棒が彼の後を付いてきた。


何が起こったのだろう？

事の全体がおかしくなってしまった。

そこで泥棒は臨済の後を追い、彼を捕まえて尋ねた。

「何をしていらっしゃるのですか？」と。

すると臨済は「わしは自分のメカニズムを撹乱させていた。お前さんには何も関係ない。だから心配御無用。お前さんが入って来たのはただの偶然だ。わしは自分のことで実験をしていたのだ」と言った。

どうすればいい？
慣習的な答えは常に用意されている。
そうではなくて、あなたの空想を
イマジネーションを使いなさい。
メカニズムとは、最も想像的でないものだからだ——
それは最も想像的でない！
それはとても慣習的で保守的だ。

私の言うことを理解しなさい。
それは慣習的で、保守的だ。
あなたはいつも同じやり方で腹を立てる。
何か改良するのだ。
イマジネーションを使いなさい。
創造的でありなさい。
そして、流れを撹乱させる。
流れを撹乱させればさせるほど、
あなたはその流れをさらに超えて行くだろう。

そして二つ目、普通使わないような表現を使うこと。
お決まり通りにしてはいけない。
メカニズムは、あなたがその軌道を許せば許すほど、
より強力になり続ける。

さっきの泥棒は、臨済の足元にただ平伏しこう言った。

「もしあなたがそんなことを使えるのなら、私にも使わせてください。あなたは庵の主なのに、泥棒のように逃げて行かれた。あなたは、私をどうしていいかわからなくしてしまった。私は様々な状況を体験してきました。でも、こんな体験は一度もありません。

それに、あなたは私を魅了してしまった。あなたは私を泥棒として扱わなかった、また、泥棒と思わなかった初めての人です。

私はもう、あなたの元を離れられません。みんなが泥棒を止めさせようとしてきましたが、私には私なりのやり方があります。でもあなたは私を変えてしまった。どうか、私をあなたの道へと導いてください」

すると臨済は「どうしてお前を導くことができる？　本当のことを言うと、笑った瞬間にわしは悟ったのだよ。笑った時、わしは悟った！

わしは悟ろう、悟ろう、悟ろうとしておった。わしは何年もの間、瞑想し続けていたが、何一つ起こらなかった。だが、その笑っていた時、何かが崩れ落ち、何かが爆発した。わしは自分自身から解き放たれた。

だから本当は、お前がわしの師匠だ。お前がわしを導いた」と言った。

というように、何かまったく馬鹿げたことでも、禅僧が使ったように使いなさい。

もしあなたが禅師の所に行ったら、師の答えがどんなものなのか、あなたには絶対想像もつかないだろう。

もしヒンドゥー教の師、ヒンドゥー教のグルの所に行けば、あなたの質問に彼らがどんな答えをするのかを示すのは可能だ。

その答えはあらかじめ想像できる。

そして、あらかじめ想像できるような答えはいつも役立たない。

それが役立たないのは、決まり切っているからだ。

だから、あなたが先生の所に行って、「こう」聞けば、彼は「こう」答えることがわかってしまう。

だが禅師に聞きに行っても

決して答えを知ることはできない。

あらゆることがあり得る。

不可能でないことは何もない。

彼は質問に答えるかもしれないし

答えないかもしれない。

彼は、あなたの質問とはまったく関わりないことを話しながら、質問に答えるかもしれない――・まったく関わりない話で！

あなたが「神は存在するのですか？」と聞けば、禅の師は「見なさい！　太陽が沈んで行く。夕闇がやって来ようとしている」と答えるかもしれない。まったく関連のない話をする。

誰かが「仏とは何ですか？」と聞けば、禅の師はただあなたを殴りつけて、窓から放り出すかもしれない。どうして？　実際、彼らは何も答えない。彼らはただ、あなた方の質問屋のマインドと答えの間に隙間を作り出そうとしているだけだ。

隙間だ！

もしあなたが私に「神は存在するのですか？」と聞いて、私があなたを窓から放り出したとする。その状況でどうやって、これら二つのことを結び付けられるだろう？――結び付けるものは何もない。もし私が「神は存在しない」と言えばその答えには関連がある。私の唯神論的な答え、私の無神論的な答え――全てが関連している。

それらの答えは隙間を作り出さない。だが、もし私が、いきなりあなたを殴り出せば、あるいは踊り出せば、また、ただ笑い出せば、ただ狂ったように笑い出せば、そこにはまったく脈絡がない。

もしあなたが決まり切った軌道から離れ、解放されることができるとしたら、もしあなたがその軌道から逸れることができるなら、何かが起こったのだ。

禅では、探求者が窓から放り出される、ということが何度となく起こった。

そして、彼は師匠の足に触れるために戻って来てこう言った。

「多くのことが起こりました。でも私はそれについては、一度として夢にも思いませんでした。あなたは私の質問に言及することさえなく、私に答えてくださいました」

インドからきた最初の禅の師、達磨大師《ボーディーダルマ》は中国に行った。彼は中国に禅を紹介した。

禅という言葉は、実はディヤン――瞑想――の、中国での表現だ。

ダンはサンスクリットの言葉でありパーリ語のディヤンに相当する。

仏教徒の言葉では、ザンという。
そして、中国では、ザンがチャンになり
日本に渡って禅となった。

ボーディーダルマが中国にたどり着いた時
梁の武帝が彼を出迎えに来ていた。

そして、彼が出迎えられることになっていた国境に入った時、何千人という僧侶達がそこにいた。

その時のボーディーダルマの格好は、片方の足が裸足で、その片方の足は靴を履き、もう片方の靴は彼の頭の上に乗っかっていた。

彼は靴を頭に乗せ、中国へやって来た！

ボーディーダルマがそんな流儀で中国にやって来るとは、誰も想像できなかった。

武帝は、まったく困惑してしまった。

「何という男だろう？　奴は気違いか？」

武帝は心配になってしまった。

一方、ボーディーダルマは笑っていた。

ボーディーダルマは、その時こう言った。

「あなたは、この男は狂っている、と思っておいでに違いない。私にはあなたの心が読める。だがあなたには、私の心は読めない。それがあなたと私の違いだ。

それこそが違いだ！　あなたは私のことを狂っている、と思っているに違いない。言葉に出してそう言わないが、私にはわかる。だが、あなたには私の心が読めない。それが違いだ」

予測不可能な人間になることだ。
そのことが二番目だ。
もしあなたが予測され得る人間なら
あなたは物であって人間ではない。
予測不可能な人間になればなるほど
あなたは物でなくなっていく。
多くの物の中の、ただの一つでなくなっていく。
そしてあなたは一人の人間になる。
このように、二番目は流れに逆らうことだ。
予測不可能な人間になりなさい。
時には、馬鹿になりなさい。
ただ、論理的であろうとしないこと。
というのも、流れというのは論理的だからだ。
次のことを覚えておきなさい。
流れは、とても論理的だ。
明確に論理的だ。

全てのことが、繋がっている。
あなたが私を侮辱する、すると私は怒る。
あなたが私を賞賛する、すると私は嬉しくなる。
あなたが私を良い人間だと言う。
その時、私は一つの側面を見せる。
あなたが私を悪い人間だと言う。
私は違う側面を見せる。
というように、全てが予測できる。
それは論理的だ。

実際、あなたが私を怒っているのに
私が怒りの感情であなたに返答しないとしよう。
すると、あなたは何か不思議なことが起こったと
感じるだろう。
あなたは落ち着いていられない。気楽でいられない。
何か論理的でないことが、心の中に入り込んだからだ。
我々は論理の世界に住んでいる。
その流れはとても論理的で、数学的で
全てが決まっている。
そこで、臨機応変に対処しなさい！　撹乱しなさい！
混沌を作り出しなさい！
心の内側の無政府状態を作り出すのだ！

そうして初めてあなた方は
動物から引き継いできたものを捨てられる。
動物は予測できる。動物はとても論理的だ。
だから動物性を超越するには
非論理的である勇気がいる。
そして非論理的であることは、最も深い勇気だ。

イエスは言った。
「持てる者はさらに与えられ、持たない者は持っている
ものでさえ取り上げられるだろう」と。
イエスのこの言葉は、非論理的だ。
この言葉はまったく非論理的だ！
彼は一体、何を言っているのだろう？
彼は何か、禅の言葉を使っている。
もしあなたが、ブッダやクリシュナや老子の言葉を検討
すれば、それらが論理的でないとわかるだろう。

もしあなたが一人の覚者に「私は善人で、徳のある人間
です。だからあなたの教えに従います。で、あなたの言
う通りにすれば何を得ることができますか？」と聞けば、
彼は「何もだ！　何も得ることはない —— 何もだ！」と
言うだろう。

この武帝という人物は、達磨大師《ボーディーダルマ》にこう言った。

「私は仏の教えのために何百万という金を寄付しました。たくさんのお寺を建立し、私の宮殿で日々一万人の僧侶達を養っています。そういうことをしている私の功徳は、いかがなものでしょう？　何を得ることができるでしょう？」と聞いた。

すると、ボーディーダルマは言った。

「何もだ！　もしお前さんがもっと何か欲しいと言い張るのなら、地獄へ落ちることさえあり得る。もしもっと欲張るのなら、最も深い地獄に落ちることになるぞ！」

それは非論理的に見える。

一万人の僧侶達でさえ、本当に心配になってしまった。「彼は何ということを言うのだろう？　彼はこの商売全てを撲ち壊す気か」と。

僧侶達は皇帝に「あなたは高い天上界へ行くことができますよ。あなたは、まさに聖なる皇帝、聖なる王位のおそばにいることになるのです。

あなたはそのすぐ脇に位置されます。そしてそこに自分の宮殿をお持ちになります。そこでは、あなたが御布施されたものの一万倍の物が返ってくるでしょう」というように言い含めていた。

なのに、ボーディーダルマは全てを壊そうとしていた。彼は「何もだ！」と言った。

ボーディーダルマは非論理的だ。

武帝は論理的だ。

武帝は再びボーディーダルマに聞いた。

「からかっていらっしゃるのですか？　私はたくさんのことを仏の教えのためにしてきました。そのことは尊いことではないのですか？」

すると、ボーディーダルマは言った。

「尊いことなど何もない。大体、尊いという言葉はまったくからっぽだ。もしお前さんがもっと何か欲しいと欲張るなら、深い地獄へ落ちることになるぞ」と。

すると、武帝は「我々の間には、どうやら会話が成り立たないようですな。あなたが言っていることは理解できません。それに、私が言うことを聞いてらっしゃらないようですな」と言った。

するとボーディーダルマは「そうだ！　お前さんとわしの間に会話などどうしてあり得ようか？　お前さんがわしの所まで上って来るか、わしがお前さんの所まで降りて行かなきゃならん、そのどちらかしかない。

その時、わし等はどこかで会うことができる。だが、わしには降りて行く気はない。お前さんが上がって来ることだ」と言った。

だが、それは起こらなかった。

というわけで、ボーディーダルマは帝国の外に留まることになった。

そして、皇帝は彼の宮殿へと帰って行った。


そして、十年の後、皇帝が死を向かえようとしている時、彼はボーディーダルマのことを思い出した。

死がやって来た時、全ての論理的な思考回路が崩壊した。

その時、彼は何かが起こるのではないかと不安にかられていた。

「私はここにいる比丘達を養ってきた。また沢山のお寺、ビハーラ、多くの僧院も建てた。が、死がそこに迫っている」という想いがあったからだ。

その時、彼はボーディーダルマという坊主のことを思い出した。

そして彼は側近に「ボーディーダルマを連れ戻しなさい。もし彼がどこかで見つかれば、すぐに連れ戻しなさい。私は死につつある。死が私の論理全てを、そして理性を破壊した。今は、その男だけが頼りだ」と言った。


だがボーディーダルマは、その時すでに死んでいた。

彼は一年前に死んだのだった。

しかし、彼は武帝のためにメッセージを残していた。

そして弟子達に「ある日、死に直面する時、彼は私のことを思い出すだろう。彼にとって、彼の期待する想い、あらゆる欲望、あの世についての全ての幻想にとって、私はちょうど、死のようなものだからだ。

そして死が訪れる時、死が彼の希望全てを粉々にする時、彼は私のことを思い出すだろう」と言い残していた。

彼は武帝にメッセージを残していた。

そして、そのメッセージが武帝の元に届けられた。

そのメッセージの中で、再び「お前さんのことが予測できる。お前さんにはお前さんのことを予測できないが、私にはお前さんのことが予測できる。お前さんが死ぬ時、私のことを思い出すだろう。お前さんが死ぬ時、何を思い出すかということさえ予測できる——死とは不合理なものだからだ」と書かれてあった。

実際、あなたが理解するなら、生とは理屈では割り切れないものであり、死も理屈では割り切れないものだ。

愛も理屈では割り切れないものであり
神も理屈では割り切れない。

そして理屈で割り切れるのは、世間的なものだけだ。
生において意味あること、大切なこと、深い意識の世界、
究極的なものは全て、理屈では割り切れない。
だから内側に不合理性を作り出すことだ。
あまり論理に片寄らないこと——
そうすれば、マインドの習慣を打ち破ることができる。
論理とは、あなたの古いマインドの基盤であり
あなたが受け継いできたマインドだ。
だから、非論理的であることが
新しいマインドの始まりであるべきだ。

そして三番目、いつであれ、あなたが手軽さ、心地良さ、
気楽さを感じる時は気をつけること。

それはマインドが下へと流れている、ということだ。

だから、内側における心地良さを求めてはならない。

さもなければ道を見失ってしまう。

内側の手軽さを求めてはならない。

さもなければ、道を見失ってしまうことになる。

いつであれ、全て順調だと感じる時、気を付けなさい。

あなたは下へ流れている。

実際には何も順調ではないからだ。いつであれ、全て順調だと感じている時は、何も為されていない。

全てがただ流れている、全てがいい調子だ。

だが覚えておきなさい。

そういう時、あなたは下へと流れている。

内側における都合良さに気を付けなさい。

そして私が「都合良さとか心地良さ」というのは
心の内面のことだ。

外面では、何も違いはない——

あなたは、外面的に心地良い状態でいてもいい。

だが内面的には、決して心地良さが
定着しないようにすることだ。

だから、人は幸せを感じている時
誰も宗教のことを思い出さない。

あなたが苦難の中にある時、あなたが悲しい時、
不幸な時、宗教について考え始める。

そういう時に、内面の不都合さを用いることだ。

そこで二つのことだ。
一つ目は、下へ流れることはとても都合がいい、
ということを覚えておくこと。
その犠牲者になってはいけない。
常に、内面における不都合さを作り出すこと。
内面における不都合さ——それがタップだ。

それがこつこつ叩くことだ。それが修行だ。

内面における不都合さとは、どんな意味だろう？
あなたがリラックスして眠っているとする。
その時、内面の不都合さを作り出しなさい。
身体はリラックスさせなさい。
が、注意深さをリラックスさせてはいけない。
スーフィー達は、その不都合さを作り出す方法として、
徹夜、夜眠らないことを使った。
一晩中、彼らは眠らない。

インドでは、実際、眠ることは一度も使われたことがない――食物や飢えが、内面における不都合さを作り出すために使われていた。

飢えの感覚がそこにある。だが食べてはいけない。

飢えの感覚がそこにある。それを覚えていること。

そのことに気づいていること。

尚かつ、その感覚から離れている。

すると、内面における不都合さが作り出される。

マインドは、都合のいいことに甘えてしまう習慣がある。

だから、何か一つ内面における不都合さを
作り出すことだ。

そして、常にそれを変え続ける。
もしあなたが一つのことに決めてしまえば
その不都合さは長く続かないだろうから。

あなたは、断食を定期的にすることさえできる。
すると、断食は不都合なものであるより
むしろ都合のいいものになってしまう。
食べることが、不都合であるように見え始めるからだ。
一度あなたが、肉体は食べなくても生きていけるのだと
知れば――肉体はもっと軽く感じはじめる。
肉体はもっと生き生きと感じ始める。
肉体はもっと活力に満ちたものに感じ始める。

肉体には、三ケ月間は食べなくても、食物なしでも生きていける本来備わっている能力がある。
断食して、七日か八日で、食べることは不都合になる。
そこで不都合さを作り出すものとして、断食を使うこと。
そして、断食が習慣になってしまった時
今度は食べることを
不都合さを作り出すのに使いなさい。

グルジェフのやり方は変わっていた。

彼はまったく得体の知れない食べ物をあなた方に与えた――あなた方が今まで一度も食べたことがないような、得体のしれない食べ物を！

胃全体がおかしくなってしまうような――

そうやって、彼は不都合さを作り出した。

実に奇妙な食べ物――

中華料理、インド料理、コーカサス料理。

彼はその時、ニューヨークに住んでいた。

彼と一緒に旅行する時はいつも、トラック一杯の得体のしれない食物がついてきた。

そして、彼の弟子達はとても恐がっていた。

彼は弟子達に無理やり、腹一杯食べさせるので食べることが拷問のようになっていたからだ。

夜の八時から十二時まで、四時間が食べるために費やされていた。

その時、グルジェフも一緒にいた。

そして弟子達に無理やり食べさせていた。

誰も「ノー」とは言えなかった。

また、彼は大量のアルコールを無理やり飲ませた。

普通、アルコールはあなたをひどく無意識にさせるだけのことだが、彼はどんどん飲ませ続けた。

そうやって、内面における不都合さを作り出していた。


彼は「不都合さをそこにあらしめなさい。そのことを想起していなさい！　目覚めているのだ！」と言っていた。

彼は、弟子達に大量のアルコールを飲ませ続けた。

そして、「覚えていなさい。想起していなさい！　起きているのだ！」と言っていた。


タントラの人達はアルコールを使った。

真のタントリックはまったく影響されずにどんな量のアルコールでも摂取できる。

そして彼らは言う。

彼らは当然の如く「アルコールは、内面に最も深い不都合さを生み出す」と言う。

アルコールの影響と闘い、気づきを保つのは、最も困難だ。

アルコールが身体の中に入っていくと身体の全細胞が緩慢になっていく。

アルコールの化学物質が身体に作用し始める。

すると、マインドが意識を失い始める。

そうなると、覚醒していることは、苦行、あり得る限り最も骨の折れる努力だが、それは可能だ。

そして一度それが起これば
あなたは二度と再び同じ人間ではなくなる。

だから、何か一つ内側の不都合さを作り出すこと。
だが、習慣的な流れは
あなたが都合のいいようにと助けるだろう。
それは一つのトリックだ。
そして、あなたはその習慣とともに流れ始める。

だから、マインドを上昇させるための三つ目のことは、
内面における不都合さを継続的に作り出すことだ。
不都合なことを変え続けなさい。
あなたは何でも習慣にしてしまえる――
だから、不都合なことを変え続けるのだ。
何かが都合のいいものになった時、それから離れること。
そして、何か新しいものを作り出すのだ。
そうすれば、内面における不都合さから
あなたは内側の結晶化を生み出す。
あなたは統合され、一つになった。
そして、この一つであること、この統合、この化学物質
の結晶化に、錬金術師達は「金」という言葉を使った。
今や、元となる金属がより価値の高いものに変化した。
今や、あなたは金だ。
この統合が、覚えておくべき三つ目のことだ。
常に心に留めておきなさい。

ある統合が取って代わらなければならないのだと。
自分を統合させせようとしなかった、というような瞬間が
あるべきではない。

あなたが歩いているとする。
すると、足が歩みを止める瞬間がやって来る。
足は「もう歩けない」と言う。
その時が、がんばりどころだ。
いいかね、そこで歩くのだ！
その時、足の言うことを聞かないこと。
すると、かすかな力に気づくだろう。
肉体には、二つの力が貯えられているからだ。
一つは、ただ日常のこと、日々の生活のために使われる。
もう一つは、もっと深いところにあり、無限だ。
それは日常のためには使われない。
何か緊急のことがあった時にだけ作動する。
あなたが歩いている。
二十マイル歩いた。
そうすると、あなたはよく知っている。
あなたの論理は、あなたのマインドは、あなたの身体の
組織全てが「もう歩けない」と言う――
あなたはただ、倒れ込む。

後もう一歩で、あなたは倒れ込むところだ！
それが瞬間だ、さあ、歩きなさい！
身体の言うことを聞かないこと！
その時、走りなさい！
身体の言うことを聞かないように！
すると俄然、エネルギーが湧き上がってくるだろう。
数瞬のうちに、あなたは新しいエネルギーを感じ始める。
今や、何マイルでも歩ける。

そのエネルギーは、貯蔵されているものからやって来る。
その貯蔵されているエネルギーは、日常生活に使われる
エネルギーがからっぽになった時だけ稼動する。
だから、もしあなたが身体の言うことを聞けば、決して
その貯蔵エネルギーが使われることはない。
あなたが眠気を感じているとする。
その時、目を開けることさえできない。
それが瞬間だ、立つのだ！　眼を開けなさい！
じっと見つめるのだ！　瞬きをすしてはいけない！
眠りを忘れて、目覚めようとする——
すると、数秒のうちに俄然、湧き上がるエネルギーが
一杯にあふれだすだろう。
すると、そこに眠りは存在しない。

あなたは、今までにない朝の新鮮さを感じるだろう。
新しい朝、内側の朝が起こった。
より深い根源のエネルギーが湧いてきた。
それがあなたのマインドを統合する方法であり
矢のようにエネルギーを常に上昇させ続ける方法だ。
ウパニシャッドの賢者達は
「マインドの上昇が、神を礼拝する水だ」と言う。
他の水では駄目だ。
このたゆまぬ上への流れ、これによって
これによってのみ、神の御足を頂くことができる。

第*8*章

相反するものが互いに補い合う

The Complementariness of Opposites

質問

ＯＳＨＯ、あなたは昨夜、マインドを上昇させるには、人は過去の動物的な習慣に逆らっていくたゆまぬ努力が必要だとおっしゃいました。

どうか、習慣に逆らう努力と抑圧との違いを説明してください。


マインドの変容は肯定的な努力だ。

そしてマインドの抑圧は否定的だ。

その違いはこうだ。

マインドを抑圧している時、あなたはマインドに逆らう存在に肯定的に関わっている。

そしてマインドが変容される時、
あなたはマインドに逆らうものに、直接関わっていない。

あなたは何かに肯定的に関わっている。

その努力は何かに逆らうためではなく
何かのためのものだ。

たとえば、もしセックスと直接闘っているとすれば
抑圧になる。

だが、もしあなたの肯定的な努力がセックスエネルギーの変容のためなら、あなたの肯定的な努力がまた何か他のもののためなら、抑圧ではない。

抑圧とは、エネルギーの自然な出口を遮る、
自然な捌け口を遮るという意味だ。

そして他の出口をまだ開けていないという意味だ。

それは一つのブロックになってしまうだけだ。

怒りの感情に逆らうのは、怒りをブロックすることだ。

では、そのエネルギーはどこへ行ったらいいだろう？

抑圧したエネルギーは、内側の複雑さを生み出す。

するとエネルギーは、今まで以上に倒錯したものになる。

だから自然であることは、倒錯よりもいい状態だ。

倒錯とは病気だ。自然であることは健康であることだ。

もちろん、ただ健康であるだけで終わりではない。

人は健康を超えていくことができる。

そこには、三つある――

抑圧、自然であること、そして超越。

ただ自然であることは、ただ健康であることだ。

もしあなたが抑圧し、抑圧されたエネルギーのための建設的な捌け口を持たず、創造的な捌け口を持たなければ、倒錯してしまうだろう。

あなたは健康ではない、あなたは病気になる。
あなたは居心地の悪い状態になる。
だから、自分のエネルギーに
否定的に関わってはならない。
エネルギーを、扉を、道を、捌け口を
建設的な方向に変えること。
創造的な変化があれば、セックスへと流れていたエネルギーは、もう流れなくなるだろう。
エネルギーのためにより高度な道を開けば
エネルギーは常にそこを通って流れる。
いつであれ、あなたが自然そのものよりもいいものを
作り出せれば、抑圧は存在しない。
その違いが理解されねばならない。

人間だけが、自然以下に下降し得る。
それは不運とも思える。だが本当はそうではない。
その可能性は、もう一つの可能性と共に
やって来るからだ。
人間は自然を超えることができる。
どんな動物も、自然を超えることはできない。
あなたは自然より高くも行ければ、その同じ割合で
自然より低く行くこともできる。

全ての可能性が、二重の可能性になっている。

全ての可能性が正反対の二つの扉に開かれている。

そして、自然以下に下降し得ることがなければ
自然を超越することもまた、あり得ない。

それは、もしあなたに自然を超越する可能性があるとすれば、それ以下に落ちてしまう可能性もまたあるということだ。

動物は、ただ自然なだけだ。
彼らは倒錯もしていなければ、変容もされていない。
彼らは、決して動物以下になることもなければ
決して動物であることを越えることもない。
彼らはただの動物だ。

人間は、どうにでもなる可能性がある。

人間は自然以下に落ちることもできれば
倒錯することもあり得る。

狂ってしまうこともあり得る。

人間は自然を越えることができ、スーパーマンになることもでき、覚者《ブッダ》になることもできる。

もう一つ、動物は本能とともに生まれる。

ある意味で、彼らは完全体で生まれている。

動物は発育した状態で生まれてくる。

人間にはどんな本能もなく、また生まれる時には
発育していない状態で生まれる。
人間の場合は後になって発育する。
だから多くの可能性が開き、幅広い可能性が存在する。
人間は未発育の状態で生まれる —— 精神的なものだけで
はなく肉体的にも、人間は未発育の状態で生まれる。
他のどんな動物も、未発育の肉体では生まれない。
肉体は完全な状態だ。
だから動物の子供は生まれた状態で
親がいなくても生きていける。

人間の子供は未発育の状態で生まれ、精神構造において
も、多くのものが生まれてから後に発達していく ——
それには何年もの歳月がかかる。
人間の子供は、母親の子宮の中で完全に発育していない。
そのために「母親」という現象が生まれる ——
子供を育てるということが、誕生の後も継続するからだ。
もし子供が完全に発育した状態で生まれていれば
子供を養育することはなくなる。
そこで、家族制度というもの全て、その結果としての社
会、社会というもの全てが誕生した。
それは人間の子供が、未発育で生まれてくるからだ。

子供は面倒を見なければならないし
世話しなければならない。
生まれて二十年の後、彼は本当の意味で
母親の子宮から出てくる。
その二十年間、彼は家族を必要とし、愛情を注いでもら
うことを必要とし、社会を必要とし、その中で精神的、
肉体的に発育していく。
それはより大きな子宮だ。
だが、子供は肉体的に完成した時でさえ
精神的には完成していない。
彼はマインドを発達させる必要がある。
そして実際、マインドの平均年齢は
十四才を決して越えていない。
マインドの平均年齢は、十三～五才以下だ。
平均的な精神年齢は、十三～五才以下だ。

肉体的には七十才の人でも、精神年齢は十三～五才だ。
マインドは未発達の、初歩の状態のままだ！
肉体は完成していても、マインドは不完全のままであり
魂には触れられてさえいない。
人間は、いかなる魂も発達させずに死んでいく。

誰かがグルジェフに「私達には魂があるのですか?」と聞くと、いつも彼は「いいや! 時たま、一人の人が魂を持つ、ということが起こる。時たま、そうしたことがあるだけだ」と言った。

グルジェフは「たまに、稀に一人の人が魂を持つということが起こるだけだ。あなた方はマインドを完成させてさえいない。なのに、どうして魂を持てるというのだ?」と言っていた。


完成されていない肉体は、マインドを持てない。

そして、完成されていないマインドは、魂を持てない。

また、完成されていない魂は、神を顕現できない。

実際、肉体はマインドのための子宮として働き
マインドは魂のための子宮として働く。

そして魂は、神のための子宮として働く。

人間は定まった状態で、完成された状態で、生まれてこない。人間は、多種多様な潜在性として誕生する。

だから、人間は自然以下に下降することもある。

人間はどんな動物よりも動物的であり得るし
スーパーマンであることも可能だし
神そのものでもあり得る。

可能性の幅は人間の中に存在している。


とすれば、あなたには二つのことができる。

もしあなたのマインドが否定的で抑圧的ならば
「善」でない物事と延々と闘い続ける。

あなたはセックスと闘い、怒りと闘う。

あなたは貪欲と闘い、嫉妬心と闘い、暴力と闘う――

あなたは闘い続ける。

だが暴力と闘い続ける時には、決して非暴力的ではあり得ない。暴力と闘うためには、暴力的であることが要求されるからだ。

暴力的でなくして、暴力とは闘えない。


そしていわゆる聖人達は、みな暴力的だ――

根深い暴力性。

無論、彼らの暴力は他人に対するものではない。

彼らの暴力は、自分自身に対するものだ。

だから、誰も反対できない。

あなたは彼らを賞賛しさえする。

彼らは自分自身に反対している――とても暴力的だ!

あなたは暴力と闘うことはできない。

暴力的でなくして、どうして暴力と闘うことができる?

どうして、怒りを心に持たずに怒りと闘えるだろう?

怒りと闘うというまさにその姿勢が、微妙な怒りだ。

怒りと闘うことが、あなたが怒っているという意味だ。
そしてあなたは、自分の怒りにくつろげない。
あなたは否定的な態度を取ることはできる。
そこに存在するものと闘うことはできる。
そして闘えば闘うほど、それらと同じになっていく。

セックスと闘っている人は、とても性的になる。
その人の行動全てが、性的になる。
座ること、立つこと、歩いていることが性的になる。
彼は余りにも闘いに固執していて、あらゆる物事が
セックスの色合い、風味を持つことになる。
あなたが何かと闘う時には
敵対する相手のテクニックを使うことになる。
もしあなたが勝利を得たいのなら
敵が使っているのと同じ手口を使うだろう。
最後にあなたが勝ったとしても、あなたに勝利はない。
なぜなら手口が同じだからだ。
実際、あなたは負け続けてきた。

怒りと闘ってもし負けても、怒りはそこにあるだろう。
たとえ勝ったとしても、怒りは存在する。
ただ怒りだけが、怒りに勝つことができる。

この否定的な闘いは、あなたの意識を
もっともっと狭いものにする。
そしてあなたは、全てを恐れるようになるだろう。
否定的なマインドは、常に恐怖の中にいる。
やること為すこと全てが罪になり、全てがやましさを生
み出し、全てが恐怖を作り出す。
あなたは、あらゆるものから遠く逃げている。
あなたの意識は狭くなり、広がることはないだろう。
あなたは余りにも恐くて、ただ自分の内に逃げてしまう。
周り全てが敵だらけだ。
あなたが否定的だと、それらの敵を作り出してしまう。
それが抑圧だ。
そして最後には、精神病院へ行くことになる。

抑圧したものは、絶えず抑圧し続けなければならない。
その闘いはあまりに絶え間なく続くので
他のことが何もできなくなってしまうほどだ。
もしセックスと闘うなら、そのことで手一杯になる——
あなたの一生はただの闘いになってしまう。
もしあなたが貪欲と闘うなら、それで手一杯だ。
貪欲それ自体でさえ、貪欲と闘うのと同じだけの
エネルギーはいらない。

セックスは、それほど多くのエネルギーを必要としない。セックスは、セックスと闘う時と同じだけのエネルギーを散逸しない——セックスはまったく自然だからだ。

そして、その闘いは否定性を生み出してしまう。

いつであれあなたが否定的になればエネルギーをただ浪費しているということだ。

何も得るものはなく、何ら創造的なものは得られない。

あなたは自己破壊的になる。

常に心に留めておくべきことは
絶対に否定的にならないということだ。

そうすれば、抑圧は存在しない。

最も、私はあなた方に「流れに逆らうことが、マインドを上昇させるための方法だ」と言った。

私が「流れに逆らう」と言うのは、どんな意味だろう？

その違いはとても微妙だ。

が、一旦それを感じれば
決して軌道を踏み外すことはあり得ない。

たとえば、川で流れに逆らって泳いでいるとする。

そこには二つの可能性がある。

一つは、ただ川の流れと闘うこと。

ただ川の流れに連れ去られ、流れに押し戻され、流されてしまうことに、びくびくすること——

ただ恐れ、おののき、川と闘うこと。

だとしたら、あなたは流れに負けてしまうだろう。

流れに連れ去られるというまさにその恐怖心、恐れるそのマインドでは、流れに勝てないからだ。

負けるに決まっている。

どれぐらい流れと闘っていられるだろう？

心のあり方全体が否定的だ。

そして、川はとても肯定的で生のようだ。

だが、あなたはただ、恐れおののいている。

それで、どうして流れに勝つことができる？

早晩、あなたはその闘いの中で
エネルギーを散逸させてしまう。

すると、流れはあなたをさらっていくだろう。


二つ目の要点、もう一つの次元がある。

恐怖心がなければ、流れと闘うことはない。

一つ目は恐怖ゆえに、闘いが生じる。

覚えておきなさい。

闘いとは恐怖を意味している。

恐怖がまず最初にやって来て、その後あなたは闘い始める。あなたの恐怖心が闘いを作り出す。

あなたの恐怖心が敵を作り出す。
だから、根本的には恐怖心が原因だ。
あなたが川を恐れていなければ、川と闘うことはない。
川が下流へ流れるのは自然の法則だと知っていたら
川と闘うことはない。
たとえあなたが下流へと流されても、罪悪感はない。
それは自然だ。
たとえあなたが下流へ流されても、敗北ではない。
闘うからこそ、負ける――
それは敗北となる。それはまったく自然だ。
川は下流へ流れ、あなたはそれとともに流れる。
あなたはそれを楽しむことさえできる。
あなたは流れる川――何一つ努力せず
ただ、流れとともに進んでいく。
川の喜びを感じることができる。
そして流れはあなたを飲み込んでしまう。
自然に下流へと流れるので
エネルギーの保存さえできる。

そこで、まず最初のことは、下へと流れるのを
恐れてはいけないということだ。
恐がらないこと！

心に留めておきなさい。それは自然なことだ。
流れに負け、さらわれてしまうより
流れとともに従ったほうがいい。
さもないと、当然のことながら事の全体は、
可能だったはずの喜びを失うからだ。
そこでまず、自然であることは罪ではないということ。
それを心に留めておきなさい。
そうして初めて、全ての努力が肯定的になる。
そうでないと努力は否定的になる。
自然であることは罪ではない。
もちろん、それでは充分ではない――
それはまた別のことだ。が、それは罪ではない。
もしあなたが自然に流れていれば、それでＯＫだ。
それが続く限りはＯＫだ。
それは罪ではない、罪悪ではない。
それは不道徳ではない――それはまったく健康だ。
しかしそれでは充分でない、と私は言う。
それでは充分でない。
さらにもっと、あなたの可能性があるからだ。
可能性とは、ただ健康であるためにだけあるのではない。
あなたは崇高であることもできる。

だから、恐怖の中にいてはいけない――それが第一だ。

自然を非難してはいけない。

そうすれば、否定的な気持ちはそこにないだろう。

だから、流れと闘ってはいけない――流れと戯れなさい。

あなたは本当は、流れと闘っているのではない。

上昇していくために、ただ自分自身を鍛えているのだ。

その違いを感じなさい。

あなたは川と闘っているのではない――ただあり余る力に満ちていて、エネルギーで一杯で、そのエネルギーを上昇させるために訓練しているのだ。

今や、川は敵ではない、むしろ友達だ。
川はあなたに、上昇し、
ともに遊ぶ機会を与えてくれたのだから。
今や、闘いはまったく闘いではない。
それは一つのゲームだ。一つの遊びだ。
川はあなたの敵ではない。それは一つの状況だ。
生とは、一つの状況だ。それは敵ではない。
本能とは、一つの状況だ。
それは敵ではない――それは一つの機会だ。
だから、あなたの内なるエネルギーが上昇するように訓練しなさい。

あなたは本当は、下流へと流れて行く川とは関係ない。

それとは違う上流へと流れるエネルギーの川に、関係がある。

あなたのマインドは根本的には
上昇していける内なるエネルギーに関わっている。

川に感謝を感じなさい――川はあなたに基盤を与え、一つの機会を与えてくれるからだ。

それはあなたを手助けする。それは協力してくれる。

あなたはその流れを通して初めて、自分自身を推し計ることができる。川が下流へと流れて行くからこそ、あなたは自分自身を吟味することができる。

川が下流へと流れて行く時でさえ、上流へ行けるという感覚は、今までとはまったく違う自信を与えてくれる――あなたは遡って行くことができる。

その状態になると、たとえリラックスし、川とともに流れているとしても、遡って行けるのだと充分知っている。

そうなれば、川とともに流れを下って行くことでさえもはや敗北ではない。

あなたは何かを知った――何か本能とは違うものを。

もし一瞬でも、本能とは異なるものを垣間見れば
自分の潜在力を知ったことになる。

あなたはそれを達成できるかもしれないし
できないかもしれない。
しかし今やもう、ただ下降する流れの一部ではない——
遡って行くことができる。それはあなた次第だ。
下降する流れが決定要因ではなく、あなたが決定要因だ。
今や、敵意はどこにも存在しない!
たとえ川が下って行っても、それでOKだ。
それについて行く必要はない。恐怖の中にいる必要は
ない。あなたは遡って行ける。
究極的には、タントラがきわめて深く分け入った、
もう一つの可能性がある。

タントラ曰く「あなたが川とともに流れを下っている時
でも、その流れを遡って行く可能性がある」
その時、あなたの肉体だけが運び去られる。
どうして川にあなたを運び去ることができる?
川には、肉体しか運び去ることはできない。
タントラは、多くの下降する川を作り出そうと試みた。
川に飛び込んで、下降する流れを感じ、ともに流れる。
そしてその時「自分は流れていない」と
絶えず想起し続けているのだ。

私が言ったのは、セックスと闘うことで、完全にセック
スに捕われてしまうことがあり得るということだ。
そこにはもう一つの可能性がある。
セックスに深く入っていっても
まったく性的でないことがあり得る。
しかし、その可能性は
あなたが肯定的になって初めて開く。
それが、私の言う「流れに逆らって行く肯定的な努力」
という意味だ。
それは実際、流れに逆らっているのではない。
それは意識のためのものだ。
流れは、ただの機会として使われている。
ただ自分を吟味するために、ただ自分を見い出すために、
ただ上流へ上って行くことを感じ取るために、あなたに
は下降して行くことが必要だ。
そして、流れが強ければ強いほど上昇の感覚は強くなる。

本能を一つの機会として使いなさい。
肉体的な本性を敵としてではなく、友として使う。
それらは友だ。
あなたが無知だから、敵に回しているだけにすぎない。
それらは友達だ!

川が下流へと流れるそのピーク、根源にたどり着いた時、
人はただ感謝を感じる。
川への感謝、川への謝恩の気持ち。
川を通って行くことで
彼は初めて、その根源にたどり着けたからだ。
意識の頂きにたどり着いた時
人は全ての本能に感謝を感じる——
それらはみな、役立ってくれたからだ。
それらはみな、状況を作ってくれた。
それらはみな、機会を作ってくれた。
それらは反対の方向へと流れていた。
反対の流れは、本当はあなたに逆らっているのではない。
川はあなたに逆らっていない。
あなたが川に逆らうことはあり得る。
そして、もし川に逆らえば
決して川を打ち負かすことはできないだろう。
それよりも、倒錯を起こしてしまう可能性のほうが大だ。
だから本能を越えるために、本能を使いなさい。

自分の中に怒りがあることがわかったら、直接怒りと
闘ってはいけない。自分自身をよく吟味しなさい。
エネルギーを感じ、その怒りを越える。
怒りはそこにある。静かなままでいなさい。
そしてその怒りを感じ、自分自身を感じ、
自分自身をよく吟味しなさい——上方へと流れ始めなさ
い。それを遊びとして捉えるのだ。
深刻になってはいけない！　深刻さは一種の病気だ。
もしあなたが、全ての物事を否定的に捉えれば
深刻になる。
そうしたら、あらゆることがあなたをかき乱す。
「どうして怒りがあるのだろう？　どうして貪欲が存在
するのだろう？　どうしてこうなのか？　どうしてああ
なのか？」
ありとあらゆることがあなたをかき乱し、深刻になる。
だが、我々のいわゆる聖者達はとても深刻だ。

実のところ、私にはどうして聖者達が
深刻であり得るのか考えられない。
彼はただ、遊び心にあふれるしかないはずだ。
彼らの深刻さは、彼が闘い続けてきたことを示している。
兵隊なら無論、深刻であって当然だ。だが、聖者は深刻
である必要はないし、またそうであってはならない。
実際、深刻さは、彼が聖者ではないことを示している。
聖者は遊び心にあふれているはずだ。

なぜなら、彼に反対するものは何もないからだ。
あらゆる物事が彼の味方だ。
彼は自分のために、全ての物事を使うことができる。
私が「流れに逆らっていく努力」と言うのは
流れに逆らって戯れる、という意味だ――戯れなさい！
やってみなさい！　自分にできることを見てみなさい。
流れは下流へと流れている。
なのに、どうして上流へ遡って行けるだろう？
怒りはそこにある。
誰かがあなたを侮辱したとする。ボタンが押された。
あなたは怒らないでいられるかね？　ただ戯れなさい。

その状況とともに戯れなさい。

深刻にならないこと。

深刻になった瞬間、あなたは本当に怒る。

怒りというのは実に深刻だ。

遊び心を持ちなさい、笑いなさい。

怒りのスイッチが押されたのを見ていなさい。

条件付けられたマインドにスイッチが入ったのを
見ていなさい。

怒りは煮えくり返っている。その時、そこで流れに逆らって泳ぐのだ。それを遊びとして捉える。

誰かがあなたを侮辱した瞬間
それができるかどうか、見ていなさい。
怒りは、新陳代謝の中で作り出されている。
それを越えてまで泳げるかね？　闘う必要はない！
だから私は、その違いは微妙だと言う。
川岸に立っていては、その違いは感じられない。
川の中に入って両方体験しない限り
違いは感じられない。

あなたは岸に立っている。
そして誰かが川と闘っている。
誰かは川と戯れて上に遡る。
岸から、どんな違いを見ることができるだろう？
たった一つのことだ。
一人は深刻で、もう一人は遊び心でいる――
他に何も変わらない。
恐怖の中にいる人、恐れている人、闘っている人は
深刻だろう――とても深刻だ。
どうしてそんな彼に、笑うことができる？
どうしてそんな彼に、遊ぶことができるだろう？
もし流れが彼を押し流せば、彼は敗北を感じるだろう。
流れと戯れている者は、まったく深刻ではない。

彼は笑うことができる。

彼は川とともに笑うことができ、
波を見てともに笑うことができる。

もし流れが彼を押し戻しても、彼は敗北を感じないだろう―― 彼は再びやってみる―― 彼は深刻ではない。

むしろ、川が押し戻すということで
川を愛し始めるだろう。彼は川を愛し始める。

その違いは内側のものであり、質的なものだ。

抑圧は深刻な病気だ。

そして、自分自身を変容することは一つの遊びだ。

それは全然深刻ではない。

それは真面目なことではあるが、深刻ではない。

それは真正であるが、決して深刻ではない。

遊びの質は常にそこにある。まさに真髄そのものだ。

肯定的であることで、あなたは内側に、何かを作り出している。外側とは、単なる一つの機会にすぎない。

内側の創造こそが大事だ。主眼点は他にある。

それは川と闘うことではない。

主眼点は上昇することだ。

たとえば、私が黒板に何かを書いているとする。
私は黒板を使っているが、白いチョークで書いている。
黒板の上に白いチョークで書くと
コントラストが生まれ、明瞭になるからだ。
白い壁に書くこともできる。
書くという動作はそこにある。
しかし、まるで何も書いていないかのようだ。
というのも、コントラストが存在しないからだ。
黒板は白いチョークに逆らっているわけではない。
それは敵ではなく、友だ。
相反するものであって初めて、白い線がより白くなる。
白い壁の上に白いチョークで書けば、それらの特徴がまったくなくなる。
それらがどこにも存在しないかのように。

では、敵とは一体、誰のことなのか？
―― 白い壁、それとも黒板？ 誰が敵だろう？
白い壁こそ、あなたの敵だ。
あなたの存在が消えてしまうからだ。
黒板は敵ではない。
実のところそれは友だ。
黒板の上では、白はより白く明瞭になり、鮮明になる。
だが、私が黒板の上に何かを書いている時、私の主眼点、
意図するところは黒板を壊すことではない。

それよりも、私の意図するところは
白い線を明瞭にさせることにある。
もしあなたが黒板を壊そうとすれば、黒板は敵だ。
その違いを見なさい。
もしあなたが白い塗料を塗って黒板を駄目にしようと
すれば、あなたは黒板を敵と感じる。
あなたは黒板に白い塗料を塗ることができる。
すると、そこには闘いがある。

が、あなたが黒板の上に何かを書いている時
あなたの主眼点は黒板にあるのではない。
実際、あなたは黒板のことなど決して気にしていない。
また気にする必要もない。
黒板はあなたの意識の中にさえない。
それは意識の周辺にあるだけだ。あなたは書く。
主眼点は書くことであり
黒板を駄目にすることではない。
あなたは自分が書いていることを想起している。
そして黒板は役に立つ。決して邪魔にならない。
あなたの主眼点は、あなたに反するものではなく
あなたが達成しようとすることの上にあるべきだ。

もし愛を手に入れようとするなら、憎しみを破壊するこ
とではなく、積極的に愛に関わることだ。
憎しみを破壊することは、絶対にできない！
憎しみを壊すことはできない。
しかし愛があれば、全てのエネルギーが変容される。
それは「愛の方向」へと流れ出す。
あなたのエネルギー、本能といったものに
否定的になってはいけない。肯定的でありなさい。
そして肯定的に何かを創造する時、遊び心でやりなさい。
それがあなたの本性だ。なぜそれと闘うのか？
あなたがそれを作り出した。それはあなたの努力だ。
あなたはそれを創り出したいと思った。
それで、創り出した。あなたがそれを選択した。
それはあなたの自由だ。

もしあなたが怒るなら、それはあなたの選択だ。
どうしてそれに逆らうのか？
それはあなたが選んだことだ！
何生もの間、あなたは怒りを使ってきた。
だから怒りはそこにある。
なぜそれに腹を立てるのだろう？
あなた以外に誰も怒りを選んではいない。

あなたがどういう人間であろうと
それはあなた自身の創造だ。
なのに、否定的にそれを考えるのは馬鹿げている。
それよりも、自分は内側にこんな狂人を作り出せるのだ
から、本当に多くのことができると思ったほうがいい。
もしあなたがこんな地獄を作り出せるとしたら
なぜ天国が作れないことがあろう?
が、地獄には関わらない方がいい。
それより天国に関わり、天国を作り出し始めなさい。
天国が作り出されたら、地獄は見つからないだろう。
それは完全に消え去る。
地獄は一つの否定としてのみ存在するからだ。
地獄は一つの不在としてのみ存在する。
天国が存在しなければ地獄が必要だ。
愛がなければ、憎しみがなければならない。

光がなければ、闇が必要だ。
闇と闘ってはならない、光を作り出しなさい。
光を作り出すことを考えなさい。
光が存在すれば、闇はどこに存在するだろう?
が、あなたは直接、闇と闘うことができる。
その時は、まったく光のことを考えてはいけない。
闇と直接闘い始めなさい。
だがあなたが何をしようと、闇が壊されることは決して
あるまい。その反対に、あなたがその闘いの中で
ぼろぼろになってしまうこともある。
どうして直接、闇と闘うことができる?
それは一つの不在だ。
闇とは、光がないという意味だ。
だから、どうか光を作り出して欲しい。

川は下流へと流れている。
そして、あなたはともに流れている。
上へ流れるということを知らないからだ。
あなたはそれを知らない。それだけのことだ。
いったんそれを知れば
全ての川は下へと流れるかもしれない。
が、あなたが下へ流れることはあり得ない。
すると、海そのものまで川と一緒に流れていっても
あなたが下へ流れることはないだろう。
だが、その違いを感じることが難しいのだ。
だから、これほど多くの抑圧が世界の中にある。
誰も抑圧を教えていない —— みなそれをわかっている。

誰もそれを教えていない――ブッダもマハヴィーラもイエスもクリシュナも教えていない。

それは一つの奇跡だ。

誰一人として抑圧を教えないのは
誰一人、そうできないからだ。

それはまったく馬鹿げている！

でもみんな抑圧してきたし、みんな抑圧している――

その違いは余りにも微妙なので、変容が始まると
それを常に抑圧としてとられてしまう。

いつであれ変容を語る師が生まれると、変容を「抑圧すること」と理解し始める弟子達が彼の周りに集まる――

それは余りにもデリケートなことだからだ。

あまりにもデリケートで、あなたが体験しない限り、誤解するのは必定だ。

だからそれを体験しようとしてごらん。

そのことがまず最初に要求される。


反対してはならない――肯定的でありなさい！

物事に肯定的でありなさい！

反対してはならない！

実際、反対していたら、あなたの未来は開かれない。

肯定的であれば、未来が開かれる。

反対していたら、あなたは過去に固執しているのだ。未来に反対することは、絶対できない。

どうして未来に反対できる？

あなたは過去に反対するしかない。


また、このように理解すること。

反対する時、あなたは過去に反対している。

あなたは死と闘っている。過去はもう存在しない。

なのに、どうして闘うのか？　未来を作り出しなさい。

物事に肯定的でありなさい。

そうすれば、あなたは建設的になる。

自由には二つのタイプがある。

一つは何かからの自由。もう一つは何かのための自由だ。


一人の青年が、自由のために両親と闘っていた。

彼はヒッピーになった。

そして、しばらくはその葛藤が続いていた。

親達には何もできなかった。彼らは息子のことを忘れた。

そして、初めてその青年は「どうしたらいいだろう？」と感じ始めていた。彼は何かに逆らっていただけだからだ。自由とは、親達からの自由だったのだ。

それはどこへも導きはしない。

それは何かのためのものではない。

それは何かに逆らっていただけだった。

そのことは個人の間でだけ起こることではない。

それは民族、国家の間でも起こる。

それは常に起こっている。

あなたは自由を求めてイギリスと、あるいは誰か他の人と闘う。最後には、あなたは自由を手にいれる。

そしてその時、あなたは空っぽであること、空しさを感じ始める。何をすればいいのだろう?

あなたは一度も、何かのために闘ったことがない。

そしてあなた方の軍隊は、敵とともに死んでしまう。


とても教養のある一人の若者が、私の所にやって来た。

彼は一人の少女との恋に夢中になっていた。

でも、彼の両親は賛成していなかった。

彼らは同じ宗教に属していなかったのだ。

彼は「たとえ将来、路上で乞食をする羽目になっても、この娘と結婚するつもりです。でも父は、もし彼女と結婚すれば、私を勘当すると決めています」と言っていた。

彼の父は裕福だった。

そこで私はその若者に「あなたは本当にその娘に恋しているのか、それともあなたの父親に逆らっているのか?それをはっきりさせなさい——それらは二つの異なることだからだ。

本当に彼女が好きなのか、それともその恋がただの二次的なものであって、あなたは父親に逆らい、その恋を戦場として、戦線として使っているのか、どちらなのかね?」と聞いた。彼は躊躇していた。

そして「考えさせてください。そんなことは考えてもみませんでした。でも、なぜそんなことを聞かれるのですか? 私は本当に彼女のことを愛しているんです!」と言った。

私は「では、ちょっと考えてみなさい」と言った。

そして、彼はやって来て言った。

「やっぱりあなたのおっしゃったことは違います。彼女のことを愛しているんです」と。

私はただ、彼の目を見入った。

すると彼は落ち着きがなくなってきた。

私は黙ったまま、ずっと彼の目を見、凝視し続けた。

すると彼は落ち着かず「何をなさっているんですか?私が彼女のことを愛していないと思っていらっしゃるのですか?」と言った。

私はまだ黙っていた。

彼は言った、「何がおっしゃりたいのですか？　なぜ黙っていらっしゃるのですか？　私がだましているとでも思っていらっしゃるのですか？　それとも、言い訳を言っているとでも、おっしゃりたいのですか？」と。

私は黙ったままでいた。

すると彼は「あなたには私の心が読めるようですね。考えれば考えるほど、私は父に逆らっていると感じます。それでも私は彼女と結婚したいのです」と言った。

そこで私は言った、「いいでしょう、結婚しなさい！」

それから五年の後、彼は自殺した。

彼は私に、一通の手紙を書き送った。

その手紙には「あなたは正しかった。私が結婚した瞬間、全ての愛が死んでしまいました。結婚することで、父との闘いが終わったからです。私は勘当され、もう何の関係もありません。全てが終わってしまいました。ロマンスはもうありませんでした。それは実は、何かと闘うことだったのです。それは何かのためのものではなかったのです」と書かれてあった。

その瞬間、私は自殺しようとしています。

そして彼は言った、「今、私は自殺しようとしています。生きることは余りにも退屈だからです」と。

もしあなたがいつも逆らってばかりで、何か積極的な目的がないのなら、生は退屈なものだろう。

逆らってはいけない。常に肯定的であることだ。

私が「流れに逆らう」と言うのは、何かのために頂点を極めるために、ということだ。

セックスは悪くない。だが、頂はそれ以上にいい。

だから決して、良い悪いという次元で考えてはいけない。常に「良い」か、「もっと良い」かという次元で考えなさい。「悪い」は捨てることだ。

マインドの中で、それにどんな地位も与えてはならない。常に「良い、もっと良い、さらに良い」という考え方をしなさい。生とはその通りのものだ。

一度、善と悪を作り出したら、すぐに善は捨てられ「悪い、もっと悪い、最も悪い」がついてくる。

何も悪くない。

が、より良いということは可能だ。

常に覚えておきなさい。

より良い物事のために奮闘することだ。

そうすれば、肯定的な流れを手にすることになる。

質問　人が動物的な本能から自由になった、特に肉欲的な本能から自由になったということを、どうすれば自覚できるのでしょうか？

一つ、本当に自由になった時、本当に自由になれば
あなたは自由を感じることさえできない。
それは常に、束縛に対して感じられるものだからだ。
だから、本当に自由になったら
自由も感じなければ、束縛も感じない。
そうしたらあなたは自由だ。
もし自由を感じるとするなら
それは束縛がまだ幾らかあるという意味だ。
自由は束縛に対してのみ感じられるものだ。
真の自由の領域に入った時
あなたは、瞬間瞬間生きられる存在の中に入ったのだ。
そこには自由も不自由も存在しない。
だが、その質問の形態そのものが
我々のマインドを意味している ——
質問の形態そのものが。
「私達はいつ自由になるのでしょう？」というように。

我々は何かに逆らっている。

「私達はいつ自由になるのでしょう？」

特に肉欲的なものからの自由ということに関して。

が、なぜだろう？

古いマインド、昔の教え、道徳、宗教 —— それらはみな、官能的なものがある限り、決して自由になれないと教えてきた。

官能的なものがある限り、あなたは絶対に自由になれないと言い続けてきた —— 官能的なものは、なくなるべきだと。

そうすればあなたは自由になる。

だから我々は、そういう質問をする。


実際、私に言わせれば、本当に自由になると、官能的なものはあなたの中からなくなり、もっと感情豊かになる。

あなたの感性はもっと鋭くなり
あなたのあらゆる感情はこの上なく浄化される。

それらの感情から与えられるものを
想像さえできないぐらいにだ。

だが官能的なものは存在しない。

官能的なものは、何か別物だ。

それは感情的なものではない。

官能的なものとは一種の飢えだ。

それは絶えざる強迫観念だ。

たとえば、絶えず食べ物のことを考えている人、
彼は瞑想できない。

彼は祈ることができない。

彼は学ぶことができない。

何をしようと、食べ物のことが内側で一種の妄想となる。

食べ物のことを想像の中で楽しみ続ける。

たとえ天国のことを考え始めても、
彼は食べ物のことを考えているだろう。

「天国ではどんな食べ物が食べられるのだろう?」

そのような人が「天国にはカルパブリクシュという木があり、その木の下に座り何かを思えば、それが即座に直ちに与えられる」と言ったのだ。

あなたが食べ物のことを思えば、食べ物はそこにある。

女性のことを思えば、女性がそこにいる。

ワインのことを思えばワインがある。

それは願望成就の木だ。その木のことを想像した人はごくごく深く官能的欲望に耽っていたに違いない。

コーランの中では「天国にはワインの川がある」と言われている。


誰であれ、それを考えついた人は、深く官能の世界に浸っていたに違いない——渇望、それほどの渇望、天国の中でさえ——

イスラム教がアラビア諸国に広がっていた時、同性愛がまったく正常のこととして受け入れられていた。

唯一イスラム教徒の概念の天国でだけ、同性愛が許されている——他の宗教にそういう概念はない。

そこには美しい少女だけではなく
美しい少年もいるだろう、と書かれてある。

それは好色だ。あなたは、色欲というもの抜きに天国のことを考えることさえできない。

私は、天国には色欲は存在しないとは言っていない——

そうは言っていない。おそらくだ!

しかし、どうしてそれを考えるのかね?

そこに何があるのか何がないのか
私にはまったく関心ない。

が、どうしてあなた方のマインドは
先のこと以外に何も考えられないのだろう?

あなた方は準備をしなければならない。

そして先のことを計画し、手配しておかねばならない。

それが官能的なものなのだ。それはパラドックスだ。

あなたが官能的なものに耽れば耽るほど
感覚は鈍くなり、感性は鈍くなる。
感性は常に、現在この瞬間の中にある。
官能的なものは、いつも未来の中にある。
もしある人が、常に食べ物のことを考えているとする。
食べ物が与えられても、彼は喜びを感じられない。
実際はその反対に、彼は与えられた食べ物を食べながら
他の食べ物のことを考えているだろう。
絶えずセックスのことを考えている人間は
セックスの中に深く入っていけない。
彼はセックスしている最中にも、他の女性、
あるいは他の男性のことを考えているだろう。
そうなれば悪循環だ。

楽しくなければないほど、彼は楽しむことを考え
追い求めていく。そして全てが頭の中、メンタルなもの
になってしまう。
彼は身体で食べるのではなく、マインドで食べる。
彼のセックスは頭の中の事になり、彼のすることなすこ
と全てが、頭の中の出来事になる。
彼のマインドが全てを乗っ取る。
そしてマインドには、考えること以外何もできない。

だからマインドは考えに考え続ける。
実際、そのようなガードがマインドの周りに作られると、
どんどん感性が衰えてくる。
感覚は命を失い、マインドは感覚から全てを奪い
全てを搾り取ってしまう。
マインドには何一つできない！
マインドには考えることしかできない。
そして考えることは、あなたに充足感を与えられない。
だから不満足であればあれほど
あなたはいっそう考える。
すると、悪循環に陥ってしまう。
そして最後には、感覚を通してまったく何も
感じられなくなる。それは官能的だ。
感覚はマインドに都合のいいように操られ、またマイン
ドはそれ自身の中に、全ての感覚を取り入れてしまう。
それが官能的ということだ。
本当に自由な意識とは官能的ではなく感覚的だろう——
深い感性を持ち、鋭い感覚を持っている。

実際、ブッダが花を見る時には、全面的に見る。
そのトータルな美しさ、トータルな若々しさにおいて
花を見る——その色、その香り、その全て——

ブッダは全面的に花を見る。

決して再び、その花のことを考えないだろう。

彼は決して官能的ではない。

もっともっと、繰り返し何度も
その花を見たいとは切望しないだろう。

決して再び、その花のことは考えないだろう。

それは感性が鈍いからではなく、感性が全一だからだ。

彼はその体験の中に余りにも深く生きているので
同じ体験を繰り返す必要がない。

繰り返す必要があるのは、一つの瞬間もトータルに生きていないからだ――だからあなたは食べ、またそれを繰り返すために考えねばならない。

あなたは愛し、それを繰り返すために、考えなければならない。あなたはその瞬間を生きるよりも
繰り返すことに関心がある。

その繰り返したいという渇望が、官能的なのだ。


ブッダはそういう意味で官能的ではない――

彼は徹底的に感覚的だ。

彼のあらゆる感覚の扉がクリアで透明だ。

彼は全てを感じ、全ての瞬間をトータルに生きる。

彼は全ての瞬間をトータルに愛する。

そして余りにもトータルに経験するので
反復する必要がない。

だから彼は、決してそのことを考えない。

彼は進んで行く。あらゆる瞬間が余りにも豊かで
何一つ古い瞬間を繰り返す必要がない。

そんな必要はない!

その必要は、今この瞬間を生きられないから生じてくる。

あなたは瞬間を生きることができない。

だから考え続ける。私がこの町を通りすぎるとする。

「駄目だな、ロンドンのほうがいい、そこに行かなくては」と思ったら、それは私がこの町を体験できなかったという意味だ。だから記憶がやって来る。

もし私がこの町を生きることができれば
記憶の必要はない。

そして覚えておきなさい。
このタイプのマインドは、ロンドンに行っても
やはり生きることはできないということを。
このタイプのマインドは、そこに存在する瞬間を
生きることができない。
この種のマインドは東京のことを考え、カルカッタのことを考え、他の場所のことを考えているだろう――

そうして、我々はこの瞬間を見逃し続けている。
生きなさい！
そうすれば、完全に自由になったマインドは
自由に気づくことさえないだろう —— それがまず一つ。
余りにも自由で、自由に気づかないし
またどんな束縛も意識しないだろう。
ただ動いている生、瞬間瞬間動いている生にしか
気づかない。
そしてその動きには動機が存在しない ——
それが自由ということだ。その動きは動機なしだ！
もしあなたが動機を持ちながら行動すれば
それに縛られることになる。
もし私がある動機を持って何かを話しているとすれば、
私は自由ではない。動機が私の束縛になる。

もし私が —— あなた方が理解できるか否かとさえ考慮せずに、動機を持たずにただ話しているとすれば —— あなた方を理解させねばならない、とも考えずに話していれば、それは自由で動機を持たない。
そうしたら、話すこと、何かを言うこと、
何かを表現すること、それ自体一つの喜びだ。
それで充分だ！

もし何かをしている向こうに動機がなければ
それは自由な動きだ。
自由の中では、動機を通して生きることはない。
あなたは直接、即時に生きる。
即時に生きることが自由だ。
だが、あなたがその自由を意識することはない。
その時、あなたには自由を感じられないからだ。
あなたは、自身の束縛に対して初めて
自由というものを感じる。
官能的なものはそこにはないだろうが、感覚はある ——
前よりもっと鋭くなり、もっと生き生きしているだろう。
そして、それがあるべき本来の姿だ。
イエスはもっと深く愛することができる。
実際、イエスだけが愛することができる —— 動機なしで。
彼の存在そのものが愛だ。
感覚はそこにある —— 実際、初めて
マインドに煩わされることなく、感覚が完全に働く。
目は本来見るべきものを見る。
どんな思考も持たないで見るし、
どんな偏見も持たないで見る。
それはありのままを見る！

何一つ投影されていない。
耳は歪曲することなく、言われていることを聞く。
マインドがそこにないからだ。
手は欲望なしで、肉欲なしで、動機なしで
憧れなしで、存在するものに触れる。
手はただ触れる――
すると、触れることは純粋でトータルだ。
どんな邪魔もなく、手は単純に触れる。
そうしたら、触れることは深く入っていく。
すると、手で触れることでさえ、魂に触れられる。
手が一つの通り道になったのだ。
感覚はそこにある――もっと浄化され、もっと鋭くなり、
もっと真正になって――
だが、官能的なものはそこにない。
そういう人間は、完全にその瞬間を生き切っているので、
同じ経験を二度繰り返したいとは思わないからだ。
たとえ何かが繰り返されたとしても、彼は繰り返された
とは決して感じない――全てが余りにも新鮮だからだ！

この生を深く生きていなければいないほど
自分の夢を見るマインドで代用せざるを得ない。
この生を深く生きていなければいないほど
あなたのマインドは、代用をすることになる。
この生を深く生きれば生きるほど
あなたのマインドは、代用をする必要がない。
あなたがトータルに生きていれば、マインドは必要ない。
恋している時、どうしてマインドがいる？
食べている時、どうしてマインドがいる？
歩いている時、どうしてマインドがいる？
マインドなしであなたは行動できる。
考えるという過程なく、マインドをその行為の中に入ら
せないで食べることができる。
あなたは考えるという過程を踏まずに誰かに触れ
誰かにキスし、誰かを抱擁できる。
あなたはトータルに生きる。

どんな瞬間であれトータルに生きたら
それを繰り返したいとは決して思わないだろう。
なぜなら、あなたは不完全のまま残っている物事しか繰
り返したいと思わないからだ。
マインドは何度も何度も
それを完結しようと戻っていく。
マインドは実に偉大な完全主義者だ――
全てが完全でなければならない！

もし何かが不完全のまま残されていれば
マインドは何度も何度も戻っていく。

それはちょうど、歯が抜け落ちると、舌で絶えずその場所を触れて歯がないことを感じているようなものだ——一日中やっている。あなたはいい加減うんざりする。

が、気づかないうちに、また——

歯が抜けている場所に触れている。

あなたはもう歯がないことを知っている。

なのに、なぜ舌はその場所に絶えず触れるのだろう？

舌は以前、一度としてそんなことをしただろうか？

いいや、歯があった時は
舌は決してその場所に触れなかった。

ではどうして歯がそこにあった時、舌はその場所に触れることにまったく関心がなかったのだろう？

そして歯がなくなると、舌はその場所に触れに触れて触れ続ける——舌は狂ってしまう。なぜ？

それは舌が何か不完全で、何かギャップを感じ
そのギャップが、何度も何度も舌を呼ぶからだ。


どんなことであれ、トータルに生きられた経験なら、マインドでその経験を感じるために、あなたが再びその中へ入って行くことは決してないだろう。


もしあなたが誰かを本当に愛したのなら、記憶は存在しない——何度も何度も、マインドがその愛の中に入って行くという意味での記憶だ。

もしあなたが愛していなかったら空虚さが感じられる。

あなたは罪悪感を感じ、何かが取り逃されたと感じる。

その感覚を穴埋めしなければならない——

すると、マインドは考え続ける。

あなたが自由になればなるほど、マインドを働かして
その穴埋めをする必要がなくなる。

官能的欲望に耽るのは、その穴埋めをしているのだ。

私の言ってることがわかるかな？
官能的欲望に耽るのは、あなたが取り逃がしたことを穴埋めしているということだ。
だから意識が本当に変容され、自由になった時
そこに自由の感覚はない。
意識が変容され、神聖なるものになった時
神聖であるという感覚はない。
真の聖者は、自分が聖者であることを知らない。
唯一、罪人だけが、自分達が聖者であると認知している。
唯一、罪人達だけが知っている！
本当に良い人は、自分が良い人だとは決して知らない。

唯一、悪人だけが、自分が良い人だと知っている。
どうして自分が健康であることがわかるのか？
唯一、病気の人、病んでいる人だけが
健康のことを考え始める。
そしてあなた方が健康である時、あなたはただ健康だ。
実際、あなたは自分が健康だと決して自覚していない。
病気になって、初めてあなたは身体を感じ始める。
もし誰かが健康について話し続けているなら
間違いなく彼は病気なのだ。

病んでいる人は、健康について数多くの論文を生み出す。

病んでいる人は絶えず健康について喋り続け
健康の専門家になってしまう。

彼らは専門家になってしまうだろう！

もしあなたが病気になって、その病気を越えられなければ、遅かれ早かれ、あなたは自然療法家になるだろう。

そういうことが毎日起こっている。

もし薬がきかなければどうする？

絶えず健康についての文献を読み、考えていると
あなたは自然療法家になるだろう。

自然療法は、ある意味においてはいい。

というのも、全ての患者が医者になるからだ。


もしあなたが本当に健康なら、その必要はない！

それと同じことが、あらゆるところで適用される。

あなたが自由である時、あなたはそれを感じない。

あなたがいい人間であれば、そう感じることはない。

あなたが道徳的な人間であれば、そう感じない。

そして二つ目に、あなたが自由であれば
一瞬一瞬をトータルに生きるだろう。
一般的な意味において、そう言うことができる。
個々について、人それぞれのタイプによるので
決して言及はできない。
それはその人のタイプによる！

たとえばマホメッドは結婚した。
彼は九人の女性と結婚した。
我々には、マハヴィーラがそうするとは考えられない。
同じことをブッダがするとは想像できない。
ブッダは結婚していたが、後に家を出て行ってしまった。
だが、マホメッドは九人の女性と結婚した。
もしあなたがジャイナ教徒にそのことを尋ねれば
マホメッドが悟った魂だとは、彼には言えないだろう。
どうして彼が悟りを得た魂などと言える？

同じことがイスラム教徒についても言える。

彼らには、どうしてマハヴィーラやブッダのような逃避者が悟りを得た魂なのか、考えられない――

悟りを得たなら、何物も恐れないはずだからだ。

九人の女性とだって結婚できる。

それに比べ、ブッダは一人の女性でさえ置き去りにし、世間から逃げてしまった。なぜだろう？


ジャイナ教徒は、クリシュナが光明を得た人間だとは考えられない。彼は余りにも普通で、まったく当たり前のことをしていたからだ！

愛は、最も当たり前のことの一つだ。

そして彼は愛し、歌い、踊り、闘い、あらゆることをしていた。

その彼が、どうして光明を得た人間であり得ようか？

ジャイナ教徒は、クリシュナは死んで、最悪の地獄――七番目の地獄へ行ったと思っている。

彼らによると、クリシュナは今、七番目の地獄にいることになっている。

彼はこの上なく、最もひどい大罪人だった。

なぜなら、彼はアルジュナに闘うように、戦争するようにと説得したからだ。


彼らは、アルジュナは一人のマハトマになる、ちょうど間際だったと言っている。

このクリシュナという男が彼に闘うようにたぶらかし、闘いを強いていた時、彼はちょうど逃げようとしているところだった。

だからジャイナ教徒の目から見れば
この男クリシュナは最も暴力的な人間に見える。

それで、クリシュナは地獄で苦しんでいるというのだ。


そういうことが起こる。

それは自然なことだ。

それが自然だというのは、我々がタイプというものに固執しているからだ。

すると、自由、光明を手にするためのもう一つのタイプを許せない。それは状況による！

タイプ、個性が、まさに最後まで
まさにピークまでつきまとう。

それは浄化される。だが、最後まで続いて行く。

ブッダは「もうどんな女性にも執着する必要はない」と感じたのかもしれない。それは彼次第だ。

それは個人による――

そして、どの道を歩もうと彼の自由だ。

マホメッドはまったく違ったように
考えるかもしれない。
そしてどの道を進もうが、彼の自由だ。
全ての人が、自由である時、自分の道を進んで行く。
あなたは一つのタイプを押しつけることはできない。

たとえば、マホメッドは音楽をまったく心地良く
思わなかった。
彼は音楽を好きになれなかった。彼はそんなタイプだ。
しかしイスラム教徒は、音楽を愛する者は
まったくの罪人だと考えている。
だから、イスラム教のモスクの中で
音楽を奏でることはできない。
が、マホメッドはお香をとても愛した。
だから、イスラム教徒はお香を愛用し続けている。
非常に貧しいイスラム教徒でも
特に宗教の行事のある日には、たまにお香を使う。
お香は音楽と同じぐらい感覚的なものだ――
それ以上でさえある。そのどこが違う？
香りは鼻のための音楽だ。それ以外の何ものでもない。
そして音楽は耳のための香りだ。
それ以外の何ものでもない。

だが、それはタイプによる！

マホメッドが自由に、完全に自由になって光明を得た時、
彼の「タイプ」は彼自身の道を自由に進み始めた。
そして突然の爆発、突然の香りへの感覚がやって来た
――動機のない感覚が。
が、弟子達がやって来ると、彼らは動機を作り出す。
彼らは、そこには何かの理由があるに違いないと
考え始める。
そこには理由など何もない。
それは、単に一つのタイプの自由だ。

ミーラは村から村へと歌い歩き
チャイタニアは踊り歩く。
マホメッドには考えられないことだ。
「何という馬鹿げたことをしているんだ。
踊る？　それが神性顕現と何の関係があるのか？」
彼方なる友がやって来たというのに、踊らないでいるこ
とは、チャイタニアには考えられない。
どうして踊らないでいることができる？
チャイタニアには、神が玄関までやって来ているのに、

仏陀が座っていたいというのが考えられない。

「光が降臨して来ているのに、どうしてじっと座り続けていられようか？　踊っているべきだ！　狂うべきだ！」。しかし、それらはタイプなのだ。

人はあらゆるタイプの存在が許されていることを意識すべきだ。

そうすれば、この世界はより豊かなものになる。

あなたが自由になった時、あなたに何が起こるか
私には言えない——どんな感覚がより純化されるのか、どんな感覚があなたの魂の中に芽生えはじめるのか。

それは誰にも言えない。

予想不可能だ。


だが、一つのことは確かだ。

肉欲は存在しないだろう。

感覚は存在する——より完全に、より純化されて。

そしてそれらの感覚の体験が純化されていればいるほど、その味わいもまた、より深いものになる。

感受性は存在するだろうが、肉欲は存在しないだろう。


質問…………………………………………

　ＯＳＨＯ、生においてはまったく反対の現実がありますが、人がリラクゼーションの道と努力の道を、同時に進んでいくことは可能なのでしょうか？


それは不可能だ！　それらの道は同時に進めない。

それらは正反対だからだ。

それらは同じ地点にあなたを導く。

が、同じ道、同じルート、同じ領域を通ってではない。

それらはまるで反対だ。

両方の道を進んで行くことはできない。

それはちょうど、二つの道を同時に進みながら
一つの場所にたどり着けないのと同じだ。

あなたは駅に行こうとしていて、二つの道がある。

だが、二つの道を同時に進んで行くわけにはいかない。

もし同時に進んで行くなら、駅にたどり着けないだろう。

どちらの道も駅に通じている。

しかしたどり着くことはない。

一方の道を十歩進み、また元の所に戻ってもう一方の道を進み、また戻って最初の道を進むということになるからだ。

それではいくら進んでも
どこにもたどり着かないだろう。
全ての道が特別な道だ。
それには独自のルート、独自の歩み、独自の道しるべ、
独自の象徴、独自の哲学、独自の方法論、独自の乗物、
独自の移動媒体がある。
その道はそれ自身で全てを包含している。
あらゆる道が完璧だ。
だから、決して二心を持たないことだ。
単に混乱を作り出すだけだ。

一つの道を進みなさい！

すると目的地にたどり着いた時、たとえもう一方の道を進んでいたとしても、同じ目的地にたどり着いていたことがわかるだろう。

あなたは、ただの遊びとしてもう一方の道を進むことならできる——それはまた別の話だ——

ただ単に、この道もまた、目的地に通じているかなというように。

しかし、二つの道を同時に進んではいけない！

というのも、あらゆる道は余りにも科学的に完璧であり、
二つの道を同時に進むことは
ただ、困難を生み出すだけだからだ。

実際、昔は他の道について知ることさえ
禁じられていた。

他の道を知るだけでも、困難を生み出すからだ。

そして我々のマインドは余りにも幼く、余りにも興味本位で、愚かしいほどに興味本位で、何か他の道について聞いたり読んだりすると、それらを混ぜ合わせてしまう。

ある道においては意味深いものが、もう一方の道においては有害であることを知らない。

だから、混ぜ合わすことはできない。

一台の自動車のある部品は、その自動車にとっては意味があり、役立つかもしれない——

その部品がなければ車が動かないというくらいに。

しかし他の車にとっては
その部分は邪魔になることがある。

だから、それを使ってはいけない。

あらゆる部分は、それ自体の型、それ自体の構造においてのみ意味がある。

あなたが全体を交換するなら、その部分は邪魔になる。

余りにも多くの混乱が、宗教の世界に入ってきた。

今やあらゆる宗教、あらゆる道が
全ての人々に認知されているからだ。
そのせいで、あなた方はただ混乱してしまった。
今や、クリスチャンを見つけるのは難しい、
ヒンドゥー教徒を見つけるのは難しい、
イスラム教徒を見つけるのは難しい。
誰もがヒンドゥー教徒の何かを、イスラム教徒の何かを、
クリスチャンの何かを持ち運んでいるからだ。
それが大変な危険を作り出している。
それは危険だ。自殺的であると言ってもいい。
そこで、道の純粋性というものが
その道を進む者にとって基本的に必要だ。

もしその道について考えるだけなら
何の純粋性も必要ない。
あなたは延々と考え続けられる。
しかし、その道を旅するのであれば
道の純粋性はまさに必須だ。
そして自分の旅する道において、混乱しないように、
よそ者を入れないように、外部の要素を入れないように、
意識していなければならない。
それは、他の道が間違っているということではない。
他の道はその道においてのみ正しい、ということだ。
『自分だけが正しく、他は間違っている』という帰結に
至る必要はない。
他の道もそれ自身の道において正しい。
もしもう一つの道を進まねばならないとすれば、もう一
方の道を完全に捨て、その道を進むことだ。

だから、古い宗教——たった二つの根本的な宗教、ヒン
ドゥー教とユダヤ教——は、決して人を改宗させようと
はしない。
改宗させることは混乱させることだと
とても古く、とても深い伝統から知っているからだ。
ある人がクリスチャンとして育てられたとする。
彼をヒンドゥー教に改宗させたら
彼はただ単に混乱してしまうだけだ。
もはや彼は、自分の体験、知識を忘れられないからだ。
彼の体験、知識を拭い去ることはできない。
それは存在している。
そしてクリスチャンとしての体験、知識の土台の上に、
ヒンドゥー教徒として何を与えようとも、同じ意味には
ならない。
彼の古い土台がいつもそこにあるからだ。

あなたは彼をかき乱すだけだ。
そして、その混乱は彼を宗教的にすることはない、
いや、宗教的にすることはできない。
そこで古い宗教——実際二つしかない。
ユダヤ教とヒンドゥー教だ。
他のあらゆる宗教はそれらの枝にすぎない。
ユダヤ教とヒンドゥー教は、きわめて独断的で
改宗させるという概念がなかった。

ヒンドゥー教の概念はディヤナンダによって乱された。
彼のマインドは宗教的なあり方ではなく
政治的なあり方で機能したからだ。
彼は人々を改宗させ始めた。
しかし、他の人々を改宗させないという概念には
それ自身の美しさがある。
それは他の宗教が悪いという意味ではない。
他の宗教が正しくないという意味ではない。
そういう意味ではない。
もしあなたがある特定の概念の中で育てられたなら
その道を進んだほうがいいということだ。
その道を進みなさい！
それはあなたの骨、血の中に深く浸透している。

だからその道を進んだほうがいい。
しかし、今やそれは不可能となった。
古い型が壊されてしまったから
それはもう決してあり得ない。

今や、誰もクリスチャンではないし
誰もヒンドゥー教徒ではない。
それはもうあり得ない。
そこで、新しい分類が必要だ。
私はもうヒンドゥー教徒、イスラム教徒、クリスチャン
と分類しない。
そういう分類はもう不可能だ。
それは死体であり、捨て去られねばならない。
今、あらゆる道を分類しなければならない。
たとえば、二つの根本的な分類、リラクゼーションの道
と努力の道、明け渡しの道と意志の道。
それが根本的な分類だ。
そうすれば他の分類は自ずとついてくる。
しかし、それら二つは根本的な、正反対の道になる。
リラクゼーションの道は、努力なしで
ただ、今、この場で明け渡すということだ。

もし、そうできるのならできる。
できないのならできない。
できるならできる。できないのならできない。
どこに行くこともない。
明け渡しの道はきわめてシンプルだ。明け渡しなさい！
もし、「どうやって？」と聞くなら
それはあなたの道ではない。

「どうやって？」と言うのは、もう一方の道に属する。
「どうやって？」とは、どんな努力によって
どんな技法によって、ということだ。
「どうやって明け渡せばいいのですか？」
もし「どうやって明け渡せばいいのですか？」と
聞くのなら、明け渡しはあなたの道ではない。
その時は、もう一方の道を行くがいい。
どうやってと聞かずにただ明け渡すことができてこそ、
その道を進むことができる。
それはとても単純に思える。
だが、とても難しいし、骨が折れる。
「どうやって」は即時にやって来るからだ。
もし私が「明け渡しなさい！」と言えば、その言葉を聞
き終わる前に「どうやって？」がやって来る。

「どうやって？」――
それなら、明け渡しはあなたの道ではない。
もう一方の道、意志の道、努力、奮闘の道が
あなたの道だ。
その道ではあらゆる「どうやって」が与えられる。
どうやってやるのか、さまざまな道がある。
明け渡しは一つの道しかない。
分派はない。あり得ない。
異なるタイプの明け渡しは存在しない。
明け渡しはただ、明け渡しだ。タイプがないのだ。
タイプは技法に属する。
異なる技法はあり得る。
だが、技法が存在しないということで、明け渡しは最も
純粋な道、分割のない道として存在する。

そして二番目、意志の道だ。
これには多くの分類がある。
あらゆるヨーガ、技法は二番目の道に属する。
その二番目の道は言う。
「たった今リラックスできないのなら、リラックスでき
るように、私達があなたを準備しましょう」

ある準備が必要とされる。
それなら、それらの技法に従うがいい。
そのうち、それらの技法を落とす瞬間が
やって来るだろう。
それらは難しいように見える——そうではない!
それらが難しいように見えるのは、準備、技法、
長年にわたる練習、訓練が必要だからだ。
だから難しいように見える——だが、そうではない。
より多くの時間があなたに与えられているし
そのプロセスはもっと簡素化できるのだから。

明け渡しは最もむずかしいプロセスだ。
というのも、時間が許されないからだ。
明け渡しの道ではこう言う。
「たった今、この場で明け渡しなさい」と。
もしあなたにそれができるのならできる。
できないのならできない。

禅僧、馬祖は来るものには誰でも
「明け渡しなさい!」と言ったという。
そして言われた人が「どうやって?」と聞くと
「どこかよそへ行きなさい!」と言ったそうだ。
彼は生涯、絶えずその二つの言葉だけを言い続けた。
——決して三つ目はなかった。
「明け渡しなさい!」

もしあなたが「どうやって?」と聞くなら
彼は「どこかよそへ行きなさい!」と言っただろう。
時には、「どうやって?」と聞かずに明け渡した人間に
出会う。
しかし、それは稀な現象になってしまった!
現代人のマインドの進歩につれ
明け渡しは稀有になるだろう。
明け渡しは難しくなるだろう。

明け渡しとは純真さ、信頼するマインド、
絶対なる信を意味する。
努力は必要ない。
技法を求めることも、道を求めることも、
橋を求めることもない。
明け渡しは飛び込む。
ステップを求めることはない——何も求めない。
しかし、もう他方の道は、努力、緊張の道だ。
そしてさまざまな技法がある。

何かをするにはいろいろな技法が
存在するからだ。
あなたが爆発するための、究極のテンションを生み出す
ための技法が、数多く存在する。
だが、決して両方の道に従ってはいけない。
それはできない！
あなたは両方の道について考え続けるだけだ。
混乱してはいけない。
どちらが自分の道か、はっきり決断することだ。

信頼できるだろうか？
「どうやって？」なしで飛び込めるだろうか？
もしそれができないのなら
リラクゼーションのことは忘れなさい。
明け渡しのことは忘れなさい。
その言葉さえも忘れること——
あなたには理解できないからだ。
そうしたら努力——
ウパニシャッドは努力、上昇する努力、
絶えず頂上を目指すマインドについて語っている。

第**9**章

人間は神に何を捧げられるか

What can Man Offer?

『マインドが常に〝それ〟へと向かっていること、
それがアルギャム —— 捧げものだ』

人間は、一体何を神に捧げられるだろう？
それは、どんな捧げものだろうか？
我々は、自分達が持っているものしか捧げられない。
持っていないものを捧げることはできない。
そして人間はいつも、全然自分達のものではないものを
捧げてきた。
人間は、全然自分達のものでないものを犠牲にしてきた。
もし自分のものでないものを捧げるのなら
宗教は儀式となる。
もし本当に自分のものを捧げるとしたら
宗教は真正な体験となる。
実際、儀式とは、真正な宗教性からの逃避の方法だ。
あなたは、代わりのものを見つけられる。
だが、他の誰でもない、自分をだましているだけだ ——
どうして自分のものでないものを
捧げられるだろう？

あなたは、牛を犠牲にすることはできる。
馬を犠牲にできるし、土地を捧げることもできる。
しかし、何一つとしてあなたのものではない。
実際、それは宗教の名を借りた泥棒だ。
どうして自分のものでないものを神に捧げられる？
だから、まず最初のことは、自分のものは何か、
何が自分のものなのかを知ることだ。
あなたのものが何かあるかね？
「これは私のものだ。それを神に捧げよう」
と言えるようなあなたは、何かの主かね？
それは最も難しい問題の一つだ。

「人間のものと言えるものは、何か？」
それは何一つないように思える。
そして、何一つあなたのものでないとわかって
初めてあなたは、「私は自分を捧げる」と言える。
だが、そう言うことさえ正しくない。
あなた自身が、自分のものだと言えるかね？
あなたの存在は、あなたのものだろうか？
あなたは自分の存在に責任を負っているかね？
自分が存在することの責任を負っているだろうか？

人間はどこからか、やって来る――

ある知られざる根源から。

人間は、ここに自分が存在する責任を負っていない。

キルケゴールは言った。

「人間を見ていると、ここに放り出されたように感じる」

人間は、自分の存在に関してさえ、責任を負っていない。

存在とは、神の中にその基盤がある。

それを次のように理解しなさい。


木は「私は大地に私自身を捧げます」と言えるだろうか。

それはどういうことだろう？　それは無意味だ。

木は大地に根差している。木はまったく大地の一部だ。

木とは大地のことであり、それ以外の何ものでもない。

それなのに、どうして木が「私は大地に自分自身を捧げる」と言えるだろう？　それは無意味だ。

木はすでに大地の一部だ。それは異なるものではない。

だから、捧げることはできない。

そこでまず第一は、あなたは自分のものなら
捧げられるということだ。

第二に、あなたと捧げるものとの間に距離があり
分離の状態があれば、捧げられるということだ。

木は自身を大地に捧げることはできない。

大地との差異がないからだ。

あるいは次のように考えなさい。

川には「自分自身を海に捧げる」ことはできない。

川は海に根差していない。川と海は分離している。

そうであっても、川は
「自分自身を海に捧げる」ことはできない。

なぜだろう？

それができないのは、それが川の選択ではないからだ。

川は海へと流れなければならない。

そこに選択の余地はない。

川にはまったく、どうしようもない。

たとえ川が捧げないと選択したくても
その選択に従うことはできない。

捧げることは、避けがたいことだ。

そして、捧げることが
自分で選んだのではないなら、それは無意味だ。

川には「私は自分自身を海に捧げる」とは言えない。

というのも、川は海に至らなければならないからだ。

その至ることは、ただの自然の役割にすぎない。

川は自分で選んで海に至ったわけではない。

川の側では選択できないからだ。

川にはまったく、どうしようもない。
他にどうすることもできない。

そして三つ目、他の道を選択できて、
初めてあなたは何かを捧げられる。
もしあなたが捧げないでいられるなら
捧げられるということだ。
その時、それはあなたの選択だ。
人間はちょうど、木のように根付いている。
人間とは実存に根づき、存在に根付いている一本の木だ
――ただ、動く根を持っているだけの話だ。
人間は存在から分離した存在ではない。
奥深いところでは、分離は存在しない。
人間は自分自身の存在に関して、責任を負っていない。
人間は、どうしても不分離の世界に
返っていかねばならない。
ちょうど、川が海の中に流れ落ちていくように。
どこに選択の余地がある？
どうしてあなたが何かを捧げられる？
あなたの死は、あなたが選択するしないに関わらず
一つの合流になるだろう。
ではあなたは一体誰なのか？

どんな立場にあるのか？
捧げることが可能なのは
あなたがどういう立場に立っている時だろう？
この経文はとても深い。

この経文曰く
『マインドが常に〝それ〟へと向かっていること、
それが捧げものだ』

あなたは自分を捧げることはできない。
が、自分のマインドなら捧げられる。
それはあなたのものであり、あなたの選択だ。
もしあなたがマインドを捧げないと言うなら
神はそれを捧げるように強制できない。
あなたは、どうしようもない状況にあるわけではない。
それは、川が海に流れ落ちるような状況ではない。
マインドには選択がある。
あなたは神を否定し続けられる。
そして神には、自分の存在をあなたに認めるよう
強いることはできない。
あなたの実存は、あなたのマインドではなく
神に根差している。

存在に関する限り、あなたは神を否定できない。

あなたはその一部だ。

が、意識に関しては神を否定できる。

神の存在を完全に否定し、神は存在しないという意識状態の中でも生きることはできる。

「神はいる」と言おうが「神はいない」と言おうが
それはあなたの選択であり得る。

たとえ、神が存在しないとしても、あなたは神を作り出すことができ、その神を信じることができる。

その反対に、たとえ、神が存在していても
あなたはその存在を否定できる。

何者も、ある考え方をあなたに押しつけられない。


あなたが唯一選択できるのは、マインドに関してだけであり、唯一の自由はマインドに関してだけだ。

あなたの実存は存在に根差しているが
あなたのマインドは自由だ。

当然ながら、あなたのマインドは
あなたの実存からやって来る。

それでも自由だ。

その自由は、次のようなものだ——

木は大地に根付いている。

木は大地に根を張っている。
枝、根、全ての花が大地に根差している——
だが、花の香りは自由だし、根を持たずに動ける。
だからあなたは、ちょうど木のようなもので
あなたのマインドは花の香りだ。
それは捧げられる。
捧げずにいることもできる—— それはあなた次第だ。
人間の自由とは、人間のマインドのことだ。
動物は自由ではない。動物には選択がないからだ。
動物はただ、作られたままに存在している。
動物には選択の余地がない！
動物は自然の本能に逆らえない。

人間のマインドは人間の自由になる。

そこで一つのこと、理解されるべき根本的なことは
マインドは自由であるからこそ捧げものになる
ということだ。

あなたは自分のマインドを捧げることができる。

だが、捧げることに抵抗もできる。反対もできる。

たとえそれが神であっても、あなたにマインドを捧げるように強いることはできない—— それが人間の尊厳だ。

それが人間としてあることのすばらしさだ。

人間はある意味で、自由と言える唯一の動物だ。
あなたはこの自由を、自分の役に立つように使うことも
できれば、濫用もできる。

『マインドが、常に〝それ〟へと向かっていること、それが捧げものだ』

もしあなたのマインドが、絶えず継続的に〝それ〟に狙いを定めていれば、自分自身を捧げていることになる。

だが、マインドは自由だから
どこかに繋ぎ止めておくことはとても難しい。

マインドのまさに本質そのものが自由だから、繋ぎ止めようとするとマインドは反逆し、反逆者になる。

マインドは、あなたが何もする気がないとあなたに従い、
あなたが何かしようとすると反逆する。

マインドのまさにその本質が自由だからだ。

あなたがマインドをどこかに固定しようとすると
マインドは反逆する。

それは自然だ。

あなたはマインドを捧げることができる。

だがそれは簡単ではない。

マインドを捧げるのは最も難しい。

そして私が「マインドとは自由を意味する」と言う時、
もっと難しくなる。あなたは自分のマインドを、その本質に反した状況に置こうとしている。
精神集中はマインドに反している。
それはマインドを、どこか狭い所に追いやろうとすることだからだ――隔離されたどこかに。
だがマインドは自由であり、動きであり
絶え間なき活動だ。
マインドは活動している時だけ、生きている。
マインドは動きにおいてのみ存在する。
それは動的な力だ。
だからマインドを固定しようとする時
あなたは何か不可能なことをしているのだ。
ではどうすればいいだろう？
宗教的な人間は、いつもマインドを
神に定めようとしてきた。
マインドを神に定めようとすればするほど
マインドは悪魔の方に行ってしまう。

イエスは悪魔に出くわした。

悪魔とは、神に焦点を定めようとするイエスの絶え間なき努力の内以外には、どこにも存在しない。

悪魔は存在しない。
それはただ、あなたが自分のマインドを
どこかに繋ぎ止めようと強いる時だけ存在する。
マインドは動くために、繋ぎ止められているものと
反対のものを作り出す。
そこで、逆効果の法則を理解することだ。
マインドにおいては、その法則が根本だ。
何であろうと、あなたがしようとすることは
逆の結果を生み出す。
逆、まったく逆のことが結果となるだろう！
マインドを神に定めようとしてごらん。
すると、悪魔に出くわすことになる。
あなたの意図と逆のことが、その結果となる。

マインドの舵を取ろうとすると
統制のとれない状態になる。
すると、混乱状態と向き合うことになる。
静寂を求めれば求めるほど、マインドは静かでなくなる。
マインドを沈黙させようとすればするほど
より大きな騒音が作り出される。
あなたが善良であろうとすればするほど
より罪の誘惑にかられる。

これがマインドの基礎的な法則だ。

これは物理において、ニュートンの法則が基礎であるのと同じくらい、マインドにとっては基礎的だ。

すなわち逆効果の法則だ。

何にせよ、あなたが押しつけようとするものは
決して達成できない。


あなたは逆のものを達成する。そして悪循環が作られる。

そして逆の結果を手にした時、逆になろうとする力が余りに手強くて、あなたは「もっと闘わなければ」と考え始める。

だが、闘えば闘うほど、逆になろうとする力、
反対に向かう力が増していく。

実際、反対の力は存在しない。

それはただ、あなたが自分のマインドを一つに繋ぎ止めようとするために、生み出されているにすぎない。

それは副産物だ。

その法則を知らないために訪れる副産物だ。

それでは、神にマインドを捧げるには
どうすればいいのだろう？

もしあなたが何かに反して神を選ぶなら
捧げることは絶対できない。

それには、ただ一つの方法しかない。
それは、ありとあらゆるものとして神を選ぶことだ。
全体として神を選ぶ。
ありとあらゆるものの中に存在する神を選びなさい。
たとえ悪魔があなたの所にやって来たとしても
悪魔の中に神を見なさい。
そうすれば、あなたは捧げることができる——
捧げることは、壊れることなく隙間なく、ずっと続く。
今や隙間はあり得ないからだ。

だからウパニシャッドでは「神」という言葉を使わない。
ウパニシャッドは〝それ〟という言葉を使う。
なぜなら、あなたが「神」と言った瞬間、
悪魔が作り出されるからだ。
実際、ウパニシャッドはどんな言葉も使わない。
ウパニシャッドはただ指を使う。
ウパニシャッドは〝それ〟という呼称を使う。
〝それ〟は全てを包含する——ありとあらゆるものを。
もしあなたが、全ての存在を神として考えるなら
捧げることができる。
そうでなければ、正反対のことが生じる。
神に捧げたのに、その捧げものが悪魔の所へ行ってしまうことになる。

全ての宗教がその問題、分裂に直面している——
キリスト教、ユダヤ教、イスラム教。
インドから生まれた宗教は
全てその分裂を受け入れてきた。
インド生まれの宗教は
神と悪魔という二分を受け入れてきた。
もしそれらの宗教の歴史を見れば
とても不思議な現象に気づくだろう。
イエスが神の側に立つと
悪魔はイエスをも誘惑し続けた。
イエスがどちらの側に立っても
彼の教会はそれにまったく反対の立場——
まったく正反対の立場を取った。

キリスト教はイエスに対して
最小の関心しか抱いていない。
というより、キリスト教はイエスの敵だ。
というのも、教会がしてきたことは何であれ
神の仕事だとは言い難いからだ。
それは悪魔の仕業だとも言える。

だが、それは逆効果の法則からいくと当然だ。一度、あなたがその二元対立を受け入れれば結果は反対になる。


キリストは愛を説き、教会は憎しみに加担している。キリストは「悪に対してでさえ、抵抗してはならない」と言ったのだが、教会の全歴史は長い戦いの歴史だ。だからニーチェが「最初で最後のキリスト教徒は十字架の上で死んだ」と言ったのは正しい――最後のキリスト教徒もだ！

イエスの後、キリスト教徒はいない。

しかし実際には、聖パウロや他の教会指導者には、とりざたされているほどの多くの責任はない。

本当の責任は、逆効果の法則を知らないことにある。あなたが神聖な部分を選択しても、また神聖でない部分、神聖に反する部分を選択しても、マインドはその反対側へ動く。


マインドには、動くための何らかのトリックがある。

マインドは、善という名目で悪を正当化できる。

マインドは、平和のために戦争するというへ理屈を作る。

それは愛ゆえに人を殺し、虐殺できる。


マインドは、反対に動くことに関して非常にずる賢い。そしてマインドが反対に動く時、あなたに「私は動いているのではない」というあらゆる理屈を与える。

もしあなたが世間的な事から離れているもの、世間的な事の反対として神を選ぶとすれば、マインドを捧げることは決してできないだろう。


そして部分的に捧げることは、捧げる内に入らない。

それもまた、心に留めておくべきだ。

部分的に捧げるのは、数学的に言って間違いだ。

部分的な円というのと、ちょうど同じだ――

それは円ではない。

円が円であるのは、まん丸で完全な時だけだ。

部分的な円は、円と呼べない。それは円ではない！

捧げるとはトータルであることだ。

そうでなければ、捧げるとは言わない。

どうして部分的に捧げられる？

それは本質的に不可能だ。

どうして部分的に愛せる？

愛するか愛さないかのどちらかだ。

妥協などできない。愛に度合いはあり得ない。

愛はそこにあるかないかの、どちらかだ。

他の全てはただのまやかしだ。

捧げるということは、全一なる現象だ。

あなたは降参し、明け渡す。

が、「私は部分的に明け渡す」とは言えない。
それはどういうことだろう?
部分的な明け渡しとは
あなたがまだ自分の主人《マスター》であって
後戻りできるということだ。
その後に残されている部分は取り戻すことができ
明日には「ノー」と言える。
全一なる明け渡しは、後に何一つ残さず、何一つ惜しまない。
そうなると、後戻りできない。
戻るということはあり得ない。
後戻りすべき人がいないからだ。

だから、捧げるということは全一だ。
しかし、もしあなたが世界を分割するなら、
存在を両極に分けるなら、とても深い分裂状態に陥る。
そして、あなたのマインドは
自分の意図とは反対へと動くだろう。

それに逆らえば逆らうほど
あなたは反対のものに惹かれていく。

否定的なことは、とても魅力的だ。

あなたが「―― してはいけない」という方向に自分を律すれば、反対のものの魅力は耐え難いほどになる。

「ノー」は、実に人の心を魅了する誘いだ。

いつであれ、自分のマインドを何かに強制的に向かわせる時、反対のもの、その方向に向かわないようにするものが誘いとなる。

そして早晩、あなたは自分が選択した部分にあきあきしてしまう。

すると、マインドが動き出すだろう。

マインドは常に動き続けている。

中国の哲学では「陰」は「陽」の中へと入り続け、「陽」は「陰」の中に入り続け、一つの円を作り出すと言われている。それらは絶えず、あるものから別のものへと動き続ける状態にある。
男は女の中に入り続け、女は男の中に入り続け
彼らは円を作り出す。
光は闇の中に入り続け、闇は光の中に入り続け
円を作り出す。

光に退屈すると闇に惹かれ
闇に退屈してくると光に惹かれる。
あなたは反対のものの間を、行ったり来たりしている。
そこで、もしあなたの神もまた反極の世界の一部、
反極の論理の一部なら、あなたはもう一方の極に動く。
ゆえに、ウパニシャッドでは〝それ〟と言うのだ。
その〝それ〟の中には、全てが包含されている。
何一つ否定されていない。

ウパニシャッドは、きわめて肯定的な生の概念、
きわめて肯定的な生の哲学を有している。
実際、それは実に不思議なことだ。
アルバート・シュバイツァーは
インド哲学は生を否定していると言っていた。
しかし実際、彼は事の全体を誤解していた。
彼のマインドの中で「ヒンドゥー哲学」とは
マハヴィーラやブッダのことだったに違いない。
だが、彼らは本当はインド哲学の主流ではない——
彼らはただの反逆的な子供達にすぎない。
ヒンドゥー哲学は生を否定していない。
その反対で、キリスト教哲学が生に反対しているのだ！
そして、アルバート・シュバイツァーは一人のキリスト
教徒、深い信仰を持ったキリスト教徒だった。
ヒンドゥー哲学は最も生を肯定しているものの一つだ。
そして、生への肯定的な考えの中に沈潜するのは
いいことだ。
そして初めて、あなたは〝それ〟の意味を理解できる。
〝それ〟という言葉は、最も肯定的な言葉の一つだから
だ——何一つ否定されていない。
「生」を否定することは、あなたの考えている神が
生に反対している、という意味だ。
ジャイナ教は生を否定している。
ジャイナ教は「この世は罪の世界だ」と言う。
だからあなたはこの世界を捨て、否定し
放棄すべきだ！
生を完全に否定しない限り、あなたは神に到達できない。
それでは神というものが、何か条件を満たすことで初め
て達成できるものになってしまう。
あなたが世間を放棄すれば——
それが基本条件だ。
仏教徒にとってもまた、それが基本条件だ。
「あなたは全てを放棄しなければならない
あなたは死を選ばなければならない！
生ではなく、死がゴールでなければならない。

二度とこの世に生まれることがないように
あなたは奮闘しなければならない！
生には何の価値もない。
生に値打ちはない。生は、あなたの罪ゆえに、この世に
存在しているにすぎない。それは一種の懲罰だ。
そしてあなたは、そこからどうにかして抜け出し
二度と生まれてこないようにすべきだ」
しかしそうした考え方は、ヒンドゥー教のものではない。
ウパニシャッドは、そんな考え方とは
まったく関わりない。

生を否定する考え方は、キリスト教もまた然りだ。
「生きることは罪であり、人間は罪とともに生まれる」
歴史は罪に始まる。
アダムは罪を犯したために、天国から追放された。
彼は従順ではなかった。
そして今、我々は罪から生まれる。
だからキリスト教は「イエスはセックスから生まれたの
ではない、彼は処女の娘から生まれたのだ」と主張し続
けてきた。
もし、あなたがセックスから生まれたとすれば
あなたは罪から生まれたことになる。

少なくとも、イエスは罪とともに生まれるべきではない。
そして、全ての者は罪とともに生まれる。
人類は罪とともに生きる。
そこで徹底的な放棄が、神に至るために必要とされる。
キリスト教もまた、死を志向している。
そのために、十字架がとても意味深いものになっている。
さもなければ十字架など、そんな意味深いもので
あってはならない。
それは死のシンボルだ。

ヒンドゥー教徒には、どうして十字架がシンボルになり
得るのか考えられない。
そして、イエスがとても重要で意義深い人物になったの
も、彼が磔にされたためだ。
もしあなた方がイエスを磔にしなければ
彼はただの普通の人だ。
だとしたら、キリスト教は誕生していなかっただろう。
実際、死を志向する人がキリストに魅力を感じるのは
イエスが磔にされたからだ。
イエスの死は、最も意義深い歴史的な瞬間になった。
実際キリスト教が誕生したのは、ユダヤ人達が
愚かにも、イエスを磔にしたことによるのだ。

もしイエスが磔にされていなかったら
キリスト教は存在しなかっただろう。
そこで、またしてもニーチェは正解だ。
彼は「キリスト教は、本当はキリスト教ではなく
十字架教——十字架志向だ」と言っていた。

シュバイツァーは「ヒンドゥー教徒は生を否定している」
と言った。彼は間違っている。
彼はブッダのことを考えていたからだ。
イエスがユダヤ教徒であるのと同じように
ブッダはヒンドゥー教徒だった。が、それだけのことだ。
ブッダは、イエスがユダヤ教徒として生まれたのと同じ
ように、ヒンドゥー教徒として生まれた。
が、ヒンドゥー教は、実際はブッダに先んじるウパニシ
ャッドに、本質的なものがある。
そしてブッダは、ウパニシャッドの中にないものを
何一つとして語っていない。
ウパニシャッドは生を肯定する。
トータルに肯定する。
生をトータルに肯定するとは、どういうことか？
あなたには、イエスが踊っているところなど
想像できない。

イエスが歌っているところなど、想像できない。
ブッダが歌い、踊り、愛しているところなど
想像できない。
マハヴィーラが戦っているところなど、想像できない。
それはできない！。
あなたが想像できるのは、クリシュナが、笑い、踊り、
愛しているところだけだ。
戦場にいても、戦いを否定しない。
否定しないのだ！　生の全てが神聖だ。

だから神を選び取ることは
世間を捨てるという意味ではない。
神を選ぶのは、世間を通して神を選ぶということ。
それが〝それ〟の意味だ。
あなたが世間に反せず、世間を通じて神を選ぶ時
そこに反対のものはない。
その時、初めてあなたは
逆効果の法則から逃れることができる。
「これ」を通して〝それ〟を選ぶ時
そこに反対のものはない。そこに二律背反はない。
二律背反が存在しなければ
マインドが活動する層がない。

それは、マインドが繋ぎ止められていることでも
縛られていることでもない。

また、無理にそうしたいということでもない。

もうマインドは活動できない。

というのも、そこに二律背反がないからだ。

それをはっきり理解しなさい。

反対のものがなければ、マインドは自由に動けるはずだ。

が、マインドは動けない――どこに動いたらいいのか？

もし動けるなら動くはずだ、活動がマインドの本質だから。もしあなたが区別を作り出すのなら、マインドは反対へ動く。マインドはあなたに反逆するだろう。

もしそこに二律背反がなければ、反対のものがなければ、もしあなたが相反するものもまた、神の中に包合したなら、マインドはどこへ動けよう？

どこへ動こうが〝それ〟へと向かうだけだ。

もしクリシュナが少女と踊っているとすれば
彼は神と踊っているのだ。
少女は神の中から除外されていない。
神は少女に反しない。
もし神が少女に反する存在であるなら
その少女は悪魔になる。
すると神を誘惑することになり、困ったことになる。
キリストは笑うことができない。
彼は、常に緊張の中に生きていた。
クリシュナは笑うことができる。
彼には緊張がまったくないからだ。
全てが神であるなら、全てを通して神に捧げものを供え
続けているとすれば、どこに不安があろう？
その時、不安になる必要はない。

クリシュナは、どこにいてもくつろいでいられる。

たとえ地獄にいても、彼はそこで踊っていられる。

というのも、地獄でさえ彼にとっては〝それ〟だからだ。

私は、ジャイナ教徒はクリシュナを
地獄に送り込んだと言った。

というのも、クリシュナには、インドの大戦争、
マハーバーラタの責任があったからだ。

ジャイナ教徒は、クリシュナを七番目の地獄に
送り込んだ。

そこは、大罪人達の行く最も深い地獄だ。

しかし私が目を閉じ、地獄にいるクリシュナのことを思い浮かべると、そこには踊っているクリシュナ以外は想像できない。

彼は地獄で踊っているに違いない。

たとえそこにいても、彼は踊っているに違いない。

地獄ですら〝それ〟だからだ。

そして、彼はそこで何一つあくせくしていないだろう。

また、地獄から出してくれるようにと、祈ってもいないだろう。彼は何の努力もしていないだろう。

〝それ〟はあらゆるところに存在するからだ。

あなたはどこにも行く必要はない。

あなたは、唯一ある特定の条件の元に
〝それ〟を見い出すことが可能だ。

条件を考える必要はない。


〝それ〟はあらゆる条件の中で見い出せる。

〝それ〟は無条件に現存する。

そしてあなたが、無条件に現存する存在として神のことを考えられれば、ウパニシャッドの〝それ〟になる。

すると、毒の中でさえ〝それ〟は存在する。

死の中でさえ〝それ〟はある。

すると、苦しみの中にでさえ存在する。

すると、あなたはどこにも動けない。

あるいはどこへ行こうと
あなたは〝それ〟へと動いていることになる。

〝それ〟は、これらを通して考えることだ。
さもなければ、逆効果の法則が働き出す。
すると、宗教を信奉している人々全員が
逆効果の法則に陥らねばならないことになる。
それを完全に理解しない限り、あなたは
自分自身のナンセンスの犠牲者になってしまう。
この法則があらゆるところで働いていることを感じ始めない限り、そして決してマインドの中に反対のものを作り出さないようにしない限りは――

何かに反するものとして何かを選ぶ時
あなたは自分自身が落ちる落とし穴を作る。
そうすると、あなたはその反対のものに
魅了されてしまう。
我々はみな、反対のものに魅了されている。
たとえば、あなたがセックスは罪だと言えば
社会は性的になる。
すると、セックスはロマンチックなものになる。
そしてセックスはその周りに
神秘的なオーラを持ち始める。
まったく単純な生の事実が、それを罪と呼ぶことゆえに
落とし穴となってしまう――

ただ、セックスを罪だと呼ぶだけで！
何かを罪だと言ってごらん。
すると、自分が魅了されてしまうポイントを
作り出したことになる。自己催眠が可能だ。
何かを否定してごらん。
すると、あなたはその罠にはまってしまう。

老子曰く「天と地の間を一寸分けることが、全てを分かつ。善と悪の間を一寸分けることが、全てを分かつ」

何一つ、区別すべきではない。
宗教は道徳ではない。
宗教は道徳を超えている。
道徳は区別なくして存在しないからだ。
そして、宗教は区別すると存在しないものだ。
道徳は、他がなければ存在しない。
それは善と悪など、対極に分けることで成り立つ。
だから、神と悪魔は宗教の一部ではなく
道徳の一部なのだ。
悪、悪魔、サタンに対するものとしての神の概念は
本当は宗教の概念ではない。それは道徳の概念だ。

初めてウパニシャッドが西洋の言葉に翻訳された時
学者達は困ってしまった。

それらは「これをしろ、あれをするな！」という十戒のようなものではなかったからだ。

ウパニシャッドには、十戒のようなものは何もなかった。

十戒のようなものがなくて、どうして宗教が成り立つだろう？　どうやって？　西洋では考えられないことだ。

だから彼らは、それらの本は「本当は宗教的なものではない」と考えた。

なぜなら、何が善で何が悪か、何をすべきか何をなさざるべきか、ということは議論の課題ではなかったからだ。

彼らはある意味で正解だ。

もし我々が道徳として宗教を考えるなら
ウパニシャッドは宗教ではない。
しかしウパニシャッドが宗教ではないとすれば、宗教は存在しない —— 道徳とはただ便宜上のものであり、国家、民族、土地柄、歴史によって異なる基準を持つからだ。
それは各々違う。
全ての民族、全ての国家は、自国、自らの便宜から
道徳律を作り出して生きてきた。
宗教は便宜上のものではない。

宗教律は、各民族によって異ならない。
それは土地柄にも依存せず、歴史にも依存していない。
実際、それは人間の思考にも依存していない。
それは、真実の本性そのものに依存している。
だから、宗教はある意味で永遠のものだ。
道徳律というのは、いつも一時的なものだ。
それらは、ある時代、ある時期、ある空間に属している
——そしてそれらは変わる。
時代が変われば道徳律も変わる。
だが宗教は永遠のものだ。
なぜなら、それは真実の本性そのものだからだ。
それはあなた方の思考によらない。

宗教は、相対するもののない世界だ。
だが、宗教は両極に分かたれている。
我々が宗教を見る時、それは分かたれている。
というのも、まさにその見ることそのものが
宗教を分裂させてしまうからだ。
それはちょうど、光線、太陽光線が
プリズムを通して分かたれるようなものだ。
マインドが事物を見る時、その事物は対極に分かたれる。
我々が見た瞬間、それらを分けてしまう。
我々は一瞬間でも、真実を分けずにはいられない。
私があなた方を見る。
すると、私はあなた方を分けてしまう。
美醜、善悪、白黒、自分の弟子、自分の弟子でない者。
私があなた方を見た瞬間、区別が入ってしまう。
マインドは、一種のプリズムの働きをし
プリズムは真実を分裂させる。
もしあなたが選択し続ければ
あなたは自分のマインドの犠牲者になる。

善と悪とはマインドによって分別される。
だから悪に反して、善を選んではいけない。
さもないと、あなたは最終的に
善に反して悪の内に落ちていくだろう。
そうではなく、悪を通して善を選ぶのだ。
善を通じて悪を知るのだ。それらは一つのものだ。
その無分裂状態の一体性を感じることだ。
死を通して生を見なさい。
生を通して死を見るのだ。
相対するものとしてでなく、一つのものとして——
一つの現象の両極として。
〝それ〟という言葉が意味するのは、そういうことだ。

この経文曰く
『マインドが絶えず〝それ〟へと向かっていること、
それが捧げものだ』

マインドは絶えず継続して、隙間なく
〝それ〟に向かって流れていなければならない。

あなたが世間から神を引き離しているのに、どうしてマインドが〝それ〟に向かって流れることができる？

あなたは食べなければならない。

その時、あなたは神を忘れてしまっているだろう。

あなたは自分の神を忘れてしまっている。

あなたは眠らなければならない。

その時あなたは忘れてしまう。

自分の神を忘れているだろう。

あなたは無数のことをしなければならない。

すると神は、絶えず一つの闘いのように
あなたの意識の中にやって来ることになる。

だから、世間に反するものとしての神とともに歩んでいる宗教は、とても苦しんでいる。

そして、宗教家と言われている人達は
絶えず神の方に向いてはいない。

反対にただ、緊張に向かっている。

彼らは苦悩の中に生きている。

あらゆる物事が神に反するようになる。

だから、苦悩があって当然だ。

どうして彼らに笑うことができる？

どうして彼らに歌うことができる？

あらゆる物事が、神と彼らの間にやって来る。

彼らが神を見い出すところはどこであれ
何か邪魔が入ってくる。

全世界が敵のようになり、友達は友達ではない。

彼らはあなたと神の間に入って来て、敵になる。

愛が毒になってしまう。
それがあなたと神の間に入って来るからだ。
あらゆるものが、途中で、あなたと神の間に入って来る。
あなたは、あらゆるところから邪魔されている。
それで、どうして安らぎの中に生きられるだろう？
そんなことはできない。
ごく普通の人、世俗的な人でさえ
あなたよりずっと安らいで生きられる。
もしあなたの神が何か世間に反するものであれば
あなたは安らぎの中に生きられない。

あなたは絶えず、拷問を受けているような状態の中に
生きるだろう。
もちろん、その拷問が自ら課したものであれば、あなた
のエゴは満たされ、強められ、それを楽しめる。
そして、自らが課した拷問を楽しみ始めるなら、その人
は正気ではない、狂っているということだ。
もう、彼はまともではない。

あなたは、自分自身の愚かさの殉教者にもなり得る。
あなたは他の人達から崇められることすら、あり得る。
というのも、人が自分自身をいじめているのを、とても
幸せに感じる人達が存在するからだ。
彼らはそれを楽しむ。
彼らはサディストであり
あなたはマゾヒストになり始める。
あなたは自分をいじめる。
あなたは常に、自分自身を痛めつける。
全世界が神に反する時、あなたは自分をいじめるだろう。
生は絶え間ない拷問となる。
すると、あらゆることが罪になり、あらゆることが罪悪
感、恐怖、不安を生み出し、あなたは絶えず混沌の中に
生きることになる。

あなたは自分をいじめ、マゾヒストになる。
マゾヒストがいれば
必ずサディストが周りにやって来て、崇め始める。
誰かが苦しんでいると
それを心地良く感じる人々がいる。
彼らはあなたを苦しませたいと思っている。
そしてあなたは彼らを、トラブルから救いさえしている。
あなたは自分をいじめている。
彼らはそれをとても心地良く感じている。

百人の聖人と言われる人のうち
九十九人まではただの病気だ。
実存的に病んでいる。彼らはマゾヒストだ。
あなたは彼らを崇めることはできる。
だが、彼らはあなたを地獄へと導くだろう。
そんなものは、まったく宗教ではない。
宗教とは、根本的にはエクスタティックな生を創造する
こと、祝福のある生を生み出すこと、絶対なる喜びであ
る生を生み出すことだ。
それなのに、不安と喜びが関わりあうだろうか？
それらは両極端に離れている。

ウパニシャッド曰く
『この世界を通して、あらゆる物事を通して、
あなたのマインドを〝それ〟へ捧げなさい』

いかなる障害も作り出してはならない。
相対するものを作り出してはならない。
それが何であろうと〝それ〟だ。
すると、本当に奇跡が起こる。
私が「悪を通して善を見なさい」と言う時
悪は消え去ってしまう。
私がこの世界を通して〝それ〟を見なさいという時
この世界は消え去る。
それは透明になり、そしてただ〝それ〟が留まっている。
世界はそこには存在しない。
だが我々には、そこに存在している〝それ〟を
まだ知ることができない。
世界は消え去ってしまう。
だからシャンカラは「世界とは幻想だ」と語った。
幻想、マーヤとは
「世界が存在していない」という意味ではない。
それは「世界とは実在ではなく、ただの透明な世界」と
いう、ただそれだけの意味だ。

もしあなたが奥深くを見ることができれば
ブラフマンが明かされ、世界は消え去ってしまうだろう。
もしあなたが〝それ〟を見れば
世界はまったくの実在になる。
この世界の現実が今のようになったのは
あなたが実在を見い出せないからだ。
そしてあなたが実在を見い出した時、世界は消え去る。
それは、この世界から家が消え、国家が消え、
道がなくなるということではない。
そういうことではない。

シャンカラが「世界は幻想であり、〝それ〟があからさ
まになった時、消え去る」と言うのは、夢のように消え
去ってしまう、ということではない――
そうではない！
世界はまったく違う意味で消え去るだろう。
隠されていたものが顕になった時、全体が顕になった時、
世界は消えてしまうだろう、ということだ。
意識のあり方が変わるのだ。
あり方全てが変わる。
新しいパターンで、あなたは違う見方をし始める。

同じ一本の木でも、樵がその木を見るのと、
絵描きの捉え方や感じ方は違う。
樵にとっては、その木はまったく緑ではないように
見えるかもしれない。
彼は木材としての木、木の膚——
その木が、家具として使えるかどうかに関心がある。
そのマインドには一つの感じ方《ゲシュタルト》がある。
そういう感じ方、パターンにおいては
木はまったく緑ではないかもしれない。
彼には、その木の緑が目に映らないかもしれない。

一人の画家が、その木の脇に立っている。

彼にとっては、その木は緑に見える。

画家が一本の木を見る時、その木はただの緑ではないことを、あなた方は知っているだろうかと、私は思う。

緑には、何千ものタイプがあるからだ。

普通、あなたが木を見ると、全ての木が緑に見える。

しかし、二つとして同じ緑は存在しない。

二つの緑は二つの色だ。

全ての緑に、それ独自の緑がある。

だから画家にとっては、単純な緑ではない。

それは、A緑、B緑、C緑だ——

多様な色合い、多様な個性がある。
悲しみの中にある恋人、最愛の人を亡くした恋人は
まったく木を見ないかもしれない——
その緑はとても悲しく見え、本来の色合い、
風合いとは違うように見えるだろう。
彼には、その木の膚合いを感じられない。
また感じたとしても、それは木の膚合いではなく、彼の
恋人の身体の感触を思い起こさせるものとなるだろう。

そして一人の子供がそこで遊び、老人がそこで死んでいく——彼らは一つの実体を見ているのだろうか？

彼らの感じ方には差異がある。

それぞれ異なる木がそこに成長し
異なる木が存在している。

それなら、シャンカラが木を全然見ないで〝それ〟だけを見る、ということは不可能ではないだろう？

木の膚合いではなく、木の緑ではなく、恋人達の悲しみではなく、子供の遊びではなく、死んでいく男の悲哀ではなく——何かを？

木を全然見ないで〝それ〟だけを見ることが
シャンカラにできないことではないだろう。

すると、木は透明になってしまう。

新しい見解では
木は消え去り、ブラフマンが顕になる。

そのことが、私が「見なさい、見い出しなさい、あらゆるところで〝それ〟に徹するのだ」という意味だ。

そして、あなたがあらゆるところで〝それ〟を感じ始める時、あなたのマインドは動けなくなる——

相対するものが存在しなくなったからだ。

すると、捧げるということが起こる——その時初めて！

あなたは存在し、与えたことになる。

あなたは、あなた自身を与えることはできない。

自分自身のマインドしか与えられない。

あなたはマインドを取り去ることができる。

あなたは〝それ〟の内にある。

だが、マインドはそうではない。

マインドが〝それ〟の内にあることはできない！

あなたは自由だ。
選択はあなたに任されている。
それはあなたの責任であり、誰の責任でもない。
責任はあなたにかかっている。
だから宗教的であろうとなかろうと
それはあなたの決断による。

だから、いらないことに首を突っ込まないこと——

神が存在するか否かというような。

それはあなたが決めることだ！


神がいるか否かを議論し続けるのは、無意味だ。

それはあなたの選択だ。

神は存在しないと言うことはできる。

だがそう言うことで、あなたはより大いなる真実を否定し、また、その方向に向かって扉を開くことになる。

神は存在すると言うこともできる。

そしてそう言うことで、より大いなる真実に向かって扉を開くことになる。

それは実証できない——神がいるかいないかは。

それは、科学的な事実として実証できない。

というのも、もしそれが実証されれば
自由がなくなるだろうから。

すると、捧げることができなくなる。

もしそのことが、他のものと一緒で、世俗的な一つの事実となれば——

月や太陽や地球のような、一つの事実になれば——

一つの常識、客観的事実となってしまえば、
あなたには、選択する自由がなくなってしまう。

だから神は、科学的な事実には決してならない。
神がいるか否かは、実証されない。
少なくとも、次のことだけは言える。
もしあなたが神を選択すれば、あなたは別人になる。
もしあなたが神を選択しなければ、またしても
あなたは別人になるだろう。
もしあなたが神を選択しなければ
自分自身に対して地獄を作り出す。
もしあなたが神を選択すれば
エクスタティックな存在を作り出せるだろう。

彼は問題ではない。
事の顛末は、あなたの選択の結果だ。
神がいる、いない、と考えることは無意味だ。
それは議論にすら値しない。
根本的で意味のあることは、どちらかを選択することで、
あなたが違う人間になるということだ。
選択しないことで、再び
あなたが違う人間になるということだ。
そしてそれは、あなた次第だ！
存在をただのおののきと恐怖にするか、ただの苦悩と死
にするか、ただの長い苦しみにするか。

あるいは、至福、瞬間瞬間より大きく大きく開かれてい
く喜びに満ちたものにするかは、あなた次第だ。
だからそれは、神がいる、いないの問題ではない。
それは、あなたがもう一つの存在に移行され変容された
いか、そうではないかという問題だ。
それはいつも、あなたが決めることだ。

たとえ全世界が神は存在すると言っても
私は神を否定する。
私は、神の存在を否定できる。
そういう考えを私に押しつけることはできない。
だから、それは捧げものだ。それは捧げものだ！
あなたは捧げられる。捧げずにいることもできる。
あなたはすでに捧げられている。
だからそれは問題ではない。
だが、あなたのマインドは捧げられていない。
あなたは〝それ〟の内に生きているのに
苦しんでいる。それは不可解だ。
なぜ？
あなたは〝それ〟の内に生きているのに、苦しんでいる。
それは、あなたのマインドが
〝それ〟の内にいないからだ。

本当は、あなたではなく
あなたのマインドが苦しんでいる。

あなたは一度も苦しんだことがない。

あなたに苦しむことはできない。

あなたは一度も死んだことがない。

あなたには死ねない。

が、あなたのマインドは苦しみ、あなたのマインドは死に、あなたのマインドは生まれる。

それは、死に、苦しみ、苦悩し続ける。

そのマインドは、一種の「成長し過ぎ」状態だ。

だから、そのマインドを〝それ〟に捧げなさい。

そうすれば、あなたは自分がいつもいた地点にやって来るだろう。

そうして、自己の本性を悟ることになる。


ブッダが「あなたは何を達成されたのですか？」と聞かれた。

涅槃《ニルヴァーナ》を、光明を得た時、彼は「あなたは何を達成されたのですか？」と聞かれた。

ブッダは言った。

「私は何も達成していない。ただ、自分とともに常にあったものを得ただけのことだ。

むしろ反対に、私は何かをなくしてしまった。私は何一つ達成していない。私は、私とともに常にあったマインドをなくした。そして、私とともに常にあった〝それ〟を達成した。しかしそのマインドのせいで、〝それ〟が見えなかった、見ることができなかったのだ」


それは我々の選択だ。

真実を映すスクリーンは、我々の選択だ。

そして、真実を被っているのがマインドだ。

この生の惨めさは、我々が選んだことだ。

誰の責任でもない。

あなたは何生にも渡って、そんな生き方を続けている。

あなたは続けてきた。

そのうえさらに、何生もまたそんな生き方を続ける。

そして、誰もあなたのそんな生き方を壊すことはできない。

誰もあなたをそんな生き方から抜け出させることはできない。

それはあなたの自由だからだ。

唯一あなただけが、そういう生き方からジャンプできる。

決意した瞬間、あなたはジャンプできる。

「俺は何生にも、何生にも渡って、そうした無知の中に生きていた。なのにどうやって、一瞬の内にジャンプできるものか？　俺は実に数多くの生を、無知の中に生きてきた。その俺がどうして？」といった考え方をしてはいけない。


あなたは一瞬の内にジャンプできる。

なぜなら、全ての生は、あなたが決めたことだからだ。

その決意を変えなさい。そうすれば、全てが変わる。

それはちょうど次のようなことだ。

もしあなたがこの部屋に何年にもいたとして
この部屋がずっと暗かったとする。
その時あなたは「どうしてずっと暗かったこの部屋に、まさにこの瞬間、蝋燭の火を灯すことができる？　ずっと暗かったんだよ！　何年もの間、暗かったんだ。なのに、どうやって一本の燃えている蝋燭に、その暗闇を追い出せる？
俺達は、何年も何年もこの闇と戦わなきゃならない。蝋燭は何年も何年も戦わないといけない。そうやって初めて、闇を追い払うことができる。なぜなら闇は過去であり、歴史だからだ。それは長い、深い根を持っている」

と言うだろうか？

でも明かりをつければ、闇はない。


実際、闇には時間がない。

闇は期間的にあるだけだ。

私が「期間的にある」と言うのは、一つ、もう一つと積み重なっていくものではない、ということだ。

だから、闇は厚くならない。

一瞬の闇の厚みは、一年間の闇、
一世紀の間の闇の厚みと同じものだ。

闇はそれ以上に厚くならない。

闇とは、一つ、もう一つと積み重ならない。

それは瞬間ごとに、積み重なっていくものではない。

闇は、蝋燭の灯りが貫けないほど
厚く、重くなるものではない。

それは時間に関わらず、同じままだ。

闇は、期間的に存在するにすぎない――

どんな厚みも重ねず、単に期間的にあるにすぎない。

無知とは、ちょうど闇のようだ――期間的なもの。

あなたは何世紀、何千年にも渡って無知の中に生きる。

が、一瞬の決意で、闇はもう存在しない。

それはちょうど、明かりのようなものだ。

明かりがあれば、闇は存在しない。

闇は「こんなはずではない。俺は何世紀も、何世紀もここにいた。こういうことはよくない。俺は、ここにいた。ここには、俺のものがある。俺はその中にいたんだ」と言うことはできない。

闇には、何も言えない。

明かりがあれば、闇は単純になくなる。

そのように光明は訪れ、捧げることは訪れる。

あなたはいつでも捧げられる——
あなたが決意した瞬間に。
が、その捧げることは、トータルでなければならない。
そして真実を分別しない時
あなたは初めてトータルになれる。

神として生を肯定すること、
〝それ〟として正反対のものを、両方肯定すること。
すると、あなたが動こうと動くまいと
あなたはどこにも行くことができない。
あるいは、どこへ行こうと
あなたは〝それ〟に遭遇することになる。
それが、絶えずマインドが
〝それ〟へと向かっている状態だ。
そして、ウパニシャッドは
「それが唯一の捧げものだ」と言う。
他の全ては、唯のまやかしの代理品にすぎない。

第**10**章

全一であることの奥義

The Secret of Totality

質問

ＯＳＨＯ、神に捧げることに関連して、自分の意志を働かせることと、明け渡しにどんな意義があるのか、説明していただけますか？　意志と明け渡しの類似点と違いは何ですか？

最終地点は常に同じだ。が、出発点は違う。
違いの全ては、常に出発点にある。
そして、ゴールに近づけば近づくほど
両方の道の違いはなくなっていく。
出発点においては、意志と明け渡しはまったく正反対だ。
明け渡しとは、まったく意志がないという意味だ。
あなたは自分自身の意志を持たない。
あなたはどうにもならないと感じる。
自分には何一つできないと感じる。
あなたはまったくお手上げ状態で
意志が存在するということさえ言えなくなる。
意志というまさにその概念そのものが、幻想だ。
あなたに意志など存在しない。

むしろ反対に、あなたには運命がある。

意志ではない。だから、ただ明け渡せるだけだ。

それは、あなたが明け渡すということではなく
それより他にどうしようもないから明け渡すのだ。

だから、明け渡しは行為ではない。

それは一種の認識だ。それは行為ではない！

どうして明け渡しが行為であり得る？

どうやって明け渡す？

もし〝あなた〟が明け渡すとして、その〝あなた〟が自分の意志の主人《マスター》のままでいて、どうしてそれを明け渡しと言えるだろう？

もし〝あなた〟が明け渡すとすれば
あなたは意図を持つ人のままだ。


明け渡しはあなたの意志でなされた。

そして、それら二つは正反対のことだ。

あなたには、意志を働かせて明け渡すことはできない。

だから、明け渡しは行為ではない。

というより、それは一種の認識——

意志が存在しない、という認識だ。

意志というものは存在しない。

だから、あなたは意志を持てない。

あなたには何一つできない。
全てのことはただ起こる。

あなたは偶然、この世にやって来た。
そして、後からついて来た他の全てのことは
一つのハプニングにすぎない。
それを感じること、それを知ることは一つの認識だ。
すると突然、あなたは自分の中に意志は存在しないと
いう事実に気づく。
そしてその認識とともに、エゴは消え去る。
エゴは、意志がなければ存在できないからだ。
エゴとは、あなたが意図して行為すること全てだ。

もし意志があれば、あなたは存在できる。
もし意志がなければ、あなたは消え去る。
するとあなたは、大きく無限に広がる大海の一つの波に
すぎない —— 意志を働かせることはまったくできない。
あなたは一つのハプニングとして存在する。
また、一つのハプニングとして存在しないことにもなる。
無限なる大海の中で、一つの波に何ができる？
波は、大海によって波打たされている。
波というものはない。ただ、あるように見えるだけだ。

もしそれを感じ、「一体、意志というものが存在するの
だろうか？」という感覚が、あなた自身の意識の奥深く
まで達し、深く探求する ——
するとあなたは自分が、ちょうど風にたなびく枯葉のよ
うであると見い出すだろう。
ある時は北へ行き、ある時は南へ行く。
そして枯葉は、自分は南へ進んでいると
感じ始めるかもしれない。
そうではない —— ただ風がその方向に吹いていて
枯葉は流れに従っているだけだ。

もしあなたが自分の内に深く潜っていけば
意志はまったく存在しない、と気づくだろう。
それを認識することが明け渡しだ。それは行為ではない。
そして、もしあなたが明け渡すとすれば
明け渡しが起こるとすれば、神に捧げる必要はない。
〝あなた〟にはできない。
明け渡しの道では、実際、捧げることは不可能だ。
というのも、捧げるということは
意志がその基盤になっているからだ。
あなたが捧げるとすれば
〝あなた〟がそこにいるということだ。

明け渡しの道においては、捧げるということが起こる。

だが、明け渡した人は、そのことを決して知らない。

彼にはわからない。彼には「私は自分のマインドを神に捧げた」とは言えない。

実際、彼は「行為する」という考え方で話せない。

彼はただ「起こる」という考え方でしか話せない。

だから彼は、せいぜい「捧げることが起こった」と言えるだけだ。


意志なくして、あなたはエゴを持てない。そしてエゴなしでは、一つの行為として何かを話すことはできない。

だから「ハプニング」とは
明け渡しの道における現象だ。

明け渡しそれ自体が、一つのハプニングだ。

だが、意志の道では異なるプロセスがある。

私が「意志の道」と言うと
意志が当然存在するかのように受け取られる。

あなたが何かをするとする。

それは意志の道では一つの事実であり、当然のことだ。

それは決して問題にならない。

意志の道を行く者にとって、何かを質問することでさえ、
意志の存在を受け入れたという証しになる。

質問することでさえ、意志が働いているという意味だ。

質問することは一つの行為だ。

答えることは一つの行為だ。

疑うことは一つの行為だ。ノーと言うのは一つの行為だ。

だから、意志は問題にならない。意志の道では、意志は問題にならない。そのことが根本的な前提だ。

明け渡しの道では、意志が存在しないことが根本的な前提となる。
あなたは、それについて問うことはできない。
そのことを理解しなければならない。
あらゆる道において、何かが一つの前提としてある。
それは当然だ。あなたはどこからか始めねばならないし、
無知の状態で、始めなければならないからだ。
それら二つの要素から、前提が必要になる。
たとえ科学の領域でさえ、一つの前提から始まる——
ある事を疑いの余地のないものとして、前提とされる。
そして、もしそれを疑えば、全体系が崩壊する。
たとえば最も正確で、科学的な分野の一つは幾何学だ。
だが、その分野でも一つの前提から始まる。
科学とは、何か証明も否定も不可能なことを
一つの仮定として受け入れることから始まる。

反証できることのみが、証明され得るからだ。

あなたが何かを始めるには、無知の状態の中から、信から、何かを受け入れなければならない。


だから科学は、実際にそう見えるほど科学的ではない。

あなたが始まりに戻っていくと、あらゆる科学が一つの前提から始まっているのだとわかる。

もし前提について質問したとしても、答は不可能だ。

そして、それが事のありさまだ。

とっかかりのないところからは、始められない。

そのことを次のような考え方で理解しなさい。

あなたが見知らぬ町にやって来たとする。

そして、私がAという人はどこに住んでいるか誰かに聞いたとする。

彼は「AはBの近所の人だよ」と言うかもしれない。

そこで私は「それは全然答になっていないよ。というのも、私はBのことも知らないんだから。ではBはどこに住んでいるの？」と言う。

すると彼は「BはCの近所に住んでいるよ」と言う。

そこで私は「おかしなところへ来たものだ。私はCのこともDのこともEのことも知らないんだ。

お願いだから、私のわかるように教えてくれないか。

私にとっては全てが未知なんだ。どこから始めたらいいのかね？」と言う。

もし彼が「D、E、F、G」のことを言っても彼らはみんな仮定的な存在だ。

では、どこから始める？

だから、本当は認知されていない一つのことを、認知されていると仮定して初めて、始めることが可能となる。

さもなければ、答えることはできない。

そして、それが事の状況だ。

それが、我々が生きているこの世界の状況だ。


全ては未知だ。ではどこから始める？

そこであなたが、知から始めると言うとする。

それでは、どうやって始める？

全てのことが未知なのに、どうやって、　何かを一つの認知された事実として始めるのだろう？

そうなると、あなたは始めることができない。

たとえあなたが認知されていない事実から始めるとしても、それも始めることはできない。

前提とは、認知されていない事実を認知されていることとして、信をもって受け入れる、という意味だ。

前提とは、認知されていない事実を知っているかのように、認知されているものとして受け入れることだ。

そうすれば、あなたは始められる。

だから、前提は疑問にはならない —— どの分野であろうと、数学の分野でさえ疑問にはならない。


意志の道においては、意志が存在することが前提だ。

明け渡しの道では、意志が存在しないことが前提となる。

そこで、もし一方の道にあなたが引き付けられるなら、もう一方の道は、あなたには理解できないだろう。

その二つの道には、正反対の前提があるからだ。

もし無意志の道があなたを引き付けるのなら
あなたは、意志の道にはまったく引き付けられない。

それは馬鹿げている。

そして、もし意志の道があなたを引き付けるなら
明け渡すことは意味がない。

意志の道では、あなたは何かできるということが当然のことになる。

その状況で問題なのは、何をするかということだ。

あなたは自分を神から遠ざけることができる。

また、自分を彼に近づけるようにもできる。

それはあなた次第だ。そのことは、昨日話した。

どうやって、段々と近くに、そして最後にはまったく〝それ〟と一つになるべく、意志を働かせることができるのだろう？
ただし、その意志の存在は
一つの前提だという事実を心に留めておくことだ。
いったん、一つの前提として捉えれば
あなたは意志を働かせ続ける。

最後には、あなたはトータルに意志を働かせる ——

それが、マインドが完全に
〝それ〟に向かっているということだ ——

そのトータルな緊張の中で、そのクライマックス、ピークにおいて、意志は消え去る。

というのも、完全とは死だからだ。

何かが完全になった瞬間、それは死ぬ。

だから老子は「決して完全にならないこと。途中で止めなさい —— 決して最終まで行ってはいけない！」と言う。

もし最終まで行ったら、成功は失敗になり
生は死になるだろう。

もし一番最後まで行ってしまえば、愛は憎しみへと転じ、友情は敵意になるだろう —— なぜなら、完全であることは死を意味するからだ。

そして何かが死ぬ時は、対極のものの内へと死んでいく。

意志が完璧なものになれば、マインドが完全に〝それ〟へと向かっている時、意志は死ぬ。意志は消え去る。

完全とは、蒸発する地点だからだ。

それはちょうど、水が百度で蒸発するようなものだ。

百度の限界が、完全ということだ。

水に関しては、熱の頂点に達した。

それ以上熱し続ければ、水はなくなってしまうだろう。

もし水が欲しければ、頂点に達するまで、熱し続けてはいけない。


それと同じで、あなたの意志が百%になった時
あなたは爆発寸前だ。あなたは死んでしまう。

あなたの意志は死んでしまう。

意志を発動するという現象そのものが消え去る。

そして、意志が消え去った時、あなたは無意志から始めた人がやって来た場所と、同じ地点にたどり着く。

すると、その状態は無意志だ。

ゼロになるか、完全になるかのどちらかしかない。

そして、両方同じ最終地点に至る。

どちらを選ぶかはあなた次第であり
あなたのマインドのタイプ次第だ。

もしあなたが無意志を考えられれば問題はない。

だがそれは難しい —— ただ難しいだけではない。

ある意味で不可能だ。

それは考えられない —— それは起こる、時たま起こる。

だがそのハプニングにしても
長い、長い意志による努力がいる。

数多くの生を、意志を発動して生きることは、「自分は夢を見ていたのだ」という実体験をあなたに与える。

長い期間、意志による努力をしてきて「それでもどこにも到達しなかった」という経験をした者は、自分は存在しないものに働きかけてきた、と気づく地点にやって来ることがある。


ブッダ、たとえば彼は、無意志を通じて、究極のものに到達した。が、彼はこの生で六年間、意志の道に従って非常に骨の折れる修行をした。

彼はその当時のあらゆる師匠の所に行き、全ての道を探求した。彼は、自分のできる限りの努力をし、言われたこと、教わったこと全てを試した。

彼は、人間に可能な全てのことをした。

全ての師の所で、彼は一生懸命修行した。

だから、どの師も「究極のものに到達できないのは、おまえが修行をしていないからだ」とは言えなかった。

彼は自分の師事する師以上に修行していたからだ。

だから、彼の師事していた師全員が「おまえが修行していないとは、わしには言えない。おまえは一生懸命修行している。あり得ないほどに激しい修行をしている――が、わしに教えられるのはここまでだ。おまえはどこか、他の師のもとにいくことだ」と言わざるを得なかった。

だから彼は、あらゆる師を回って、あらゆる方法で修行した。


ビハール（ブッダが住んでいた場所）はその当時、非常に潜在的可能性のある場所だった。

ただ、二度だけ、そのような偉大なピークがあった。

一度目は、ギリシャ文明時代のアテネだ。

アテネはとても潜在的可能性のある都市だった。

偶然にも、非常に可能性のある状況がアテネにあった。

そしてもう一つの時期が、ビハールだ。

マインドが可能な全ての頂点を究める状況が、ビハールで起こった。ビハールで、ブッダの時代に、あらゆる手法が発達し、あらゆる手法にそれ独自の教師が、それ独自の師がいた。


そして、ブッダはあらゆる師とともに修行した。

彼は余りにも一生懸命で、真面目で、全ての教師が彼に自分の元を離れるように言わねばならなかった。

彼はトータルに修行したが、何一つその成果が現れなかったからだ。


実は、彼は意志の道を進むような人間ではなかった。

ブッダと同時代の聖者マハヴィーラは、意志の道を通して無意志の境地に至り、光明を得た。

だが、ブッダは光明を得られなかった。

あらゆる方法で激しく修行した後、どうしようもなくなった状況の中で突然、彼は諦めた。

彼は、どうにもならないと感じた。

彼は全てのことをやり、それでも何一つ達成できなかった。彼は変容されず、以前のままの彼だった。

完全なる挫折感を抱きながら、ある日、彼は全てを投げ出した。それ以前に、彼は世間を捨てていた。

それが最初の放棄だ。

だが、教典には言及されていない二番目の放棄はもっと偉大なるものだった。

仏教徒はそれについて語らない。

その二番目の、より大いなる放棄が起こった。
六年にも渡る拷問のような努力の後
ブッダは意志の道を離れた。
彼は「私は無力であると感じている――何一つできない。
何一つ不可能だと思える。だから、私は努力を止めた」
と言った。

それは満月の夜だった。
彼は一本の樹の下に座っていた。
彼は世間を捨てた。
そしてその晩、彼は全ての宗教、全ての哲学、
全ての技法を捨てた。
彼は樹の下でリラックスしていた。
何生も、何生も経て、初めて彼はリラックスできた――
我々はあれこれと修行し、何かをし、何かを達成しよう
としているからだ。
だがその晩、ブッダの中には
何かを達成するというマインドは存在しなかった。
彼は余りにも完全に無力状態の中にあり、時間は止まり、
未来はなくなり、欲望は無意味になった。
その状態での努力はあり得ない。
その状況の中では、意志はまったく見い出されなかった。

彼は本当に死んでしまった――
心理的に死んでしまった。
彼は、樹が生きているという意味で、ただ生きていた
――何一つ欲望がなく、未来もなく何の可能性もなく。
地べたに横たわり、ちょうど樹のようだった。
それを想像してごらん。
そのことを考えてごらん！
もし欲望もなく、未来もなく、訪れる朝もなければ――
何も達成されず、全てがただ馬鹿げていて、「私には何
もできない」という思いに駆られているとしたら、あな
たと樹の違いはどこにあるだろう
違いは何もない！

彼はその夜、樹と同じようにリラックスしていた。
彼は流れる川と同じようにリラックスしていた。
彼は眠った。
その眠りは不思議なものだった。
そこには一つの夢さえなかった。
というのも、夢は欲望、努力、意志から来るからだ。
彼は樹が眠るように眠った。
その眠りはトータルだった。
それはちょうど死のようだった。

マインドに動きがなく、内側に動機がない状態。

全てが止まった。時間が止まった。

朝五時、彼は目を開けた。

というより目が開いた、と言った方がいいかもしれない。

そこには動機がなかったからだ。

目は夕暮れに閉じ、朝開いた。

夜によって新鮮さを取り戻し、くつろぎによって浄化され、深い無欲さによって浄化され、ブッダは目を開けた。

最後の星が、空から消え去ろうとしていた。

そして、その最後の星が消え去るのをただ見ることで、彼は覚者となったと言われている。


彼は悟りを得た！

一体、何が起こったのだろう？

それが起こったのは、そこに努力がなかったからだ。

努力は止んでいた。欲望さえなかった。

その時、挫折感さえ存在しなかった——

挫折感とは、欲望と期待の一部だからだ。

もし本当に期待がなくなれば、挫折感は存在しない。

彼は何も求めていなかった。

祈っていなかった。瞑想していなかった。

まったく何もしていなかった。


彼はただそこにあった——空っぽで。

そして、最後の星が消え去った瞬間
何かが彼の中でも消え去った。

彼はただのスペースになった。

ただの無になった。それが明け渡しだ。

そこには、明け渡すという感覚はない——

誰が誰に対して明け渡す？

が、それもまた、長い努力の最頂点で起こった。

それが、「人は、意志を働かせることから始めなければならない」と私が言う意味だ。

だから、意志を働かせることから始めなさい！

もしあなたが、完全なる意志に至れるタイプの人間なら、あなたはそのピークから、ただ消え去るだろう。

もしそのタイプでなければ、まったくの挫折感にひたり、そのピークから、あなたは消え去ってしまうだろう。

もし最初のケースなら、意志を働かせることがあなたの道だと知りなさい。


二つ目のケースなら、明け渡しがあなたの道だ。

が、意志を働かせることから始めること。

明け渡すことから始めることはできない。

明け渡しには、始まりがあり得ないからだ。

行為には、始まりがある――
だが、ハプニングをどうやって始める？
あなたは、行為なら始められる。
でも、ハプニングは始められない――それが違いだ。
何かを始めるには、何かをすることだ。
だが、明け渡しをどうやって始められるだろう。

だから、まず意志を働かせることから始め
その中にあなたの全存在を注ぎなさい。
そうやって初めて、その道があなたに合っているか
どうかを知ることができる。
もしその道があなたに合っていれば、それでオーケーだ。
あなたは最も完璧なエゴに到達するだろう。
そしてエゴが完璧なものになったら
その風船は破裂する。
あるいは、もしあなたがそのタイプでなければ、同じと
ころを、ぐるぐるぐるぐる回っているだろう――
そうなると、挫折感につぐ挫折感だ。
すると、もう一つのピーク、挫折感のピークに至る――
そして、明け渡しが起こる。
だから、明け渡しの道においてさえ
「自分は何もする必要はない」と思ってはいけない――

そのことを覚えておきなさい！
そのように考えてはならない――
マインドはとてもずるくて、「明け渡しこそ自分の道だ。
明け渡しとは『何もしなくていい』ということだ。明け
渡しが自分の道だ！」と言う。
それは、ずるいごまかしだ。

もし明け渡しがあなたの道なら
明け渡しは今この瞬間にも起こる――
明け渡しに時間は必要ないからだ。
それには、明日はいらない。
もしあなたが「明け渡しは自分の道だ」と言うなら
明日を待っていてはいけない。
明け渡しは、まさに、今ここにやって来るからだ。
明け渡しには、どんな努力も必要ない。
だから時間は必要ない。
もし、まさにこの瞬間、明け渡しがやって来ないなら、
明け渡しはあなたの道ではないのだと肝に命じなさい。
マインドはあなたをだます。
マインドは、ただ努力することを
延期しようとしているだけだ。
そして、マインドには何でもできる。

マインドは自分を正当化できる。

「意志なんて最初からないんだから、意志を発揮する必要などない。俺は無意志の道を行く用意がある」と。

だが、あなたの「用意」は役に立たないと肝に命じておきなさい。

あなたの「用意」は、本当は用意ではない。

あなたの用意は、実際には明け渡しにふさわしくない。

まったくの無力感こそ、明け渡しにふさわしい。
実際あなたは、完全に無力な状態なのだろうか？
何一つできないという無力感を、感じているかね？
もしそれを感じていれば
明け渡しは、今まさにこの瞬間にも起こる。
明け渡しは、延期できない。意志は延期できる。

意志の道では時間の猶予があり、何生も猶予があり得る。

そして、ゆっくりと修行できる。

だが、明け渡しの道では、行くところがない。

あなたは未来を考えられない —— 未来は許されない。

そこで、もしあなたが「明け渡しは自分の道だ。いつか、それは起こるだろう」と言うとすれば、あなたは自分自身をだましている。

もし明け渡しがあなたの道なら
明け渡しはもうすでに起こっていただろう。

誰かがモーツァルトに聞いた。

「あなたの先生は誰ですか？　誰から音楽を習ったのですか？」。すると、モーツァルトは言った。

「先生はいません。独学で音楽を学んだんです」

そこで質問者は「では私も独学で音楽を学べますか？」と聞いた。

すると、モーツァルトは「でも私は、そんなことを誰かに聞いたことは一度もありません。それくらいのことを知るのに私に聞かねばならないなら、独学で音楽を学ぶのは難しいでしょう。先生なしで音楽を学べるかどうか —— そんなことでさえ、誰かに聞かねばならないとしたら。そんなことを決めるにも先生が必要なんだから！あなたには無理でしょう」と言った。

でも、その男はしつこく食い下がってきた。

「あなたにできて、なぜ私にできないことがありましょうか？」と。

モーツァルトは言った、「もしあなたにできるのなら、あなたはもう独学で音楽を学んでいるでしょう」と。

もし明け渡しが起こるなら、もし本当にあなたにその用意が整っているなら、明け渡しは起こっていただろう。あなたには選べない。意志を選びなさい。

選択することは、意志と合うからだ。

明け渡しの道では、意志を働かせることは合わない。

選択には、意志が必要だ。

だから意志を選び、一生懸命やりなさい。

二つのタイプしかない。あなたは成し遂げるか、挫折するかのどちらかだ。が、一生懸命やることだ。

もしあなたが成し遂げれば、トータルに成し遂げる。

もし挫折すれば、トータルに挫折する。

いずれにせよ、全面性が事の成功失敗を決める。


緩やかな努力、凡庸な努力は、どこにも導かない。

なぜなら、あなたは自分がどのタイプの人間か、凡庸な努力では決して見極められないだろうからだ。

緩やかな努力、いい加減な努力では、自分がどのタイプの人間か、絶対に決められない。

絶対、知ることはできない。だから一生懸命やるのだ！

トータルに成し遂げるか
トータルに挫折するかのどちらかしかない。

どちらの道から行っても、同じ地点に至るだろう。


もしトータルに成功すれば、意志は消え去る。

完璧であることで、それは死んでしまう。

もしトータルに挫折すれば、意志は存在しないということが一つの認識となり、明け渡しが訪れる。

全ての努力は、意志の道の上でのものだ。

全てのハートを込めてやってみて挫折すれば
もう一つの道が開ける。

それは、突如として現れる道だ！

それは非常扉のようなものだ。

飛行機の衝突事故の時のために、非常扉がある。

あなた方は、それに気づいてさえいないかもしれない。

普段は必要ない。普通、あなたは扉を開け、中に入りいつも使っている普通の扉から出て行く。

緊急非難用扉は緊急の時だけ、完全に失敗した時だけ開く。その状況では、いつもの扉では役に立たない。

明け渡しとは一種の非常扉だ。
あなたは普通の扉から始める——それが意志だ。
そして、意志が完全に挫折した時に非常扉が開き、
あなたはそこから抜け出す。
そして、もしあなたが成し遂げてしまえば
非常扉が開かれる必要はなくなる。

あなたはそれに気づくことさえ、ないかもしれない。あなたはそこに扉、いつでも開く非常扉があったと気づくこともなく、目的の場所にたどり着くかもしれない。だから、明け渡しから始めることはできない——誰にもできない。みな、意志から始めなければならない。唯一、覚えておくべき点は、自分がどちらのタイプの人間かを決めるために、その道にトータルにありなさいということだ。

質問……………………………………

OSHO、あなたはしばしば、マインドとは過去の体験と死んだ記憶の積み重なったものだ、と説明されます。「その生き生きとした表面の現れさえ、それ自体のものではない。それは実存の源から供給される」と。

昨夜あなたは、マインドは人が神に捧げられる唯一のものだ、とおっしゃいました。でも、それには捧げるだけの価値があるのですか?

三つのポイントが理解されねばならない。

第一に、マインドには二つの意味がある。一つは中身。もう一つが器だ。

私が「中身」と言うのは、思考、記憶、死んでしまった過去、その蓄積されたもののことだ。

しかし、それは中身だけだ。

もし全ての中身が放り出されたら、器が残る。

その器を、あなたは捧げることができる。

それらの思考、記憶、過去には実際、価値がない。捧げる価値のないものだ——だが、器には価値がある。

マインドには二つの意味がある。

マインドという文字が大文字の「M」で書かれていれば、それは常に「器」のことだ。

あなたはその器を捧げることができる。

それが『マインドが絶えず〝それ〟へと向かっていること』というこの経文の意味だ——器を捧げるということ。『絶えず〝それ〟へと向かっている』とは、器の中には今や〝それ〟以外の中身がない、という意味だ——無思考、無記憶、過去がない、無欲、未来がない、無、ということだ。

今や、器としてのマインドの中には、たった一つの中身——〝それ〟しかない。

それが捧げものだ。

そしてそれらの中身は、実際死んでいる。

あなたのマインドは、それらが死んで初めて、吸収するからだ。たとえばあなたのマインドは、過去か未来のどちらかに動く。

そして、マインドが過去に動く時、それは死の中を動く
——全てが死んでいて、何一つ生きているものがない。

過去とは、あなたの記憶以外にどこにも存在しない。

過去はどこにあるだろう？　それはどこにもない！

あなたはどこにも過去を見つけられない。

それはあなたの記憶の中にだけ存在する。


もし私に、プライベートなある記憶、秘密の記憶があり、しかもそれは私の記憶だけにあり、誰も知らないとする。

もし私が死ねば、その記憶はどこに行ってしまうのか？

どこにもないだろう。何の違いがある？

それが存在してもしなくても、どこに違いがある？

それが存在してもしなくても、何の違いもないだろう。

死んだ過去は、記憶の中にだけある。

それは他のどこにもない。

そして過去によって、未来が投影される。

未来が存在するのは、唯一過去のせいだ。


私はあなた方を、昨日愛した。だから明日も、あなた方を愛したい。私はその経験を繰り返したい。

私はあなた方の歌を聞いた。

だから、それをもう一度聞きたい。

繰り返したい、過去はそれ自身を繰り返したい。

死んだものは再び生まれたい。

だから未来が作り出される。

それらがマインドの中身だ——過去と未来。


それらの両方の中身が落とされれば、あなたのマインドはまったくの空っぽ、無思考、中身なしの状態になる。

するとあなたは、この瞬間、何の過去もなく
何の未来もなく、ただ、今ここにある。

そして、今ここ、それが現在という瞬間だ。

全てのものがあるがまま、それが現在だ。

あなたのマインドがない時——

あなたの過去と未来がない時、ということだ——

あなたは〝それ〟に気づく。

その気づきの中で〝それ〟の体験が
唯一のマインドの中身になる。

それが『マインドが絶えず〝それ〟へと向かっていること、それが捧げものだ』という意味だ。

宇宙的存在以外に何一つ、マインドの中身であってはならない、ということ。私が「マインドを捧げよ」と言うのは、「器を捧げよ」ということだ――

中身なら捧げられるが、それらは意味がない。

それらは死んでいる――あなたが器を捧げる時、生きているマインド、物事を知るという生きた能力、存在するという生きた能力――あなたがそれを捧げる時、それは一種の「捧げること」になる。

それはありきたりのことではない。稀なることだ。

それは骨が折れる。そして、それは捧げるに値する。

いつであれ、一つのハプニングが起こる時、いつであれ、一人のブッダ、一人のクリシュナ、一人のキリストが彼ら自身を捧げる時、マインドを神に捧げる時、それは一人のブッダ、一人のキリストを豊かにするだけではなく、神をもまた豊かにする。
それを理解するのは、とても難しいだろう。
一人のブッダが神に自分を捧げる時
それは神をもまた、豊かにする――
ブッダの意識の中で、よりいっそう神が花咲き、
ブッダの意識の中で、よりいっそう神がピークに達するからだ。

神は何か、離れ離れになっているものではない。

それは、我々の内にないものではない。

だから、捧げることは、他の誰かのためではない。

それは、誰にも共通の意識の貯水地のためだ。

誰にも共通の存在、共通の実存のためだ。

そして一人のブッダが捧げられる時
それはブッダを豊かにする。

それによって、ブッダが全体になるからだ。

最も、全体もまた、それによって豊かになる。

なぜなら、ブッダを通して一つのピークに触れるからだ。

神はあなたを通して生きる。

だから、あなたが失敗する時は、神が失敗するのだ。

あなたが上がる時、神が上がる。

あなたが笑う時、神が笑い、
あなたが泣く時、神が泣く――

彼はあなたと離れ離れの何かではない。

彼は天国にいて、遠いところに座って
ただ見ている観察者ではない。彼はあなたの内にいる。

だから、全ての行為、全ての仕草は彼のものだ。

だから、なされることが何であろうと、彼とともになされ、彼を通してなされ、彼によってなされ、彼のためになされる。

こんな話がある。

その話はすばらしい、その話は詩的だ。

そして多くのことを語っている。

その話によると、「ブッダが光明を得た時、全宇宙が喜びに満ち、花が空から降り注がれ、神々が彼の周りで踊り始め、神々の王であるインドラ自身が手を合わせてやって来た。

そして、彼はブッダの足元にひざまずき、彼に明け渡した。木々は季節でもないのに花を咲かせ始め、鳥達は季節でもないのに歌い始めた。そして、全存在が一つのお祝いになった」と言われている。


その話は詩的だ。そんなことは決して起こらなかった。

だが、深い意味で、それは起こった。

その話は象徴的だ――それが起こるべきことだからだ。

どこかで誰かが覚者《ブッダ》の境地を達成したら、どうして全存在が豊かにならずにいられるだろう？

存在はその波動を感じ取るだろう。

全宇宙が幸せを感じるだろう。

だから、詩的な象徴を通して一つの事実が
そういう表現で示されたのだ。

だが、「それは歴史的な事実なのか、そうでなければ、その話は嘘に違いない」などと考え続けている馬鹿な、愚かなマインドがある。彼らには二つの選択しかない。

彼らは「その話は歴史的な事実に違いない。それでは季節はずれの木から花が咲いたという、その証拠はどこにあるのか？　証拠はどこだ？　歴史的な証拠が必要だ。証拠がなければ、その話は嘘だということだ！」と言う。

彼らには、事実を越えた世界、嘘を越えた世界――他の表現方法では表現できない多くを表現する詩の世界――そういう世界があることがわからない。

その話はただ、全世界が一つのお祝いになったことを暗示しているだけだ。

それは、そうだったに違いない。

それは、そうでなければならない。

それは、そうだったのだ！


そのマインドが捧げられた時、中身なしのマインド、ただ器だけのマインド、浄化され、純粋で、空っぽのマインド――その器が捧げられた時、それは捧げるに値する。

神ですら、それによって、よりいっそう豊かになる。

というのも、神はそれによって、より神聖になるからだ。

そこでもう一つ、神は固定した実体ではない。

神とは創造する力であり、活動する力だ。

だから、人間だけが進化しているのではない。

神もまた進化している。

普通の論理の中に縛られている我々の中には
「神は進化できない」という考え方の人もいる。

「もし神が進化するなら、神は完全ではない」ということになるからだ。

どうして完全なるものが進化できる？

普通の論理からすれば、何かが完全から、もっと完全になるとは考えられない。それは考えられない——

非論理的に思える！

が、生はあなた方の論理に縛られない。

完全はより完全になり、もっと豊かになる可能性がある。

完全は進化する。それはあらゆる瞬間において完全だ。

それでもまだ、それは固定したものではない。


たとえばダンサーだ。

彼の全ての仕草が完璧だ。

あらゆる瞬間、全ての仕草が完璧だ。

それでも尚、ダイナミックな動きがある。

全体は部分よりもっと完全だ。

一つ一つのダンスが完璧であり、尚かつ
別のダンスは、より完璧なものであり得る。

マハヴィーラには、実にすばらしい概念があった。

彼は「無限の完全性、多種多様な完全性が存在する。

だから、神は進化する」と言った。

私にとって、神とは進化する力だ。

そうでなければ、進化はあり得ない。

もし神が進化しないとすれば
進化は存在しないということだ。

なぜなら、進化を通じて神は進化するからだ。

これが〝それ〟の概念だ。

花が存在するのなら、神が花開いているということだ。

人間がいるのなら、神が「人間をしている」ということだ。何が起ころうと、それは神に起こっていることだ。

神なくして、神の外では何一つ起こらない。

だから、一人のブッダが生まれた時
全体はより豊かになる。


ブッダは「どんな神であれ、礼拝してはならない。光明を得なさい。そうすれば、彼らがあなたを礼拝しにやって来るだろう。」と言う。

彼はそれを実際に示し、それは理論ではないと言う——
彼はそれを実際に知っている！
神々が彼を礼拝にやって来た。それは一つの体験だ。
それは、何かじっくり考えるようなことではない。

仏教徒とジャイナ教徒だけが、次のようなことを言った。
あなたが光明を得たなら
神々が訪れてあなたを礼拝するだろうと。
彼らは「神々は、無欲になっていない」と言う。
あなたが光明を得たら、あなたは無欲になる。
インドラでさえも、無欲になってはいない。
神々は天国に住んでいるかもしれない。
でも、彼らには欲望がある。
そして、ブッダとマハヴィーラの存在で
人間の尊厳はその究極の高みにまで上がった。
もしあなたが無欲になれば
あらゆる存在があなたを礼拝するだろう。
欲望がない意識とは、〝それ〟と一つだからだ。
その中身なしのマインドは
捧げるに値するだけではない。
神は、それを必要としている。
神は、それを待っている。

一人の子供が光明を得て帰れば、父親は豊かになり
家はそのおかげで豊かになる。
実際、子供が光明を得て我が家に帰れば
父親は自分の子供が光明を得たことがわかる。
すると、父親はもう同じ父親ではいられない。
だからブッダが花開いた時、
全宇宙が彼とともに花開いた。
彼はその潜在性を、可能性の極を示した。
今、あなたは到達できないかもしれない。が、あなたは、
自分もその高みに到達できるという可能性を持つ。
全宇宙が「一人のブッダが誕生した」ことで自信を持つ。
全宇宙が一つの約束、一つの確約になる。
同じことが、一つ一つのかけら、一つ一つの単位、
一人一人のマインドに起こる——
いいかね、それはあなた次第だ。

ブッダが臨終を迎える時
アーナンダはブッダにこう言った。
「いつ戻って来られるのですか？」と。
するとブッダは「それは不可能だ。二度と戻って来ない
だろう」と言った。

それを聞いて、アーナンダはすすり泣き始めた。
すると、ブッダは彼に「どうして泣いているんだね？
おまえは四十年間、絶えず私とともにいたのだよ。
それで、もしおまえが私から何も得ていないとすれば、
どうして来生のことを聞くのかね？」と聞いた。

するとアーナンダは「私は自分のために聞いているのではありません。たとえ、私達がいまだ〝それ〟を達成していないとしても、あなたは達成されました。

それが私達の確信になるのです。そのことは充分すぎるほどです。私達は確信を得ました。今や、その確信が失われることはありません。

私は、あなたに会ったことがない他の人達のために聞いているのです。いつ戻って来られるのですか？　彼らは、あなたに顕現されている確信の一瞥を得ることで、初めて道を進んで行けるからです。

私は自分のために聞いているのではありません。この後何生も、私はさまようかもしれません。でも、この確信はゆるぎないものです。私はあなたに会い、究極的な可能性を見ました。だから私のためではなく、他の人々のためです。

いつ戻って来られるのですか？

なぜなら、あなたが唯一の確証だからです――私達はあなたを見て、疑いが消えました。私達があなたを見る――あなたと同じようにはなれないかもしれない、それでも、私達はあなたについていきます――でもあなたを見ている瞬間、ある意味で、私達はあなたになっています。ですから、いつ戻って来られますか？」と言った。

捧げるということは、価値があるだけではない。
それは、待ち焦がれられている。
神は待っている、全体は待っている。
あなたがやって来て、豊かにしてくれることを。
自分の潜在性を顕現して、我が家に返って来ることを。
種が種としてでなく
充分に潜在性を発現してくれることを。
が、中身が一杯のマインドは、捧げる価値がない――
あなたはゴミを捧げている。

質問……………………

最初の質問についてもう少し伺いたいのですが、瞑想に関する努力のことです。全一なる意志の状態とは、どんな状態のことでしょうか？

瞑想のどんな状態が、最終的な達成の全一なる意志の状態なのですか？


「全一」の第一の意味は、どんな部分も除外されることなく、あなたはその中にあるということだ——

あなたの力を余さず、何の分別もなく。

だから、どんな瞑想法でもかまわない。

もしあなたがその中に全面的にいられれば、
没入できれば、あなたの一部分もその外になければ——

あなたの中に傍観者として見ている部分がなく
全一に「ラム」と叫ぶことができれば——

もしあなたが「叫ぶ」ことになり切り、意識の一部分にでも、自分は「ラム」と叫んでいる、と見ている者がなければ——

もしあなたが、その「叫ぶ」ことになり切れれば——

そうしたら、それは全一だ。

そうしたら、一声、叫ぶだけで充分だ。

「ラム、ラム、ラム」と何度も繰り返す必要はない——

そんな必要はない。

何一つ後に残されていないような、
全一なる叫び一声で充分だ。


自分が何かに全一であったか否かはあなたにしか判定できない。


「全一」の二つ目の意味は、あなたが何をしようと、どんな瞑想技法をしようと、どんな疑いもあってはならないということだ。

ほんの少しの疑いでも、あなたは部分的になる。

ごくわずかな疑いでも、全一さを妨げる。

が、それもあなたは判定できる——

何か疑いがあるかどうか。

我々は、内なる疑いとともに、物事をやり続ける。

それらの疑いは、全ての努力を台無しにする。

充分な努力をしていないから、全一なる意志の状態に到達しない、というわけではない。

疑いが背後にあることが、より大きな原因だ。

だから、あなたが何をしようと、マインドの中の猜疑する部分が否定し続け、疑う瞬間を待っている。

たとえあなたが何かを達成しても
疑うマインドが疑いを作り出すだろう。

全一性とは、疑いが存在しないということだ。

そうしたら、努力は全一になる。

そして三つ目、我々には、エネルギーからなる多くの層がある。

あなたは第一の層で全一なる努力をしているかもしれないが、二つ目の層にはまったく気づかないかもしれない。

全ての層が関わっているべきであり
巻き込まれているべきだ。

そうしたら、努力は全一になる。

あなたが第一の層で奮闘している時
自分は全一にやっていると感じる。

が、そんなに早くだまされてはいけない。

努力し続けるのだ —— そしてあなたが、「もう、どうすることもできない。自分は全てのことをやった。もう何のエネルギーも残っていない」と感じても、まだ、続けるのだ！

それがその瞬間だ、続けなさい！


すると、すぐにあなたは、エネルギーが突然、
二つ目の層から湧き上がってくるのに気づくだろう。

新しい大地が割れた。

それでも努力し続けなさい。

そして、あなたが全ての層で全面的に巻き込まれていたら、どうやって知ることができる？


そこにはサインがある。

一つのサインは、全ての層が壊れた時、あなたの全一なるエネルギーが巻き込まれていることだ。

全一なるエネルギーが巻き込まれている。

その時、あなたは決して消耗を感じない。

あなたは「もうこれ以上できない」という地点に至ったことを、決して感じないだろう。

その感覚は、いつも一つの層が尽きた時にやって来る。

そして二つ目の層が尽きた時、その感覚がまた訪れる。

そこには七つの層がある。

七番目の層が破壊された時
その感覚は二度と再びやって来ないだろう —— 決して！

あなたは「もうこれ以上できない」とは感じない。

あなたはもっともっともっと、やり続ける。

それでもまだ、もっと余力があると感じるだろう。

あなたは全一にその努力の中にいる。


全体は、決して尽きることがない。

覚えておきなさい、部分だけが尽きる。

全体は決して尽きることがない！

あなたは全体を空っぽにすることはできない。

空っぽにすればするほど、より満たされる。

あなたの全一性を伴って起こることは
何であれ、尽きることはない。
もし愛があなたの全一性とともに起これば
その愛は尽きない。
もし瞑想があなたの全一性とともに起これば
その瞑想は尽きることがない。

二十才で悟りを得た禅の老師、睦州のことを思い出した。が、彼は瞑想を続けていた。

そこに、彼の師が来てこう言った。

「睦州、おまえ何をしているんだ。もう瞑想する必要はないぞ。わしにはおまえが悟りを得たことがわかる」

だが、睦州は「でもどうして、私に瞑想を止められますか？　終わりがありません。私は瞑想をずっとずっと続けました。それでも疲れません。

なのに、どうして瞑想を止められるでしょう？　どうして瞑想から抜け出せるでしょう？　瞑想の終わりが見えません！」と言った。

すると師は「人が無限の中に落ちれば、そこにあるのは始まりしかない。終わりはない。そこから出て来なさい。出て来て前へ進みなさい！　無論、わしにはおまえがもう出て来れないのがわかる。それでも進むのだ！

そうすれば、瞑想はおまえとともにあるだろう。

座り続けてはならん！」と言った。


彼は悟りを得た後、七週間もずっと座り続けていた。

彼は、ただ座っていた。

彼の師、寺の仲間達にとっては、七週間も経っていた。

彼は悟りを得た。彼の周り中に光が満ちていた。

彼は変容を遂げていた。

彼に何かが起こったことに、誰もが気づいていた。

彼の師は、毎日やって来ては去り、やって来ては去った。

師は睦州が目を開け、悟りのことを話すのを待っていた。

しかし、睦州は目を開けなかった。

そして、最後に、師は彼に瞑想を止めさせ、瞑想から出て来るようにと、言わねばならなかった。


その時睦州は言った。

「でも、どうやって瞑想から出て来れるでしょう？　瞑想にはまったく終わりがありません。瞑想には終わりというものがありません。

みんなは、『おまえは七週間もずっとここに座っていた。それは長すぎる！』と言いますが、私は覚えていないのです。

私の感覚では、あたかも一瞬のうちに過ぎたように感じます。その時、私には、もう時間というものがなくなっていたのです」

全一なるエネルギーが働いている時
その中では終わりはなく、時間もないだろう。
あなたは時間を感じない。
時間を感じるのは、エネルギーが部分的に働く時だけだ。
なぜなら、部分的なエネルギーは尽きてしまうからだ。
時間を感じるのは、限定された何かに関してのみだ。
さもなければ、時間は感じられない。
時間とは、実際は限界の感覚だ。
だから、限界のあるものと対する時、あなたは必ずその周りに時間を感じる。
それは相対的な現象だからだ。
だから、そういう不思議な現象が起こるのだ。

もしあなたが一日中、何事もなく、空白で、何一つ特別なことがなく、気にかけるに値するようなこともなく、ただ過ぎていけば、時間は実際に経っているより長く感じるだろう。

何もすることがないと、時間はとても長く感じられる。

あなたは一日がまったく終わらないのではないか、一日はとても長いと感じるだろう。

しかし、それは時間が過ぎている時だけのことだ。

もし後から思い起こせば、その一日はとても短い――

何も出来事がなければ、時間を感じられないからだ。

だから、一日は非常に短く思える。

我々は、時間をある物事の周りで感じる。

だから、あなたが休みの時は多くの事が起こるから
一日が短く思える。

その日がとても充実していて、普段の日より短く思える。

でも、家に帰ってからその休みの日を思い起こしてみると、とても長く思える――

それは、一つの連続として広げられた一つ一つの出来事が、とても長いからだ。


睦州は言った。

「私には時間がわかりません。時間に何が起こったのですか？　時間は止まっていたのです」

マハヴィーラは言う。

「人がサマーディーに入ると、完全に変わってしまう根本的な要素は時間だ――　時間は止まってしまう」

誰かがイエスに聞いた。
「神のあなたの王国では一体、何が起こるのですか?」
するとイエスは「そこには時間がないだろう」と言った。
それが「時間は止まってしまう」ということが根本的に
指し示していることだ。
時間は、部分的なエネルギーの中でだけ感じられる。
だから、子供は時間をより感じない。
子供は、より以上に充実しているからだ。
老人は、もっと時間を感じる。
今や彼は空っぽで、虚ろになりつつあるからだ。
だから老人にとって、時間は一つの問題だ。
子供にとっては、時間は全然問題ではない。
彼は無時間の中に生きている。

同じことが文明にも起こる。
余りにも時間を意識するようになった文明は
必ずや、徐々に死に向かいつつある。
文明が時間をまったく意識しないのなら、それはきっと、
その文明が子供時代 ── 純真無垢の状態にある、という
意味だ。
その文明は古くない。

時間意識とは、死が近づいているという意味だ。
だからあなたが、死をより強く感じれば感じるほど
時間をいっそう感じることになる。

インドでは、時間を余り感じない。
インドには、終わりなき誕生の円環、
という概念があるからだ。
だから「あなたが毎回死ぬ」のは死ではない ──
あなたは再び生まれて来る。
だからインドは、死という概念を完全に破壊した。
もしあなたが再び生まれて来るとしたら
それは全然、死ではない。
だからインドは、決して時間意識を持たなかった。
インド人はとても怠惰で
時間をいともたやすく浪費する。
その理由は、死というものが
インド人のマインドにないからだ。
死の後には誕生がある。
時間は無限にあるのだから、急ぐことはないと。
しかし、アメリカ人のマインド、西洋人のマインドは、
非常に時間を意識している。
そしてその理由は、キリスト教だ ──

というのも、一度あなたが「人生は一度しかない、死が人間の最後だ、その後に生まれ変わることはない」と言ってしまえば、死はとても意味深いものになる。
全てを、その関連の中で受け取ることになるからだ。
もし死が人間の最後なら
そして一度しかないとしたら
時間はとても貴重になる。
時間を無駄に失うことはできなくなる。
そして、時間を意識すればするほど
あなたは時間を使えなくなる。
あなたはただ急ぎ、走り回っているだけになる。
あなたはあまりにも焦っているがゆえに
時間を有効に使えなくなってしまう。

時間を使うには、とてもとても忍耐強い心構え、とてもゆったりとした心構えが必要だ。

そうして初めて、時間は使える。

そして、あなたが全一なる意志による努力の中にある時、
時間は存在しない。

「エネルギーがもう湧き上がって来ない」

ということはないだろう。

だが、それらは全て、内側の主観的な感覚でのことだ。


あなたは「私達はだまされていたのでしょうか？」と聞くことができる。

そうだ。

だまされる、ということはあり得る。

しかし、嘘偽りがそこにある時は
あなたはきっと、それに気づくだろう。

何らかの内側の感覚の中で、何らかの内側の顕現の中で、それが本当のことか否かが疑わしくなったら、確実にそれは幻想だ――

というのも真実とは、まさにそれ自身が証拠になるので、疑いを挟めないからだ。

疑うというマインドは、ただ消え失せてしまう。

そういうかたちで、気づきがやって来る。


時々、誰かが私の所にやって来て、「私のクンダリーニが上昇しているかどうか、教えていただけますか？

私の先生は私のクンダリーニが上昇している、と言ってくださいます。だから、私に教えてください」と言う。

そこで私は彼らに言った。

「それ自体があなたにとって証明にならない限り
誰も信じてはいけない」

もし本当にそういう現象が起こったのなら「それが起こったかどうか」など、誰にも聞きに行かないだろう。

もし誰かがやって来て「私は生きているでしょうか、どうでしょうか、教えてくださいませんか」と聞いてきたら、彼に何と言うかね？

確かに彼は死んでいる！

たとえ彼がそう尋ねたとしても、確かに彼は死んでいる。

生とは自己証明的な事実だ。

何の証明も必要ない。

あなたはどうやって自分の生命を感じる？

何か証拠があるかね？

それに何か証拠があるかね？

どうやって自分の生命を感じるのだろう？

どうやって自分が生きていると感じるのか？

「俺は生きているのか、死んでいるのか」ということが疑問になったことが、今までにあるだろうか？


ディスクラトスは、こんなふうに論理を始めた。

彼は疑い得ない事実、何か疑うことのできないことから探求し始めた。

そして、彼はどんどん探求し続けていく。

神は疑える。

天国と地獄は疑える。全てを疑うことができる。

そして最終的に、彼は自分自身の存在につまずいた。

そして考え始めた。

「私は自分自身の存在を、疑えるだろうか？

自分自身の存在を、疑うことができるだろうか？

自分が存在する、あるいは存在しないと言えるだろうか？」と。

その時、彼は自己証明的な真実につきあたった。

彼は「たとえ私が『私は存在しない』と言っても、私は存在する。その事実は疑うことができない」と言った。

その時から、その事実が彼の論理の基礎になり始めた。

彼は言う。

「コジト　イグロ　サム——私は考える。

だから私というものは存在する。

たとえ私が疑うにしても『私が考える』のだから私は存在する。だから、自分自身の存在を否定できない」

生とは自己証明的な事実だ。
それを疑うことはできない。
同じことが、これまでの生を超えた時に起こる。
あなたがこれまでの生を超えた時、
トータルな生に入った時、それ自体が証明になる。

証明は必要ないし、証人も必要ない。たとえ全世界がそれを否定したとしても、あなたは笑っていられる。

全世界があなたのことを狂っていると思っても
あなたは笑っていられる。

それは、自己証明的な悟りだ。

私は、その状態を描写できる。

が、それらが起こった時、あなたは知ることになる。

それがある時、あなたは知る。

知ること自体が証明になる。

第三者の証明は必要ないし、第三者の証人も必要ない。

あなたの知ることが唯一の証明になる。


だから、時として神秘家達は傲慢に見える。

彼らは傲慢ではない。

彼らは可能な限り、最も謙虚な人々だ。

が、彼らは傲慢に見える。傲慢に見えるのは、彼らがあまりにも自己証明的に真実だからだ。

彼らは、あなた方にどんな証明もできないだろう。

彼らが得た悟りのことで
彼らはどんな論議もできないだろう。

彼らには、何一つ理由を付けられないだろう。

それでも彼らは言う、「私は知っている!」と。


それは我々にとって傲慢に見える。

だが、あなた方に聞けば、同じことだ。

「自分が生きていると、あなたはどうやって知っているのか?」と聞かれたら、どう答える?

あなたはただ「私は知っています!」と答えるだろう。

では、それは傲慢かね?

それは単純な事実だ。

「私は知っています。自己証明的に知っているのです。自分が生きている理由はありません。ただ、私は生きています」と言う以外にどう答えるかね?

これらのウパニシャッドは
あまりにも自己証明的な声明だ。
ウパニシャッドはあなた方と議論しない。
ウパニシャッドは語り続ける、「これはこうだ」と。
あなたは「なぜ」と聞くことはできない。
「どうしたら」と聞くことができるだけだ。

ウパニシャッドは
「どうしたら到達できるか」を教えることはできる。
しかし「なぜ? なぜこれはこうなのですか?」と聞くことはできない。

あなたが全体性の中にある時、その全体性の中で
あなたは〝それ〟を知るだろう。
それは〝それ〟を除く全てを疑うことができる、
というほどの現象だ。
あなたは全世界を疑うことができる——
〝それ〟を除いて。
たとえ全世界が証人として反対しても、それは事実だ、
というあなたの感覚は揺るがない。

だからイエスは死ねた。
だからマンスールは殺されることができた。
彼らを殺すことはできる。だが、彼らの心を揺るがし、
信を変えさせることはできない。
彼らの信を変えさせることはできない！
あなた方はマンスールを殺すことはできる。
が、マンスールの信を変えることはできない。
彼は同じことを言い続けるだろう。
マンスールは言っていた、「我は神なり」と。
イスラム教徒の目からは、カフラ—— 異端であり
エゴイズムに見える。
それは宗教的な表現ではない。
宗教的な人間は謙虚でなければならない。

そしてマンスールは「我は神なり—— アナル・ハック。
アワム・ブラフマースミ—— 我はブラフマンなり」と言
い続けた。
だから、彼らはマンスールを殺した。
彼らはマンスールを殺し始めた時「彼は正気に戻るだろ
う」と思っていた。
だが、マンスールは笑い続けていた。
そして誰かが「マンスール、おまえはなぜ笑っているん
だ？」と聞いた。
するとマンスールは「私が笑っているのは、あなた達に
は神を殺すことなどできないからだ。あなた方には神を
殺すことなどできない！　アワム・ブラフマースミ！
アナル・ハック！　我は神なり！」と言った。

イエスは彼の最後の言葉でこう言った。
「父よ、どうか彼らをお許しください。彼らには、自分
達が何をしているのかわからないのです」
彼は「彼らは自分達が何をしているのか、わかっていな
いのです」という理由で、自分を磔にした人達全てを、
許してくださるように神に懇願した。
しかし、マンスールやイエス、彼らは傲慢なほど
確信に満ちている。

その確信は、真実の自己証明性からやって来る。
全てを疑うことができても、あなたの全体性の中からやって来る感覚を疑うことはできない。
もしあなたが全一なる意志になれば
あなたは自己証明的な何かを知るに至る。
もしあなたが全面的に明け渡せば
その時もまた、自己証明的な何かを知るに至る。
たとえあなたが完全なる猜疑者であってもまた
自己証明的な何かに出くわすことだろう。
だが全面的であることが
あらゆるところで根本的な条件となる。
あなたは自分の行為において全一であり
全身全霊で打ち込んでいる状態でなければならない。

第*11*章

光、生命、そして愛

Light , Life and Love

『絶えず内なる輝きに、内なる光に、内なる無限の果実に統一していること、それが礼拝の前の沐浴だ』

光は、宇宙の中で最も神秘的なものだ——多くの理由で。
あなたは感じたことがないかもしれない。
だが、光についてはまず最初にこう言える。
「光は純粋なエネルギーだ」
物理学曰く「あらゆる物質が、実は物質ではない。
エネルギーだけが唯一真実だ」
物質は死んでしまった。物質はもう存在しない。
物質とは、我々の観念の中以外に、決して存在しない。
物質は存在しているように見える。が、そうではない。
唯一、光——エネルギー、電気だけが存在する。
我々が物質を深く突き詰めていけばいくほど
物質は見つからなくなる。
そして、最も深い領域では、物質は消えてしまう。
物質それ自体が非物質となる。
が、光は、エネルギーは留まる。

光は最も純粋なエネルギーだ。光は物質ではない。
我々が物質の存在を感じるところには、どこであれ
光が凝縮されたものが存在しているにすぎない。
物質とは、凝縮された光、ということだ。
それが光についての最初の神秘だ。
それは全ての存在の土台となる。
だから、最も古い宗教の概念に、初めに神が「光あれ」
と言えば、そこに光があったというものがある。
新しい意味で、それはとても重大なことだ。
存在は、その純粋さにおいて光だからだ。
だから存在の始まりは、光で始まらねばならない。
もう一つ、光は生命なしで存在できるが
生命は光なしでは存在しない。
生命もまた二次的だからだ。
物質は単純に消え去ってしまう。

物質というのは存在しない。
物質は凝縮された光に他ならない。
光は生命なしで存在できる。
生命は光の存在に必要ではないが
生命は光なしでは存在しない。
生命は二次的なものであり、光が根本になる。

これに関連して、もう一つ。
光は生命なしで存在できるが
生命は光なしでは存在しない。
それとちょうど同じで、生命は愛なしで存在できるが、
愛は生命なくして存在しない。
そこで、三つのLを心に留めておくことだ。
Ｌｉｇｈｔ（光）、Ｌｉｆｅ（生命）、Ｌｏｖｅ（愛）だ。
光が根本であり、土台だ。そして愛がピークだ。
生命とは、光が愛に到達するための、ただの機会だ。
生命は、ただの通り道にすぎない。
だからもしあなたが、ただ生きているだけだとすると、
ただ通り道の中にいるだけだ。
愛に到達しない限り、ピークに到達したことにならない。

光は潜在性であり、愛はその実現だ。

そして、生命はただの通路だ。

だから「神は愛である」とは、その意味での愛だ。

愛に到達しない限り、あなたはただ、途中にいる。

最終地点に到達したわけではない。

光が始まりで愛が終わりで、生命はただの通路にすぎない。だから、光は生命なしでも存在できると、心に留めておくことだ。

物質は、ただの現れ、凝縮されたもの、
密度が高くなったものにすぎない。
そして、生命はある種の表明だ。
光の中に隠されたものが表明されたものだ。
生命は形の現れではない。生命はある種の表明だ。
物質は、単に光が凝縮されたものにすぎない。
そこで光は光に留まり、それが凝縮されると物質となる。
そして光が進化して潜在性を顕現すると、生命となる。
もし生命が単に生命のままなら、死が最終地点になる。

もし生命がさらに進化すると、愛になる。
そして、愛には死がない。
それを神と呼んでもいい。何と呼んでもいい。
それらのことが根本的なポイントだ。
もしあなた方がそれらを心に留めていれば
我々は経文の中に入っていける。

三つ目は、この世界全体の中で
光を除いては、あらゆる物事が相対的だということ。
唯一、光だけが一定の速度を有している。
そこで物理学では、光を時間を計る尺度としている。
全てが相対的だ。

唯一、光だけが、ある意味で絶対だ。

光はある一定の速度で進む。

一定であるものは他に何もない。

だから、光だけが絶対だ。

光の速度には変化がない、光の速度は絶対だ。

スピードは絶対だ、だから光は神秘だ。


光は何かに対して相対的に存在していない。

ほかの全ては光に対して相対的だ。

それに、何一つとして光より速くは進めない。

もし何かが光とまったく同じ速さで進むとすれば
それは光になってしまうからだ。

もし我々が、光と同じスピードで石を投げられるなら
その石は光になってしまう。

光のスピードで進むものは、光になる。

だから、何一つ光の速さに到達するものはないし
何一つとして、光の速さを越えるものは存在しない。光のスピードは秒速十八万六千マイル（三十万キロ）だ。

そのスピードで進むものは、光になってしまう。

だから科学者達は「我々は光のスピードで進むことはできない」と言う。何でも――我々、飛行機、ロケット――光のスピードで進むものは、光そのものになる。


四つ目に、光は乗り物なしで距離間を移動する。

ほかの全ては乗り物と一緒でないと移動できない。

ただ、光だけが乗り物なしで移動できる。

それは神秘だ。

そしてまた、どんな媒体もなく距離間を移動する。

ほかの全ては、媒体を通して移動しなければならない。

魚は水の中を移動できる。人間は空気中を移動できる。

しかし、光は真空の中を、無の中を移動する。

今世紀の始め、物理学者達は、ちょうど何か、エーテルのようなものを想像していた。

彼らはそこに、何かあるに違いないと想像していた。

そうでなければ、どうやって光は距離間を移動できる？

だから、それが一つの根本的な疑問だった。

そこには何か、光がそれを通して移動するような媒体があるに違いない。

なぜなら、媒体なくしては何ものも移動できないはずだ、と考えたからだ。

今世紀の始め、物理学者達は、何かXのようなものが存在するに違いない、という仮説を打ち出した――

彼らはそれをエーテルと名付けた――

そのエーテルを通して光が旅をすると。

だが現在、彼らは発見した。

光が旅をするための媒体は何も存在しないと。

宇宙全体がただの広大なる空間であり
光は無の中を旅する。

無でさえも、光は破壊できない。

虚空でさえ光に影響を与えられない。

非実在でさえ、光の存在に影響を与えることはできない。

そして、光はいかなる媒体もなく
いかなる乗り物もなく距離間を移動できる。

それは、光とは、どこか他から引き出されたものではない、という意味だ。光それ自身がエネルギーだ。

もしあなたのエネルギーが、どこか外から引き出されたものなら、あなたは媒体を通して、乗り物を通して移動しなければならない。

自力で進むことはできない。

だが、光はそれ自身で進むことができる。


五番目に、光とは押されるものでもなければ
引かれるものでもない。

光は、ただ単純に距離間を移動する!

私が一つの石を投げるとする。

その時に「押す」という力が働く。

私は私のエネルギーをその石に与えた。

その石は私に与えられた力の分、その範囲でしか進むことができない。

私のエネルギーがなくなってしまえば、あるいは尽きてしまえば、その石は落ちてしまう。

石はそれ自体のエネルギーで進んでいるのではない。

あるエネルギーが石に与えられている。

その力は外からのものだ。

この世の全てが、その内に外からのエネルギーを有している――光を除いて。
全てが、どこかよそから引き出されたエネルギーとともに動いている。
樹は大きくなっていくが
そのエネルギーは引き出されているものだ。
花が咲いている。
だが、そのエネルギーは引き出されたものだ。
あなた方は呼吸をし、生きている。
だが、そのエネルギーは引き出されたものだ。
あなたには自分自身のエネルギーはない。
光以外に、それ自身でエネルギーを有しているものは存在しない。

それに関連して、コーランのマホメッドの言葉は、とても意味深い。彼は「神は光だ」と言った。

彼は、神だけが自身のエネルギーを有している、と言った。

ほかの全ては、ただ外からエネルギーを引き出しているだけだ。

実際、我々は借物の生を生きている。

我々の生は多くの、多くの源からの借物だ。

だから、我々の生は制約されている。

もしある一つの源が、我々にエネルギーを与えることを拒んだら、我々は死んでしまう。

が、光はそれ自身のエネルギーとともに生きている――どこからもエネルギーを借りずに自分自身から発するエネルギーで。

光は押されも引かれもせず、動く。

それは、この上なく最も神秘的なことだ。


六番目。

もし光だけがそれ自身のエネルギーを有しているとすれば、ほかの全てはエネルギーを借りて生きていることになる。

確かに、どこかしらから借りているに違いない。

突き詰めると、そのエネルギーは光から借りて来ている――光を除いて、全ての存在がエネルギーを借りて生きているからだ。

そうなると最終的には、光がそのエネルギーの提供者になる。

あなたがどこから自分のエネルギーを得ようと突き詰めると、その源は光であるに違いない。

あなたは食物を食べ、エネルギーを摂る。

が、食物それ自体は光を通して太陽光線を通して、エネルギーを得ている。

だから、あなたはそのエネルギーを食物から獲ているのではない。

食物はそれ自体のエネルギーの源を持たない。

食物は、どこかよそからエネルギーを引き出している。

食物はただ、その間を取り次ぐ働き、媒体の働きをしているにすぎない。

なぜなら、あなたは光を直接吸収できないからだ。

樹木は光を直接吸収できる。

樹木は、光をあなた方が直接吸収できるような形に、あなた方が直接吸収できるような組成に変容してくれる。

だから、食物は媒体として働いているのだ —— そうなると、やはり光が唯一のエネルギーの源ということになる。

だから、たとえ全ての存在が宇宙の中に消え失せても、光は影響されないだろう。

全ての存在がなくなっても、たとえ全宇宙が滅びても、光は影響を受けないだろう。

そうなっても、宇宙は光に満たされているだろう。

だが、もし光がなくなってしまえば全ての存在は滅びてしまう。

何一つとして生存できない。

その光の根本性は、科学の根本だけではない。

それはまた、宗教の根本でもある。


さてそこで、二つ目の側面だ。

もしあなたが物質を突き詰めていくと光にぶつかる。

もしあなたが生を突き詰めていくとまたしても、光にぶつかる。

だから、宗教の神秘家達はいつも「我々は光を体験した。我々は光を実現した —— 光は我々の内にあり、明かりは我々の内にある」と言ったのだ。

あらゆる神秘家達がそう語った。


それはただの象徴ではない。

今世紀だからこそ「それはただの象徴ではない」と言えるようになったのだ。

もし物質が光の中に消え去り、光の中から出て来るとするなら、なぜ生命それ自身が光の中から出て来ないことがあろうかと、神秘家達は考えた。

そして神秘家が意識の奥深くに入る時、生命の奥深くに入った時、光に突き当たった。


自分自身の奥深くに入って行くとはより深くより深く、光の根源に入って行くことだ。

それは、外側の光が唯一の光ではないことを意味する。

あなたは内側に光を有している。

なぜなら、光なしでは、あなたは存在しないからだ。

それが根本だ。

在るというのは、光の中に土台があるということだ。

ほかの存在は存在しない。

だから、あなたが内側に入って行く時、あなたは光の次元、光の世界 —— 内なる光を実感するに違いない。

その内なる光とあなたの生命はちょうど二つの層になっている。

あなたの生命は一番外側の層、そして光は最も深い層だ。

あなたの生命は死で終わる。

あなたが内なる光を実感しない限り「死は存在しない」と知ることはできない。

あなたの生は、ただの一つの現象にすぎない。

それは根本的なものではない。

それは、ただの一つの現象、一つの波——

光の内の波にすぎない。それは過ぎ去ってしまう！


もしあなたが一つの波である生を通して、光のもっと深い領域まで見通すことができれば、あなたは不死なるもの、死なないものを知ることができるだろう——

光だけは死なず、光のみが不滅だからだ。

全ての存在は滅びゆく。

全ての存在は引き出された生、
借り物の生を生きているからだ。

唯一、光だけがそれ自身の生命を有する。

他の全ては、よそから借りてきた生命を生きている。

だから、人はそれを返さねばならない。

人はそれを元に戻す必要がある。

だから、あなたが内なる光を実感しない限り
死を越えたものを知ることはない。

ある意味で、内なる光は死を越えたものであり
生をもまた越えたものだ。

そうして初めて、それは不死となる。

生まれるものは必ず死なねばならない。

生きているものは必ず死なねばならない。

生それ自身を越えたものだけが
死を越えることができる。

そして、光は生も死も越えている。

神秘家達が光について語る時は常に
死は存在しないと語る。

それは、内なる光の中に入った時、生の源に入った時、あなたは不死なる世界に入るからだ。

この経文は、両方の意味合いで使われている。

この経文曰く
『絶えず内なる輝きに、内なる光に、内なる無限の果実に統一していること、それが礼拝の前の沐浴だ』


そのように、自分自身の内なる光、果実、その光のものである不死性を浴びない限り、あなたは聖なる寺院に入る用意ができていない。

それは礼拝に入る前の沐浴だ。

水では駄目だ。光が使われなければ駄目だ。

純粋なる光が使われなければならない。

純粋なる光を浴びない限り
聖なる寺院に入る用意ができていないということだ。

クリシュナがアルジュナに彼の無限性を示した時
アルジュナは言った。
「クリシュナ様、私にはあなたが見えません。光しか見えません。どこへ行ってしまわれたのですか？　私にはただ、何千もの、何千もの光が見えるだけです――恐いです。どうか戻って来てください！」

人が内なる光の中に入っていく時――
それはそこにある――
というのも、それなしでは、あなたは存在しないからだ。
何一つ存在することはできない。
それは科学的な事実だ。
光なしでは、何一つ存在できないからだ。
もし何かが存在できるとすれば
それはそれ自身の土台に、光を宿しているに違いない。
あなたは知っているかもしれない。
知らないかもしれない。が、光は全ての土台だ。
あなたは存在する。
それは、あなたに深い光の世界があるということだ。

光の中に入った時、光を浴びる。
そして、その光を浴びることには
多くの意味がある。
元来は、あなたが寺院の中に入る時
あなたは外面的に、始めに沐浴をする。
身体から汚れを落とすために沐浴をする。
そして清められた身体――新鮮になって、汚れを落とし、きれいになって、寺院の中に入れる。
が、あなたが本当に神聖なる寺院の中に入る時
あなたの身体は入れない。
あなたの意識が入るのだ。

自分の意識を、水で洗うことはできない。

が、意識は内なる光で深く浄化される。

深い浄化とは、全てのカルマ――

あらゆる行為の汚れをきれいにする、ということだ。

あなたが為したことが何であれ、どんなふうに生きてこようと、過去がどうであろうと、それらはあなたにまとわりついている――

ちょうど埃のようにまとわりついている。

あなたが内なる光の中に入った時、それらは消え去る。

なぜ？

それは、あなたが光の中に入ると、あらゆるものが光の
速度になり、何一つ元のままではいられないからだ。
汚れに汚れたカルマは消え去ってしまう――
あなたがあらゆる生の中でしてきたことが消え去る。
そして光の世界に入ったら、全てが光になる。
光と共にある時、その速さの中では
何ものも、光以外のままではいられないからだ。それは
単なる沐浴ではない。
沐浴で全てのカルマはただ消え去る。
それらは光になってしまう。
そして意識が浄化される。
意識は本来そうであるべきなように
新鮮になり、若々しくなる。

そして、全てのカルマが消え去った時――
私が言う「カルマ」とは、行為、欲望、情欲を通して人
が蓄積してきた物質界の汚れのことだ――
それが消え去った時、エゴの実体、核心もまた消え去る。
エゴは全ての不純、全ての汚れ、全ての埃の集合体とし
てのみ存在するからだ。
エゴは一つの中心として存在する。
だからその全てが消え去った時、エゴは消え去る。

そしてエゴが消え去った時、あなたは純粋になり、
きれいになり新生する。
だから内なる光の中に入るとは
内なる火の中に入るということだ。

もう一つ、外側の光は一定だ。
だが、あなたにとっては一定ではない。
太陽は昇り、沈む。
が、太陽自体は決して昇りもしなければ、沈みもしない。
しかし地球から見れば、太陽は昇り、沈む。
そして夜がやって来る。
外側からは、絶えず光の中に留まることはできない。
だが内なる光は、昇ることも沈むこともない。

だから経文曰く『絶えず統一していること』
そこには夜もなければ、沈むこともない。
昇るということがないからだ。
光はあなたの実存として
あなたのまさに存在そのものとして、そこにある。
だから、その光の内に絶えず統一していること
それが沐浴だ。

そして「沐浴」とは、人が執着してきたもの全てが
完全に破壊されるということだ——
ただ破壊されるだけではなく
また変容されるということだ。
それらは光そのものになる。その入口には三つある。

第一に、あなたは光を実感する。
そして自分の魂が、実存が深く清められたとわかる。
三つ目は、その光が万能薬であること、果実であること
——蜜——不滅性、光の不死性を悟るということだ。
一度エゴがなくなれば、死がなくなるからだ。
一度カルマが洗い流されてしまえば、不死になる。
一度、生より深い次元に入っていけば
あなたは不死になる。
生より深い次元では、死は存在できない。
死は、生と並行して存在する。
それは生の終わりを意味する。
だから、生には二つの次元がある。
一つはただの水平線上のもの。
あなたは生の一つの瞬間から
生のもう一つの瞬間へと進んで行く。
そして、もう一つへと——A—B—C——
一つの連続の中で。
そして最終的には、Zが死になる。
あなたは、AからB、BからC、
そしてX—Y—Zと進んで行く。
Aは誕生であり、Zが死だ。
あなたは、A—B—C—Dと水平に動いて行く。
それが一つの動きだ——誕生から死へ。
ブッダ曰く「生まれた者は死なねばならない。なぜなら、
彼は水平に進んでいるからだ」

だから、水平に進んでいけば死は必然的だ。
しかし、あなたは垂直に動ける。
AからBへ進む代わりに、Aの下に降りていくか、
Aの上に昇っていくかが可能だ。
だから、Bへと進むのではない。
どんな生の瞬間からでも、二通りの動きができる。
あなたは、生のもう一つの次元の動きもできる。
そうすれば、死がその終わりになるだろう。
あなたは自動的に、知らずして死に向かって進んでいる。
あなたは落ちて行くことも、上へ昇って行くことも
できる——水平ではなく、垂直に進むことができる。
だから、Aから下へ降りるか、上へ昇るかすることだ。

そうすれば、あなたは生から光へと移行する。

もし下へ降りたら光へ進むし、上へ昇れば愛に進む。

それが垂直の動きだ。

たとえ生から下へ降りるにしろ、光へ進むことになる。

上へ行けば、愛へと進むことになる。

両方の動きが不死の扉を与えてくれる。

死はただ、水平の動きを意味しているにすぎない。

もう、あなたは水平に動いていない。

上か下か、どちらかに進むことだ。

もしあなたが意識的に光へと降りていけば、生は愛になるだろう——一度、不死を知れば、愛以外の何ものでもなくなってしまうからだ。


実際、死は愛の敵だ。

あなたは死の存在ゆえに、愛することができない。

死への恐怖ゆえに、愛することができない。

自分以外の人間への恐れゆえに愛せない。

そして全ての恐怖は、根本的には死への恐怖だ。

それら全ては、死への恐怖に帰する。

だから一度、不死を知ってしまえば、恐怖はなくなる。

そしてマインドが恐れを知らないこと、それが愛だ。

マインドが恐れを抱いていたら、決して愛ではない。


見せかけることはできる。振りをすることはできる。

が、決して愛ではない。

恐怖があるところに憎しみが存在し
恐怖があるところに嫉妬が存在する。
恐怖があるところには、何でも存在する。
だが、愛は存在できない。
そこで我々は愛がある振りをする。
しかし愛は見あたらない。
そして結局は、嫉妬や憎しみ、恐怖が見つかる——
愛は見い出せない。なぜ?
それは実際、あなたが愛していないからだ。
死が迫っている時、どうやって愛せる?
瞬間ごとに死が近づいている時
どうやって無条件に愛せるだろう?

そのことを次のように見てみなさい。

あなたはここにいる。

そしてあなたの愛する人、あるいは恋人がここにいる。

あなたは愛の歓喜の真っ只中にいる。

その時、誰かが「五分以内にあなたは死んでしまうだろう」と言ったとする。

「五分以内にあなたは死んでしまうだろう」と言われた
瞬間、愛は消え去ってしまうだろう。
愛する人のこと、恋人のこと、詩のことを忘れ、全てが
あなたの中から、ただ消え去ってしまうだろう。
では、なぜ消え去ってしまうのか?
それらは、決して存在しなかった。
あなたが死を意識していなかったからこそ
そこにあった。
あなたは愛しているふりをしていたのだ。
死が存在しないと知れば、あなたは愛になる。
すると、あなたは愛するよりほか何もできなくなる。
あなたが愛するというのではない。
あなたが愛になる、と言うほうがいい。
愛があなたの質になる――
あなたの行為ではなく、あなたの実存そのものに。
だから、Aから下へ降りて行きなさい。
水平線から、垂直に光へと降りて行くがいい。
それが一つのやり方だ。
ヨーガは、この下へ降りて行くことに関わっている。
あるいは、Aから垂直に愛へと上昇すること。
バクティ――信愛の道――
は上昇することに関わっている。
いずれにしても、あなたは動く必要がある。
結果は同じことだ。
もし上昇できれば、あなたはまたもや不死を見い出す。
垂直の動きに、死は存在しない。
ただ水平に動く時だけ、死が存在する。
だから、もし上へ昇ることで愛を見い出せば
光を見い出す。
不死の領域に入っていけば
人は必ず光を見い出すからだ。
光の中に入っていくと、人は不死を見い出す。
それらは一つだからだ!

実際、生と死は一つのコインの裏表だ。
死は生の反対ではない。死は生の一部だ。
光は死と反対であり、光は生と反対ではない。
光は不死だからだ。
愛も死と反対だ、愛もまた、不死だからだ。
問題なのは、下へ落ちて光の中に入るか
上へ昇って愛の中に入るかだ。
この垂直の旅が宗教の旅だ。

この経文曰く
『絶えず内なる輝きに、内なる光に、内なる無限の
果実に統一していること、それが礼拝の前の沐浴だ』

では、どうやって入る？　どうやって統一する？
それには、二、三の事がある。
一つ、あなたが「光がある」と言う時
いつも何を意味しているのか？
私が「部屋には明かりがついている」と言う時
どんなことを言っているのか？
私が言うのは「見ることができる」ということだ。
光は絶対に見ることはできない。
光っている対象物だけが見えているのだ。
あなたは壁を見る、光ではない。
あなたは私を見る、光ではない。
光っている対象物を見ている。
決して光そのものではない。
光はあまりにも微妙で、見えないものだからだ。
光は粗雑な現象ではない。
光がある、と推測することしかできない。
それは一つの推測であって、認知ではない。
それはただの推測にすぎない！

私にはあなた方が見える。
だから、そこには光があると推測する。
光がなくて、どうして見ることができるだろう？
今まで、光を見た者は誰もいない ── 誰もだ！
誰にも光を見ることなどできない。
しかし我々は、「私は光を見た」という言葉を使う。
が、それは「私は光なしでは見られないものを見た」と
いうことだ。
あなたが「暗くて光がない」と言うのは
どういう意味だろう？
それは「もう物が見えない」ということだ。
物が見えなければ、光がないと推測し
物が見えれば、光があると推測する。
光の存在は、外側から、外の世界からでさえ
一つの推測だ。
そして、人が内に入らなければならない時、人が内に入
る用意がある時、光という言葉で何を意味しているのだ
ろう？
もしあなたが自分自身を感じることができれば、自分自
身を見ることができれば、それは光がそこにあるという
ことだ。

それは不思議だ。
が、我々は決してそれを考えたことがない。
部屋全体が暗ければ、何があるかは言えない。
が、一つのことは言える。
あなたがいる、ということ。
どうして？　自分自身を見ることはできないのに。
部屋はまったく闇の状態だ。
何一つ見ることはできない。
が、一つのことに関しては、あなたは確かだ。
それは、あなた自身の存在だ。
証拠など必要ない。何の光も要らない。
あなたは自分が存在すると知っている。
あなたは自分自身の存在を感じている。
微妙な、内なる輝きがそこにあるに違いない。
我々はそれに気づいていないかもしれない。
我々はそれに対して無意識、あるいは
ごくかすかな意識しかないかもしれない。
それでも、それはそこにある。
それに気づくには、あなたの注目を内側に向けることだ。
外界に光があることを感じないように
全ての感覚を閉じなさい。

暗闇の中に入っていきなさい。そして目を閉じる。
さあ、その闇を貫こうとしてごらん。
内側を見ようとしてごらん。
まず最初に、単に闇を感じるかもしれない。
それはそのはずだ。闇に馴れていないからだ。
が、貫き続けていくことだ。
ただ、内側にある暗闇の中に見入ろうと試みる。
それを貫く。
するとだんだん、内側の多くのことを
感じ始めるだろう。
内なる輝きが働き始める。
最初は薄暗いかもしれない。
やがて自分の思考を見始めるだろう。
というのも、思考は内側の物だからだ。
それらは物だ！
そして、あなたは自分のマインドという家具に
ぶつかり始める。
そこにはたくさんの家具がある――
たくさんの記憶、たくさんの欲望、たくさんの満たされ
ない欲情、たくさんの欲求不満、たくさんの思考、たく
さんの思考の種、多くの多くのものがある。

それらを感じ始めた時、まず初めに
暗闇を貫こうとしてごらん。

すると、薄暗い明かりが点り始める。

そして、多くのことに気づき始める。

ちょうど、あなたが突然暗い部屋に入ってきた時のように──最初は何も見えない。

それでも、そこにいなさい。その暗闇に慣れること。

自分の目を暗闇に馴らしなさい。

目は馴らされなければならない。それには時間がかかる。

あなたが外から、太陽が燦々と輝いている庭から部屋の中に入ると、目はそれ自体を再調整しなければならない。

それには少し時間がかかる。が、それは起こる。


もし、絶えずとても近くの物を見ることばかりに目を使っていれば──たとえば、絶えず本ばかり読んでいれば、近視になるだろう。

余り近くのものを見ることばかりに目を使っていると、目の機能が固定してしまうからだ。

だから、遥か遠くの星を見たい時に、目の機能が固定してしまっているせいで、見ることができない。

さてそうなると、目の機能は柔軟でなくなってしまう。

それと同じことが内側でも起こる。

我々は、何生にも渡ってずっと外ばかり見続けてきた。
そのため機能が固定してしまい
内側を見ることができなくなった。
でも、やってみなさい。
努力しなさい──暗闇の中を見るのだ。
焦ってはいけない。
というのも、その機能は何生にも渡って固定している。
どうやって内側を見るか、目は完全に忘れ去っている。
内側を見るという目的で目を使ったことは
あなたはかつて一度もなかった。
が、暗闇の中を見入りなさい、闇を見るのだ。
短気になってはいけない。
闇を貫く。どんどん貫いていきなさい。

三ケ月もすれば、内側にあるとは思いもしなかった多くのものが、見えるようになるだろう。

そうなってあなたは初めて、思考がただの物であると気づく。

それらに気づけば、自分の想いを置きたいところにどこへでも置けるようになる。

もし想いを捨てたければ、捨て去ることができる。

だが今のあなたには、自分の思考を捨て去れない。

たった今、どんな思考も捨て去ることはできない。

あなたにはそれが掴めないからだ。

あなたは知らない――「想い」が一つの物だということ、それを捕まえられるということ、それを捨て去ることもできるということさえ。

あなたは思考がどこにあるのかを知らない。

それらが、どこからやって来るのかも知らない。

みんながこう言う。

「私は恐れたくないし、怒りたくもない」と。

が、彼らにはどうすることもできない。

というのも、彼らは、その怒りがどこからやって来るのか、その源は何か、その怒りがどこに保存されていたのか、どこに蓄積されていたのか、ということさえ知らないからだ。

あなたは怒りが出てくる根っこを知らない。

あらゆる思考は一つの物だ。

そして思考には貯蔵庫がある。

だから、一つの思考がやって来る時
それはちょうど大木の一枚の葉のようだ。

それを切ることも捨て去ることもできない――

もしそうすれば、別の葉が出て来るだろう。

根はそこにある。木はそこにある。

そして、わずかでも思考がある、欲望がある――

怒りが、情欲が、性欲が――あらゆるものがそこにあると気づき始めた時、それらと闘ってはいけない。

ただ見守る。

見守ることで、もっと気づくようになるからだ。

が、闘うことで意識的になることは決してない。

だから闘ってはいけない――見守るのだ！

「見守る」というのが標語、マントラだ。

絶え間なく見守りなさい。

見守れば見守るほど、あなたはさらに、光がそこにあると感じ始める。光はそこにある。

ただ、光を感じるために、目が調整される必要がある。

だから見守りなさい！　見守れば目は慣れていく。

そして、より多くの光があれば、全てが明瞭になる。


闇がなければ、あなたは自分のマインドの主人《マスター》になる。

すると、どんな思考でも捨て去ることができる。

あなたは全てを整頓し直すことができる。

一度、自分のマインドのマスターになれば、その光がどこからやって来るのか、その根源が何なのか、気づくようになる。

太陽はそこにない。
それは外界のものだ。
あなたは蝋燭を持ち込んでさえいない。
しかし、全てが明るくなる。
どこからその光がやって来るのだろう？

まず最初、あなたは光が当たっている対象に気づく。
すると、自分のマインドの
いろいろなもののマスターになる。
次に、その光がどこからやって来ているのか
その根源が何なのかに、気づき始める。
あなたは花が咲いているのに気づき始める。
すると、どこからその光がやって来ているのかに
気づき始める。
すると、太陽を知ることができる。
ただ二次的なこととして、光に照らされている対象から
光の根源へと進んでいかねばならない。
またしても、光は目で捕らえられない。
あなたは再び太陽を見る。
まず初めに、あなたはマインドの中身を感じ始める。
そして、さらにもっと感じていけば
マインドは明瞭になっていく。

すると、その光がどこからやって来ているのかに気づく。
マインドのちょうど中心が根源だ。
そうしたら、その根源に入ればいい！
そうすれば、もうマインドを忘れてしまってもいい――
あなたがマスターだ。
マインドに「止まれ」と言うだけで
マインドは止まるだろう。
それに熟達するには、気づきが必要だ。
決してその逆をしてはいけない。
最初からマスターになって
それから意識的になろうとしてはいけない。
それは絶対しないこと。
それは起こり得ない、それは不可能だ。

まず、意識的になりなさい。
そうすれば熟達が訪れる。
あなたはマスターになる。
そうしたら、源へ行くがいい。
光がやって来る根源に入って行くのだ。
進みなさい！　光の中に入るのだ！
その光の中に入ること、それが「沐浴」だ。
あなたはマインドのマスターになった。

今や、あなたは生そのもののマスターになった。

今や、あなたは意識そのもののマスターになった。

一度その光の中に、光の根源の中に浸たれば、自己の永遠性において自分自身を見ることができるだろう。

その瞬間の中にあらゆる過去、あらゆる未来がある。

その瞬間が永遠だ。

あなたは余りに純粋で、全ての時間が
あなたの中に集まってしまうほどだ。

純化された過去は、純化された未来を生み出す——

すると、その瞬間は永遠になる。

見守り、気づき、マインドの中身を深く観察しなさい。
そうすれば根源に気づくだろう。
そして、その源の中に入る。それは恐い。
あなたが自分自身として認知していたものが
死んでしまうからだ——その沐浴は一種の死だ。
あなたが自分と認識していた存在全ての死だ。
アイデンティティー、エゴ、人格、全てが死んでしまう。
なぜなら、人格、アイデンティティー、エゴ、それらはゴミ——
あなたの実存の周りに蓄積されたゴミだからだ。
唯一実存だけが、名前もなく形もなく留まることになる。

そしてこの経文曰く『それは沐浴の前の』

そういう準備があって初めて、内側に入ることができる。

あなたはそこまで努力しなければならない。

そしてあなたが純化され、その沐浴を経験し、カルマが消え去れば、もう何の努力も必要なくなる。

その地点から、神という存在が一つの引力になる。

その時、あなたは恩寵の圏内に入る。

それは地球の重力と同じようだ。

が、あなたはその圏内に入らねばならない。


宇宙船で宇宙に行くために、我々は一つの根本的な手筈を整える必要がある。

宇宙船は、地球の重力圏から飛び出さなければならない。

地上二百マイルの周囲が、その重力圏だ。

もしその圏内にいれば、あなたは引き戻される。

が、二百マイルを越えれば、地球にはもう何もできない。

あなたが完全に純粋にならない限り、あなたが自分自身の光にならない限り、神はあなたを引き上げられない。

その時、光と同じ速さで、あなたは神の中に入って行く。

その光の中に入ること、それが最後の努力になる。

一度、純化されると、あなたは引力を感じ始める。

そうなれば、もう自分から光の中に入る必要はない。

あなたは引かれる。

その引力は恩寵として知られている。

神に引かれること、それが恩寵だ。

恩寵とは助けではない —— そうではない！

それはただの法則だ。

神はある者に対してだけ、情け深いわけではない。

そうではない。

神はえこひいきしていない。

地球はあるものにだけ、引力を働かすわけではない。

あなたがその圏内に入った時、その法則が働き始める。

だから、神は情け深いと言ってはいけない。

神は我々に役立ってくれる、と言ってはいけない。

神は慈悲深い、と言ってはいけない。

それは正しくない。


神とは、「恩寵の法則」だ。その法則が働き始めるのだ。

一度あなたがその圏内に入れば、その法則が働き始める。

一度あなたが自分自身の光になり始めれば、その法則が働き始める —— すると、あなたは神に引かれ始める。

私は「光が生命の根本だ」と言う。

その生命に関しては、科学でさえも同意する。

そして、科学はその地点で終わる。

科学にとって、その向こうはない。

宗教には、その向こうがまだ存在する。

宗教は、光の向こうにさえ、存在があると言うからだ。


もう一つ、光は存在している。

そして、光には二つの性質がある —— 光としての性質、そして、存在としての性質。

それでもまだ、光は究極のものではない。

というのも、光は二つの性質を持っているからだ —— 光と存在。

宗教曰く「存在は光なしでもあり得るが、光は存在なしではあり得ない」と。

そこでもう一歩、宗教は「神は純粋な存在だ」と言う。

だから実際のところ、宗教家達が「神は存在する」と言うこの言葉、この一節は過ちだ。

なぜなら、「神」と「存在する」という言葉は同じ意味だからだ。

テーブルがある、と言うのはいい。

が、神は存在するというのは良くない。

人間は存在する、そう表現できるのは
人間は存在しないかもしれないからだ。
人間が存在するということは
二つのことが一つに結び合っている表現だ。
それらは分けられない。
が、神は存在するというのは適切な表現ではない。
神とは「在る」ということを意味しているからだ。
だから、神が在るという言い方は
同じことの繰り返し、重複だ。
「神が在る」という表現は、「在るが在る」、あるいは
「神が神」と言うのと同じ位、不条理な表現だ。
それらは意味がない、馬鹿げている！

「在ること」が神だ。だから、宗教ではまだ、さらに少ない言葉で、神を意味する表現をしている。

あなたが光の中に入ると、「在ること、存在、彼方」の中に入るだろう、といった表現を使う。

光とは「彼方」のオーラのことだ。

あなたが光の中に入った時、そのオーラの中に入る。

そして、そのオーラの中に入った瞬間
あなたは引き付けられる。

そこには時間のギャップがない。


時間のギャップはない！

それからもう一つ。

光は最も速いスピードで進むと私は言った――

一秒間に十八万六千マイルの速さだ。

一秒間に、一分間に、一時間に、一年間に
どれだけの距離を進むことになるだろう！

物理学が光の進む距離を計る単位を、光年という。

だから、一光年というのは、光の速度で
一年間に進む距離を意味する。

それはまだ時間の動きだ。

非常に速い、でも、まだ光は進むのに時間を要する。

だから私が「光は媒体を必要としない、光には乗り物はいらない、光は外から借りてきたエネルギーを必要としない」と言う時――それでもまだ、時間は必要だということだ。

宗教では、光はそれなしでは進めない何かを必要とする。

それは、光がまだ時間に依存しているという観点に立っている。

宗教は言う「その依存――時間への依存さえも必要としない何かを見い出すために、より深い次元へと入っていかねばならない」と。

我々には、それは無意味に見える。

媒体なくして、どうやって光が進めるのか？

しかし現代における科学は、進めると言っている。

その通りだ。

宗教は言う、「心配しなくていい。どうやって時間なくして神が存在できよう？」と。

神は存在する、神は時間がなくても活動できる。

意識は、時間がなくても活動できる。


科学の測定の限りでは、速度が最も速いのは光だ。

しかしそれは、ある意味において最も速いということだ。

存在がもっと速いかどうかは、わからないからだ。

実際、存在は時間なくして進む。

だから、速さは問題にならない。

存在は一秒間にどれだけの距離を進む、とは我々には言えない。存在の動きは、絶対的に絶対なるものだ。

そこには時間のギャップは存在しない。

そしてその輝きの中に入った時、人は引き付けられる。

「引き付けられる」という言葉を遣うことでさえ時間の存在を表している。

が、「引き付けられる」現象そのものに時間は要らない。

私が「引き付けられる」と言うのは、時間がかかる、時間をロスしてしまうという意味だ。
が、実際、人が輝きの中に入って行った時
それだけの時間でさえ必要ない。
そこに時間のギャップは存在しない。

あなたは引き付けられる。
そして、その光の向こうには神が、寺院が存在する。
その光は、ただあなたを浸し
ちょうど火のようにあなたを清める。
あなたは浄化される。
そして、あなたが浄化された時
光の中に入ること、爆発が起こる。
その光の中に入ることで、あなたは不死となる。
が、それでもあなたは感じる。
自分は、今、不死性の中に入った、と。
が、「彼方」、「在ること」の中に入れば
自分が不死であることに気づきさえしないだろう。
もはや生と死は無意味になった――
ただ実存だけがある。
あなたは在る、どんな条件付けもなく。
その「実存」が宗教の究極のものだ。

光はフィールドであり、マインドはその周りにある。
なのに、我々はマインドの周りにいる。
我々はマインドの外側に住んでいる。
だから、マインドの中に入らねばならない。
次に光の中、次に神の中に。
だが、我々はただマインドの周りを
堂々巡りしているだけだ。

この、常に家の外にいる状態が
いつもの習慣になっている。
我々は、自分達がベランダに住んでいることを
忘れてしまった。
ベランダに住むのは楽だ。外へ行くのには楽だ。
そのために、我々はそこに固定している――
それは楽だ、いつでも外へ行ける。
我々のマインド、欲望は外へと動く。
だから、我々はベランダに住んでいる。
いざ動く瞬間があれば、動く機会がやって来れば
すぐにそこから走り出せる。
我々は、自分達に家があることを忘れてしまった。
外を走り回ることは、まさに乞食そのものだ。

そして家の中に入るには、自分の目を一八〇度くるっと
向き直さなければならないということだ。
そして、自分の目を新しいやり方で
使わなければならない。

あなたは闇夜を通らなければならない――
ただ固定してしまった習慣ゆえに。
キリスト教の神秘家達は「魂の闇夜」のことをよく語る。
それは「魂の闇夜」だ――
あなたの目が、余りにも固定しているためだ。
それは「近視眼になっている人もいるし、遠視になって
いる人もいる」と言うのと同じだ。
もし遠くばかりを見ていれば、近くを見れなくなる。
もし近くばかりを見ていれば、遠くを見られなくなる。
目が固定してしまうのだ。
目は機械的なものだ。目は柔軟性を失う。
ちょうど誰かが近視や遠視になるように
我々は「外視」になってしまう。
だが、「*Insightedness*（洞察性）」こそ、我々が発達さ
せなければならないものだ。
あなた方は「*Insight*（洞察・内視）」という言葉を聞い
たことがあるに違いない。

が、「外視」という言葉は聞いたことがないかもしれない。

あなた方は「洞察・内視」という言葉は知っているが、

「外視」という言葉を理解しない限り、「洞察・内視」という言葉を知っていても無意味だ。

我々は外視になり、それが固定している。

だから、我々は洞察という能力を発達させなければならない。


だから、時間がある時はいつでも目を閉じ、マインドを外界から閉じ、内側を貫こうとしてごらん。

最初、あなたは魂の闇夜に入って行くだろう。

そこには、暗闇以外に何もない。

が、そこで短気になってはいけない。

待つ、そして見守る。

すると段々、暗闇が少なくなっていくだろう。

あなたは、多くの内側の現象に気づくだろう。

そして、あなたが内的世界に意識的になった時、その時はじめて、光がやって来る源を意識できるようになる。

その時、あなたはその源に入る。

それが、ウパニシャッドが言う「沐浴」だ。

だが、何と人間のマインドは愚かなことか！


我々はあらゆることを儀式にしてしまう。

すると、その意義は失われてしまう。

そして、ただ愚かなる儀式だけが残る。

だから、我々は寺院へ行く前に沐浴をする。

が、そこには寺院もなければ沐浴もない。

寺院は内側にあり、沐浴も内側のことなのだ。

その沐浴――ウパニシャッドでは、内なる輝きの中に入る沐浴と言う。

そして、光は実際には、神と世界の間の掛け橋だ。


神は、光を生み出すことによって世界を作り出したが光が最初の創造だ。

その後、その光が凝縮し、物質ができた。

そして、光は成長した。

私は、光は成長すると言う。

そして生命が誕生した。

生命は成長し、愛が生まれた。

光、生命、愛――これらが三つの層だ。

二つ目の層に留まってはいけない。

根っこへと戻って行くか、再び種にまで、花にまで逆上って行くかの、どちらかにしなさい。

光にまで降りて行くか、花にまで上って行くかしなさい。

それには二つの道がある。

一つは知の道だ。

「知る」ことは、光にまで降りて行くことだ。

ジニヤーナヨーガで言われる真の秘密とは
その「光まで降りて行く」ということだ。

その次には、「バクティヨーガ、信愛の道」がある。

それは、愛にまで上って行くという意味だ。

ブッダは降りて行った。

ミーラは上って行った。

マハヴィーラは降りて行った。

チャイタニアは上って行った。

彼らは実に矛盾したことを言っている。

それは当然だ。

一人は根っこ、根源に行くことを語り、もう一つは花について、最終地点、頂点、ピークについて語っている。


ある意味で、ブッダ、マハヴィーラ、パタンジャリ——

彼らの言葉はドライだ。

彼らは、根源へと帰る道を説いているのだから当然だ。

そこに詩はない。

詩などあり得るわけがない。

彼らは、花に向かって進んでいるのではないからだ。


彼らは科学的なやり方で話す。

パタンジャリは一人の科学者として——

法則について話す。

ブッダは常に「これをしなさい、そうすればこういうことが起こるだろう。これをしなさい。そうすれば、こういう結果が生まれるだろう。これが原因で、これが結果だ」というように説いていた。

彼らは科学的に話す。

彼らは数学の見地で話す——とてもドライだ。

彼らは散文で話し、決して詩的に話さない。

彼らにはできない。

どうやって物理学者が詩的に話せる？

彼は根源を深く掘り下げている。

彼は花にはまったく関心がない。

彼は根っこを深く掘り下げている。

その彼がどうやって、詩的に話せるかね？


チャイタニア、ミーラ、彼、彼女達は異なる言葉を話す。

彼らは踊る。彼らは歌う。

彼らは開花へと上って行くからだ。

そして、開花は踊りなくして、歌なくして、生命そのものを祝うことなくしては起こらない。

だから、仏陀やマハヴィーラは、生に反対しているように見える——それは、根っこへと進んで行くからだ。

チャイタニア、ミーラは生にとても肯定的に見える。

彼らは生を愛している。

それは、彼らが上って行くからだ。

両方の道が同じ目的地にたどり着く。

どちらの道で行くかは、あなた次第だ。


もしあなたが非常に科学的なマインド、数学的なマインドを持っていて、詩的なものがないとしたら、光へ降りて行くのを選んだほうがいいだろう。

また、もしあなたが散文志向のマインドを持っていたら、光へ降りて行きなさい。

また、あなたが詩的であり、美的感性の持ち主であり、歌い、踊り、祝うことができるのなら、その時は、根源へと進んではならない。

開花へと進んで行きなさい。

あなたは同じ地点にたどり着くだろう。

というのも、一度、花にたどり着けば種にもたどり着く——花とは、再び戻ってきた種だ。

もしあなたが根っこへと降りて行けばまたしても進むことになる。

あなたは生から進まなければならない。

生は唯一の橋だ。

それはただの途中下車だ。それは終わりではない。

この岸、あるいはあの岸から動きなさい。

が、生はじっとしているものではない。

生は、それ自身を越える動きでなければならない——この岸であれ、あの岸であれ。

基本的には、それらが動きの二つの次元だ。

どちらでも選びなさい！

どちらのほうがいい、ということはない。

どちらの道がいいかは、あなた次第だ。

どちらも同じだ。

だがあなたにとっては、両方同じではない。

あなたにとっては、一つの道のほうがいいに違いない。

それはあなた次第だ。

だから、自分のタイプが何なのかを探求しなさい。

私が詩的と呼ぶタイプは非論理的で、感覚的で、深くトータルに愛することができる感情志向だ。

知のタイプは感情的でなく、感情志向ではない。

彼は骨の髄まで論理的だ。

ある人間は論理的で、知性的で、知識志向だ。
その違いを感じなさい。
あなたが知識志向なら、あなたのタイプは
いつも知、知ることにある。
あなたが感情志向、ハート志向なら
あなたの探求は知ることではない――
あなたの探求は在ること、感じることだ。
その両方の道は最初は違う。
が、終わりには全てが一つになる。
が、初めは、それらの道は違う。

もしあなたがミーラの所に行って、彼女に「これが真理を知る方法だ」と言えば、ミーラは「真理を知って私はどうすればいいの？　何をすればいいの。私は真理を愛したいだけなのよ」と言うだろう。

でも、どうやってあなたに真理を愛することができる？

だから、バクタ達は決して真理について語らない。

彼らは愛する人について語る。

彼らは友人について語る。

彼らは感情の見地でものを語るのだ！

「神は真理なり」という表現は、彼らには数学的に見える。


ヴィノバは「神は数学者であるに違いない」と言う。

神は数学者ではない。

が、ヴィノバのマインドは数学的だ。

彼自身の数学への愛が、神を数学者にしているのだ。

ピタゴラスにとっては、神は数学者だ。

それはあなた次第だ。

もしあなたが神を、愛する人、友人、恋人と感じるなら、
神を真理と感じられないのなら、上って行きなさい。

開花へと、垂直に進んで行きなさい。

そうすれば、あなたの瞑想はより創造的になるだろう。

詩を作りなさい、絵を描きなさい。

踊りを創作しなさい、歌を作りなさい――それらの全てを通じて、あなたは内なる輝きに至るだろう。

が、もしあなたのタイプが知のタイプならば
神を恋人と呼ぶことは、まったく馬鹿げている。
一体あなたは何を言っているのか？
どうして真理が恋人であり得る？　神を父と呼ぶのは無意味だ。どうして神が父であり得るのかね？
神は真理ではあり得る。
というように、もしあなたが知のタイプならば
垂直に下へ進みなさい。

高みではなく、深みへと進むがいい――

根っこへと、源へと。

すると、あなたが自身の知に至る時、バクタが自身の感情に至る時、あなた方は同じセンターに至る。

だが、バクタは上へと進み、ジニヤーニは下へと進む。

そしてこの経文は、知を探求する者のためにある。

ウパニシャッドは、知のタイプに属するからだ。


ウパニシャッドは、献身者のためのものではない。

だが私は、あなた方がそれに気づけるようにと話す
時々、何かがあなたをとても強く
引き付けるかもしれない。

しかし、それはあなたのタイプに
属さないものかもしれない。

その時は、だまされないこと。

引き付けることには何の意味もない。

引き付けられることには何の意味もない――

内側でピンとこない限り、何の意味もない。

あなたは私の話に引き付けられるかもしれない。

が、それだけでは何にもならない。

「それこそ自分のタイプにぴったりだ。それが私の本当の在り方だ」と、感じなければならない。

誰の言うことにも、耳を貸さないことだ。
我々はお互いに、多くの混乱を作り出している。
自分が何を話しているのかを
誰もわかっていないからだ。

もしあなたがハート志向の人なら
頭の言うことを聞いてはならない。

頭の中の議論に耳を傾けてはならない。

議論してはいけない。

そういう時は、「私はハート志向の人間だ。議論などにはまったく関心がない」と言い聞かせなさい。

頭の議論に耳を貸してはいけない。

それらはあなたを混乱させる。

時には、それらの議論に引き付けられることさえあるかもしれない。

対極にあるものには、性的な魅力があるからだ。

だから、感情的な人間が知性的な人間に
非常に影響されるということが起こる。

なぜなら感情的な人間は
知性的な人間の持つ次元に欠けるからだ。

人は自分にないものは何であれ
重要なもののように思い始める。

あなたには、知性的な人間を説得できない。
が、彼はあなたを説得できる。
あなたは自分自身のために議論はできない。
が、彼にはそれができる。
そこで、あなたのエゴは傷つく。
そして、あなたは真似をし始める。
だとすれば、あなたは自分のタイプを失ったのだ。
そして、それは何生にも渡って続き
あなたは自分のタイプを取り戻せないかもしれない。
一度、一つのプロセスが始まってしまえば
戻って来ることはとても難しいからだ。

だから、誰も誤った方向へと導かないこと。

もしあなたが、その人のことをハート志向の人だと感じたら、たとえあなたがハートの道に引き付けられないとしても、その人と議論してはいけない。

論理を闘わしてはいけない。

何も言ってはいけない。

その人をその人のままで、いさせなさい。

我々はみな、余りにも暴力的で
他人をその人自身のままでいさせない。

みんながみんなを追っかけている。

誰もがみな、自分の道へと引き込もうとしている——
それが、相手の中の実に偉大な可能性を破壊しているか
もしれないとも知らずに。

自分であることを主張しなさい。
その中に傲慢さはない。
「自分を自分のままでいさせる」というのは
シンプルな法則だ。
だが、あなたが他の道にいる人と話し始めれば
遅かれ早かれ、相手の中に引き込まれてしまうだろう。
その時、もしあなたが感情タイプの人間なら
相手に直接言いなさい。
「私は論理や議論にはまったく関心がありません」と。
そこで議論してはならない。
相手と同じ言葉、同じ立場で話してはならない。
ただこう言うのだ、「私は道理のわからない人間です。
私は何も証拠もないことを信じています——でも、その
信仰は私に役立っています。だから、私にはそれが正し
いという証拠のようなものは必要ありません」と。
きわめて致命的なことが、人間のマインドに起こった。
それは、有識者達が自分達のタイプを、唯一正しいタイ
プとして人々に押し付けたことだ。

彼らは世界中に「自分達こそ唯一正しいタイプで、他のみんなは間違っている」という考え方を押し付けた。

教育は彼らの分野だ。

学校は彼らのものだ。

大学も彼らのものだ。

彼らは文学を生み出し、議論を生み出し、証明すること、その証明が正しくないことを証明することを作り出し、哲学を生み出した。

というように、彼らは世界を支配し過ぎてしまった。

そして感情志向の人間は
ただただ劣等感を感じている。
感情志向の人は
どこにも行き場がないように感じている。
実際、感情の教育というものは存在せず
知識の教育だけが存在している。
だから、彼は感情という言葉さえ知らない。
彼はハートの論理を知らない。
彼はまったくそういうものを知らない。
だから、彼は罪悪感を感じるのだ。
もし彼に信仰があれば
もし彼が神への愛を育んでいれば、罪悪感を感じる。

彼は自分が間違っていると感じる。
絶対にそのように思ってはいけない。
常に自分自身のプラスになるような想いを持つことだ
——自分がどんな存在なのか、自分の本質は何か——
それから決めなさい。
というよりも、自分の本質に決めさせなさい。

それらが二つの道だ。

内なる光に浸るか、それとも内なる愛に浸るか。

それを決めれば、恩寵の法則が働き始めるその境、入口に、あなたはいる。

内側へ進み、源を見い出しなさい。

あるいは外へ進み、最愛なる者を見い出しなさい。

そして、次のことも心に留めておきなさい。
もしあなたが源を見い出さねばならないとしたら
内側へ進むこと。
もし最愛なる者を見い出さねばならないとしたら
外へと進むこと。
でも、物質的なことのためにも
あなたは外へと動く必要がある。
最愛なる者のためにも、外へと動かねばならない。

その態度は異なるが、その動きは同じだ。

最愛なる者を見い出すとは、
あなたが遭遇するあらゆる物事の中に
〝それ〟を見い出すという意味だ。

外へと動きなさい。

そして、どんどん見い出して行く。

そして、どこもかしこも最愛の者以外に何も残っていないというような瞬間を、招きなさい。

その時、あなたは愛に浸る。

結果は同じことだ。


あるいは内側へ動く。

もしあなたが内側へ動いて行くなら
「神」という言葉そのものさえ、捨ててしまってもいい。

古いヨーガのテキストの中には
「神」という言葉はまったく使われていない。

最近のヨーガのテキストの中でさえ、神という言葉はただ修行のために、手段として使われているにすぎない。

〝それ〟に到達するために、神という言葉を一つの手段として使っているのだ。

あなたはそれを捨てることができる。

それはなくてもいいものだ。

だから、ブッダは何一つ
神という概念を持たずに到達した。
マハヴィーラは何一つ
神という考え方を持たずに到達した――
が、ミーラは神という概念なくしては到達できない。
チャイタニアは到達できない。
なぜなら、もしあなたの道が愛の道ならば
神という概念は欠くべからざるものだからだ――
もし神がいなければ
どこに最愛なる者を見つけるのだろう？
が、進みなさい！
生の中にじっとしていては駄目だ。
光のほうに、愛のほうに進むことだ！

第12章

あなたのせいだ

You are Responsible

質問…………

ＯＳＨＯ、人が通常とは異なる形態の光や色を瞑想中に見る時――赤や、黄色、青、黄土色、等々――その時、それらがどの層に属しているかをどうやって知ることができるのですか？

また、人が純粋な光を見る状態に到達する前に、段階的に順序立って色や光を見ることはあるのでしょうか？


光それ自体は無色だ。全ての色が光に属している。だが、光は一つの色ではない。

光はただ、色の不在にすぎない。

光とは白だ。そして、白は色ではない。

光が分裂すると、あるいはプリズムを通ると七色に分かれる。マインドもまた一種のプリズムの働きをする――内なるプリズム。

外界の光がプリズムを通った時、七色に分かれる。

内側の旅の光を見るということは
まだあなたがマインドの中にいるという意味だ。


光を見るということは、マインドを超えている。

が、色の体験はマインドの手中にある。

そこで、もしあなたがまだ色を見ているのなら、まだマインドの中にいる。マインドをまだ超えていない。

まず第一に、覚えておきなさい。
色を見るのはマインドの中の現象だ。
マインドは内なる光を分けるプリズムの働きをする。
だから最初、人は色を見る。
その後、色は消え、光だけが残る。
光は白だ、そして白は色ではない。
全ての色が一つになった時、あなたは白色を感じる。
全ての色が分裂していない時、あなたは白色を見る。
そして色がなければ黒を見る。
黒と白は両方、色ではない。
色が存在しない時、黒がある。
全ての色があり、分裂していない状態の時、白がある。
全ての色は、分裂している光なのだ。
もし内側に色を感じるのなら、それはつまり
あなたがマインドの中にいることの証だ。
色と体験とは、心的《メンタル》なものだ。
霊《スピリチュアル》的なものではない。

光を見るのは霊的なことだ。
色を見るのは霊的なことではない——
マインドがなければ、色を見ることはあり得ないからだ。
その場合には、光だけが体験される。

第二に、決まった色の順序はない。
それはあり得ない。
人それぞれ、異なるマインドを持っているからだ。
が、光の体験はまったく同じだ。
ブッダは光を体験し、イエスは光を体験した——
その体験は同じものだ、それ以外ではあり得ない。
違いを生じさせるものは、もうそこにはない。
違いを生じさせているのはマインドだ。
我々はここにいる——我々がそれぞれ違うのは
マインドのせいだ。
もしマインドがなければ、我々を区別している要因、
違いを生じさせる要因はない。
だから、光の体験は同じものだ。
だが、色を見ることは違う。色の順序は異なる。
そのために、それぞれの宗教で、異なる色の順序がある。
ある宗教では、最初にこの色が来て、最後にはあの色が
来る、というように信じている。

別の宗教では、まったく違うことを信じている。
その違いは、実際にはマインドの違いだ。
たとえば、恐がりの人、恐怖が深く潜在意識に根ざして
いる人は、最初に黄色を見るだろう。
最初にやって来る色は黄色になるだろう。
黄色は死の色だからだ——
それは象徴としてだけでなく、実際にもそうだ。
たとえば三つのボトルがある——
赤、黄、ただの白、何もない白。
そして、それらのボトルに同じ水を入れるとする。
すると、黄色のボトルの水は一番最初に腐ってしまう。
その後、ほかの色のボトルの水が腐ってくる。
赤のボトルの水が最後に腐る——最後に。
それからわかるように、黄色は死の色だ。
だからブッダは彼の比丘のためのローブに黄色を選んだ
——なぜならブッダは「この存在から完全に死んでしま
うことが涅槃《ニルヴァーナ》だ」と言っていたからだ。
だから、黄色が死の色として選ばれた。
ヒンドゥー教徒は赤味の色を
彼らのサニヤシンのために選んだ。
赤は、生の色だからだ——
ちょうど黄色の反対だ。

その色は着ると生き生きとし、精彩を放つ手助けをする。
その色は、より多くのエネルギーを生み出す――
それは象徴的なだけではなく、実際に、生理的に
化学的にそうなのだ。

だから非常にエネルギッシュで、生き生きとして
生への愛に深く根差している人は、赤を最初に見る。
彼のマインドが、より赤に開いているからだ。
恐怖志向の人は、より黄色に開いている。
だから、人によって色を体験する順序が違う。
ごく静かな人、とても穏やかな人は、最初に青を見る。
それは、その人のマインドによる。
だから、決まった順序はない。
あなた方のマインドには、決まった順序がないからだ。
各々のマインドは、その方向性、傾向、構造、その性格
において様々だ。各々のマインドが違っている！
そしてその違いゆえに、見る色の順序も違う。
だが、一つのことは確かだ。
それぞれの色には定まった意味がある。
順序は一律ではない、それはあり得ない。
が、色の意味は定まっている。

たとえば、黄色は死の色だ。
だから、瞑想に入って最初に黄色を見るのは、あなたが
恐怖志向の人間だということ――そのマインドは、最初
に恐怖に開いている、という意味だ。
だからあなたがどこに行こうと
まず最初に気づくのは恐怖だ。
あるいは、新しい状況でのマインドの最初の反応は
恐れだろう。
何か奇妙なことがある時はいつも、マインドの最初の反
応は恐怖で一杯になるということだ。

もしあなたの内なる旅で最初に見る色が赤なら
あなたは生への愛に、より根差しているということだ。
すると、あなたの反応は違ってくる。
あなたはより生き生きと感じるだろう。
そして、あなたの反応は
より生を肯定するものであるだろう。

最初に黄色を見る人は
あらゆる物事を常に死と結びつけて受け取る。
最初に赤を見る人は、自分の体験をいつも
生に結びつけて受け取る。

たとえ誰かがたった今死につつあるとしても、彼はその人がどこか他の所に生まれ変わるに違いない、と考え始める。

死においても、彼は生まれ変わると受け取るだろう。

だが、最初に黄色を見る人は、たとえ誰かが生まれたとしても、その人もいずれは死んでしまうと思い始める。

それが両者の心のあり方だ。


赤志向の人は、死に際してもハッピーでいられる。

が、黄色志向の人は、誕生に際してでさえハッピーでいられない。


彼は否定的だ。そして、恐怖は否定的な感情だ。

どこであろうと、彼は何か悲しいもの、何か否定的なものを見つける。


たとえば、ごく静かな人は青を感じるだろうと言った。

が、それは同時に、静かな人は非行動的だという意味でもある。静かな人で、同時に行動的な人は、最初の体験として緑を感じるだろう。


マホメッドは、彼の托鉢僧《ファキール》のために緑を選んだ。

イスラム教では、緑がシンボルカラーになっている。

それが彼らの国旗の色だ。


緑というのは両方だ——

静寂、穏やかであるが行動的でもあるという。

青というのは、ただ静かで非行動的というだけだ。

だから老子のような人は、最初に青を感じ始めるだろう。

マホメッドのような人は、最初に緑を感じ始めるだろう。

色に関する象徴のシステムは定まっている。

が、体験する順序は決まっていない。


もう一つ注意すべきこと。

それは、七色というのは純粋な色だが、混色もできる。

三つの色を混ぜることもできる。

すると新しい色ができる。

あなたは初めに、純粋な色を一度も体験したことがないかもしれない。あなたは三つの色を見るかもしれない。

そしてそれらのコンビネーション、あるいは二色、四色。

すると再び、それはあなたのマインドによる。

もしひどく混乱したマインドを持っていれば
あなたの混乱は色の中に表される。


現代、西洋では、心理学のカラーテストが開発されている。それはとても意味があると証明されている。

ただ、いろいろな色を与え、一番好きな色を選ばせる。

そして二番目、三番目、四番目と。

それだけのことで、その被験者のマインドに関するほとんどが判定でき、多くのことが示される。

もしあなたが誠実で正直な人間なら、特定の色を選べば、マインドに関する多くを指し示すことになる。

内側の原因なくして、好きな色を選ぶことはあり得ないからだ。

もしあなたが最初に黄色を選ぶとすれば
その論理からすると、最後に赤を選ぶことになる。

色を選ぶには、それなりの論理がある。

もし死があなたの最初の選択なら、生が選択の最後になる。あなたは赤を最後にするだろう。

そして赤を最初に選んだら、自動的に黄色を最後に選ぶ。

色を体験する順序はまた、マインドの構造をも示す。


しかし、一回、二回、三回と、色のついたカードが与えられると、不思議なことに、最初にあなたは黄色を一番好きな色として選ぶ。

そして二回目に同じカードを与えられても、一番好きな色として黄色を選ばないことがある。

そして三回目には別の色を選ぶ。

そうすると、全ての順序が変わってしまう。


カードが七回、与えられるとする。

そして、もしある人が七回続けて一番好きな色として黄色を選び続けるのなら、その人はひどく固定したマインド、ごく固定したマインド、凝固したマインドを持っているということだ。


その人のマインドは、絶えず恐怖の中に根差している。

彼は数多くの恐怖症の中に、生きているに違いない。

彼が遭遇する物事は、全て恐怖のように映るからだ。

が、もしもう七回カードが与えられれば、彼の好みは変わるだろう――一回目は青、次には緑、次には別の色と。

そうすると、順序が二重になる。

一つのシリーズで一つの順序、二つ目のシリーズでもう一つの順序、これは、多くのことを示している。

二番目のシリーズで、もし最初に一番好きな色として選んだものを一度として選ばないのなら、彼が非常に移ろいやすいマインドを持っていて、彼については何もはっきりしたことは言えない、ということだ。
彼は推測不可能な人ということだ。
好きな色の順番が変わるのは
マインドが絶えず変化している証だ。

最近では、ＬＳＤやマリファナ、ほかのドラッグなどで、多くのものがマインドの中から沸き上がって来ている。

オルダス・ハクスレーは、彼のＬＳＤの体験について、「まるで天国に入ったようだ」と語った。

あらゆるものが美しく、ユートピアさながらに色彩豊かで詩的だ、と。

ＬＳＤに関しては何も悪いことはない。悪夢のようなものは何もなかった——死への恐怖など何もなかった、と。

全てが生き生きとし、余りあるほどに生き生きとして、豊かだったと。

が、ゼフナーがＬＳＤを体験すると彼は地獄に落ちた。同じＬＳＤを摂取して、彼は地獄へ落ちた。それは長い悪夢だったと——身の毛もよだつほどの。


が、両者とも、自分の体験を誤って認識している。

オルダス・ハクスレーは、「天国のような感覚を体験する」というのがＬＳＤの持っている特質だ、ＬＳＤのせいでその天国的な感覚が生まれたと考えた。

一方、ゼフナーは、ハクスレーとはまったく正反対に解釈した。そして彼は「それはまったくの悪夢だった。ぞっとするようなものだった。人はＬＳＤなんか摂取すべきじゃない。それは狂気を生み出す」と語った。


が、彼らの解釈は同じ線上にある。

彼もまた、そういう体験を生じさせたのはＬＳＤのせいだと考えていた——実際は違う。

ＬＳＤはただの触媒として働いたにすぎない。

ＬＳＤには天国も、地獄も作り出せない。

ＬＳＤはただ、あなたを開くことができるにすぎない。

ＬＳＤを摂取すると、あなたの内にあるものが何でも投影される。


だから、もしゼフナーの体験がまったく色のないものだったら、ゼフナーのマインドのせいだ。

もしハクスレーの体験が色彩のあるものだったらハクスレーのマインドのせいだ。

ＬＳＤはただ、あなた自身のマインドの中の一瞥をあなたに与えられるにすぎない。

それはあなた自身の奥深い層を開く。

だから、もし内側に抑圧された無意識があればあなたは地獄へ落ちる。

あるいは何も抑圧がなければ、リラックスしている無意識、自然な意識を持っていれば、あなたは天国へ行く——が、それはあなたがどんなタイプのマインドを持っているかによる。

人が内側の旅へ深く入って行った時、同じことが起こる。
あなたが出くわすものが何であれ、それはあなた自身の
マインドだ。
それを覚えておきなさい。
あなたが遭遇するものは何であれ
あなたのマインドだと。

見る色の順序は、あなた自身のマインドの順序でもある。
が、人は色を超えて行かねばならない。
順序がどうであれ、人は色を超えて行かねばならない。
そこで「色とは心的《メンタル》なものだ」と、絶えず心に留めてお
くことだ。それらはマインドなしには存在しない――
マインドは、一種のプリズムの働きをしている。
そして、あなたがマインドを超えていく時
そこには光が、色のない、絶対なる白が存在する。
そして、その白が存在してはじめて
マインドを超えたと言える。

ジャイナ教は彼らの僧侶、尼僧のために白を選んだ。
選択には意味がある。
そして、仏教徒達は黄色を、ヒンドゥー教は黄土色《オーカー》を、
ジャイナ教は白を選んだ。

それは「白が内なるビジョンとして存在して初めて、本
当に霊性が始まる」と彼らが言ったからだ。
マホメッドが緑を選んだのは、彼が「静寂が死なら、そ
れは無意味だ。静寂は活動的でなければならない。静寂
は世間に参加しなければならない。だから、聖者もまた
兵隊であるべきだ」と言っていたからだ。
彼は緑を選んだ。全ての色が意味を持っている。
スーフィーで、自分達のファキールのために
黒の衣を使っている一派がある。
黒という色もまた、実に意味深い。それは不在を表す
――無色、全てが不在。ちょうど白の反対だ。
スーフィーは「我々というものが完全にいなくならない
限り、神は我々の前に現れることができない。だから人
は黒のようにならねばならない――完全なる不在、無実
体、無実存、ただの無に」と言う。
だから、彼らは黒を選んだ。

色は意味深い。あなたが選んだものは何であれ、あなた
を表している。あなたの服でさえ、多くのことを示唆し
ている。何一つ、ただの偶然ではない。
もしあなたが服としてある色を選んだとすれば
それは偶然ではない。

自分では、なぜその色を選んだのか
注意を払っていないかもしれない。
が、科学はその理由に気づいている。
そして、それは多くのことを示している。
あなたが着る服は多くを示している。
それはマインドに属しているからだ。
あなたのマインドが選んでいる。
あなたのマインドは、ある一つの好み、ある一つの傾向
なくして、何かを選択することはあり得ない。
だから、色の順序が様々に違ってくる。
が、全ての順序、全ての色はマインドのものだ。
だから、それらに余り関わってはいけない。

どんな色を感じようと、ただ素通りして行きなさい。
それに捕らわれてはいけない。
それに捕らわれるのは、自然の傾向だ。
もしきれいな色があれば、人はそれに執着する——
執着してはいけない、前進しなさい。
が、心していなさい。色とはマインドのものだ。
ある色が恐くても、そう感じまいとして後戻りする。
それもまた良くない。
もし戻れば、あなたが変容される可能性はない。

通り過ぎなさい！　戻ってはいけない。
それはあなたのマインドだ、素通りしなさい！
たとえその色が恐くても、たとえその色が醜いものでも、
たとえその色が滅茶苦茶なもの、あるいは美しいもの、
調和のとれているもの、何であろうと通り過ぎなさい。
あなたは色がなく、ただ光だけが残る地点にまで
到達しなければならない。
その光の中に入ること、それが霊性だ。
それ以前の全ての色の体験は、メンタルなものだ。

質問……………………
瞑想の中で内なる光に遭遇するために必要な肉体的、
精神的条件とは一体何でしょうか？　そしてどうした
ら、人はその条件を満たすべく成長していけるのでし
ょうか？

三つのことを心に留めておくこと。
一つ、あなたは絶えず、外側の生での満ち足りなさを感
じ続けていなければならない——
絶えず欲求不満を感じることだ！

我々はみな、満ち足りなさを感じている——
それも無意識に。
そして、無意識の内に欲求不満に陥ると
いつも、ただ欲望の対象を変えるだけだ。
だが、一つの対象から別の対象へと欲望の鉾先を変える
ことは、内側に入っていく助けにならない。
あなたは依然として外側に留まる。
あなたは一つのものからもう一つのものへと
そしてまた別のものへと、欲望の鉾先を変えていく。
Aという対象に失望したために、今度はBという対象で、
欲望を代替えしている。そして、Bという対象に失望し
今度はCという対象に移っていく。
あなたは対象を変え続ける。それは、あなたが無意識的
に満ち足りなさを感じているからだ。

もし意識的になれば、欲望の対象を変えはしない——
あなたはその方向を変える。あなたは変える。
あなたは一人の女性を愛することができる。
そしてもう一人の女性、また別の女性と。
あなたは一人の男性を愛することができる。
そして、もう一人の男性、また別の男性と。
それは無意識の欲求不満だ。

そこであなたは「Aは良くない、Bが良いかもしれない」
と思い、Bを選ぶ。
そうしたら、またBも良くない——誰にわかる？——
Cが良いかもしれないと思い、Cを選ぶ。
それが無意識の欲求不満だ。
だがあなたが意識的になれば、A、B、Cの問題ではな
い。それは関係性自体、まさにあなたの期待自体、欲望
自体の問題だ。
この『他の人を通して幸せを得ようとする』欲望が根っ
こだ。あなたは他人を変え続けるが、この方向は決して
変わらない。
私が「意識的に欲求不満になる」と言うのは
相手の人間は問題ではない、ということだ。
幸せを探す方向を変えない限り、何も起こらない。

それには二つの方法がある。
AからBと対象を変えるか、Aという方向からBという
方向に変えるかのどちらかだ。
Aは外へと向かい、Bは内へと向かう——
方向を変えることだ。
方向を変えることで、あなたは自分自身を変え始める。
だが、対象を変えるだけでは、あなたは同じままだ。

あなたは何年にも渡り、何生にも渡り、欲望の対象を変え続ける。それでも、同じままだろう。

どんなに欲望の対象が変わっても、あなたは一向に変わらない。結果は同じことだ。

同じ苦しみがつきまとってくる。

私が「意識的に欲求不満になる」と言う時、それは、他人によって欲求不満にさせられるという意味ではない。

自分自身に欲求不満を感じるということ
自分自身のことで欲求不満を感じるという意味だ。

そうして初めて方向が変わる。


我々はみな、他の誰かに欲求不満を感じさせられる。

夫は妻に満ち足りなさを感じさせられ
妻は夫に満ち足りなさを感じさせられる。

息子は父親に満ち足りなさを感じさせられ
父親は息子に満ち足りなさを感じさせられている。

みな、他の人から満ち足りなさを感じさせられている。

それが外へと向かうマインドだ。

そうではなく、自分自身に満ち足りなさを感じること。

そうすれば、方向が変わる。あなたは内向的になり始めた。そして自分自身に欲求不満を感じない限り、あなたの変容の可能性はない。

ブッダはこの世界の飽き足りなさを
実際に感じていなかった。
もし彼が、世界に飽き足らなさを感じていたら
この世界を、別の世界に変えようとしたに違いない。
彼は、別の世界を手に入れようとしたに違いない。
だが彼は自分自身に、本当に飽き足らないものを感じていた。だから、自分自身を変え始めた。
欲求不満の対象が、変容の対象になった。

だから「外の世界が暗闇以外の何ものでもない」とあなたが感じ始めた時、その時初めて内側の旅、内なる生の旅が始まる。

あなたの目が内側へ向かない限り、光は見い出せない。

まず最初に、意識して欲求不満であること。

だが、それだけでは充分ではない。

それは必要だ。が、それだけでは足りない。

自分自身に飽き足りなさを感じながらも、生きることはできる。あなたは、ただの生きた屍にすぎない。

あなたは死んでいるも同然だ――

自分自身、重荷になっている。

意識して欲求不満であるのは必要だが
それだけでは充分ではない。

理解すべき二つ目は、今のあなたがどんな人間であろうと、それは自分のせいだということ。

我々は「私がこうなのは私の運命であり、聖なる創造者のせいであり、自然の力のせいであり、遺伝のせい、環境のせいであり、社会のせいだ」と言う。

自分がどんな人間であろうと、いつも何かのせいであり、誰か他人のせいだとする。

それは天国の神のせいかもしれないし
生物学の本に書かれている遺伝のせいかもしれない。

ただ、共産主義社会に生まれ合わせたからかもしれないし、フロイト説の、ただの幼年時代の心の傷のせいかもしれない——が、自分以外の何か他のせいにする。

あなたには責任はない。社会はその原因を変え続ける。

ある時は、神があなたという存在の原因だとして
あなたは気が楽になる。

そんな風にとれば、どんな人間であろうと
自分にはどうすることもできない、ということになる。
ある時は、それはカルマのせいだ。
今あるあなたという人間を作り出したのは
過去のカルマのせいだ。
だから、どうすることもできない。

共産主義者は、それは社会のせいだと言う。

共産主義者は、この社会を作る要因は
意識ではないと言う。

反対に「意識のあり方を決定するのは、社会だ」と言う。

あなたはただの車輪の中心だ。あなたは他の要因によって決定されてきた。あなたはいいように扱われてきた。

あなたという存在は二次的なものだ。

だから、あなたには責任がない。


そしてフロイトを信奉する者達は「あなたをそうさせているものは、マルクスが言うように経済ではない。本当は、あなたという人間を決定しているのは、子供時代の精神的環境だ」と語る。

「だから、今のあなたがどんな人間だろうと、子供時代の七年間が、今のあなたを決定している」と。

あなたは、もう再び子供にはなれない。

そして、幼年期の七年は変えられない。

だから、あなたがどんな人間であろうとあなたのままだ。

精々、精神分析を受けることで
自分自身を調整できるぐらいだ。

そしてあなたは「それならいいや、もうどうすることもできないんだから。俺は俺のままだ」と感じ始める。

そして、再び投げやりになり始める。

あなたは自分自身に飽き足りなさを感じる。

それは否定的な部分だ。


肯定的な部分、二つ目は、今のあなたがどんな人間であろうと、自分のせいなのだと心に留めておくことだ。社会がその役割りを果たしたのかもしれない。運命でさえ、その役割りを果たしたのかもしれない。あなたの子供時代もまた、その役割りを果たしたのかもしれない。が、最終的にはあなたの責任だ。

その感覚があらゆる宗教の根本だ。

だから、もしフロイト主義者とマルクス主義者が勝利を得れば、宗教は消え去ってしまうだろう――

宗教の根本は「あなたは変容できる、あなたは自分自身を変えられる」という可能性にあるからだ。そしてその可能性は、今の自分という人間がこうなのは自分自身のせいだと感じ受け止めるか、あるいはそうではないと感じ受け止めるかにかかっている。


もし私という人間が、ただ自分の細胞や遺伝で決定されるとしたら、私に何ができるだろう？

私には、自分の身体の細胞を変えることはできない。

それは不可能だ。

もし私の細胞が始めから決められているプログラムを持っているのなら、それがどんどん現れてくるだろう。

私に何ができる？

もし神が全てを決めているとすれば、私に何ができる？

決めているのが神であれ遺伝であれ、子供時代のものであれ違いはない――そんなものは関係ない！

根本的なことは、もしあなたが自分の責任を何か他のもの、X、Y、Zに転嫁しているのなら、内側に入っていけないということだ。


そして二つ目に覚えておかねばならないことは、あなたがどんな人間であれ――もし性的な人間だとすれば――それはあなたの責任だということだ。

もしあなたが怒り、怒りに満ちた人間だとすれば、もしあなたが何かを恐れているとすれば、もし恐怖があなたの主な性格を形成しているとすれば、それはあなたの責任だということ。

ほかの全ては、一つの役を演じているのかもしれない。が、それらはただの役だ。

そしてその役というのも、あなたが協力するからこそ、その役を演じられるのだ。

だからもし、あなたがまさにこの瞬間に協力することを破壊してしまえば、今までとは違う人間になるだろう。

二番目の肯定的なことは、自分がどんな人間であれ、自分の責任だ、と絶えず意識しているということだ。

だが、それは難しい。

欲求不満を感じるのはとても簡単だ。自分自身に対して飽き足らなく感じることでさえ、そう難しくない。

しかし、自分がどんな人間だろうと、自分の責任だと感じるのは実に難しい —— とても難しい。

そうなると、言いわけはできない。


それが一つ。二つ目に、もし自分がどんな人間だとしても、それが自分の責任ならば、自分を変えなければ、それもまた自分の責任になる。

もし自分を変容しなければ、他の誰でもない自分が罪悪感を感じるだけだ。

そのために、我々はたくさんの理屈を作り出した —— 自分自身の責任から逃れるために。

責任とは、あらゆる宗教的な変容の根本だ。

あなたは、神を信ずることが宗教の根本だと聞いているかもしれない。が、そうではない！

人はどんな神をも、信ぜずして宗教的であり得る。

また、あらゆる神を信じていて、まったく宗教的でない、ということもあり得る。

また他の誰かは、再誕、生まれ変わりこそ宗教の根本という。が、そうではない。

生まれ変わりを信じることで
あなたという存在が生きている時間が長くなる。

が、ただ、生きている時間が長くなるだけで
どうしてあなたが宗教的になるだろう？

時間はあなたを宗教的にする要因ではない。

あなたは永遠の存在であるかもしれない。

が、そのことが、どうしてあなたを宗教的にする助けになるだろう？　いや、そうではない。

全ての宗教の根本、真実は、責任を感じることだ ——

今のあなたの存在は、あなた自身に責任があるのだと。

すると突如として、何かがあなたの中に開く。

もし自分の責任なら、自分を変えられる。

そういう感覚を持てば、内側へと入っていける。

自分自身に対して、飽き足らなく感じるがいい。

ニーチェはどこかで、とてもすばらしいことを言っている。「自分自身に飽き足りなさを感じなくなった時、それが人類の破滅の時となるであろう」と。

そういう感覚を持ったら
それ以上に進化する可能性がないからだ。

が、私なら「もし誰かが自分自身に飽き足りなさを感じていて、それが自分のせいだと誰も感じなくなった時が、前よりもっとひどい破滅の時となるだろう」と付け足すに違いない。

そして「飽き足らない」というのは消極的だ。

それよりも、積極的に責任を感じ取ることだ。

そうすれば、あなたはたくさんのエネルギーを得る。


自分が悪い人間なのは自分のせいだとわかれば、良い人間になれる。そう認識することで、善人、悪人という選択は、あなたの手の内にある。

あなたはそこから力を得、力強くなる。

そして、沢山のエネルギーが解き放たれる。

そのエネルギーの解放のみが、内なる旅に使われる――ちょうど原子が分裂する時、大量のエネルギーが解放されるように。それが原子力エネルギーの意味だ。

ちょうど同じように、もしあなたのマインドの中に「自分が今どんな人間であろうと、自分のせいだ。だから、自分は自分のなりたい人間になれる」という認識が深く入って行った時、その考え方は、大量のエネルギーを解放するだろう。

そのエネルギーにおいてのみ
あなたは内なる光の中に入っていける。


そして三番目、その光に到達するまでは、絶えず不満足のままでいること――絶えず不満足の状態でいるのだ！

それはまた、宗教的なマインドの最も根本の一つだ。

普通、宗教的な人は満ち足りている人だと思う。

それはナンセンスだ。

宗教的な人が満ち足りているように見えるのは別の次元で不満があるからだ。

彼は満足しているように見える。

彼はみすぼらしい家に住んでいられる。普通の衣で生活できる。裸でも暮らせる。彼は木の下でも暮らせる。

彼は満ち足りているように見える。

が、満足しているからではない。

本当は、彼の不満が別のことに向かっているためにもうそれらに悩まされなくなったのだ。

彼は内側の革命において、とても不満を感じている。

内なる光への望みで余りにも不満で、外側の事で悩めない。それらは、彼にとってはただの周辺的なことだ。

実際、それらは彼にはどうでもいい。

それは彼が満足しているというのではない――
それらは彼には意味がない。どうでもいいのだ！
それらはどこか周辺で起こっていることだ。
彼には関心がない。だが、彼は深い不満の中に、
強烈な不満の中に生きている。
そしてその不満だけが、あなたを内側へと導く。
覚えておきなさい。
あなたを外側へと導くのは、不満だということを。

もしあなたが自分の家に不満なら
もっと大きな家を作ることができる。

もしあなたが自分の経済状況に不満なら
それを変えることができる。

外側の旅では、不満があなたをどんどん外へと連れ出す。

内側へとあなたを導いていくのもまた、その同じ要因だ。

不満でありなさい！

光に到達するまでは、マインドを越えるまでは、不満でいるのだ！――それが三つ目のポイントだ。

これら三つのポイント、人に対してではなく自分自身に対して欲求不満であること、人のせいにしないで自分自身で責任を取ること。そして、内側の事に対して新しい不満を感じること。それらは助けになる。


一瞬の内にも、究極のゴールへの到達が可能だ。

だがそのためには、絶対的な不満状態でいることだ。

生ぬるい不満では駄目だ。妥協せずに求めることだ。

その時、何もあなたを止めるべきではない。

何もあなたの道を邪魔すべきではない。

外側で何が起ころうとも、かまってはいけない。

あなたには、そちらの方向に動くエネルギーがないからだ。全てのエネルギーが内側へと動いている。

これら三つのことは、あなたの役に立つ。


が、これらはただの助けだ。

中心となるのは瞑想だ。瞑想しなさい。

そしてそれらの助けがあれば、内なる光に到達できる。

それはそこにある。

そんなに遠くない――ただ、あなたに不満がないだけの話だ――ただあなたが、切望していないだけの話だ。

もしくは、あなたの切望が
外の世界に散逸しているだけのことだ。

その不満を貯えなさい。それを内側へ向けるのだ。

矢は、あなたから外に向かって放たれてはならない。

矢はあなたからあなた自身へ
中心へと放たれなければならない。

だから、瞑想が必要だ！

これら三つは、ただの助けだ。

瞑想なくして、これら三つは何にもならない。

が、瞑想はこれら三つがなくてもできる。

それらはただの助けだ。

だが私が「それらがなくても瞑想できる」と言うのを、誤解してはいけない。

「それらは必要ない」と考えてはいけない。

九十九％の人々には、それらの助けが必要不可欠だ。

それらの助けがない限り
あなたはまったく瞑想などできないだろうから。

残りの一％の人だけが、三つの助けを必要としない——

だが、それらが根本的なことでないからではなく、瞑想自体がハート全てをかけた努力であり、それを助けるものを、何も必要としないほどのものだからだ。


スーフィーの神秘家、ハッサンのことが思い出される。

彼は師の所へ行った。

そして師に「教えてください、私は何をすればいいのですか？」と聞いた。すると師は、彼に説明し始めた。

このハッサンという男は、彼の所が初めての、まったくの新参者だった。

彼はハッサンのことを知らなかった。

そして、彼は単純に「瞑想しなさい——」と言った。

それは単なる始まりの言葉だった。

彼は多くの事をハッサンに教えようとしていた。

が、彼は最初に「瞑想しなさい」とだけ簡単に言った。

ハッサンは目を閉じていた。

先生は彼を見て言った、「眠たいのかい？」と。

が、ハッサンは目を閉じたままだった。

そこで師は、何時間も待たねばならなかった。

彼が目を開けた時、師は彼に「おまえ、ここで何をしていたんだ。わしは瞑想のことを説明し始めたところだった。それなのに、目を閉じてしまった。おまえは一体、何のためにわしの所にやって来たんだ？」と言った。

するとハッサンは「でも、あなたは私にキーワードを教えてくださいました。あなたは『瞑想』と言ってくださいました。それは充分以上のものでした。今や、それ以上の何が必要でしょう。私は瞑想の中に入っていきました。そして、私に鍵を与えてくださったことに感謝します」と言った。

だが、この一％のタイプは稀だ。

一人のハッサンを見い出すことは稀だ。

それは滅多にない。

たった一言が、彼の中の何かをカチッと打ち鳴らした。

彼はちょうど際にあった——たったの一押し。

「瞑想」という言葉を聞いて、彼はジャンプした。

そういうことさえ、必要なかったかもしれない。

鳥が空を飛んでいた。それを見て、誰かは光明を得た。

そういうことが起こってきた。

そこには「瞑想」という言葉すらなかった。

ただ鳥が太陽に向かって空を飛んでいるのを見ていて、誰かが瞑想を達成した。

枯葉が木から落ちていくのを誰かが見ていて瞑想を達成した——達成してしまったのだ！

これらの人々は、ちょうど際にあった。


何かまったく理由もなく見ていることで瞑想は達成される。それをどう説明できる？

老子は光明を達成した。

彼はただ木の下に座っていて、そこに枯葉が落ちてきた。

彼は落ちていく枯葉を見ていた。

そして、彼は踊り始めた。

その時、もし誰かが聞いたら彼は「どうしてあなたに教えることができるだろう？　それは難しい。木の下に座っていて、枯葉が落ちるのを見ていると、それは起こった——そして人は踊り始める！」と言っただろう。

彼は実際、冗談を言っているのではなかった。

それが彼に起こった。

だが、そのような単純な、純粋なマインドは稀にしか存在しない。


彼は瞑想していた。

生死を繰り返しながら瞑想し続けてきた。

そして突然、枯葉が落ちていくのを見ていて全てが開いた。

生は消え去り、死は現実となった。

枯葉が落ちていくのを見て、彼は自分自身の死を見た。

そして、全てが終わった。だが、それは稀だ。

九十九％の人々には助けが必要不可欠だ。

だから、私の言っていることを誤解しないように。


質問……………………………………

ＯＳＨＯ、普通、自分が感情タイプか、知性タイプかとても迷う時、自分がどちらのタイプに属するか、どうやって最終的に決められるのでしょうか？

それは難しい。

まず最初に、三つの根本的なタイプがある——

知性タイプ、感情タイプ、三番目に行動タイプだ。

それらが三つの根本的なタイプだ。

「知性タイプ」とは、その人の真正な衝動が「知ること」にあるという意味だ。

彼は自分の人生を「知ること」に捧げている。

毒物を研究している人は、その毒を飲んだらどうなるか、と知るだけのために毒を飲むこともある。

我々には考えられない。

彼は馬鹿みたいだ——毒を飲めば死んでしまう！

もしそれで死んでしまったら
毒を飲めばどうなるか知ったところで、何になろう？

その知識を得てどうする？

が、知性タイプの人間は
「知ること」を生きることの上、命の上におく。

知ることが、彼にとっては命だ。

知らないということは、彼にとって死だ。

知ることは彼の愛であり、知らないことは
ただ役立たずでいるにすぎない、ということだ。


ソクラテス、ブッダ、ニーチェ、彼らは存在とは何か、
自分達は一体どういう存在なのか、と探求していた——

彼らにとっては、根本的なことだ。

ソクラテスは「理解できない生は、生きるに値しない。

もしあなたが生とは何であるかを知らなければ、生きることは無意味だ」と言っていた。

我々にとっては、意味があるように見えない。

ソクラテスの言葉はまったく意味がないように見える。

我々は生き続けていて
生とは何かを知る必要を感じないからだ。

それが、知るために生きる人のタイプだ。

知が彼の愛だ。

このタイプの人間は哲学を発達させた。

哲学とは、知への愛——知ることを意味する。


二番目のタイプは感情タイプだ。

感じること！　それを感じない限り、知識は無意味だ。

人はそれを感じなければならない！

感情とは、より深いセンター——

ハートを通して感じられる。

知識は第一のセンター——理知を通してやって来る。

人は感じなければならない！

詩人はこの範中に属する。
画家、ダンサー、ミュージシャン、彼らは感情タイプだ。
知ることだけでは充分でない。
それはまったく渇いている。
それにはハートがない——ハートなしだ！
感じなさい！　そこで、理知タイプの人間は
花が何であるかを知るために花を解剖する。
だが、詩人には解剖できない。
彼は花を愛することならできる。
が、どうやって愛を解剖できる？
彼は花を感じることができる。
彼は、感覚を通して知ることだけが
本当に知ることだ、と知っている。

科学者の方が、花についてより以上に知っているかもしれない。それでもまだ、詩人は科学者の方がもっと知っているとは納得できない。

詩人は、自分の方がもっと花のことを知っているのだと知っている、彼は深く知っている。

科学者の知っているというのは、知識上のことだ——

詩人が知っているというのは、以心伝心的に知っているということだ。


彼は以心伝心で花と話す。彼は解剖したりしない。

彼は、花がどんな化学的構成になっているのかは知らない、知らないのだ！

彼はその花の名前も、どんな種に属しているのかさえ知らないかもしれない。

それでも彼は言う、「私は花の真髄そのものを知っている」と。


禅画家輝海は、中国の皇帝に、彼の城に飾るためにいくつかの花の絵を描くように命令された。

すると輝海は「それでは、私は花と一緒に暮らさなければなりません」と言った。

だが皇帝は「そんな必要はない。私の庭にはあらゆる花が咲いている。おまえは行って描けばいいのだ！」と言った。

すると輝海は「花を感じないで、どうして花の絵を描けるでしょう？　私は花の魂を感じ取らねばなりません。目で見るだけで、どうやって花の魂を感じ取ることができるでしょう？　手で触れるだけで、どうして花の魂に触れられるでしょう？　それでは花は描けません。だから、私は花とともに、親密さの中に暮らさなければなりません」と言った。

「時々、目を閉じ、ただ花達のそばに座っている。ただ、風と触れ合っているのを感じる。ただ花から漂ってくる香りを感じて、花と静かに心を通じ合わせることができるのです。ある時は花はただの芽であり、ある時には咲きほこっている。ある時は花は生き生きとし、雰囲気が違う。またある時には花は年老いて、死が迫ってきている。またある時は花は楽しそうで、喜び祝っている。またある時は、悲しげだ。なのに、どうして私が行って描けるでしょう？　私は花とともに暮らさねばなりません。そして、生まれた花はいつか死んでしまいます！　だから、私は花の生体全てを知る必要があります。

私は花が生まれ、死ぬまでともに暮らさねばなりません。そして、花の持つたくさんの多種多面的な雰囲気を感じなければならないのです。」

「私は闇が支配する夜に、花がどう感じているかを知らねばなりません。また、太陽が昇る朝、花がどう感じているのか。鳥が飛んでいる時、また鳥が歌っている時、花はどう感じているのか。嵐がやって来た時、また全てが静かになった時、花はどう感じるのか、知らなければなりません。

私は花の多面的な在り様を知らねばなりません——間近に——友として、仲間として、目撃者として、恋人として。私は花と関係を持たなければならないのです！　そして、初めて花を描けるのです。

お約束はできません。花は私が描けないほどの広大さを示すかもしれません。だからお約束できないのです。でも、やるだけはやってみます」

そして六ケ月が過ぎた。

皇帝は待ち切れなくなった。

そして側近のものに「輝海はどこにいる？。奴はまだ花と交わろうとしているのか？」と聞いた。

皇帝に仕えている庭師は皇帝に「私達には彼の邪魔はできません。彼は余りにも木々と親しくなっていて、時々私達はただそばを通り過ぎるだけなのですが、そこに人がいると感じないくらいです！——彼はまったく木になってしまったようです。彼はそこで、ずっと思いに浸っています」と言った。

六ケ月が過ぎ、皇帝は彼の所にやって来て言った。

「何をしているんだ？　いつになったら絵を描くんだ？」

輝海は言った。

「邪魔をしないでください。もし描かねばならないとしたら、描くことを完全に忘れなければなりません。二度と私に構わないでください！　邪魔をしないでいただきたいのです！

もし何か目的があれば、どうして花達と親密に暮らせるでしょう？　もし私がただ画家としてそこにいて、絵を描く必要があるから親密になろうとしているとしたら、どうして親密さが生まれるでしょう？　何と馬鹿げたことを！

ここでビジネスはできません――だから、二度と来ないでいただきたいのです。

時期がくれば、私が出向きましょう。でもお約束はできません。その時期は来るかもしれません。来ないかもしれません。」


そして、皇帝は三年待った。

その時、皇帝の所へ輝海がやって来た。

彼は宮殿の中庭に入って来た。

すると皇帝は「もう花の絵を描かなくてもいい。おまえはまったく花のようになってしまった。わしが見たことのある全ての花を、おまえの中に見て取れる！　おまえの目の中、おまえの仕草、おまえの動き、おまえの歩き方、おまえはまったく花になってしまった」と言った。

すると輝海は「私にはもう描けない、と伝えに来ました。描こうと思う人間がもういないからです」と言った。


これが、違ったタイプの人の在り方、感覚で知る人の在り方だ。

知性タイプの人は、感じるにしてもまず知らなければならない。

彼は最初に知る。そして、初めて感じることができる。

彼の感覚もまた、知を通してやって来る。


次に三つ目のタイプ、行動――創造タイプだ。

彼は、感情や感覚に留まっていられない。

彼は何かを創造しなければならない。

彼は創造を通してのみ、知ることができる。

何かを創造しない限り、その対象を知ることはできない。

創造者であることを通してのみ、彼は知る者になる。

この三番目のタイプは、行動の中に生きる。


さて、「行動」と私が言うのは、どういうことか？

それには、多くの次元が可能だ。

だが、この三番目のタイプは常に行動志向だ。

彼は、生とは何か、生の意味は何かと聞きはしない。

それよりも彼は「この生をどう生きるか？　生は何のためにあるのか？　何を作り出せばいいのか？」と聞くだろう。

そして、創造することができれば、彼は安心する。

彼の創造は普通とは違うかもしれない。

彼は人間の創造者であるかもしれない。

彼は社会の創造者であるかもしれない。

彼は絵を創造する人であるかもしれない。

が、創造性がそこにある。

たとえば、この輝海、彼は行動タイプではなかった。

そこで、彼は自分自身を完全に感覚の中に消滅させてしまった。

もし彼が行動タイプだったなら、絵を描いていただろう。

絵を描くことで、彼は満たされていただろう。

これらが三つのタイプだ。

そこで、多くの事が理解されねばならない。
一つ、私は「ブッダとニーチェは両者とも最初のタイプに属する」と言った――
だが、ブッダは正しくそのタイプに属し
ニーチェは間違って属している。

もし理知タイプの人間が本当に成長していけば
その人は一人のブッダになるだろう。

が、間違った道に進み、がむしゃらに進み、要点を見逃すと一人のニーチェになる――狂ってしまうだろう。

知を通じて、悟りを開いた魂にはならないだろう。

その反対に狂ってしまう！

知ることを通じては、深い信頼に至らない。

むしろ知ることを通じて、疑いにつぐ疑いを作り続けるだろう。

そして結局は、自分自身の疑いというクモの巣に引っ掛かる。すると、その人は狂ってしまう。

ブッダとニーチェは両者とも同じタイプに属する。

が、彼らの在り方は両極だ。

ニーチェは一人のブッダになることができた。

ブッダも一人のニーチェになる可能性があった。

もし一人のブッダが間違って道を進んでいけば
彼は狂ってしまうだろう。

もし一人のニーチェが正しく進んでいけば
悟りを開いた魂になるだろう。

感情タイプの中に、私はミーラとド・サドの名前を入れる。

ミーラは正しい部類に属する。
もし感情が正しく進んでいけば
それは神への愛に成長していく――
が、もし間違って進んでいくと性的倒錯になる。
ド・サドは同じタイプに属する。
が、彼の感情は間違って進み、まったく倒錯した人間、
まったく常軌を逸し狂気に走った人になった。
もし感情タイプの人が間違って進んだ場合
性的倒錯者になる。
理知タイプの人が間違って進んだ場合
その人は懐疑的狂人になる。

そして三番目が行動タイプだ。
ヒトラーとガンジーは
両者ともこの三番目のタイプだ。
もしその人の行動が正しく進めば
そこには一人のガンジーが存在するだろう。
もし間違って進むと、一人のヒトラーが生まれるだろう。
両者とも行動タイプだ。
彼らのような人達は、何かをせずには生きられない。
だが、その行為はただの狂気でもあり得る。
そして、ヒトラーは狂ってしまった。

彼は行動していた。
だが、その行為は破壊的になってしまった。
もし行動タイプの人が正しく進んでいけば
創造的になる。
もし間違って進んでいけば、破壊的になる。
それらの三つが根本的な純粋なタイプだ。
が、純粋なタイプの人は誰もいない。
それが難しいところだ。
それらはただのタイプだ！

誰もがみな混じっている。
それらのタイプ全てが、全員の中に存在する。
実のところ、それはあなたがどのタイプに属するかという問題ではない。
本当の問題は、あなたの中でどのタイプが
一番多くの部分を占めているか、という問題だ。
ただ、あなたに説明するために
あえて分類したにすぎない。
純粋なタイプの人間は誰一人いない。
誰も純粋なタイプではあり得ない――
それら三つ全てが、あなたの中にあるからだ。

もしそれら三つのタイプのバランスがとれていれば
あなたは調和している。
もしそれら三つのタイプがアンバランスだと
支離滅裂になり、狂ってしまう。
難しいのは、自分がどのタイプかを見極める時だ。
自分の中でどのタイプが一番優位であるか、ということ
で決めること――それがあなたのタイプだ。
では、自分の中で優位なタイプを
どう判定したらいいのだろう？

自分がどのタイプに属するか、自分にとってより意義の
あるタイプはどのタイプなのか、どれが主要なタイプな
のかを、どうやって知ったらいいだろう？
それら三つのタイプが、全てあなたの中に存在する。
が、一つは二次的なものだ。
覚えておくべき二つの基準がある。
その一つ、もしあなたが知のタイプなら、あなたの経験
全てが、根本的に知ることで始まっているということだ。
決して他の何かではない。
たとえば、もし知のタイプの人が誰かと恋に落ちたとし
ても、一目惚れはあり得ない。
彼にはできない！　それは不可能だ！

まず最初に、彼らは相手のことを知らなければならない。
ある程度、親しくなる必要がある。
だから恋に落ちるには
長いプロセスを通っていかねばならないだろう。
そして長い間、知るという過程を通してのみ決断する。
そのために、このタイプの人間はいつも数多くの機会を
逸することになる――なぜなら、瞬時の決断の必要があ
る時に、このタイプの人はその瞬間に決断できない。
だから、普通このタイプの人は決して行動的ではない。
それはあり得ない。
彼が決断を下す頃には、その時期が過ぎているからだ。
考えている間に、時期は過ぎてしまう。
彼が結論に至る頃には、その結論は無意味になっている。
その時が結論を下す時なのに、彼は決論を下せなかった。
彼は行動的ではあり得ない。
そして、考えることができる人達が行動を起こせず
行動できる人達は考えることができないというのが
世界の悲劇の一つだ。
それは根本的な悲劇の一つだ。が、現実はそうだ。
そこで、常に心に留めておくべきことは
知のタイプの人間は非常に少ないということだ。

その割合はごく少ない――

せいぜい二、三％といったところだ。

彼らにとって、全ては知ることで始まる。

その後に初めて、感じることと行動がやって来る。

知ること、感じること、行動すること――

これがこのタイプの人達の順番だ。

彼は多くの機会を取り逃がすかもしれない。

が、彼にはどうしようもない。

彼はまず最初に考えてしまう。


二番目に覚えておくべきことは、この知のタイプの人間は知ることで始めるが、知るまでは決して結論を下さないということ。

そして、その対象の長所と短所を知らない限りどんな偏見も先入観も、受け入れないということだ。

このタイプの人間は科学者になる。

このタイプの人間は、絶対的に公平な哲学者、科学者、観察者になれる。

あなたの反応、あなたの行動がどんなものであれ、
それがどこから始まっているか、常に見つけ出しなさい。

その始まっている地点が、あなたの中の優位なタイプを判定できるだろう。


感情タイプに属する人は、まず最初に感じ始め、
その後に多くの理由を集める。

彼にとっては、理由は二次的だ。彼はまず感じ始める。

彼はあなたを見て、ハートの中で
あなたが良い人か悪い人かを判断する。

この判断は感覚による判断だ。

彼はあなたのことを知らないが、見ただけで判断する。

あなたが良い人か悪い人かを感じたその後に、あらかじめ判断したことが何であれ、それを正当化する理由を集め続ける。


感情タイプの人間はまず最初に結論を下し、その後に理由が続く。その後にそれを正当化する。

だから、自分がある人を見ただけで、その人が良い人か悪い人か、愛のある人か愛のない人か、先に結論を下しているかいないか、自分自身の中を見つめてみなさい。

先に結論を下して、その後にあなたは理由を作り出す。

それから、自分自身の感覚に自分自身を納得させようとする。

「そうだ、私は正しかった。彼は良い人だ。そして、その理由はこれこれだ。私にはわかっていた。私は知っていた。他の人にも話してある。

そして今、私は彼は良い人だと言える」と。
しかし、「彼は良い人だ」というのは
第一印象での結論だった。
感情タイプの人間に関しては
三段論法はちょうど逆になる。
結論が第一で、それから過程がやって来る。
理知タイプの人間では
決して結論が最初に来ることはない。
まず最初に仮定があり、最後に結論がやって来る。
だから、自分のことを見つめ続けなさい。
結論を下す時に、自分はどうしているのか?
行動タイプでは、まず最初に行動がやって来る。
彼は行動を起こすその瞬間に結論を下し
その後に感じ始める。
そして最後に理由を作り出す。

ガンジーは行動タイプだ、と私はあなた方に言った。
彼は最初に結論を下す。
そこで彼は「これは私の下した結論ではない。
これは神が下した結論だ」と言うだろう。
実際、行動は何のプロセスもなく
余りにも素早く彼の所に訪れる。

そういう状況で、どうして彼に
「私が決めた」と言えるだろう?

思考タイプの人間はいつも「私が決めた」と言うだろう。

感情タイプの人間はいつも
「私はそう感じた」と言うだろう。

だが、行動タイプ——マホメッドやガンジー——

彼らはいつも「私は感じもしなければ、考えもしない。

この結論は私の所にやって来た」と言うだろう。

では、どこから？　どこからともなくだ！

もし彼が神を信じていなければ、彼は「どこからともなくだ！　この結論は私の中に湧き上がって来た。どこから湧き上がって来たかはわからない」と言うだろう。

もし彼が神を信じていれば
神が結論を下した張本人になる。

その後、神はあらゆることを言う。

そしてガンジーはやり続ける。

だからガンジーは「私が間違った。でも、結論を下したのは私ではない」とだけ言える。

彼は「私は神の下した決定に従わなかったのかもしれない。あるいは、神からのメッセージを正しく理解しなかったのかもしれない。

あるいは、自分がすべきことをしていなかったのかもしれない。でも、その決定は神からやって来た。私はただ、神の言うとおりにしていればいい。ただ神に明け渡し、従うだけでいい」と言える。
マホメッドにとって、ガンジーにとっては
それが彼らの在り方だ。

ヒトラーは間違ったタイプだ、と私は言った。

が、彼もまた、今私が話したようなことを言った。

彼は「これは私、アドルフ・ヒトラーが話しているんじゃない。私の話は、アーリア人種全員のマインドだ。これはアーリア人種の歴史の精髄そのものだ。これはアーリア人種のマインドが、私を通して話している」と言った。

そして実際に、多くの人達がそう感じた。

ヒトラーの話を聞いた人は、ヒトラーが話している時、彼はまったくヒトラーではないと感じた。

それはまるで、彼が偉大な力の
ただ乗り物になっているようだったと。

行動タイプの人間は、いつもそんな風に見える。

彼はすぐに行動を起こすからだ。

彼には、自分が決断を下した、考えた、感じたとは言えない――いいや、それはできない！

とにかく、彼は行動する！
その行動が余りに自然だとすれば
神から訪れるのか、それとも悪魔からやって来るのか。
だが、それはどこか、ほかの所から訪れる。
訪れた後で、ヒトラーやガンジーは
自らの行動に理屈を付け続ける。
が、彼らは一番初めに決断を下している。

たとえば、ガンジーは長い断食をすることに決めた。

真夜中に彼は起き上がって決意した。

そして、朝になって、彼は友人に「今から、私は長い断食に入る」と告げた。

みな、ガンジーが何を言っているのか理解できなかった。

取り巻きの人達は、彼に「私達はここにいます。それなのに、あなたは何一つ知らせて下さらなかった。一言もそのことをおっしゃらなかった。夕方、私達はそのことでいろいろと話し合っていたのです。なのに、あなたは一言もそれに触れなかった」と言った。

が、ガンジーは「それは私の感知することではありません。断食するという結論は、私が下したものではないのです。

ちょうど夜、まだ眠っていない時、突然自分が目覚めているのに気づいたのです。そして、そこには『私は長い断食に入らなければならない』という神からのメッセージがあったのです」と言った。

が、一体何のために？

ガンジーはあらゆる理由を見つける。

が、それらの理由は後から付け加えられたものだ。


それらが三つのタイプだ。

もし行動がまず第一にやって来て、その後に感情、そして考えることがやって来るのなら、あなたは自分の中で、一番多くの割合を占めている要素を判定できる。

そして、一番多くの割合を占めている要素を判定することは、非常に役立つ。

その後、真っ直に先に進んで行けるからだ。

さもないと、あなたはいつもジグザグに進んで行くだろう。

自分がどのタイプかわからない時、あなたは不必要に、自分が行くべきでない次元や方向へと入ってしまう。

もしあなたが自分のタイプを知っていれば、自分自身に対し何をすればいいのか、どうすればいいのか、どこから始めればいいのかがわかる。

第一の要点は、何が最初に来るかを覚えておくことだ。
何が二番目に来るかを覚えておくことだ。
そして、二番目は実に不思議に見えるだろう。
たとえば行動タイプの人は
反対のことをいともたやすく実行できる。
それは、彼がいともたやすく
リラックスできるということだ。
行動タイプの人は、ごく簡単にリラックスできる！
ガンジーのリラグゼーションに至っては奇跡的だ。
彼はどこででもリラックスできた。
だが、それはとても逆説的に見える。
行動タイプの人は非常に張り詰めていて
リラックスできない、と思われがちだ。
が、実際はそうではない。

行動タイプの人間だけが、ごく簡単にリラックスできる。
考えるタイプの人間は
それほど簡単にリラックスできない。
感情タイプの人間にいたっては
それ以上にリラックスが難しいとわかるだろう。
が、行動タイプの人間はいとも簡単にリラックスできる。

そこで、あなたがどのタイプに属するかという第二の基準は、反対のものへいともたやすく動けるかどうかだ。

だから、覚えておきなさい。

もしあなたが反対のものへと動けるなら、それがあなたの優位を占めるタイプだ。

もしごく簡単にリラックスできるとすれば
あなたは行動タイプの人間だ。

もし無念無想の状態にいともたやすく入って行けるのなら、あなたは思考タイプの人間だということだ。

もしあなたが、いともたやすく感情のない状態に入って行けるとすれば、感情タイプの人間だということだ。

だが、それは不思議なことだ。

というのも、普通、我々は「感情タイプの人間——彼がどうして感情のない状態に入って行けるのか？　思考タイプの人間、彼がどうやって無思考の状態に入っていけるのか？　行動タイプの人間、彼がどうやって無行動の状態に入っていけるのか？」と考える。

が、それは逆説的に見えるだけのことだ——

本当はそうではない。


反対のものは一つのものであり、両極のものは一つのものであるということは、物事の根本的な法則の一つだ。


それはちょうど大時計の振り子のように——ちょうど振り子が左端に行き、それから右端に行くように。

そして、振り子が右端に着くと、左端へと動き始める。

振り子が右端に行けば、左へ動くための動力を蓄積する。

振り子が左端へ行く時
それはあたかも左へ行っているように見える。

だが実際は、振り子は右へ行く用意をしているのだ。

対極へ動くのは簡単なことだ。

心に留めておきなさい。
もし楽にリラックスできるとすれば
あなたは行動タイプに属する。
もしあなたが楽に瞑想できるとすれば、思考タイプだ。
だから、ブッダはいとも簡単に瞑想に入って行けたのだ。
だから、ガンジーはとても楽にリラックスできた——
自動車事故のさなかにあっても。
その事故は、ガンジーが昼寝をし
ゆっくりとくつろぐ時間に起こった。
が、その自動車事故のために
彼が行く予定の場所に着けなかった。
そこで、ガンジー一行は車の中で待たねばならなかった。
それはひどい事故だった。

みんながひどく恐がって、心配していた。

が、道路の脇で、ガンジーは昼寝していた。

彼は待つことができなかった！

その時間は彼の昼寝の時間だった。

だから、彼は寝てしまった。

別の車が彼を見つけにやって来た時、彼は熟睡していた。


そのように、行動タイプの人間はごく簡単にリラグゼーションへと動ける。

ネルーには、どうしてそんな奇跡が起こったのか考えられなかった――それは、彼にしてみれば奇跡だった。

彼は行動タイプの人間ではない。

彼はリラックスできない。

ガンジーは一日のうちに、数多くリラックスできた。

彼は何度も眠っていた。

時間がある時はいつでも眠っていた。

眠ることは、彼にとってとても簡単だった。


ブッダは無思考の境地に入って行くことができた。

ソクラテスは無思考の境地に入って行くことができた――いともたやすく。

普通、それは難しいことに見える。


余りにも考え過ぎる人、彼に、どうして考えることをまったく、なくしてしまえるだろう？

どうやって無思考状態に入って行けるのか？

ブッダのメッセージの全ては、無思考であることだ。

だが、彼は思考タイプの人間だった。

彼は実に多くのことを考えていた人間だ。

実際、彼はまだ新しい。

ブッダが肉体をはなれて二十五世紀が過ぎた。

それでもまだ、ブッダは我々と同時代のマインドに属している。

それほど同じ時代のマインドを持つ者は他に誰もいない。


今日の思想家にさえ、ブッダは古いとは言えない。

彼は実に多くのことを思考していた――何世紀も先を――そして、いまだに彼には現代人のマインドにアピールするものがある。

どの思想家であれブッダはその人にアピールするものがある。

彼は最も純粋なタイプだからだ。

が、彼のメッセージは、無思考状態の中に入りなさい、というものだ。

深く思い巡らした人達、彼らはいつも
「無思考状態の中に入って行きなさい」と言う。
が、なぜ彼らには、それがごくたやすいのだろう?
彼らは何の苦労もなく内側に入れる。

たとえばミーラ、彼女は感情タイプだ。

チャイタニア、彼も感情タイプだ。

彼らの感情は余りにも多すぎて、少数の人、少数の物事に向かってだけ、彼らの愛を留まらせることはできない。

彼らは全世界を愛さなければならない。

それが彼らのタイプだ。

彼らは限定された愛に満足できない——

愛は無限なるものでなければならない。

愛は無限にまで広がっていくべきだ——


ある日、チャイタニアが彼の師の所へ行った。

彼は自身の権威において光明を得た。

彼の名前はベンガル中に知れ渡っていた。

そしてある日、彼が師の所へ行き——その師はヴェーダンタの師だった——自分の頭を師の足へと置いた。

彼の師は心配になり、恐くなった。

彼はチャイタニアのことをとても尊敬していたからだ。


そして師は「なぜあなたが私の所へ来られたのですか? どうなさりたいのですか? あなたは自ら光明を得られた方です。そのあなたに、私ごときが何を教えられましょう」と言った。

するとチャイタニアは、「いや、今から私は、無執着の境地に入って行きたいのです。私は今まで感覚的な生を生きていました。だから、今からは感覚のない境地へと進んでいきたいのです。どうか私の力になって下さい」と言った。


感情タイプの人間は、そのように動くことができる。

チャイタニアは動いた。

ラーマクリシュナは感情タイプの人間だ。

そして、最後に彼はヴェーダンタへと動いた。

生涯にわたり、彼はマザーの礼拝者であり献身者だった。

そして、最後に彼はヴェーダンタの師、
トータプリの弟子となった。

そして、感情のない世界へと導かれていった。

多くの人々がトータプリに言った。

「どうして、あなたはこの男、ラーマクリシュナを導くことができたのですか? 彼は感情タイプの人間でした! 彼にとっては、愛こそが唯一のものでした。

彼は祈ることならできます。礼拝することならできます。踊ることならできます。エクスタシーの中に入っていくことならできます。でも、彼は無執着の境地へ進めませんでした。彼は感情を超えた領域へ進めなかったのです」と。

すると、トータプリは言った。

「だからこそ、彼は無執着へ進めるのだ。私は彼を無執着の領域へと導くつもりだ。あなた方には、その領域へ進めまい。彼は無執着の領域へと進むだろう」と。

あなたがどのタイプの人間かを判定する二番目の基準は、もしあなたが対極へと動けるなら、そのタイプに属するということだ。

だからまず最初に、自分がどんな反応をするかを見ていなさい。そして、対極への動きを見ているのだ。

それらは二つのことだ。

そして、絶えず内側を探索しなさい。

二十一日間だけ、絶えずこれら二つの動きをノートにつけ続けなさい。一番初めに、あなたがどう反応をするか——最初の反応が何なのか、種となるもの、スタートとなるもの——そして、どの対極へ楽に動けるのか、無思考だろうか？　それとも感情のない状態だろうか？

あるいは、無行動状態だろうか？

二十一日の間に、自分のタイプが理解できるようになるだろう——それはもちろん、優位を占めるタイプのことだ。

ほかの二つのタイプは、ちょうど影のようにあるだろう——なぜなら、純粋なタイプは存在しないからだ。

純粋なタイプはあり得ない。

そんなことはあり得ない。

三つ全てのタイプが

一人の人間の中に部分として存在している。

ただ一つのタイプだけが

他よりも重要だということにすぎない。

一度、自分がどのタイプの人間かを知れば、あなたの道はとても楽なものになり、スムーズに進める。

そうすれば、自分のエネルギーを浪費しなくなる。

あなたは自分のものではない道に

必要もなくエネルギーを散逸させなくなる。

実際、自分のタイプを見い出すことは

霊性の探求のために基本的な必要条件だ。

さもなければ、多くのことをし続けていても

混乱を作り出すだけだ。

一種の崩壊状態を作り出すだけだ。
それが、ギータの中でクリシュナが「スワバウ」――
あなたの性質、タイプという言葉で意味していることだ。
その中で彼は「自分のものでないタイプで成功するより
は、自分自身のタイプで失敗して死んだほうがましだ」
と言っている。

失敗に終わったほうがいい――たとえ失敗に終わったと
しても――他の誰かのタイプに従って成功するよりも自
分自身のタイプに従ったほうがいい。
なぜなら、その成功は一種の重荷、一種の重圧、一種の
負債になってしまうからだ。
自分自身の性質に従って失敗してもかまわない。
その失敗したことでさえ
あなたを豊かにしてくれるだろうから。
あなたはその経験を通じて、成熟するだろう。
その経験を通じて、多くを知るだろう。
その経験を通じて、大きくなるだろう。
だから、あなたが自分自身のタイプに従って
失敗したとしても、かまわない。
あなたがどのタイプの人間か、どのタイプがあなたの中
で優位を占めているかを見つけ出しなさい。

その後、見つけ出したタイプに従って
精進していけばいい。
そうすれば、その精進は楽で
ゴールはより近いものになるだろう。

第*13*章

在ることを通して越えていく

Transcendence Through Being

『いたるところ〝それ〟に満ちているという感覚、
それがガンダ――唯一の芳香だ』

インドの形而上学は、この存在を二つの領域に分ける。一つは〝これ〟――指し示すことができるもの、そしてもう一つは〝それ〟――〝これ〟を越えているもの、指し示すことができないものだ。

サンスクリットの言葉で真理を表す言葉はサティアという。

このサンスクリットの言葉はたいへん意味深くとても美しい。

それは二つの言葉、サットとタットの結び合わさったものだ。

サットは〝これ〟という意味で
タットは〝それ〟を意味する。

そして、サティアとは
「これプラスそれが真理だ」という意味だ。

そこで、我々はまず始めに〝これ〟とは何か、

〝それ〟とは何かを理解する必要がある。


感覚で捕らえられるもの、理解されるもの、包括されるもの、指摘されるもの、指し示されるもの、見せられるもの、見られるもの――それら全ては〝これ〟に属する。

見られないもの、それでいて存在するもの、包括されないもの、それでいて存在するもの、思索されないもの、
それでいて存在するものは〝それ〟に属する。

だから、〝これ〟とは既知のもの、可知のものを意味し、

〝それ〟とは未知のもの、不可知のものを意味する。

真理とは、既知プラス未知ということだ。

そして、〝これ〟プラス〝それ〟がサティアだ。

この区分はとても意味深く、重要だ。
どんな名前も与えずに
我々は単純に〝これ〟と〝それ〟と呼ぶ。
科学が知るものは何であれ、〝これ〟に属する。
そして、科学が知り得ないものは何であれ
〝それ〟のことだ。
科学は〝これ〟に関わっており
宗教は〝それ〟に関わっている。
だから、宗教と科学の間には接点がない。
それは実際にあり得ない。
その接点とは、ある意味で不可能だ。

〝これ〟は〝それ〟たることはできない。

〝それ〟とは超越したもの全て――

常に彼方にあるもの、という意味だ。

まさにその彼岸性が〝それ〟だ。

だから、それらは出合えない。

それでいて離れているわけではなく、ギャップがあるわけでもなく、隔たりがあるわけでもない。

それでは、どう理解すればいいのだろう？


それはちょうど次のようだ。

闇と光は決して出合わない。

それでいて離れているわけではない。

光が終わるところから、闇が始まる。

ギャップはない――それでいて、それらは決して出合わないし、決して重なり合わない。

それはあり得ない。

光が終わるところから闇が始まる。

光があるところに闇は存在しない。

闇があるところに光は存在しない。

決して重なり合わない。

決して出合わない――それでいて、
ギャップは存在しないし、距離も存在しない。


それらは決して出合わない。

それでいて、とても近くにある。

一つの境がまたもう一つの境でもある。

そこにはギャップはまったく存在しない。

同様に、〝これ〟と〝それ〟、世界・これ、
そして、真理・それ――それらは決して出合わない。
それらは決して重なり合わない。
それでいてギャップは存在しない。
ある意味では、それらはいつもどこかで出合っている。
一つが終わるところから、もう一つが始まるからだ――
それでいて、重なり合うことはない。

光はもっと成長できる。
すると、闇は遠くへ去っていく。
科学はもっと知ることができる。
しかし、その知り得たものが何であろうと
〝これ〟になる。
そして〝それ〟は遠くへ去ってしまう。
〝それ〟には決して触れられない――
それでいて、ちょうど境にある。
〝それ〟は、角がちょうど終わるところにある。

それを〝それ〟と言うのは、それが遠く離れたところ
――彼方、超越したところにあるからだ。
〝これ〟はとても近くにある。
〝それ〟は遠く離れたところにある。
〝これ〟は我々の感覚で、頭脳で
マインドで捉えられる。
我々はすでに知っている。
我々の知識、我々のマインドには一つの焦点がある。
その焦点が当たる領域が〝これ〟だ。
そして〝これ〟を越えたものが〝それ〟だ。

インドのヨーガ行者は〝それ〟を神とさえ呼ばない。
なぜなら、一度そういう言葉――神、魂、涅槃《ニルヴァーナ》、解脱《モクシャ》を
使ってしまうと、未知なるものが既知になったかのよう
に思えるからだ。
〝それ〟という言葉は、未知なるものが
未知のままである、ということを示している。
あなたは〝それ〟を感じることはできる。
それでいて表現できない。
どこかで〝それ〟はあなたを貫いている。
それでも「それは私の知識に、体験になりました」とは
言えない。

いつであれ誰かが「神は私の体験となりました」と言う
時、それは、その人が神を超えたということだ。
あなたが知ることは、あなたより小さくなる。
あなたの体験は、決してあなたより大きくならない。
あなたの体験はあなたの手の内にある。
それは何か、あなたの持物になる。
それはあなたの所有物になる。

だが、神は決して所有されないものだ。
真理は決して所有されない――
それは絶対にあなたの手の内にはない。
それは、一つの記憶になるようなものではない。
それは、あなたが片付けてしまえるものではない。
それは定義できるものではない。
あなたがその物事を完全に知った時
初めてその物事を定義できる。
その物事を定義でき、信じることができる。
その後、「これはこうだ」と言えるのだ。
が、神は定義できないままだ。
「私は知った」とあなたが言える時は
決してやって来ない。
神は、そういう意味では一つの体験には決してならない。

それは一種の爆発であり、体験ではない。
それは一種の知ることであり、決して知識にはならない。
その違いを覚えておきなさい。
知ることは、成長しつつある現象だ。
それは成長し続ける。
知識は生きているものではなく、止まっている現象だ。
あなたが「私は知っている」と言う時
あなたは止まっている。
もうそこに成長はない。
もう流れはない、もう未知の次元は存在しない。
もう、あなたは川のように生きている体験ではない。

知ることは流れを意味する —— 川のような存在。
あなたは知っているが、知識としてではない。
何か片付いてしまったもの、完結したもの、
あなたの手の中で死んでいるものとしてではない。
あなたは一種のオープニングとして知っている ——
常に、より偉大なるものに対し開いている、絶えず海に
対し開いているもの、絶えず超越したものに開いている
ものとして知っているのだ。
知ることは、常なるオープニングだ。
そして知識は閉ざされた現象だ。

だから、知識は死んでいると感じた人達は
その体験を「神」とは言わなかった。
彼らは名前を付けなかった。
どんな名前も知識を意味するからだ。
ある一つの体験に名前を付けた時、それはあなたがそれ
を完全に、余すところなく知ったという意味だ。
そうなれば、あなたは円で囲むことができる。
そうなったら、一つの言葉を与えられる。
言葉は、一種の限定だ。
だからインドの英知は、彼は〝それ〟だと言う。
〝それ〟とは言葉ではない —— 一種の示唆だ。

ルートヴィヒ・ウィトゲンシュタインはどこかで、「言葉に表せなくても示すことができる、あるものが存在する」と言っている。

あなたは言葉に表すことはできない。

が、示すことはできる、示唆することはできる。

この言葉〝それ〟は、一種の示唆だ。

越えたるものを、ただ示唆している。

それは言葉を与えない。

否定するものを与えない。

それは、あなたが知っていることは示さない ——

あなたが感じたことを示している。
知識には一種の限界があるが、感覚に限界はない。
我々が〝それ〟と言う時、それ以上に多くを語っている。
一つには、遠く離れているということ。
〝これ〟はここ、近くにあることを意味している。
我々はそれを知っている。
それは我々の知る範囲内にある。
〝それ〟とは、遠く離れているという意味だ——
大変遠く離れている。
一つの意味では〝それ〟は遠く離れてある。
もう一つの意味では、近すぎるほど近くにある——
が、それはあなたがどこからスタートするかによる。
我々はここに座っている。
一番近い地点は、ちょうどあなたが座っているところだ。
その場所と比べれば、全ての地点が
あなたから離れている。
だが、その場所から出かけ、世界中を旅すれば
自分自身が座っていた場所に戻って来れる——
そうなると、あなたが今座っている地点とは
最も距離が離れている地点ということになる。
というように、距離はどこからスタートするかによる。

こんな話を聞いたことがある。
ムラ・ナスルディンが、何気なく
ただ村の外れに座っていた。
すると誰か見知らぬ人が、ナスルディンが住んでいる村
への道まで、どれぐらい距離があるのか尋ねてきた。
そこでムラは「お前さん次第だよ」と答えた。
その見知らぬ人は、ムラの言葉が理解できなかった。
そこで彼は「『お前さん次第だ』とは、どういうことか
ね？」と言った。
そこでムラは言った、「もしお前さんが今来た道をその
まま行けば、もし来た方向のまま行けば、わしの村まで
はすごく遠い。地球をぐるっと一周しなきゃならん。お
前さんは、村をちょうど過ぎた場所にいるからさ」と。
「でも、お前さんが戻れるんなら、一八〇度転換する用
意があるんなら、村までは一番近いということさ」
というように、距離は我々がどこにいるかによる——
我々がいるまさにその地点、我々がちょうど今ある意識
の、まさにその地点次第だ。
もし我々がその要点を見たら、その要点を貫くことがで
きたら、〝これ〟は遠く離れたものになり、〝それ〟は
最も近いものになる。

だがもし、自分達が存在している中心、我々が目と感覚で追っている中心が見えなければ、〝これ〟は近くにあり、〝それ〟は一番遠くなる。

それは我々次第だ。

だが、両方の意味で〝それ〟は〝これ〟を超えている。もしあなたが内側に入って行けば、もしあなたが自己の実存の中心に到達すれば、再び、あなたはあなたを取り巻いている〝これ〟を超越する。

そして〝それ〟は達成される。

あるいは、もしあなたが外側へ行けば、非常に長い旅、果てしない旅をせざるを得ないだろう。

そして、その旅の終わりに初めて〝それ〟に触れることができる。

だから、科学は長い旅、ひどく長い旅だ。


エディントンは、彼のこの世での最後の日に初めて、そして、アインシュタインもまた彼の最後の日に「自分達は、宇宙の神秘そのものの一瞥にまでやって来た」と感じることができた。

エディントンは「私がこの存在を研究し始めた時、この存在全体は巨大な機械――巨大なる機械としての存在、大きなメカニズムだと思っていた。


しかし、もっと徹底究明しているうちに、だんだん機械のようでなくなってきた。そして今では、深く研究すればするほど、自分のスタート時の考えから遠く離れている状態だ。そして今、私には、この存在は一種の機械というより、一種の思考のように思える――より思考のようだと」と語ったそうだ。


この一瞥は、科学を通じて訪れた。

科学とは〝これ〟を研究調査することだ。

あなたがどんどん研究していくと、〝これ〟が尽きる瞬間がやって来る――だが、それはとても長い旅だ。

エディントンのようなマインドを持つ者だけがその一瞥を得られる。

普通の科学者達は
決してその一瞥まで至れないだろう。

アインシュタインのようなマインドを持つ者だけが、〝これ〟の果てと〝それ〟の一瞥に至ることができる。

アインシュタインはこう語った、「宇宙とは、もはや自分にとっては数学的な問題ではなく、一つの神秘になった」と。

が、数学を通じてこの結論に至るのはとても長い道程だ――ひどく長い旅だ!

数学的な計算を通じて
彼は全てが落ちるポイントにやって来た。

あなた方の数学はまったく馬鹿げている。あなた方がする計算は何の役にも立たない。あなた方の論理それ自体が、その一瞥との遭遇でただ落ちてしまう。

あなたはもう考えられなくなる。

考えることが不可能になる。

思考には一つの圏内があるからだ。

思考とは、ある一定の枠の中で
ある一定のパターンの中でのみ働ける。

たとえば、なぜアインシュタインは
数学を通して宇宙の神秘を感じるに至ったのか?

数学とは論理の次元のものだ。それはある一定の論理のパターンを通して働く。たとえばAはAであり、BはBである。Bは決して、Aであることはできない。

それが論理のパターンだ。

もしAがBであることができ、BがAであることができるなら、それは数学ではなく、一種の詩になる。

数学にははっきりとしたライン、区分が必要だ――

流動性ではなく。

もしAが移動してBになれるなら、数学は不可能だ。

AはAでなければならず、Aのままでなければならない。
BはBでなければならず、Bのままでなければならない。
それで初めて、数学が成り立つ。
そして、区分もはっきりしている必要がある。
そこには、混同するものや
混乱を招くようなものがあってはならない。

アインシュタインは数学を研究していた。

だが、ある一定の地点からその難しさを感じていた。

この五十年間、物理学は以前には
決してなかったような深い困難さを感じている。

たとえば五十年前、物質は物質だった。

AはAだった。エネルギーはエネルギーだった。

BはBだった。

しかしこの五十年間、物理学が物質の本質を突き詰めれば突き詰めるほど、区分が混然とし始めた――

そして突然、物質が完全に消え去ってしまった。

それはどこにも見当たらなくなった。

むしろその反対に、エネルギーと物質の間の区分がまったくの偽りであることが発見された。

物質はエネルギーである、ということだ。

そこで、その区分に依存していた数学全体、論理全体が、ただ単に、崩れ落ちてしまった。

この、数学的でない深奥な存在というものをどう扱ったらいいものか？

もはや物質は存在しない！

そして、覚えておきなさい。物質がもはや存在しなければ、エネルギーへの定義は以前と同じではあり得ない。

昔はエネルギーとは物質ではないという意味だった。

もはや物質は存在しない。

では、エネルギーとは何か？


次のような定義を聞いたことがあるかもしれない。

「マインドは物質ではない、物質はマインドではない」が、もはや物質は存在しなくなった。

では、マインドの定義はどうなる？

物質がなくなれば、突如としてマインドもなくなる。

そこには、区分のないただのエネルギー、同じエネルギーの現れだけが存在する。

そして、流動性が物理学の世界に入ってきた。

もう今では、Aは確実にAではない。Aの中に深く入っていくと、そこにBが見つかる。もっと深く物質の中に入っていくと、そこにはエネルギーが存在する。

そして、多くのこと、たくさんの不思議が立ち現れた。


我々は「粒子は粒子であり、決して波動ではない、波動は波動であり、決して粒子ではない」と認識している。

だが、アインシュタインは新しい事実、奇妙な神秘に向かい合わねばならなかった。

存在のより深い領域においては、粒子が波動のような振る舞いをする —— まったく予想不可能な —— そして、波動が粒子のように振る舞う。

それは難しいことかもしれない。

だから、地理学を通して理解するのがいいだろう。


我々は、点とは、決して線ではないと認識している。

どうして点が線であり得る？

線は多くの点が並んでいるものだ。

点は絶対に線ではあり得ない！

線は並んでいる多くの点を意味する。

だから、一つの点は線のようには動けない。

また、線は点のようには動けない ——

でも、それらはそう動くのだ！

それらはそう動く —— 地理学の上では動かない。

というのも、地理学は人間が作ったものだからだ。

しかし存在においては、それらはそう動く。

ある時は、点が線のように動き、線が点のように動く。

それでは、どうしたらいい？

線とは何か、点とは何か、どう定義したらいい？

そうなると、定義は不可能になる。

点が線のように動くのだから。

定義が不可能になると、二つが二つでなくなる。


だからアインシュタインは、むしろ「それをXとしたほうがいい」とし、「線」と言わず、「点」と言わなかった。

それは理にかなっていないし、意味がない。

だからXが存在する、と言った。Xはある時は点のように、またある時は線のように振る舞った。

そしてこのXというのは、またもや〝それ〟のことだ。

Xとは、もはやあなたが言葉を使わないということだ。

Xとは〝それ〟だ。あなたが言う「点」とは〝これ〟だ。

「線」とは〝これ〟を意味する。

あなたがXと言えば、未知なるものが、あなたの奥深くを貫いたということだ。

あなたがXという言葉を使う時、「それは一つの神秘であり、数学ではない」ということだ。

そこで、もしあなたが奥深く入って行けば
〝それ〟に行き着くだろう。

しかしそれは、アインシュタイン並みの
稀なるマインドを持ってして初めて起こる。
それはとても長い旅路だ。

何千年に一人か二人、〝これ〟を通して
〝それ〟に行き着くことができる。
それは、自分のいる点に至るのに
地球をぐるっと一周するということだ。
が、宗教では、道程はないと言う。
旅というものはない――
あなたはたった今、ここでそれを見つけられる。
あなたはどこへも行かずに
〝それ〟であることができる。〝それ〟はここにある。
もしあなたが内側のセンターを見逃せば
あなたは〝これ〟の中にいる。
もしあなたが〝これ〟を超越すれば
再び〝それ〟の中にあるだろう。
〝それ〟は〝これ〟を超えている――
内側にしても外側にしても。
彼方とは〝それ〟を意味する。
そして、ある一つの名前を使わないのは
それが神秘だということだ。

形而上学は数学ではない。

それは論理ではない、それは神秘だ。

だから「神秘」とは一体何かを理解するのがいいだろう。


それは、あなた方のカテゴリー、考えるという通常のカテゴリーが役に立たない、という意味だ。

もしあなたが通常のカテゴリーの中で考えるとすれば、ぐるぐるぐるぐる、堂々巡りしてしまう。

決して目的のポイントに到達できない。

ぐるぐる堂々巡りするが、決して目的のポイントには到達しない。論理的なカテゴリーは円環だ。

あなたはどんどん進む。あなたはたくさんのことをする。

あなたはたくさん歩くが、決して到達しない。

あなたのセンターは周辺にはない。

さもなければあなたは到達しただろう。

たとえ円の周りをぐるぐる回っていても
あなたは決して中心に到達しないだろう。


もしあなたがゆっくり歩いていれば、こう考えるかもしれない。「俺はゆっくり歩いているから、目的のポイントに到達しないんだ」と。

あなたは走ることもできる。


それでも、目的のポイントには到達しないだろう。

あなたはいくらでも速く行くことができる。

だが、速さは関係ない――

目的のポイントには到達しないだろう。

速く行けば行くほど、あなたはぼーっとしてくる。

が、あなたは到達しない。

センターとは、円の上にあるものではないからだ。

それは円の上ではなく、円の中にある。

あなたは円を完全に離れなければならない。

周辺から中心へと、落ちていかねばならない。

論理的なカテゴリーは円環だ。

論理を通しては、決して新しい真実に到達しない――

決して！

その論理の前提として暗示されているものは、全て明らかになる。だが、決して真実に到達することはない。

論理を通して新しい経験に至ることは決してない。

論理とは円環だ。

結論はいつもそこにある、それははっきりしている。

それは隠れていた――それが違いだ。

しかし、論理を通して新しい現象を解明することは決してない。

論理を通して、未知なるものに至ることは決してない。

神秘は、論理を通しては決して到達されない。

論理は神秘に対抗するからだ。

論理は区分し、論理ははっきりとした区分、確たる区分の上に成り立っている――そして事実は流動的だ。


たとえばあなたが、ある人のことをとても親切な人だと言う。だが、それは一つの話だ。

そして、そういう話をしているうちに、親切だった彼が、もう親切ではなくなる。

彼は変わってしまったのかもしれない。

あなたは言う、「私はある人を愛している」と。

それは一つの話だ。

が、まさに今、話をしている瞬間にも
あなたの愛は消え去ってしまうかもしれない。

この瞬間、あなたは愛している。そして次の瞬間、
あなたは怒っている。この瞬間、あなたはやさしい。

そして次の瞬間、あなたは残酷になる。

辞書の中では、やさしさは決して残酷さにならない――

決して！　が、現実には、それはどんどん変わっていく。

やさしさが残酷さになり、残酷さがやさしさになり、
愛が憎しみになり、憎しみが愛になる。

現実には、物事は変わり続ける。


辞書の中では安定している。

が、現実はダイナミックに動いている。固定はできない。

あなたが「ここに在れ！」と言うことはできない。

それに、物事ばかりが変わり続けるわけではない――

それらはまさに矛盾そのものに触れ続ける。

まさに極端へ、もう一方の極へと動いていく。

愛は憎しみになる。それは単なる変化ではない――

それは正反対に変わる。正反対のものが存在の中に入って来た。友達は敵になる。が、「友」という言葉は決して「敵」という言葉にはならない。

どうしてそうなるだろう？

言葉というのは決まっている。

論理は、定まった実体に対して成り立つ。

生は決して定まったものではない。

あなたは言う、「これが神だ」と。
が、神が悪魔に変わることだってあり得る。
あなたがラベルを張ることはできない。
現実においては、ラベルを張るのは無駄だ。
なぜなら物事にラベルを張っている間も
それは変わりつつあるからだ。
そして、その張っている時間は

その物事が変化するのには充分な時間だ。

が、論理、理屈、マインドはラベルを張らずには成り立たない。

我々は、どうして愛が憎しみになるのか理解できる。が、もっと固定したカテゴリーでさえ、変わり得る。

あなたは言う、「この人は男、男性だ、あの人は女、女性だ」と。またもや、これらはカテゴリー、ラベルだ。

現実とは違う。

私は言う、あなたは朝には男であり、夕方には女であると。それはあなた次第だ。
あなたが女性の気分の時もあれば
男性である気分の時もある。
そして今、現代心理学は、人間は両性だと言っている。
論理は決してそれを信じない。
誰も男ではない、誰も女ではない —— 誰もが両性だ。
その違いは、ただの度合いの違いにすぎない。
それは決して質の違いではなく、量の違いだ。
そして、その度合いは変わり続けている。
事実にラベルは張れない。
何一つラベルを張ることなどできない。
だが、我々はラベルを張らなければならない。

そこには必然性がある。
マインドはラベルを張ることなしに機能できない。
ラベルを張ることなくして、マインドは働けない。
そこで、マインドは物事にラベルを張り続ける。
このラベルの張られた世界が
〝これ〟として知られている ——
それは、ラベルを張ることで作り出された世界だ。
それらのラベルを越えたところに存在する世界が
〝それ〟だ —— ラベルのない、定義のない、
地図に載っていない世界。
あなた方は名前を持っている —— それはラベルだ。
あなたの名前は〝これ〟に属する。
あなたは男であり、あるいは女である、それはラベルだ。
男であること、女であることは〝これ〟に属する。
もしあなたが、自分のラベルを張ることでお終いなら、
そこに〝それ〟はない。

でも、自分はラベルを越えて存在していると感じるなら
自分のラベルはただ表面だけのことだと感じるなら
ラベルなしの、触れられていないままのセンターが
存在するということだ。
もしあなたが「男であり、女であるということさえ一つ

のラベルだ。若いとか年寄りというのもラベルの一種だ。醜い、美しいもラベルの一種だ、健康だ、病気だというのもラベルの一種だ」と感じるなら―― もしあなたが、自分の内側に、何かラベルが張られていないものを感じられるのなら、〝それ〟の領域に触れたのだ。

〝これ〟とはラベルが張られた世界のことであり

〝それ〟とはラベルが張られていない世界のことだ。

〝これ〟はマインド―― カテゴリー、考え、論理、数学、計算の領域であり

〝それ〟は一つの神秘だ。たとえあなたが論理を通して〝それ〟に到達しようとしても、それはできない。

論理は神秘に反するものだからだ。

私が、論理は神秘に対抗するものだと言うのは論理は神秘の世界の中では機能できない、という意味だ。論理は、決まりきった、死んだ、ラベルの張られた世界でのみ機能できる。

アリスが不思議の国に行った。
そして、彼女はちょっと混乱してしまった。
一頭の馬がやって来た。
すると、突然馬は牛に変わった。
ちょうど夢の中で起こったように。

夢の中では決して、おかしいとは思わない。

夢の中で「これはおかしいんじゃないか」と思ったことがあるだろうか？

あなたが何かを見ていると

突然それが何の理由もなく変化する。

夢の世界の中に理由は存在しない。

馬が牛になる。が、どうして、どうやってそれが起こったのか、あなたは決して聞きはしない。

夢の中では誰も聞かない。あなたは聞けない。

もしその理由を聞けば、夢から覚めてしまうだろう。

眠りが壊れてしまうだろう。

が、夢の中では決して疑いは湧いてこない。

が、どうして？　あなたが道を通り過ぎていると突然一頭の馬が牛になり、犬が人間になる。

あなたの妻が、あるいは夫が突然、犬になってしまったら、あなたは受け入れられないだろう。

マインドには不可能だろう。

が、夢の中では、まったくためらわずに何の疑いもなく、何の問いもなく受け入れる。なぜだろう？

夢の中では、論理のカテゴリーは機能しない。

その「なぜ」が不在なのだ。疑いが不在だ。

ラベルの張られた世界が不在なのだ。
だから本当に馬が牛になれるし、何の問題もない。
馬がスッと現れ、牛になる。それが流動的な世界だ。

不思議の国で、アリスはまったく混乱してしまった。あらゆる物がスッと他の何かになってしまう——他の何かに。そこで、彼女は女王に聞いた。「これはどういうことなのですか？　なぜ物事が変化していくのですか？　私はここでどうしたらいいのですか——何一つ当たり前のように受け取れません、何一つ！　何でも何かになれるあり様です。いつでも変化するのですもの。何一つ当たり前のように受け取れないんです。私はどうすればいいのですか？」と。

すると女王は「ここは生きている世界です。死んでいないのです。あなたは死んだ世界からやって来たので、ここにいるのが困難に感じるのです。

物事はここでは生き生きとしています。AがBになれます。定まったカテゴリーは、ここにはまったくありません。全てがただ流動的で、他の何かに移り変わっていきます。ここは生きている世界です——あなたは死んでいる世界からやって来たのです」と言った。

我々は死んでいる世界に住んでいる。

その死んでいる世界が〝これ〟だ。

もし、この死んでいる世界の向こうに生きている流れを感じられれば、あなたは〝それ〟を感じられる。

が、リシ達は、どんな名前もそれに付けなかった——それに名前を付けるのは、またしてもラベルを張ることになるからだ。もしあなたがそれを「神」と呼べば

ラベルを張ったことになる。

すると、神は〝これ〟の一部になってしまう。

シャンカラは、神でさえマーヤ、幻想の一部だと言った。

しかし、それはキリスト教徒やユダヤ教徒のマインドからすれば、考えられない。

彼らの神は、至高なる真実を意味するからだ。

が、ヒンドゥー教徒にとっては、神は決して至高なる真実ではない——なぜなら、至高とは名付けられないものだからだ！

あなたが名付けたら、至高ではなくなる。

名付けてしまえば〝これ〟の一部になってしまう。

ヒンドゥー教徒達は、その至高なるものを示唆しようと奮闘したが、決して定義しようとしなかった。

〝それ〟は一種の示唆だ。

もしあなたが〝それ〟を神と言えば
定義したことになる。
〝それ〟がカテゴリーの範疇に入ってきた。
ゆえに、ブッダは沈黙を守った。
彼は〝それ〟という言葉すら使わなかった。
もしあなたが〝それ〟という言葉を使えば
〝これ〟に関連してくる。
〝それ〟という言葉を使うことでさえ
〝これ〟に触れることを意味する。
そして、究極の事実とは
何をもってしても、言及できないものだ。

もし我々が光と言えば、闇が連想される。
それは闇ではないかもしれない。
が、やはり闇に触れることになる。
それは闇に関わっている。
光は、闇と関連して初めて意味を持つ。
だから、光は闇の彼方にあるものではない。
ゆえに、ブッダは沈黙に留まった。
彼は〝それ〟という言葉さえ言わなかった。
〝それ〟は最後に使われる言葉だ。
が、ブッダは〝それ〟という言葉を使うことさえ
よくないと感じていた。
そこで彼は〝これ〟を否定し、〝これ〟を破壊した。
決して〝それ〟という言葉を前面に打ち出さなかった。
彼は「これを破壊しなさい。そうすれば――」
と強調した。
そうすればどうなる？　が、彼は沈黙を守った。
「そうすれば――」の後は、沈黙した。
彼は「これを破壊しなさい、そうすれば――」
そうすれば何かが起こる。
だが、何が起こるか誰も知らない。
ブッダでさえ知らなかった。

彼はよくこう言っていた。

「その後、何が起こるかブッダでさえ知らない。というのも、知るブッダがそこにいないからだ。〝これ〟を破壊しなさい。〝それ〟のことは聞かないように」

ブッダが新しい場所にやって来た。

彼の比丘達は、次のことを村中に知らせるために
出かけて行った。

「ブッダがお答えにならない十一の質問がある。だから、どうかその質問は聞かないで下さい」と。

その最初は「〝それ〟について聞かないこと、〝これ〟のことを聞くこと。というのも、〝これ〟は答えられる。〝これ〟のことを聞けば、ブッダはお答えくださるだろう。が、〝それ〟のことを聞いてはいけない」というものだった。

あるスーフィーの神秘家、バヤジッドのことを思い出した。

彼はある日、〝それ〟については何も言うことはできない、と言っていた。ちょうどその話を聞いていた彼の師《マスター》、彼のグルが部屋から出て行った。

彼の師は文盲で、大変老いていた——

バヤジッドは深い学識のある男だった。

だから座っていた多くの弟子達は思った。その老人が部屋から出て行ったのは、余りに深い内容の話のために、彼が理解できなかったからだ、と。

でも、バヤジッドは彼の師が出て行ったまさにその瞬間、話を止め、師の後を追い、彼に聞いた。

「何か間違ったことをしたのでしょうか？　私が何か間違ったことを言ったのでしょうか？」

すると師曰く「そうだ！　〝それ〟については何も言えないと言うことさえ、何かを言うことだ。おまえは何かを言った——私はそれに我慢がならなかった」

チベットの神秘家、マルパについての話がある。

誰かが彼に、質問をしにやって来た。

「〝それ〟について何か私に教えてください。でも、私は聞いています。〝それ〟については何も言えない。言葉は使えない。言語は役に立たない。それなら、言葉を使わないやり方で〝それ〟について何か教えてください」するとマルパは言った。

「それでは教えよう——でも、言葉を使わずに聞きなさい。言葉を使わないで〝それ〟について何か聞きなさい。そうすれば、答えよう」

そこで、質問者は言った。

「どうして言葉を使わないで聞けるのでしょう？」

すると、マルパは「それは私の問題ではなく、あなたの問題だ。帰ってその答えを見つけてきなさい！　それはあなたの問題であり、私のではない。私の問題は、私が答えた時から始まる。だから、まずその答えを見つけ出しなさい」と言った。

それは真剣だった。

それは冗談ではなかった。

その質問を聞きにやって来た人は、真剣だった。

彼は帰って考え、そして答えを見い出そうとやってみた。

あらゆる方法で、彼は瞑想した。

「どうやって言葉なしで質問できるのか？　実際、マルパは正しい！　もし言葉を使わないで答えろと言うのなら、言葉を使わずに質問しなければならない」。

そこで彼は瞑想し、思いを凝らし
そのことに思いを巡らした。

だが、それは不可能だ。

言葉を使わずにどうやって質問するか？

そして何年かが過ぎた。

そしてそのたゆまざる探求——どうやって言葉を使わずに質問するか？——のせいで思考がなくなった。

そして、その男は空っぽになった。

そしてある日突然、マルパは彼の部屋の扉をノックした。

男は扉を開けた。

マルパはそこで笑い、微笑んだ。

そしてマルパは言った。

「あなたは質問し、私は答えた」と。

そして、彼らの両方が笑った。

そしてその日からその男、質問者は絶えず笑い続け
マルパに影の様に付き従ったということだ。
村から村へとマルパは歩き、その男は笑いながら、
影のようにマルパにつき従った。
そこで、彼らに出会った人みんなが
「なぜこの男は笑っているのですか？」と聞いた。
するとマルパは「彼は言葉を使わずに私に質問したのですよ。だから、私も言葉を使わずに答えたのです——だから笑いが——」と言った。

論理のカテゴリーは役に立たないということだ。
論理は思考の中に存在し
神秘は無思考の中に存在するからだ。
そこに思考がなければ、あなたは神秘に遭遇する。
そこに思考がない時、全ての橋が壊され
全てのギャップが壊され、あなたは神秘に遭遇する。
別の次元からすると〝これ〟は思考の世界を意味し
〝それ〟は無思考の世界を意味する。
あなたは〝それ〟の中にある。
もしあなたが無思考の状態になれば
あなたが思考の中にあるなら、〝これ〟の中にある。
あなたが思考の中にあるなら、存在の中にはいない。

思考の中にいると
あなたは自分自身から遠く離れて旅をしている。
思考の中に深く入って行けば行くほど
自分自身から遠く離れてしまう。
だから、思想家は決して知者ではない —— 決して！
思想家とは、ただ夢見ているだけだ。

あなた方はロダンの
「考える人」の彫刻を見たことがあるかもしれない。
男が座り、じっと考え込んでいる。
彼の手は頭の上にある。頭の方が低くなっている。
それが一つのコンセプト、西洋の考え方、
思想家の概念だ。
男はとても不安を感じ、緊張して心配している。
彼の全神経が高ぶっている。彼は考えている。
心の内側のどこかで、とても骨を折って努力している。
彼は考えている。全筋肉、全神経が緊張している。
彼は自分自身から遠く離れてしまった。

もう一つ別の絵が存在する —— 禅の絵、中国の絵 ——

思想家の絵。

それらを一緒に横に並べて、瞑想するといい。


思想家を描いた中国の絵はリラックスしている。

彼の心の中には何一つ動いていない。

中国語のその絵のタイトルには「彼はまったく考えていないがゆえに、思想家である」と書かれてある。

そこに思考はない。

ただ単純に、意識があるだけ ——

問題もなく、内側の葛藤もなく。

彼は考えていない —— 彼は思想家なのだ！

ただ考える人だけがそこにいる、無思考状態で。

ロダンの彫刻には、思考がそこにある。

考えることがそこにある。だが、考える人間がいない。

中心がない —— 周辺だけしかない。

多くのことが働きとして、努力として、そこにある。

が、中心が曇っている。


中国の絵の中の思想家は、中心だけが存在する —— 統一され、それ自身リラックスしていて、どこへ行くこともなく。意識はどこにも行っていない。

意識はそれ自体の中にリラックスしている。

ロダンの考えるという概念の中で、あなたは〝これ〟に触れ、中国の思想家の禅画の中では、〝それ〟に触れるだろう。

もしあなたが考えているとすれば、知ることは不可能だ。
あなたは、知るか考えるかのどちらかしか
できないからだ。

マインドは両方同時にはできない。

あなたは考えるか、知るかのどちらかしかできない。

それはちょうど、あなたが走るか立っているかの
どちらかしかできないのと同じだ。

両方はできない。

もし誰かが「私は走りながら立っている」と言ったとすれば、彼は、我々が考え続けながら「私は考えながら知ります」というのと同じくらい、不条理だ。

あなたは知ることはできない。

というのも、知るということは立っていることで、考えるということは一つの思考から別の思考へと走っていることだからだ。それはプロセスだ。

あなたは走り、ジャンプし、走り、ジャンプし続ける。

もしあなたが内側で静かにしていれば、走り回ることなく統一していれば、ただ座っていれば——


日本では、それを「座禅」と呼んでいる。

それは、ただ座ること、という意味だ。

日本語で瞑想を表す言葉を「座禅」と言う。
それはただ座り、何もしない——瞑想さえしない——
という意味だ。
もしあなたが瞑想しているとすれば
それは何かをしていることになるからだ。
日本人は言う、「たとえあなたが瞑想しているとしても、
それでも何かをしていることになる」と。
あなたは走っている。
だから、瞑想さえしないこと——ただ在るのだ。
何もしないこと、ただ在るのだ!

もし何もせずに在ることができれば
あなたは〝それ〟の中に落ちていく。
なぜなら、考えることは〝これ〟——
思考のプロセス、ラベル、論理だからだ。
考えるというのは、無知のプロセスだ。
あなたは知らないから考える。
もし知っていれば、考える必要はない——
それは暗闇の中の手探りだ。
でも考えるのは、とても張り詰めているプロセスだ——
最も張り詰めたものだ!
そして、あなたが内側で張り詰めれば張り詰めるほど、

中心とのコンタクトが少なくなっていく。
だから、リラックスすることだ。
自分自身の内に落ちていく。
リラックスし、ただ在りなさい。
リラックスし、どこへも行かないこと。
自分自身の内に留まる――
すると、突如として、あなたは〝それ〟の内に在る。
この経文曰く
『あらゆるところに〝それ〟を感じること、
それが唯一の芳香だ』

唯一、聖なる芳香――
あらゆるところに〝それ〟を感じること！
が、あなたが自分の内側に〝それ〟を感じないとしたら、
どうやって〝それ〟をあらゆるところに
感じることができるだろう？
もし自分の内側に〝それ〟を感じないとしたら
どうやってあらゆるところに〝それ〟を感じられる？
その感覚は、まずあなたの中心から
やって来なければならない。
その後に、その波があなたの周り中、
あらゆるところへと広がっていく。

一度あなたが内側の芳香を知ってしまえば
突如として、それがあらゆるところにあると気づく。
〝これ〟は単なる現れであり
あらゆるところに〝それ〟が隠されている。
それが、理解されねばならない。
内側にある〝それ〟を知らない限り
外にある〝それ〟を知ることはできない。
内側の〝それ〟に至らない限り
外側の〝それ〟へは至れない。
あなたはまずはじめに内側にある〝それ〟に
どっぷり落ちて行かねばならない。
さもないと、幻想そのものの現象を
作り出すかもしれない。

数多くの宗教家達がそうだった。
内側にあるものを知らなくても
考え続けることはできる――
〝それ〟はあらゆるところに存在すると。
――樹木の中に、家の中に、空の中に、星の中に
太陽の中に――あらゆるところに。
あなたは考え続けられる――
私は強くそう感じ、そう思う――

あなたは〝それ〟は至るところに存在すると考え続けられる。

そして〝それ〟はあらゆるところに存在すると考え続けることで、〝それ〟はあらゆるところに存在するという偽りの感覚に至れる。

が、それは一種の押し付けであり、投影だ。

マインドにはそういうことができる。

マインドは投影できる。

だが、投影はあなたを〝それ〟に導いていかないだろう。

——あなたは〝それ〟の夢を見ている——

〝それ〟を知らずに、〝それ〟を感じないで、

〝それ〟を生きないで。

そして、絶え間なくその投影を繰り返すことで、あなたは自分自身に、〝それ〟はあらゆるところに存在する、と自己催眠をかけることはできる。

あなたはあらゆる石の中に〝それ〟を感じている、と繰り返し続けることができる。


やってごらん！　それはいい経験だ。

二十一日間、耐えず〝それ〟を、聖なるものを、神を、至るところに感じることを、試しにやってごらん——

全ての葉っぱの中に、全ての石の中に、あらゆる所に。

あなたのマインドの中にやって来るものが何であれ、それは〝それ〟だということを三週間、絶え間なく想起し続けてごらん。

すると、あなたは自分の周りにある種の幻想を作り出せるだろう。

そうすれば、あなたはＬＳＤや、メスカリンや、マリファナをやったような、非常に気分が高揚したような幸福感の中にいる状態になるだろう。

ある一定の感覚を絶えず反復することでどんな麻薬を使うこともなく幸福感を投影できる。

マインドは、それ自体の麻薬を作り出すことができる。

だが、それは骨が折れる。麻薬なら、とても簡単だ。

が、そのプロセスは同じだ。


薬を飲み、インスタントの天国があなたにやって来るのなら、それはどういうことだろう？

それは、麻薬があなたの自己防衛機能を全て引き降ろし、あなたの論理、合理的な考えを、崩し落としたということだ。

あなたは目覚めているという夢の中にいる——

一つの達成としてではなく、ただ麻薬の力によって。

あなたは目覚めているという夢の中にいる。

ＬＳＤによって、目覚めているという夢の中にある。

ティモシィー・レアリーはチベットの神秘家と
ＬＳＤを常用している者とを比較する本を書いた。

そしてその中で、両者の体験は同じものだと言っている。

彼は、マルパやミラレパについて、その本の中で言及している。

カビール、エックハルト、ファンポー、輝海、バヤジッド、ラビヤ、彼らが知ったこと、彼らが知るに至ったことは何であれ、まったくＬＳＤの体験と同じものだ、と言えると。


ティモシィー・レアリーはある意味では正しい――

が、それでも根本的なところで間違っている。

彼がある意味で正しいというのは
その体験は似通ったものだからだ。

が、同じではない。

あなたがマインドの、論理の、合理性の防衛機能を引き降ろしてしまうように麻薬を取った時は、夜寝ていて、夢の中にいるのと同じ状態になる。

その違いとは、その状態では、あなたは目覚めているという夢の中にある、というだけのことだ。

あなたは起きていながら、夢を見ている。

そこで、もし一頭の馬が牛になったとしても
そこに何の問題もない。
この目覚めている状態での夢とは
事実全体に新しい虹色を与える。
あらゆるものが新鮮になる。全てのラベルが落ちる。
あなたの夢は全てに広がる。
その状態では、内側で化学的に起こっていることは
何であれ、外側に投影されている。

あなたが外界に見る色は、内側のマインドの投影だ。

その状態では、あなたの夢が至るところに投影される。

全世界が一つのスクリーンになり、あなたはその投影者だ。あなたは全てを投影している。

あなたの内側にあるものは何であれ、その状況で投影される。しかしＬＳＤは、それと同じ体験を全員には与えないだろう。

詩人は、とても詩的な体験をするだろう。

だが、殺人者はそれと同じ体験はできない。

ある者はすぐに天国の体験をするだろうし
ある者は地獄に落ちる体験をするかもしれない。

内側にあるものが何であろうと
その状況では、外側に投影されることになる。

それと同じことが
絶えず同じ感覚を反復することであり得る。

もしあなたがある一つの感覚を絶え間なく繰り返し続けるなら、あなたはそれを投影できる。

あなたはまるでこの世界が死んでしまったのように
この世界の中で生き始めることができる。

だが、あなたがそれを内側で知らない限り
それは偽物の現象だ。

あなたがその反復を止めた時はいつでも
その催眠は解けてしまう。

あなたは何生にも渡って、そのプロセスをし続ける。

それは自己永続的になる。

余りにもいい気持ちのものだからだ。

そこで、次のことを覚えておきなさい。

あなたは投影すべきではないということ。

あなたはそれを内側で知らねばならない。

外側に投影すべきではない。

投影するには、考えることが必要だ。

だが悟りには、考えないことが必要だ。

投影には、事実に押し付けるある種の概念が必要だ。

それは事実への一種のレイプだ。

あなたは自分自身を自己催眠にかけられる。
だが、それは夢の存在だ。
しなければならない本当のことは、内側で思い巡らし、
考えることが止まる状態に至ることだ。
雲を払うことだ。
あなた方の内なる中心は、雲のまったくない、
空のような状態にならねばならない。
あなた方の内なる中心は、どんな行為もなく
そこにあるべきだ。
一方、考えることは行為だ。
もし全ての思考が止まれば――が、それは
あなたが完全に無意識になることによっても可能だ。
もし無意識になったら、何にもならない。
あなたは深い眠りに落ちてしまった。
外界に投影するうちに
あなたは目覚めている状態での夢に落ちてしまった。
あなたは内側の全ての思考を止め、無意識になる――
あなたは深い眠りに落ちてしまった。
だが、それでは駄目だ。

そこで、第三のことがなされること――

無思考、しかも無意識ではない状態。

それが基本的な形だ。
無思考であり、しかも無意識ではない状態。
無思考であり、完全に意識が覚めている状態、
するとあなたは〝それ〟を知るに至るだけではなく、
〝それ〟になってしまう。
あなたは〝それ〟と一つになる。
一度その味を知れば、その味わいは
決してあなたの元を離れない。
一度、感じてしまえば、それはあなたの元を離れない。
あなたは変容され、同じあなたではなくなるからだ。

あなたが〝それ〟を知り、内側で〝それ〟を感じれば、
目を開けると〝それ〟は至るところにある。

そうなると、あらゆる物事がただ、鏡になる。

あなたは〝それ〟を考える必要はない。

そんな必要はない。あなたは覚えている必要はない。

〝それ〟はそこにある―― そこにあるのだ!

内側に感得される〝それ〟は、あらゆるところに感得される。実際、内と外という区分はなくなる。

あなたの内が外になる。

そうすれば、内と外との間の区分全体が
無意味なものになる。


一度、あなたが〝それ〟を、無限なる内側を知ってしまえば、それは外側と同じになる。

すると、まったく異なる感覚が湧いてくる。

あなたは内側にいるが外側にはいない、といったものではない―― あなたは至るところにいる状態になる。内と外というのは、一つの事実の両極にすぎない。

あなたはその二つの間に広がってしまう。

そうすれば、あなたが事実―― 〝それ〟になる。

一方の極が、前に言ったように内として知られ
もう一方の極は外として知られる。

あなたはその両極の間に広がってしまう。

それらはあなたの両極になってしまう。

その内なる知が本物の宗教だ。

そして、この経文曰く
『あらゆる所に〝それ〟を感得すること、
それがガンダ、唯一の芳香だ』と。
もしそれを知れば、もしその聖なる芳香の内に、
その至福の内に生きるなら、それが道だ。
が、どうして賢者達は、あらゆる所に〝それ〟を感得することが唯一の芳香だと言ったのだろう?

あなたは礼拝に行く時、幾らかの花を一緒に持って行く。
それは象徴的な表現だ。
ありきたりの花は礼拝のためのものではない。
〝それ〟はあらゆる所にあるという感覚――
それを一緒に持って行くのだ。
そうして初めて、その礼拝が本物になる。
でなければ、ただのインチキな見せ物だ。
ありきたりの花では役に立たない。
礼拝に行く時は、その香りをあなたと一緒に持って行く。
だがその時は、礼拝に行く所がないだろう。
寺院というものはなくなり、全てが寺院となるからだ。

もしあなたがあらゆる所に〝それ〟を感得するなら
どこが寺院だと言うのか？
どこがメッカで、どこがカーシーと言うのか？
彼は至る所にいる、全存在が一つの寺院になる。
もしあなたが〝それ〟をあらゆる所に感得するなら
〝これ〟が一つの寺院になる。
だから、その香りを自分のうちに携えていくこと。
だが実際、リシ達の洞察は、たとえ彼らの象徴表現としても、実に深遠なものだ。
彼らは「花」とは言わず、「芳香」と言う――

なぜなら、花もまた〝これ〟の香り、
〝それ〟の一部だからだ。
花は生まれ、そして死ぬ。が、香りは永遠だ。
あなたはそれを知っているかもしれないし
知らないかもしれない。
花は物質的な表現であり、香りは霊的な部分の表現だ。
花はあなたの手で持てるが、香りは手に持てない。
花は買えても、香りは決して買えない。
花には限界があっても、香りは単純に限界がない。
花はどこにでも存在するが、香りはどこにでも行ける。
あなたは「香りはここにある」とは言えない。
香りはそこにある、とは言えない。
それは至る所にある。それはどんどん広がっていく。
ゆえに、賢者は「花」と言わずに「香り」と言った。

その香りをあなたとともに持ち運びなさい。
そうして初めて、本当の寺院に入れる――
寺院のリアリティーは表面に現れている寺院ではなく、
あなた次第だからだ。
もしあなたが本物であれば、寺院は本物となる。
そうすれば、どんな寺院であろうと
どんな場所であろうと、寺院になる。

そこに違いはない。


ハッサンについて、こんな話を聞いたことがある。

彼はモスクで七十年間、礼拝を続けた ―― 絶え間なく。

村中の人々が、七十年間、モスクで礼拝を続けているハッサンのことを良く知っていた。

事実上、モスクと礼拝は一つになっていた。

モスクなしには
誰もハッサンのことを考えられなかった。

ハッサンなしには
誰もモスクのことを考えられなかった。

彼はそこで毎日五回礼拝していた。

彼は一度も村を離れたことがなかった ――

どこかへ行くと、そこにはモスクがなかったからだ。

彼はどこで祈ればいい?

毎日五回、一日中、祈ることに費やしている状態だった。

たとえ、たまに病気の時でも、祈りは欠かさなかった
―― 彼はモスクにやって来た。


ある朝、彼がモスクで見あたらなかった時、礼拝に通っているみんなが唯一思ったことは、彼が死んでしまったんじゃないか、ということだった。


その他に可能性がなかった。

彼はいままで一度も、祈りを欠かさなかった!

何年も、何年も、五回祈るために一日中、
ハッサンはそこ、モスクにいた。

そこで、モスクに集まった者全員が
ハッサンの小屋に出かけた。

彼らは、ハッサンは死んだに違いないと思っていた。

でなければ、どんなことがあっても、彼を妨げることはできない、と。が、ハッサンは死んではいなかった。


その老人は、一本の木の下に座っていた。

人々には、まったく訳がわからなかった。

彼らはハッサンに「何をしているんだね? お前さん、その年で異教徒にでもなってしまったのかい? 祈るのを止めてしまったのかね? どうしてモスクに来なかったんだね?

みんな、お前さんがてっきり死んでしまったもんだと思っていたんだよ。でも、ピンピンしているじゃないか。もし死んでいたんなら、俺達も不思議には思わなかったんだが、来てみりゃあ、お前さんはピンピンしているじゃないか。これはおかしい。訳がわからないよ」と言った。

すると、ハッサンは「俺はずっとモスクに通い続けて来た。それは、俺が彼の寺院がどこにあるのか知らなかったからだ。でも今、俺は知った。彼の寺院は至る所にある。だから、もうモスクへ行く必要がない。彼の寺院はここにやった来た。見ろよ！　彼はここにいる——至る所に」と言った。

村人達にはその「彼」が見えなかった。

みんなは、彼は狂ってしまったのかもしれないと思った。

寺院の真正性、寺院の真実性はあなたにかかっている。

インチキ礼拝者には、真の寺院は見つけられない。

彼がどこへ礼拝に出かけようと

彼は自分自身の偽りの中を動く。

それらの寺院全てはインチキになってしまう。

というのも、礼拝者がインチキだからだ。

どこへ礼拝に出かけようと

彼らは、彼らのインチキ性とともに出かける。

賢者曰く『あらゆるところに〝それ〟を感得すること、それが唯一の香りだ』と。

その香りとともに、彼の所へ行きなさい。

彼の足元に頭を垂れるのだ。

だが、その時には行くということはない。

その時にはどこへ行こうとも、あなたは現在の中にいる。

もし香りが内にあれば、現存は外にある。

もしあなたが〝それ〟の感覚で満たされていれば

求めるということはなくなる。

禅師、睦州は、煩悩即菩提——この世界が究極のものだ、と言った。

彼がはじめてこう言った時、彼の弟子達は戸惑い、そして睦州に「何をおっしゃるのですか？　煩悩即菩提ですって！　この世界が究極のものだと！　この世界がブラフマンだと！　一体、何をおっしゃっているのですか？」と言った。

すると睦州は「私はそれを知らなかった。無知だった。そこには区別があった。だが、私が〝それ〟をはっきり知った時、その区別は消え去った——今では全てが〝それ〟だとわかる」と。

そして、最後のこと。

〝これ〟と〝それ〟とは無知な者のための区別であり、無知ゆえの区別であるということ。

あなたは〝これ〟だけを知っている。

そして〝それ〟はただの概念にすぎない。

あなたが〝それ〟を知るに至った時
〝これ〟はただの日常の概念、便宜的なものになる。
もしあなたが〝これ〟しか知らなければ
〝それ〟はただの概念、形而上学的な概念にすぎない。
もし〝それ〟を知るに至れば、〝これ〟は消え去る。
〝それ〟を知るということは
世界が消え去ることではない。
世界はそのまま残る。が、あなたにとっては〝これ〟で
はなくなるだろう――
この世界は〝それ〟になるだろう。

マホメッドの弟子、アリが誰かに叩かれ、意識を失った。
彼は余りにひどく叩かれ、意識を失ったのだった。
そして、彼を襲った奴は逃げてしまった。
そして、誰か他の者が来た時には
彼を襲った奴は、もうその場には見つからなかった。
アリは路上で意識を失った状態で発見された。
そして、その場に居合わせたものが彼を介抱し
その中の誰かが水を持って来た。
彼らはみんな、彼を助けようと何かをしたのだった。
そうしている内に、アリは意識を回復し
近くにいた誰かがアリを扇いでいた。
また、ある者は彼のそばにただ座り
彼の頭を叩いていた。
そして、彼のそばに座っていた人が彼に聞いた。
「大丈夫ですか？　あなたを扇いでいるこの人が誰だか
わかりますか？」と。
彼は、アリの意識が戻ったかどうか知るために、彼にそ
う聞いたのだった。
するとアリは「どうして私に〝彼〟がわからないなんて
ことがあるかね？　私は〝彼〟が私を叩いていた人と同
じ人間だとわかっている」と言った。
聞いた人は、彼の意識はまだ回復していないと思った。
彼を叩いた奴は、もう逃げていたからだ。
どうして彼を叩いた人間が
彼の意識の回復を助けるだろう？
彼はアリを扇いでいた。
すると、その男は「アリ、まだ意識がはっきりせず、混
乱しているようだね。この人はあなたを叩いた人じゃな
いよ」と言った。
するとアリは「どうして〝彼〟が〝それ〟でないなんて
ことがあり得よう？

私には〝それ〟以外に何も見えない。だから、彼が私を叩いていた時、私は彼が誰か知っていた。そして、今度はその彼が私を介抱してくれている。私は彼が誰かを知っている——そして、彼らは両方同じ人だ！」と言った。

これは不二元の概念、感覚だ。
あなたが〝それ〟を知った時、〝これ〟は消え去る。
あなたが〝これ〟を知った時
〝それ〟はどこかでただの概念のまま留まる。
だが、あなた自身から始めるのだ。
他のどこかから
〝それ〟を見い出そうとしてはならない。
さもなければ、〝それ〟に至る旅は
とても長くなるだろう。
あなたは〝それ〟に到達するかもしれないし
到達しないかもしれない。
一八〇度ターンする——
まず自分自身の中心に〝それ〟を求めるがいい。

第*14*章

事実との直面

Facing the Reality

質問……

OSHO、あなたは昨夜、あらゆる所に〝それ〟を、超越的真理を悟るには、人はまず最初に自分自身の実存の中心をはっきりと知るべきだとおっしゃいました。そして、そのためには統一が必要になるとも。

その統一とは、グルジェフが結晶化と言っていたのと同じなのでしょうか？

また、その統一ということと、あるいは結晶化ということと、自身のエゴを助長することの違いを、どうか教えてください。また、その統一、結晶化がどのように超越的真理、〝それ〟に導いていくのかを、教えていただきたいのですが？

人は、自我《エゴ》と共にではなく
自己《セルフ》とともに誕生する。
エゴは社会的な構造物であり、後から成長したものだ。
エゴは、関係性なくして存在できない。
あなたは存在できる。自己は存在できる。
だが、エゴはそれ自体では存在できない。

エゴは、他者と関係を持つことで生まれる、
二次的なものだ。
だからエゴは、「我と汝」という関係の間に存在する。
それは一つの関係だ。
子供はエゴとともにではなく、自己とともに生まれる。
そして、子供はエゴを発達させていく。
彼がもっともっと社会的になり、多くの関係を持つ時、
彼のエゴは成長していく。
そのエゴはほんの表層部分にあるだけで
あなたはその部分で他人と関わっている――
あなたの実存のちょうど境界の所で。
エゴはあなたの実存の表層部分に存在し
自己は中心に存在する。
子供は自己とともに生まれているが
そのことに気づかない。彼は自己として存在する。
が、彼は自己を意識していない。
子供にとっての最初の気づきは、エゴからやって来る。
彼は自己ではなく、「私」というものに気づく。
実際には、まず最初に「あなた」を意識するようになる。
彼は最初に母親を意識するようになる。
それから反射的に、自分自身を意識するようになる。

まず最初、彼は自分の周りの対象を意識するようになる。
それから徐々に、自分とその対象が
別々だと意識し始める。
その別々だという感覚が、エゴの感覚を与える。
子供は、まず最初にエゴに気づくようになり
そのエゴが自己を被ってしまうからだ。
そして、そのエゴはどんどん成長していく。
社会は自己としてのあなたではなく
エゴとしてのあなたを必要としているからだ。

社会にとって、自己に意味はない。

あなたの表層部分に意味があるのだ。

そこには多くの問題がある。

エゴには何かを教えることはできるし、エゴを従順にすることもできる。エゴに従順を強いることはできるし、エゴを適応させることも可能だ。

だが、自己はそうはいかない。

自己に何かを教えることはできないし、自己を強いることはできない。自己は本質的に反逆的で、個のものだ。

自己を社会の一部にすることはできない。

だから、社会はあなたの自己に関心がない。

社会はあなたのエゴに関心がある――


エゴに関しては、何かが可能だからだ。

だが自己に関しては、何もできない。

だから、社会はエゴを強める手助けをする。

そして、あなたはエゴの周りで生き続けている。

あなたは成長すればするほど、社会的になり
教養を身に付け、文化的になる。

文明化されればされるほど、エゴは洗練されていく。

すると、自己からではなく、エゴから機能し始める。なぜなら、あなたは自己の存在に
まったく気づいていないからだ。

あなたの本質は無意識、内なる暗闇の中に潜っていく。

人為的な構築概念、社会的な構築概念――

エゴがあなたの中心になる。

そうなると、あなたは自分自身を同化してしまう――

自分のエゴや名前、知識、家族、
自分の宗教や自分の国と。

だが、それらは自己ではなく、単にあなたのエゴの一部にすぎない。自己はあなたの親に属するものではなく、
自己はあなたの国にも属さない。

自己はどんな宗教にも属さず
自己はあなた自身にも属さないからだ。

それはどこにも属さない！

自己は自由だ、自己はまったく自由だ！

それはそれ自身の権利で存在する。

何か他のものに属さない。

何か他のものに依存しない、それは在る！


だが、エゴは何かに属している。

一つのパターンの中に存在する。

だから、あなたが長い期間一人っきりにされれば
あなたのエゴはだんだんと沈静していく。

そしてあなたは少しずつ、少しずつ、
エゴが飢えているのを感じるだろう。

エゴには、絶えず他からの助けが必要だからだ。

エゴには絶えず、他からのエネルギーと食物が必要だ。

だから愛は、エゴがとても高まった感じを与えるのだ。

愛においては、他者があなたに重要性を、意義を与えるからだ。あなたは初めて、誰かにとって重要な存在になる。そして愛の中で、恋人同士はお互いの成熟を助ける。

愛はエゴにとって、とても微妙な食物だ。

エゴにとっての究極のビタミンは愛だ。

だから、マハヴィーラやブッダ、マホメッドやキリストはみな、社会から逃げ出した。


しかし、実際に社会から逃げ出したわけではない。

彼らはみな、孤独の中に逃げ出した。

それは社会に反することではない。

彼らのエゴが、社会から離れても存在できるかどうかを、根本的に知るためだった。


そして、マハヴィーラは十二年間ずっと、ただこの社会の構築物、エゴをなくすためにだけ孤独の中にいた。

彼は真実の中心、本物の中心が湧き上がって来るまでの間、中心なしでいることを選んだ。

人はそのギャップの中にいなければならない。

そのギャップは、必然的に一種の混沌になるだろう。

あなたは自分のエゴの中に統一し
真実の中心は、まだ背後に隠されている状態だからだ。

この偽の中心を消し去らない限り
真実の中心には到達できない——なぜなら、不必要なエゴが、真実の中心の代用をし続けるからだ。

この世界に関する限り、エゴで充分だ。

社会や人間関係に関する限り、エゴだけで充分だ。

が、もし人間関係がない孤独な隠棲生活の中に入ったら、エゴは存在できない。

エゴは、私とあなたの間の一種の橋だからだ。

あなたがそこにいなければ
橋は片方の岸だけでは存在しない。
橋が存在するためには、二つの岸が必要になる。
そのために、この孤独の中に隠棲することが
深い修行になっていた。

しかし、あなたは自分自身をだましてしまう。

あなたが孤独の中に入って行ったとしてあなたはそこで、神と対話し始める。

すると再び、エゴを作り出すことになる。

あなたは、汝、他者を作り出した。

たとえあなたが孤独の中に隠棲しても、神に祈り、神と対話し始めるなら、想像の汝を作り出してしまう。

すると、再びエゴは存在する。

だから、孤独の中にあるということは
汝がない状態にあるという意味だ——汝がない——

完全に一人であること。そうすれば、このエゴは存在しない。エゴは枯れてしまう。

そして、あなたは混沌の中に放り出されるだろう。

というのも、あなたはある一定の期間だけ
中心なしでいることになるからだ。

だが、その混沌には直面しなければならない。

その混沌に直面しない限り
あなたと自己が統一することはできない。
あなたはその混沌を通り過ぎなければならない。

キリスト教の神秘家は、それを「魂の闇夜」と呼んでいた。実際、人は、ただただ狂ってしまう。

中心がなければ、あなたは狂ってしまうからだ。

あなたには機能し始める地点がない。

あなたはその状態では、統合されていない。

そういう精神状態において、あなたは統合するエネルギーのない、中心のない、焦点のないただの断片だ。

あなたは群集だ。あなたは狂ってしまうだろう。

だが、その狂気は直面されねばならない。

狂うこと、中心なしでいること、
それが宗教的革命に必要な唯一の勇気だ。

どんな偽の中心も再び作らず
その状態を通り過ぎていくこと。

本当に自分に誠実で、真実の中心が湧き上がって来ない限り、それ以上どんな中心も作り出さないこと。

それが本当の苦行だ。あなたは待つ。

待つのには、どれぐらい時間がかかるかわからない。

何とも言えない。

マハヴィーラは十二年間、孤独の中にいる必要があった。マホメッドは、たった三十日の間しか孤独の中にいなかった。

その時間は、多くの条件によって左右される。

私は、マハヴィーラが十二年間も待たねばならなかったのは、彼が偉大な王の息子だったからだと感じている。

彼は偽のエゴの中に、深く根差していたに違いない——マホメッド以上に。彼は普通の人間ではなかった。

彼のエゴは、マホメッドのエゴよりも大きなものだった。マホメッドのエゴはそんなに発達していなかったし教育も受けていない。

実際、特にどうということのない、ただの貧しい男だった——どうということのない男だった！

が、マハヴィーラはひとかどの男だった。

彼は偉大なる家族の中に生まれた。

彼は莫大な財産、ごく洗練されたエゴ、
そして、深い教養と文化を持っていた。

あらゆる意味で、非常に洗練されたエゴを持っていた。

だから、そのエゴを消し去るために十二年必要だった。

イエスは四十日だけ孤独の中にいた。


彼もまた、エゴを発達させるような状況の何もない環境の中で育った、貧しい男だった。

文明が発達すればするほど、エゴを消し去るのは難しい——なぜなら、あらゆる発達した文明は、当然、その文明の中で作り出されたエゴに堅固な影響を持つからだ。

どんな中心も持たずにその混沌を通り過ぎること、一つの混沌であることは、最後にはあなたを中心、本当の中心、自己へと投げ落とすことになる。

その混沌の通り方、エゴの壊し方には、いろいろな方法がある。だが、ある一定の期間、どんな中心もない状態でいる勇気を持つことが根本となる。

明け渡すことで、そうすることもできる。
あなたは、自分を師《マスター》に、誰かに明け渡すことができる。
もしその明け渡しが全面的であれば
エゴはなくなるだろう。
あなたはエゴではなく、自己になることができる。
だから、明け渡しはとても難しい。
エゴが古いものであればあるほど
明け渡すことは難しくなる。
明け渡しにおいては、自分自身を捨てなければならない。
あなたは一つの影になる。

あなたはただ、言われた通りに従うだけになる。
あなたは、言われたことを考えることはできない——
あなたはもう存在しない。

だが、明け渡しが深く考えられる段になると
決まって人は「もし明け渡してしまえば、自分は個では
なくなってしまう」と考え始める。
だが、それは絶対的に正しくない。
明け渡して初めて、あなたは個になれる。
なぜなら、エゴはあなたの個性ではないからだ。
それは偽物だ。単なる見せかけにすぎない。
もしあなたが偽物を明け渡せば
必ず真実へと爆発するだろう。
それが明け渡しの美しさだ。
あなたは自己を明け渡すことはできない——
それは不可能だ。

あなたはエゴしか明け渡せない。
あなたは与えられているものしか手放せない。
あなたは、自分の自己を手放すことはできない。
それは不可能だ。その可能性はない。
どうやって自分の自己を手放せる？

自分に押し込められていたもの、
社会があなたに深く影響したものなら手放せる。
実際、自分のものでないもの、自分ではないものしか手
放せない。それは矛盾していて、逆説的に見える。

あなたは、自分ではないものしか
与えることはできない。
自分であるものは与えられない。
明け渡しにおいては
何であれ自分自身だと認知していたものを手放す。
そうして初めて、自己、真実のあなた、
手放すことのできないあなたが残る。
偽物が放り出された時、あなたは真実と向かい合う。
そこには二つの方法、二つの根本的な方法がある。
一つは明け渡しだ。明け渡しにもいろいろな方法がある。
が、根本は常に誰かに明け渡すということだ。
誰に明け渡すかは重要ではない。誰に明け渡そうが、そ
れはまったく大したことではない。
大切なのは、明け渡すことだ。
だからたまたま、あなたの師事している師自身が本物で
はなくても、もしあなたがその師に明け渡せば、真の自
己に至ることがある。

偽の師でさえ助けになるということ、死んでしまった師でさえ助けになるということだ――


肝心なのは、誰に明け渡すかではない。

肝心なのは、あなたが明け渡しているということだ。

その起因はあなたの内にある。

誰に明け渡すかは、まったく意味がない。

クリシュナはそこにいるかもしれない、
あるいはいないかもしれない。

ブッダは歴史上の人物かもしれない、
あるいは、そうでないかもしれない。

イエスの存在はただの神話かもしれない――

でも、それには何の違いもない。

もしあなたがイエスに明け渡せれば、イエスがそこにいようといまいと、事はあなたに起こるだろう。

重要なのは明け渡すことだ。

だから一つの方法、一つの根本的な方法は明け渡しだ。


もう一つは、絶対なる意志だ。

その道は明け渡すのではなく
絶対的に自分自身であることだ。

あなたが明け渡しても
自己は明け渡せないと私は言った。

何であれ、あなたが明け渡すものはエッセンスではない。

エゴであり偽物であり、仮面だ。

もう一つの根本的な道は
全面的に自分自身であることだ。

明け渡すのではなく、一つの意志であることだ。

一方で、エゴには意志というものがない。

エゴは意志を持てない。エゴは絶対的に無意志だ。

本当に存在しないものは、意志という質を持てないのだ。

意志は真実に属する。あなたは絶対的に無意志になる。

朝、あなたは何かを決め、午後には自らキャンセルする。

あなたが何かを決めている時、まさに決めている瞬間、
あなたの中のある部分が、それをキャンセルしている。

あなたは「愛している」と言う。

あなたがそう言ったまさにその瞬間、その言葉の奥深くに入って行くと、どこか片隅に憎しみが隠れている。

あなたは「私はこうするつもりだ」と決める。

そしてまさにその瞬間、反対のものが存在する。


意志とは、マインドの中に何一つ反対のものがないということだ。意志とは、一つであるということ――

不二ということだ。

エゴは、どんな意志も持てない。

エゴとは、同時に存在する多くの相反する意志という意味だ。エゴに関する限り、あなたは群集だ。

それは当然だ、それは自然なことだ。

私が言ったように、エゴは関係性の中で作り出されるからだ。それは副産物だ。

あなたは多くの関係性を持っている。

だから、あなたのエゴは
多くの関係性が構築されたものだ。

それは一つではあり得ない。一種の群集だ。


実際、次のように考えてごらん。

あなたには、母親との間に作り出されたエゴがある――

あなたのエゴの断片は、あなたと母親との関係性で作り出された。あなたのエゴの別の部分は、父親との関係性で作り出された。

また別の部分は、あなたと妻との関係性で作り出される。

さあ、そうなると、あなたの妻によって作り出されたエゴの断片と、あなたの母親によって作り出された断片が同じではあり得ない。

すると、それらは敵対することになる。

あなたの内側で闘うことになる。


あなたの妻と母親が、外面的に争うだけではない。

あなたの内側のエゴの部分もまた争う。

それは、あなたの父親と母親が、外面的に争うだけではない。様々な関係性がエゴの断片を作り出し、あなたの内側で闘う。

あなたは多くの断片を抱えている。

あなたはエゴという名前の群集を抱えている――

それは、一種の群集だ。

絶え間なき闘い、葛藤が続いている。

その状態では、あなたは何の意志も持てない。


だからグルジェフは「あなたに意志を働かせることはできない。なぜなら、あなたはいないのだから」とよく言っていた。

人間は存在しない。

人間は一人ではないからだ。

あなたは群集だ、何の統一性もない群集だ。

あなたは数多くの顔を持っている。

数多くの意志を持っている。

ある瞬間、ある状況においては一つの断片が主人《マスター》になる。

その状況で、あなたは何かを言う。

その状況で、あなたは何かをしようと決める。

そして、その瞬間には自分が一つの意志を持っていると思っても、次の瞬間には、その断片がどこかに沈下し、もう一つの断片が湧き上がってくる——

そしてその断片は、あなたの意志決定に気づいてさえいない。

あなたは怒る。そしてその後で「俺はもう二度と怒らない」と決心する。が、その怒っていた部分が決心したわけではない。それは別の部分だ。

そしてそれら両方の部分が
あなたの人生の中でいつか出合うとは限らない。

「俺はもう二度と怒らない」と言った部分は
怒っていた部分とは違う。すると、そこに出合いはない。

怒っていた部分は明日も再び怒るだろう。

その部分が怒っている時、あなたは自分が決心したことを完全に忘れ去っているだろう。

そうすれば、また後で後悔する。

別の部分がまたしても湧き上がってきた——

そうしたことが延々と続いていく。


グルジェフは、我々は主が眠っている家、あるいは、主がどこかよそに出かけている家のようだ、とよく言っていた。


何年も、その家は主を知らなかった。そこにはたくさんの召使いがいる。その召使い達は「かつて主がいた」ことを完全に忘れ去っている。

その家の主は眠っているか、家を出て行ったかだ。

何年もの間、召使い達は、主なしで住んでいた。

誰かが家のそばを通り、家の外にいる召使いを見た。

その人は「この家の主は誰かね？」と聞いた。

すると召使いは「私がこの家の主です」と答えた。

また別の日、同じ人がその家のそばを歩いていると
この前とは別の人を表で見かけた。

そしてその人が「この家の主は誰かね？」と尋ねると、
その二番目の召使いは「私がこの家の主です」と答えた。

全ての召使い達が、自分が主だと言い張った。

主が眠っていたり、どこかよそへ行っていたりすると、
何一つ決められない。

それら召使いの主は、何かを決めることはできても、それをやり遂げることはできない。彼らは何かを約束できても、その約束を果たせない。

彼らはまったく主ではないのだから。

それがエゴの置かれている状況だ。

エゴは自ら意志を発揮できない。

そこで、二つ目の方法は、意志を作り出すことだ。もしあなたが意志を作り出せば、エゴは消え去る――唯一、自己だけが意志を発揮できるからだ。そこで、あなたが意志を発揮し始めれば、意志を打ち出せば、段々とあなたは内側に入っていく。エゴには、意志を働かせることはできない。もしあなたが意志を打ち出していくなら

エゴは消え去ることになる。

そして明け渡しとは、一つの根本的な道――献身者達の道だ。

そして、こつこつ努力すること、意志は、二つ目の根本的な道――武士、戦士の道だ。それぞれの道で多くのテクニックがあるが、根本的には、次のことだ。

グルジェフは二つ目の道――意志の道を使っていた。彼はそれを結晶化と言っていた。

彼は「もしあなたが意志を働かせれば、徐々にあなたのセンターの中で結晶化するだろう」と言っていた。

エゴは、意志を伴った意識とともには存在できない――それは存在できない。

グルジェフは、実に奥深い方法を、内側の統合のために使っていた。彼は、次のように語った。

たとえば「七日間、眠るな。何が起ころうと眠るんじゃない」と。あなたは七日間、食べないでも平気でいられる。それはそんなに難しくない。

しかし、七日間眠らないでいることは、とても難しい。七日間食べないでいることは、それほど難しくない。人間は少なくとも、九十日間は何の危険もなく食べずに生きていられる。

が、九十日間眠らないでいるのは難しい。

食べることは自発的なことだ。

あなたは食べることもできるし、食べないでもいられる。が、睡眠は自発的なことではない。それは非自発的だ。やって来るか来ないかの、どちらかだ。

眠りをもたらすことはできない。

自分を無理やり眠らせることもできない。

だが、食べないでいることや、もっと食べることなら、自分に強いることができる。それは自発的なことだ。

が、睡眠は自発的な現象ではない。

眠るようにと、自分に強いることはできない。

眠りが訪れたら、自分のエゴでは起きていられない。

でも、頑張ることはできる。あなたは「何があっても俺は寝ない。死んでも眠らない」と言うことはできる。

グルジェフの弟子の長だったウスペンスキーは死に際しても、横にならなかった。

彼は絶えず歩き続けていた。

彼は死のうとしていた。

彼は、死がたった今やって来つつある、と気づいていたが、横にはならなかった。

医者達は横になるよう強く諭し、説得したが
彼は横にならなかった。

そして、彼は言った。

「いいや、私は歩きながら死ぬ。意識的に死ぬんだ」と。

彼は、死でさえも意志を作り出すために利用した。

そして、彼は歩きながら死んだ。

彼は人類の歴史全体の中で、歩きながら──

意識的に死んだ最初の人間になった。彼の内側で何が起こっていたのかよく考え、瞑想してごらん。

それは単なる眠りではない──それは死だ。


彼は、死に際しても明け渡すつもりはなかった。

これは反明け渡しの道だ。

彼は死に際しても、明け渡すつもりはなかった。

彼は闘い続けた。彼は三日三晩歩き続けた。

身体はとてもひどい状態で、年老いていた。

彼をずっと見守り続けていた人達は、彼についていけなかった──彼らは眠らずにいられなかった。

そこで、誰かが眠り、誰かが彼を見守っているという状態だった。グループの十二人は、絶えず彼を監視し続けたが、彼は三日間、昼も夜も歩き続けていた。

彼は座らなかった。死を前にして、どんな言いわけも
どんな妥協も許さなかった。

そして、結晶化された人間として死んだ。

彼は死を、意志を作り出すために使った。

あなたは眠ることと闘える。食欲と闘える、性欲と闘える。何に対しても闘える──
が、そうするなら、妥協してはならない！
明け渡してはならない！
絶対的に、自分の行為に没頭していなさい。
だが絶対的に何かに没頭することは、エゴにはできない。
もし、何かに絶対的に打ち込もうと頑張れば
エゴは消え失せる。
そして突然あなたは自分自身の中に
今までとは違う中心に気づくだろう。
エゴには、意志を働かせることはできない。
だから、あなたが意志を働かせば、エゴは存在できない。

だから道を達成するには、全面的な明け渡しか
全面的な意志のどちらかが必要だ。

すると、表面上では相反する部分が、実際は相反していないということ、そんなに相反していることではないと、わかるだろう。

一つのこと――全面性に関しては共通している――

全面的な明け渡しか、全面的な意志。

そして、エゴが何かに全面的に在ることは、絶対にあり得ない。それは常に断片的で分裂している。


どういう在り方でもいいから、全面的で在りなさい。

そうすれば、エゴは蒸発する。そして、エゴがない時に初めて、あなたは自己の真実の中心に気づく。

私はそれを、中心《センタリング》を定めると言う。

グルジェフは結晶化と言った。

言葉はたいして問題ではない。

このセンタリングを通して、あなたは一個の実存になる。

このセンタリングを通して、存在の中に生きる。

このセンタリングが起こる前は、あなたは存在ではなく、
社会の中に生きている。

このセンタリングが起こる前は
あなたは文明の一部、文化の一部だ。

あなたは言語の一部であり、宗教の一部であっても
存在の一部ではない。

このセンタリング以前には
あなたは人間が作りあげた社会に生きていた。

このセンタリング以前、あなたは「これ」に属していた。

だが一度、あなたが統一されれば
彼方なるもの、作られたものでないもの、
永遠なるものである〝それ〟に属することになる。

そうすれば、あなたは源に至る。

それを神と言ってもいいし、魂と言ってもいい。

好きなように言っていい。

ウパニシャッドでは、そのことを〝それ〟と言う。
それは生まれないものであり、死なきもの、
存在するものだ。
このセンタリングは可能だ、不可能ではない。
それは不可能のように思える。
不可能のように見える。
エゴにとっては不可能だ――あなたにとって、ではない。
それはエゴには不可能だ。
エゴは、センタリングを達成できない。
センタリングを達成することで、エゴは死んでしまう。

古いヨーガの教典には「師が何を言おうとそれを聞き、従え。なぜなら、彼はあなたの自己だからだ。何であれ彼の言葉はあなた自身の内側の声だ」と書かれてある。
それらには、真の教師、真のグルは
あなたの中に存在すると書かれてある。
あなたの外にいる師は、あなたの内側の師を目覚めさせるための一つの助けでしかない。実際、師に明け渡すことが、自己に明け渡すということだ。

ちょうど次のようなものだ。

あなたが鏡の前にやって来る。

そして、初めて自分の顔に気づく—— 鏡を通して。

それと同じように、師はただの鏡だ。

もしあなたが明け渡せば、自分自身の自己に目覚める。

それが一つのやり方だ。

もう一つのやり方は、自分自身の意志を見い出すこと。

どちらが自分の道かを決めることだ。

私が知る限り、延々とただ考え続ける人達が大勢いる。

時々、彼らは明け渡しの道のことを思い、時々、意志の道のことを考える—— この道が自分の道なのかと——。

明け渡しについて彼らに話すと
彼らはいつも意志の道のことを考える。

意志の道のことを話せば
彼らは明け渡しのことを考える。

それがエゴの断片のあり方だ。

もし私が「明け渡しなさい」と言えば、あなたは「どうやって明け渡すのですか？ 私の個性、私の自由はどうなるのですか？」と思うだろう。

だがあなたは実際、誰でもない—— 個性なし、自由なしだ。が、自分が持っていなくても、失うことを恐れる。

「どうやって明け渡すのですか？」

そしてもし私が「じゃあ、明け渡さないでいい！

意志を作り出しなさい！」と言うと、「私はとても弱い人間です。その私がどうやって意志を作り出せますか？

とても難しいです」と言う。

これらの両方の教えには
あなたのエゴと一対をなすものがある。
そうすると、あなたは揺らぎ続ける。
その揺らぎは自分の中心に至るのに
決して助けにならないだろう。
この道かその道か、どちらかに決めることだ。
そして決めたら、従いなさい——
そうしたら、徹底的に、トータルに従うことだ。

その全面性が、最後にはエゴの偽の構築を
壊すことに役立つ。
そして、偽の中心がもはやない時
真の中心を知るに至るだろう。
そこにはギャップがある——混沌状態のギャップが。
人はそれに直面しなければならない。それは苦しみだ。
しかし、それは生みの苦しみだ。
人はそれを通過しなければならない。それは必要だ。
だが、あなたが真の中心に至った時、自分はそれに値するほどのものを何も払っていないのだと知る。
その生みの苦しみを通過して得るものは
計り知れないほどだ。
それに比べれば、あなたがしてきたことは何であれ、まったく取るに足らない。だがそれを手に入れる以前には
あなたの努力はとても価値がある。

そして最後に、あなたは自分が統一状態なのか、結晶化されているのかと混乱し、考え続けることがあるだろう。
だがそれは、結晶化されたエゴがあなたにあるからだ。
それでは、どこが違うのか?
エゴに統一しているか、自己に統一しているか、
どうやって見極められる?

それには、三つのことを心に留めておかねばならない。
一つ、もしあなたがエゴの中にあるのなら
決して静寂の中には、いられない——絶対に。
その時、あなたは群集の中に、市場の中にいる。
あなたのエゴは経済界の産物だ。
あなたは決して、静寂の中にはいられない。

第二に、あなたはほんのわずかな幸せでさえ
決して見い出せない。
幸せは、真の中心でのみ、あり得るからだ。
静寂は、真の中心でのみ、あり得る。
それは真の中心の質だ。
それを手にするには、何の努力も必要ない。
それはただ、そこにある。
だから、もしあなたがエゴの中にあるとすれば
あなたの幸せは、いつも未来の中にある——
決して手に入らない未来の中に。
常に手に入れるべきものとして。

そして三番目。
あなたがエゴの中にある時、あなたの生の動機は
恐怖に彩られている。

あなたが何をしようと
あなたの動機は恐怖に彩られている。
あなたは恐怖に彩られてしまう。
もしあなたが愛するとすれば、それは恐怖ゆえだ。
もし祈るとすれば、恐怖ゆえだ。
もし神を思うとすれば、恐怖ゆえだ。
もしあなたが富を貯えるとすれば、恐怖ゆえだ。
もしあなたが友達を――何をしようと
あなたの根本的な動機は恐怖に彩られている。

それら三つのことがある。

あなたに静寂があり得ないのは、葛藤している緊張の一群があり、緊張や戦い、不安や苦悩があっても、静寂、幸せがないからだ――幸せとは中心に属しており、エゴのものではないからだ。

恐怖に方向付けられた流れがあるのは、エゴが絶えず、死を恐れているからだ――

エゴはただの構築物だ。それは本物ではない。

だから、エゴは死を恐れている。

そして、自己は決して死を恐れない。

自己は一度も死を知らない。

死は中心にとっては、真の中心にとっては不可能だ。

不死であることが中心の本性であり
まさに中心の質そのものだ。
だから、これら三つのことを覚えておきなさい。

マインドは絶えず緊張と苦悩の中にあり、幸せを切望する思いの中にあるだろうが、体験がない。

そして全てがおののき震え、恐怖で彩られている。

あなた方の宗教はまったくの恐怖だ。

あなた方の信仰、あなた方の哲学は、ただただ恐怖だ――ただ恐怖を隠し、恐怖から逃げ、あなた方自身を欺くために存在している。

もしあなたが真の中心の中にあるなら、静寂はあなたの本性になる――どんな状況にも依存しない。

あなたが静かなのは、周りの状況のせいではない。

どんな状況にあろうと、あなたは静かでいるだろう。

あなたはそれ以外ではいられない。

何ものもあなたをかき乱せない。

かき乱すものはあっても、あなたはその影響を受けず、干渉されずにそのままだろう。

あなたの中心を貫くものは何もない。

それは不可能だ。

静寂は、状況に依存しない。

それは、あの日は良かったからとか、成功したからとか友達に取り囲まれていたから、といったことではない
―― そうではない。

それは状況的なものではない、静寂はそこにある。

どんな状況に置かれても、静寂と幸せはそこにある ――

未来の中にではなく、今ここに。

そして、その幸せはハプニングではない。

それは一つの状態だ。

それは、今日あなたは幸せだというのではない ――

あなたは、幸せであるより他にない。

あなたは「幸せ」になる。そして恐怖は消え失せる。

恐怖が消え失せるとともに、我々が恐怖の周りに作り出した世界全体が消え失せる。

あなたは恐怖のない世界に入った。

そこに恐怖がない時、初めて自由が可能となる。

恐怖と自由は、ともに存在できない。
我々が自分達にあらゆる奴隷状態を
あらゆる束縛を作り出してきたのは恐怖ゆえだ。
我々が束縛状態にあるのは恐怖のせいだ。
だから、これら三つを覚えておくこと。

一度、自己の真の中心を知ったら、あなたはもう同じあなたではない。古い人間は死に、新しい人間が生まれる。

それは新生だ!

子供が生まれるのは、ただ肉体だけのことだ。

その後、子供は社会によってエゴを与えられる。

そしてあなたは、エゴと肉体とともに生き続ける ――

自己を持たずに。このエゴを消し去らない限り、自己は見い出せず、あなたの生は無駄になる。

肉体は親から与えられたものであり
エゴは社会から与えられたものだ。

それでは、あなたという者は一体誰なのか?

肉体はあなたの親のものであり、親から引き継がれたものであり、長い流れの中にある。そして、エゴは社会のものだとすると、あなたは一体誰なのか?


グルジェフは「あなたというものはいない」とよく言っていた。

あなたは、ただの構築物だ。

あなたは統一された存在ではない ―― 親や社会からではなく、外側からではまったくなく、常に自分がそうであったもの ―― 生まれる以前にあり、死んでから後にあり、そうなるであろうもの、そうであり続けていたものだ。

あなたであるものを見つけ出さない限り
あなたは外周で生き続ける。
そして、この外周的な存在がサンサーラ —— 世界、「これ」と呼ばれ、この統一された存在が涅槃《ニルヴァーナ》 —— 〝それ〟と呼ばれるのだ。

質問…………………………………………

OSHO、人はどうすれば、投影された体験と真正な感覚を区別できますか？


それは難しい。よく考えねばならない。

だから、難しいのだ。

たとえば、あなたが本当の火に触れているのか、あるいは想像上の火に触れているのか、どうやって感じ分けられるだろう？

もし、本当の火に触れたことがなければ、それを想像すること、理論的に区別することはとても難しい。

もしあなたが、本当の火に触れたことがあるなら
そんなに難しくはない。あなたはその感覚を知っている。

投影された経験とは、ただの夢の中の経験でしかない。


だが、我々にはあることを考えることができる。

もし何かを投影すれば、あなたはそれを投影し続けることになる。そうしないと消え去ってしまう。


たとえば、私が神を投影したとする。

そして私が「私は木の中に神を見る。私は大空の中に神を見る。私は至る所に神を見る」と言ったとする。

もしそれが投影された経験、ただ自分の投影、自分の思考をその物事に押しつけた現象であり、はっきり知ったことではなく、ただの観念、物事に押しつけられた理論だとする。

あるいは、木を神として見ることができると投影しているのなら、その投影をずっと続けざるを得ない。

もし自分がその投影を繰り返すことを止めれば、神は消え去り、ただの木があるだけになる。

もし一瞬でも投影し続けることを忘れれば、神は消え去り、ただの木があるだけになる。

投影された経験なら、絶えずそのために何かをする必要がある。あなたはその投影を放っておけないし、休むこともできない。

いわゆる聖人達は、休みをとるわけにいかない。

彼らは絶えず何かをしている。

彼らは昼も夜も、何かをやり続けている。

もしあなたが一瞬でも彼らの努力を止めれば
彼らの投影された体験は消え去ってしまうだろう。

ある友人が、スーフィーの神秘家を私の所に連れて来た。彼は年老いていた。彼は三十年間、あらゆる物事の中に神を体験し続けていると言った。そして、それは本当にそう思えた。本当にそう見えたのだ！　彼はまったく恍惚として踊り彼の目は、ある未知の体験で輝いていた。そこで私はその男、その神秘家に聞いた。

「三十年間、神を体験し続けていらっしゃるそうですが、それでもまだ、何か努力しなければ、神を体験し続けられないのですか？」

すると彼は言った。

「ええ、絶えず想起し続けなければなりません。絶え間なく、神を想起し続けなければならないのです。もし忘れてしまうと、全てが消え去ります」

そこで私は彼に、三日間全ての努力を止め、私と一緒にいるように言った。そして彼は一日だけ私と一緒にいた。

次の朝、彼は言った。

「あなたは私に何をなさったのかね？　あなたは全てを壊してしまった！　私の三十年間の努力を、あなたは全て台無しにしてしまったのですよ！」

彼はすすり泣き始めた。未知なる何かで輝いていたその同じ目が、今や醜くなっていた。

三十年間の努力――そして、彼は言った。

「どうしてまた、何とひどい時にあなたの所にやって来たもんだ。あなたは何をなさったのですか？　なぜ、私に三日間、想起を止めるようにおっしゃったのですか？　そうなれば、どうやって再びそのスペースに入ればいいのですか？」

それが投影された体験だ。そこで私は彼に言った。

「もう二度とそのスペースに入らないほうがいい。あなたは三十年間も、夢に時間を浪費し続けてきたのですよ。そうやって三十生も無駄にしてもいい。しかし、そこから何を得たというのですか？」

真正な体験は努力を必要としない。あなたはそれを維持する必要はない。それが起こる時は、起こる。

そうすれば、あなたは全てを忘れてもいい。

あなたはそれを維持しなくていい。

常に維持しなければということはない。
それはあり続ける。
あなたはそれを忘れる——が、それはある。
あなたはそれを見ない——が、それはそこにある。
あなたは眠る——が、それはそこにある。
そうなると、木はもう再び木ではあり得ない。
それは二度と再び、ただの木では決してあり得ない。
私が想起しようとしまいと、それは神としてある。
そこで、一つ言いたいことは、それが起こる以前には
努力がいるということだ。

覚えておきなさい。
それが起こる以前には努力が必要だ。
真正な体験と、投影された体験の両方において
それが起こる以前には努力が必要だ。
真正な体験の場合、それが起こった後は努力は必要ない。
が、投影された体験の場合、継続した努力が必要になる。
あなたは努力し続けなければならない。

それはちょうど映画館のようだ。
スクリーンを満たすために
投影機が絶え間なく回り続けている。

もし一瞬でも、フィルムがおかしくなったり、投影機が
止まってしまったら、画面全体は消え去る。
夢の全体が消え去ってしまう。
そして、そこにはただ何にもないスクリーンだけで
他に何もないという状態になる。
それと同じで、あなたは絶えず、投影機を回し続けねば
ならない。
そこにスクリーンはないが、違う世界が存在している。
それと同じで、もしあなたが、マインドを絶えず投影機
として働かせ続けねばならないとしたら、あるいは、
「自分は神だ、あらゆるものが神だ、至るところ神だ」
と絶えず想起し続けねばならないなら、間断なく絶えず
投影し続けることになる。
もしそこにギャップがあれば、全てが消え去る。
そういうことなら、それは投影だ。
それは真正な体験ではない。本物ではない。

もし絶え間ざる努力が必要なければ、それは真正だ。
それは本当のことだ。
あなたはそれを忘れることができる。
そして、あなたが神を忘れることができる日、
その時、初めてあなたは悟りを開く。

もしあなたが、まだ神を想起せねばならないとしたら
それは一種の投影だ。

あなたが瞑想を止めることができる日、瞑想しようがしまいがそこに変わりはない、同じことだとなった時、それは真正なものになる。

もしあなたが瞑想を止め、祈りを止め、努力を止めると全てが変わってしまい、何かが足りないように感じるなら、それは一種の投影であり、投影された感覚だ。

それは一種の中毒だ。

ある人は麻薬中毒で、あなたは祈り中毒だ——

何も違いはない。


最も希少で、最も深遠なインドのヨーガの論文の一つは「ガランド・サミタ」だ——最も根本的なもの。

その中にはこう書かれてある。

「瞑想を超えて行かない限り、あなたの瞑想は役に立たない。祈りを超えて行かない限り、あなたの祈りは聞き届けられない。神を完全に忘れない限り、あなたは神と一つではない」


ブッダは神について語らない。その必要はない。


誰かが言った、「ゴータマ・ブッダのように神を持たない人間であって、しかも神のような人間は決して存在したことがなかった」と。

だが、彼は神を持たないでいられた。

彼は、まったく神のようだったからだ。


そこで一つ覚えておくこと、投影し続けないこと。

あなたにできることが一つだけある。

それは、あなたのマインドを無思考の状態にすることだ——というのも、思考とは投影だからだ。

もし、あなたに思考があれば、それらは投影される。

もし思考がなければ、その状況はちょうどフィルムのない投影機のようなものだ。

もしフィルムがなければ、投影はできない。

あなたのマインドは投影機だ。そして思考がフィルムだ。

思考が流れ、投影機が回り続けるなら、それらは投影される。そうすれば、世界全体が一種のスクリーンとなる。

そしてあなたは投影し続ける。

あなたが誰かを愛する時
その人はただのスクリーンになる。
あなたはスクリーンに投影する。

誰かを憎む時、その人はただのスクリーンになる。

そして、あなたはそのスクリーンに投影する。

あなたが投影し続けているのは、あなたの思考だ。

同じ顔が今日はきれいで、次の日には醜くなる――

同じ顔なのに――なぜなら、あなたの美、あなたの醜さ、あなたの美の感覚、あなたの醜さの感覚は、その人の顔とはまったく関係ないからだ。

その人の顔はあなたの思考を投影する、ただのスクリーンにすぎない。

無思考でありなさい、投影しないでいなさい!


私が強調するのは、あなた方は無思考の、覚醒という地点に至らねばならない――どんな投影もしないように、ということだ。

そうしたら、自分が作り出した世界ではなくあるがままの世界を見る。

もしあるがままの世界を見ることができれば、神に至る。

いいかね、その違いが感じられるかね?

世界はそこにある。その上に、あなたは神を投影する。

それは一つの思考なのだ。

あなたは知らない――そういうことを聞いたことはあるし、読んだことはある。


誰かがあなたに、そういうことを言ったことはある。

あなたはそうであって欲しいと願う――

が、あなたは知らない。

あなたは世界が神聖であることを知らない。

世界を世界として知っているだけだ。


「世界は神聖だ」という概念は、一つの思考だ。

さあ、あなたはその概念を投影できる。

そして、それを繰り返す。

その考えを、絶えずマインドの中に留めておく。

すると、あなたと世界の間に常にあらしめる。

そしてある日、あなたのマインドはその思考を投影し始める。

人間? それは一種の投影だ。

あなたは人間を神聖なものと考えていた。

そして今や、それを感じるようになる。

真正な悟りは、そういうものとはまったく違う。

あなたは世界が何であるのか知らない。

あなたは、それが神聖かそうでないかとは言わない。

あなたは「私は知らない」と言う。

それが真の、本物の探求者が探求し始めるあり方だ。

彼は言う、「私は知らない」と。

偽りの、投影された考えは常にこう言う。

「私は知っている！　世界は神聖だ。至る所に神はいらっしゃる」と。


だが、真の探求者は「私は知らない。私は木を知っている。私は石を知っている――が、存在の中身を知らない。私は無知だ」と言うだろう。

その感覚はあなたに、奥ゆかしさ、深い謙虚さを与える。

そして何も知らなければ投影はできない――

今やあなたは、どんな思考にも協力していないからだ。


全ての思考を落としなさい。

「私は知らない」と言いなさい。

全ての思考を落としなさい。

知識にしがみついてはならない。

徐々に、あなたと世界の間には
思考があるべきでないことに気づいていくだろう。

それが瞑想の何たるかだ――無思考の関係性。

あなたはここにいる。

そして私は無思考で、何の偏見もなく、何のイメージもなく、あなたと私の間に何もない状態であなたを見る。

あなたはそこに、私はここにいる。


そして、そこにはスペースがある――

満たされていない、空っぽの。

もし、そういうことがあなたと世界の間に起これば、その全面性において、その真実性において、その真髄において、世界はあなたに正体を明かす。

その時、あなたは実在するものを知る。

それが神だ。

が、それはもはや一つの思考ではない。

思考は、そこにまったく存在しない。

あなたは虚空で、空っぽで、静かだ。

それは一種の開示であり、投影ではない。

瞑想的なマインドは、無思考の状態に到達する。

そうして初めて開示が可能になる。

さもなければ、あなたは延々と投影し続けていく。

ずっと投影し続けることになる。

思考はそうならざるを得ない――

思考は投影するだろう。


だから、瞑想の中に深く入って行くことだ。

そして、思考なき事実とともに留まりなさい。

考えることなく木の下に座り、マインドの中に想いのない状態で、先入観なしでその木を見なさい。

その木をそこにあらしめ、
あなたの意識を通して直面することだ。
一枚の鏡でありなさい——静かで、思考の波のない状態、
そして、あなたのその意識の中に木を写し出す。
すると木が、決して木として存在していなかったと
知るだろう。
それはただの現れ、上辺、仮面だった。
それは神聖であった。木は、ただ服を着ていた。
今、あなたはその中身を知った。
それを覚えている必要はない!
いつであれ、あなたが瞑想状態に入って行った時
神はそこにいるだろう。
聖なるものはそこにあるだろう。

私はそれを次のように言いたい。
神は対象物ではない。
対象物として、神をどこかに見い出すことはできない。
それはマインドの状態だ。
あなたがその状態のマインドを持てば
それは至る所に存在する。
もしあなたがその状態のマインドを持っていないとする
と、偽物、考えている状態を作り出せる。

だがその状態は、絶えず維持されなければならない——
だがあなたは、何かを絶えず維持し続けられない。
だからあなたは、聖人達がすすり泣き、後悔し
罪を犯したと感じているのを見かける。
彼らは、絶え間なく神を見い出し続ける状態を保てなか
った。どうやって、そんなマインドの状態を保っていら
れるだろう?
もしあなたが何かを維持しているのなら、リラックスし
ていなければならない。どんな努力であれ、リラックス
した状態でなされていなければならない。

もし、木は木でなく神なのだ、と絶えず想起していよう
とすれば、ある一定の期間を過ぎると、余りにもマイン
ドを緊張させ過ぎて休みが必要になるだろう。
そしてあなたが休んでいる間に、木はただの木になって
しまう。すると神は消え失せる。
そして、またあなたは神を想起しようと試みる。
延々とやり続ける。努力すれば、必ずリラグゼーション
がやって来る。それは付いてくる。
努力することで、あなたは何でもできる。
だが、それがあなたの本性にはならない。
あなたは何度も何度も、それを失い続けるだろう。

だからもし、あなたがある感覚を失い続けるとすれば、それは投影なのだと知りなさい。その感覚を失うことがなければ、やりたいことであろうが、やりたくないことであろうが、何でもすることだ。何であろうと、あなたなのだ――


一つ話をさせて欲しい。

一人の中国の禅僧が三十年間、木の下で生活していた。そして、彼はまさに悟りを開いた人として知られていた。その僧は絶対的に純潔だと知られていた。

村の女が三十年間、ずっと彼に仕えていた。

もう彼は年老いていた。

その女もまた、年老いていた。

そして、その女は死の床についていた。

そこで、彼女は村から娼婦を呼んできた。

そして夜、真夜中に、僧の所に行くようにと頼んだ。

「ただ、僧の所に行って、彼を抱き締めてください。そして帰ってきたら、彼がどんな反応をしたか私に話してください」と。

すると娼婦は聞いた。

「目的は何なのですか?」と。

老女は言った。

「私は三十年も彼に仕えてきました。でも私は、彼の純潔が未だに、保たれている純潔だと感じるのです。それはまだ無努力ではありません。だから私が死ぬ前に、彼が使えるにふさわしい人だったか、あるいは彼が自分自身にだまされているように、私もただ、だまされていたのか知りたいのです――私はこの世から去っていきます。死ぬ前に、私に知らせてください。知りたいのです」

そこで、娼婦は僧の所に行った。

それは真夜中だった。

僧は瞑想しているところだった――夜の最後の瞑想。

娼婦が部屋に入って来るのを彼が見た瞬間――彼は彼女を知っていた、よく知っていた。

彼女は同じ村の人間だった。

そのうえ彼は、以前から何度も何度も彼女の魅力に惹かれていた。

だから、彼女のことをよく知っていた。

実際、彼はその娼婦と何年にも渡り闘っていた。

彼は困惑してしまった。

彼はただ庵から出て、「どうしてここに来たんだね?私に触らないでくれ!」と叫んだ。

彼は震えて、冷や汗をかいていた。

娼婦は笑って帰って行き、一部始終を老女に話した。

老女は言った。

「すると、私はだまされていたということですね。彼はいまだに同じままだった。何一つ変わっていなかった――彼はごく当たり前に反応した。彼は恐がっていた。彼のマインドはいまだにセックスに捕らわれていた。彼のマインドは、いまだに性的なものだった」


セックスは、まったく逆の側面もあり得る。

あなたは二つのあり方で惹かれる――

肯定的、あるいは否定的に。否定的な魅惑《アトラクション》は、魅惑されているように見えないかもしれない。

でも、魅惑されているのだ。

それと同じことがブッダにも起こった。

ブッダは、森の中の一本の木の下にいた。

そこへ何人かの若者が、ピクニックを楽しみにやって来た。彼らは娼婦を連れて来ていた。

彼らは食べ、飲み、余りに酔ってしまって
その隙きに娼婦は逃げてしまった。

彼らは余りに酔っぱらい、娼婦は逃げ出した！

彼らが素面に戻った時は、もう娼婦は逃げ出していた。

そこで彼らは娼婦の後を追った。

そこには一本の道しかなかった。

その娼婦は、ブッダが座っていた場所を通り過ぎた。

そこへ彼らがやって来て、ブッダに尋ねた。

「お坊さん、ここへ裸のきれいな女の子が通りませんでしたか？――というのも、道はこれ以外にないのです」

すると、ブッダは目を開け言った。

「彼女が女だったか男だったか、と言うのは難しい。彼女がきれいだったか醜かったか、と言うのも難しい。また彼女が、裸だったか着物を着ていたか、と言うのも難しい。が、誰かが通り過ぎたことだけは証人になれる。誰かが通り過ぎた。だが、その人が女か男かは私には言えない。私には関心がないからだ――まったく関心がないのだ、否定的にでさえも。彼女がきれいであろうが醜かろうが、興味がない。着物を着ていようが裸だろうが、私には興味がない。しかし、誰かが通り過ぎた。それだけは請け合える。

もう一つ。夜はあまりに静かだ――若い男達が森を通り過ぎるものの後を追いかけ、その人を見つける方がいいだろうか？　それとも私の所に来てともに座り、自分自身を見つける方がいいのではないかね？

夜はとても静かだ。そこで、あなた達は何を考えているのだね？　自分自身を見つけるのと、誰か他の人を捜すのとどっちがいいかね？」と。


それはまったく異なるマインドだ――

否定にも肯定にもとらわれていない――

あたかもそのことが無意味のように。

意味というものは、あなたが対抗意識を持っている時でさえ、存在できる。

むしろ、対抗意識を持っている方が、より存在する。

どんな状態のマインドであろうと、それを保っていること、保とうと努力していること、それはあなたがまだ闘っていることを示している。

それは悟りではない。

それはまだ、何かを押しつけるための一種の努力だ。

だから、静かであること、無心であること――

そして、実在するものを知ることだ。

そのことを考えないこと。

そのことについて、何かをしようとしないこと。

哲学や形而上学的な論理に、興味を抱かないこと。

観念に関心を持たないことだ――

そうして初めて、事実がはっきりと表される。

もしあなたが観念に関心を持っていれば
あなたは何かを事実の上に投影し
事実はただ、スクリーンとして提供される。
それは危険だ。
そうすれば、あなたは自分が知りたいことを知るに至る。
自分が好きなことを投影できる。

マインドには二つの能力がある。
一つは何でも投影できるということ。
もう一つは、完全に空っぽになれるということ。
それらがマインドの二つの可能性だ。
もしマインドが積極的な投影として使われれば
あなたは自分の好きなことを悟ることができる。
が、それは悟りではない――
あなたは夢の中に生きている。
マインドを空っぽにすることだ。
その空っぽのマインドで
無心で事実と向き合うがいい――
その時、あなたは実在するものを知る。

第15章

観ること：全ての技法の基礎

Witnessing:
The Bace of all Techniques

観ることは、中心《センタリング》を定めるためのテクニックだ。それを踏まえて、このセンタリングについて話し合おう。

人間は二通りの生き方ができる。

人間は、自己の周辺から生きることもできれば、中心から生きることもできる。周辺はエゴに属し、中心は実存に属する。

もしエゴから生きるとすれば、常に他者との関わり合いの中で生きる。周辺は、他者と関わり合っている。

何であれ、あなたがすることは行為ではなく、いつも反応だ。あなたは自分にされたことへの反応として、あることをする。

周辺からの行為は、存在しない――

全てが反応だ。

何一つ、あなたの中心から反応はやって来ていない。

ある意味で、あなたはただの環境の奴隷だ。

あなたは何もしていない。

そうするように仕向けられていると言ったほうがいい。

だが、中心から行為すれば、それは正反対だ。

中心からその行為がやって来ることで

あなたは行為し始める。

そうして初めて、あなたは関わり合いとしてではなく、

自分自身の権威により存在し始める。

ブッダがある村を歩いていた。

その村のある人達は、彼の教えに非常に怒り、猛反対していた。彼らはブッダを罵り、ブッダを侮辱した。

ブッダは平静にそれを聞き、こう言った。

「もし終わったのなら、私を行かせてくれないかね。私は別の村に行かねばならない。その村の人達は私を待っている。もしまだ何か、あなた方の心の中に残っていれば、その村からの帰りに私がこの道を通る時、それを片付けられるから」

すると彼らは言った。

「我々はあなたを罵っているんだよ。侮辱しているんだよ。何か言うことはないのかい？」と。

するとブッダは言った。

「私はもう決して反応しない。あなた方が何をしようとあなた方の勝手だ――しかし、私はもう決して反応しない。あなた方は私に何かをするように仕向けることはできない。

あなた方は私を罵ることはできる。それはあなた方の勝手だ。私は奴隷ではない。私は自由な人間になった。私は私の周辺からではなく、私の中心から行為する。あなたの罵倒は周辺にだけ触れ、私の中心には触れられない。私の中心は外からの影響を受けずにあり続ける」


あなたがあまりにも外側のことで心動かされるのは
それが中心に触れるからではなく
ただ、あなたに中心がないからだ。

あなたはただ周辺にいて、その周辺に同化している。

周辺はあらゆる物事——起こる全てのことに、心動かされる。それは、あなたの境界での出来事だ。

だから何が起ころうと、その周辺に触れることになる。

そして、あなたには何の中心もない。

あなたが中心を持てば、自分自身から距離をとれる。

あなたは自分の周辺から距離をとる。

誰かがその周辺を罵ることはできる。

だが、それはあなたではない。あなたは傍観者のままで、
そこから離れている。

あなたとあなた自身の間には、距離がある。

周辺としてのあなたと、中心としてのあなたの間には
距離がある。


その距離は、誰か他の人に壊されることはない——

誰ひとり、あなたの中心にまでは入り込めないからだ。

外側の世界は、周辺でしかあなたに触れられない。


だからブッダはこう言った。

「今や私はセンタリングされている。十年前なら違っただろう。その時、もしあなた方が私を罵ったなら、私は反応していただろう——だが、今や私は行為する」

行為と反応の区別を、はっきりと理解しなさい。
あなたが誰かを愛するのは
その誰かがあなたを愛するからだ。
ブッダもまた、あなた方を愛する。
だが、それはあなたが彼を愛するからではない。
それは関係ない。
あなたが彼を愛そうが憎もうが、それは関係ない。
彼があなたを愛するのは
それが反応ではなく行為だからだ。
行為はあなたからやって来るものであり
反応はあなたに仕方なくやって来るものだ。
そしてセンタリングとは
今やあなたが行為し始めたということだ。

もう一つのポイントを、心に留めておかねばならない。

あなたが行為する時、その行為はいつも全一だ。

あなたが反応する時、それは決して全一ではあり得ない。

それはいつも部分的で断片的だ。

私が周辺から行為する時―― それは私が反応する時ということだから―― それは全一ではあり得ない。

なぜなら、私というものがその中に
実際には深く関わっていないからだ。

ただ、私の周辺だけが関わっているので
その行為は全一ではあり得ない。

もしあなたが周辺から愛するとすれば
あなたの愛は決して全一ではあり得ない――
それは常に部分的だ。
そして、それは多くのことを意味している。
というのも、もし愛が部分的なものなら
残りのスペースは憎しみで満たされているからだ。
もしあなたのやさしさが部分的なら、残りは残酷さで満たされている。もし、あなたの善良さが部分的なら、誰が残りのスペースを埋めるのだろう？
もしあなたの神が部分的なものなら
残りのスペースは悪魔で埋めざるを得ない。

それは、部分的な行為は必ず矛盾を生み出し
それ自身葛藤することになるからだ。

近代心理学は「あなたは同時に、憎しみ愛す」と言っている。両性動物であるのが、あなた方のマインドだ――

相反している。

同じ対象に、あなたは愛と憎しみを持って関わる。

もし愛と憎しみが両方そこにあれば混乱が生じる――

有毒な混乱状態になる。

あなたのやさしさは、残酷さと混じっている。
あなたの慈善は泥棒であり、あなたの祈りは暴力になる。
たとえ、あなたが周辺で聖人であろうとしても
その聖人は罪に染められていることになる。
周辺においては、全てが自己矛盾的になる。
中心から行為して初めて、あなたの行為は全一になる。
行為が全一であれば、それなりの美がある。
行為が全一なら、それは瞬間瞬間だ。
行為が全一なら、あなたは記憶を持ち運ばない――
その必要がない！
行為が部分的であれば、それは宙ぶらりんだ。
あなたが何かを食べているとする。

もし部分的に食べていたら、実際の行為は終わっても、
マインドの中で食べ続けているだろう。
それは宙ぶらりんのままだ。
唯一、全一にされたことだけに終わりがあり、始めることができる。部分的にしたことは、始めもなく終わりもなく、ただずっと続いていく。

あなたが自分の部屋にいるとする。
そして、あなたはそこに自分の店と経済を持ち込む。
あなたが店にいる時
そこに自分の家と家庭のことを持ち込む。
あなたは決して〝在る〟ことがない。
あなたは決して〝在る〟ことができない、
一瞬でさえも、その行為、状況の中に。
多くの物事が絶えず持ち運ばれている。それが重たさだ。
マインドの上の、ハートの上の張り詰めた重たさだ。
全一な行為には始めと終わりがある。それは量子的だ。
ひと続きのものではない。
そこはそこにあり、後にはそこにない。
それから未知へ進んでいくのにあなたは完全に自由だ。
そうでなければ、人は同じ轍の中を延々と進み
マインドはただの轍になってしまう。

あなたは同じ円周、悪循環の中を延々と歩んでいく。
あなたはその轍の中を、延々と歩み続ける。
なぜなら、過去は決して終わらないからだ。
それは現在という瞬間にやって来る。
進み続け、そして未来へと突き進んでいく。
実際、部分的なマインド、周辺的なマインドは
その過去を運び続ける。そして、過去は大きなものだ。
たとえ過去生を考慮に入れなくても
過去というものは大きい。

五十年間の経験、美しい経験、醜い経験、だがそれらは
終わっていない。全てが終わらずじまいだ——
だから、あなたはもう終わってしまった五十年もの長い
過去を、引きずり続けている。
その終わってしまった過去が
現在というこの一瞬の上にのしかかって来る。
過去は現在の一瞬を殺してしまうだろう。
すると、あなたは生きることができない。
それは不可能だ。
あなたの上にのしかかる過去とともには、生きられない。
あらゆる一瞬一瞬はあまりに新鮮で、あまりに繊細だが、
過去の重荷全部がその一瞬を殺してしまうだろう。

その重荷は一瞬一瞬を、殺し続ける！

あなたの過去は、あなたの現在を殺し続けていく。

現在という瞬間が死ねば、それは一つの部分になる。

現在という瞬間が生きていれば、それはあなたの部分ではない。現在が死んでしまえば、現在があなたの死んだ過去に殺されてしまえば、現在はあなたのものになる。

そうしたら、それはあなたの一部だ。

それが事の状況だ。

あなたが中心から行為し始める時
全ての行為が全一であり、量子的だ。
それはそこにあり、後にはそこにない。
あなたは、それから完全に自由だ。
そうすれば、何の重荷もなく、煩うこともなく動くことができる。そうして初めて、いつもそこにある、
この新しい瞬間の中に生きられる——
新鮮な気持ちで、その瞬間と向かい合うことで。
そこに引きずられている過去がない時
初めて新鮮な気持ちで、その瞬間に向かい合える。
そして、もし過去が完結していなかったら
あなたは過去を引きずっていかねばならないだろう。

マインドには、全てを完結させる傾向がある。
もし過去が完結していなければ
引きずられることになる。
もし昼間、何かが完結していないままなら
夜、その夢を見る——
マインドには、全てを完結させる傾向があるからだ。
それが完結すれば、マインドは解放される。
完結するまでは、マインドは何度も何度も
そのことに引っ掛かっていくだろう。

何であれ、あなたがすること——

あなたの愛、セックス、友情——全てが完結していない。

そして、もしあなたが周辺に留まるなら
それらの行為を全一なものにはできない。

それでは、どうやって自分自身の内にセンタリングするか？　周辺でないようにするために、どうやってこのセンタリングを成し遂げるか？

観ることがその技法だ。

この「観る」という言葉は、最も重要な言葉だ。

センタリングを達成するのに、何百という技法があるが、
観るということは全ての技法の一部分、根本的な部分になって然りだ。

それがどんな技法であれ、観るということは
必然的にその中の本質部分であるはずだ。
だからそれは「技法の中の技法」と
言ったほうがいい。
それは、ただ単に技法というだけではない。
目撃のプロセスが、あらゆる技法の核心部分だ。
人は、観ることを一つの純粋な技法としても
語ることができる。

たとえばクリシュナムルティの場合だ。
彼は観ることを、純粋な技法として語っている。だがそ
れはちょうど、外郭を持たない魂について語っているよ
うなものだ。あなたはそれを感じられない。
見ることができない。あらゆるところに魂は宿っている。
だが、あなたは外郭を通して、その魂を感じられる。
もちろん、魂というのは外郭ではない。
が、あなたは外郭を通してそれを感じられる。
あらゆる技法は、ちょうど肉体のようなものだ。
そして観ることが魂だ。あなたは観ることを、肉体や物
質と切り離して話すことができる。
すると、それは抽象的な
まったく訳のわからないものになってしまう。

だから、クリシュナムルティは半世紀のもの間、
絶えず観ることについて語り続けた。
が、彼の言うことは何であれ、あまりにも純粋で
外郭を持たない話だ。
その話を聞いた人が理解したとしても、その理解はただ
の観念に留まる。この世界では、何一つとして純粋な真
髄として存在していない。全てが外郭を持っている。
観ることは、あらゆる霊性開発の技法の真髄だ。
そして全ての技法が外郭、異なる外郭だ。
そこでまず始めに、目撃するとは一体どういうことなの
かを理解することだ。
その後に、ある外郭、ある技法を通して
「観ること」が理解できる。
我々は、考えるということを知っている。
そして人は、「観る」とはどういうことかを知るために、
考えることから始める必要がある。
人は、自分が知っていることから始めるしかないからだ。
我々は考えることを知っている。
考えるとは、判断することだ。
あなたは何かを見て判断する。
ある花を見て、きれいだとか、きれいではないと言う。

あなたは歌を聴き、評価したりしなかったりする。

あなたは何かを評価し、何かを批判する。

考えるとは、判断することだ。あなたが考える時、あなたは判断し始める。考えるとは価値を付けることだ。

価値を付けずに考えることはできない。

ある花に対して、価値を付けずに、どうやって考えられるだろう？

あなたが考え始めた瞬間、
それはきれいだとかきれいではない、とか言っている。

あなたは同じカテゴリーを使うしかない。

考えるとは、区分することだからだ。

あなたがあることを区分し、ラベルを張り、名前を付けた瞬間——あなたはそれについて考えたことになる。

もしあなたが判断しなければ
考えるということはあり得ない。

もし判断しないなら、ただ気づきを保ったままでいられる——が、考えることはできない。


花がここにある。

そして、私があなたに「見なさい。しかし考えてはいけない。その花を見なさい。しかし考えてはならない」と言うとする。


そうしたら何ができる？

もし考えることが許されなければ、何ができるのか？

観ることしかできないではないか。

気づいていることしか、できないではないか。

あなたはその花を意識するしかない。

あなたは現物と直面できる。

花はここにある——さあ、あなたはそれと向かい合うことができる。


そこで、もし考えることが許されなければ「それはきれいだ。それはきれいではない。私はその花のことを知っている」とか、「それは不思議な花だ——今までに一度も見たことがない」と言うことはできない。

あなたには何も言えない。

言葉を使うことはできない。

あらゆる言葉は、その中に一つの価値を持つからだ。

あらゆる言葉が一種の判断だ。

言葉は判断することで重くなる。

言葉は決して公平ではない。

言葉を使うのは、あなたが判断した時だ。

だから、あなたは言葉を使うことができない。

言葉を発することはできない。

もし私が「これは花だ――それを見なさい――しかし考えてはいけない」と言えば、言葉を発することは許されない。すると、あなたに何ができる？

観照者になれるだけだ。

もしあなたが考えずにそこにいて、ただ対象と向かい合っているとすれば、それが観るということだ。

その時、観ることは受け身の気づきになる。

覚えておきなさい――受け身だ！

考えるというのは能動的だ。あなたは何かをしている。

あなたが見ているものが何であれ、あなたはその対象に対して何かをしている。

そしてあなたが何かをしていたら
ただの受け身ではない。

あなたは鏡のようではない――何かをしている。

あなたが何かをしたら、その対象を変えてしまう。

私が花を見て「きれいだ」と言うとする。
そうしたら、私はその花を変えたことになる。
その時、私はその花に何かを押し付けている。
今やその花がどうあろうと、花そのものに、
花の美を感じる私の感覚がプラスされる。
今や、花は遠くに行ってしまった。

花と私の間に、判断する私の感覚、
その花の美への私の評価が中に入る。

すると、その花は私にとってもう同じではない。

質が変わってしまった。

私というものがその花の中に入ってしまった。

今や、私の判断が事実を突き通してしまった。

もはやその花の美しさは事実ではなく、より虚構に近くなる。花が美しいという感覚は、その花のものではなく私のものだ。

私は事実の中に入った。今や、事実はもう純潔ではない。

私はそれを汚してしまった。

もはや私のマインドは、その事実の一部ではなくなった。

実際、私のマインドがその一部になったというのは
私の過去がその一部になったということだ。

私が「この花はきれいだ」と言う時
それは私の過去の知識から判断しているからだ。


なぜあなたは、この花はきれいだと言えるのだろう？

それはあなたの過去の体験から、こういうものはきれいだというものがあり、それに応じて判断しているからだ。

マインドとは、あなたの過去、あなたの記憶のことだ。

その過去が、現在という瞬間に入って来た。

そしてあなたは、未経験の事実を壊してしまった。
するとそれは歪められてしまう。もはやそこに花はない。
花それ自体の事実は、もうそこにはない。それはあなた
に汚され、壊されてしまった。
あなたの過去が事実と感覚の間に入って来た。
あなたは解釈した、それは考えだ。考えるということは
過去を現在という瞬間の中に持って来ることだ。
だから、考えることは決してあなたを真実に導けない。

真実とは汚されていないものであり
そのまったくの処女性に向かい合うべきものだ。
自分の過去をその中に持ち込むことで
あなたはそれを壊してしまう。
それは一種の解釈であり、事実をはっきり認識したわけ
ではない。あなたはそれを破壊してしまった。
その純粋さは失われた。考えるとは、あなたの過去を現
在という瞬間に持ち込むことだ。
そして、観るとは、過去がないこと、
ただ現在にいること、過去を持ち込まないことだ。
観ることは受け身だ。
あなたは何もしない――あなたは在る！
単純に、あなたはそこに在る。ただ、あなただけが在る。

花がそこに在る、あなたが臨在している――
すると、そこには観るという関係が存在する。
花がそこにあり、あなたではなく、あなたの過去全てが
そこにあれば、それは考えるという関係だ。
そこで、考えることから始めよう。

考えるとは、一体どういうことなのか？
それは、過去を現在という瞬間に持ち込むことだ。
そうすれば、あなたは現在という瞬間を見逃す――
完全にそれを見逃した！
過去が現在という瞬間に浸透してきたら、あなたは対象
を見逃す。あなたが「この花はきれいだ」と言えば、実
際、それは過去になる。
あなたが「この花はきれいだ」と言う時、それは過去の
体験だ。あなたはそれを知っていて、判断した。
花がそこに在り、あなたがそこに在る時
「この花はきれいだ」と言うことさえ不可能だ。
あなたは現在の瞬間において、どんな判断も打ち出すこ
とはできない。あらゆる判断、言い訳は過去のものだ。
もし私が「あなたを愛している」と言えば
それは過去になったということだ。

もし私が「この花はきれいだ」と言えば
私がそれを感じ、判断し――過去になったということだ。
観るとは常に現在の瞬間であり、決して過去ではない。
そして、考えるとは常に過去だ。
考えることは死んでいる。観ることは生きている。

そこで、次の区分は第一に、考えるということは能動的
であること――何かをすることだ。
そして観るということは、受け身であること――
何もしない、ただ〝在る〟ことだ。
考えることは常に過去だ。
過ぎ去り、もう存在せずに廃れたものだ。
観ることは常に現在――存在するものだ。
もしあなたが延々と考え続けるなら
観ることがどういうことかは、決してわからない。
考えることを止める。考えることを止めることが、観る
ことの始まりだ。考えが止まることが観るということだ。
では、どうすればいい?――
我々にとって考えることは、長い習慣になっている。
ちょうどロボットのように自動的だ。
あなたが考えているのではない。もはやあなたは決めて
はいない。それは自動的な習慣だ。

だからあなたは他に何もできない。
花がそこにあれば、考えることが始まる。

我々は、体験を言葉にせずにいるという経験がない。
ただ、小さな子供だけがその体験を持っている。
自分の体験を言葉にしないでいる体験は、本当の体験だ。
言葉にすることで、人はその体験から逃げている。
私が「その花はきれいだ」と言う時、もうその花は消え
去る。私の関心事は今や自分のマインドであり、花では
なくなっている。
今やそれは、私のマインドの中の花のイメージであり、
花そのものではない。今は花自体がマインドの中の絵で
あり、マインドの中の思考だ。
そうなると、私は過去の自分の経験と比べ、判断できる。
だが、花はもうそこにはない。
あなたが体験を言葉にする時
あなたはその体験から閉ざされている。
体験を言葉にせずに意識的であれば
あなたはオープンで受容的な状態でいる。
観るとは、自分の経験に絶えずオープンであり
閉じないでいることだ。

では、どうすればいい？

この、いわゆる考えるという自動的な習慣がどこかで打ち破られる必要がある。

それには何であれ、自分が何かする時に言葉にしないで行なうよう、心がけることだ。

それは難しく、骨が折れる。

最初は、絶対的に不可能のように思える。が、そうではない、不可能ではなく、難しいのだ。

あなたが道を歩いているとする。

その時、言葉にせずに歩く、ただ歩く。

たとえ数秒間でもその体験をすれば、あなたは違う世界――言葉のない世界、真実の世界、人間が自分自身で作り出したマインドの世界でないものを垣間見るだろう。

あなたが何かを食べているとする。

その時、言葉にしないで食べる。


誰かが睦州に聞いた――睦州は偉大な禅のマスターだった――「あなたは一体、どんな修行をなさっているのですか？」と。

すると睦州は言った、「わしの修行はごく単純だ。腹が減ったら飯を食い、眠くなったら寝る――ただそれだけのこと」と。

聞いた男はとても驚いてこう言った。

「何をおっしゃっているのですか？　私も食べています。私も寝ています。みんな同じことをしています。では、あなたの修行はどういう内容なのですか？」

すると睦州は言った。「お前さんは飯を食う時、同時に多くのことをする。ただ食うだけではない。お前さんが寝る時、寝ること以外にあらゆることをしている。わしは飯を食う時はただ飯を食い、眠くなったらただ寝る。全てやることは全一だ！」


もしあなたが頭の中で言葉にしないでいるなら全ての行為が全一になる。

だから、マインドの中で何一つ言葉にしないように、考えないようにしてごらん。

ただ食べること――そうすれば、食べることが瞑想になる――なぜなら、もし言葉なしでいれば、あなたは観照者になるからだ。

もし頭の中に言葉があれば、あなたは思想家になる。

もしあなたが言葉なしでいれば、否応なく――他にどうにもなりようがない――自動的に、あなたは観照者であるだろう。

だから、言葉を使わないで何かをしようとしてごらん。歩くこと、食べること、風呂に入ること、あるいはただ静かに座っていること。その時、ただ座っている——ただ「座っている」になりなさい！ 考えるのではない。そうすれば、ただ座っていることでさえ、瞑想になる。ただ歩くことが瞑想になる。


誰かが睦州に「瞑想のために、何か技法を下さい」と頼んだ。

すると睦州は「技法は与えられるが、お前さんには瞑想できまい——お前さんは物事を言葉にする心で、技法を行なうだろうから」と言った。

あなたの指は数珠を繰ることができる。

そして、延々と考え続けることができる。

もしあなたの指が、考えずに数珠を繰ることができれば、それは一つの瞑想になる。だかそれなら、本当は技法は必要ない。

生全体が技法になる。

そこで睦州は言った、「もしお前さんがわしと一緒にいてわしを見るなら、その方がいいだろう。技法を欲するな。ただわしを見る——そうすればわかる」と。

哀れなその男は七日間、睦州を見続けた。

そして彼は、前以上に頭が混乱し始めた。

七日間が過ぎて、彼はこう言った。

「私がここに来た時は、今ほど混乱してはいませんでした。今、私は前よりも混乱しています。私はこの七日間、絶えずあなたを見続けてきました——でも、何を見るというのですか？」

すると、睦州はこう言った。

「それは、お前さんが見ていなかったということだ。わしが歩くのを見ていたか？——わしはただ歩く。お前が朝、わしのためにお茶を持って来る時、わしがお茶を飲むのを見ていたか？——わしはただお茶を手に取り、それを飲む。ただ飲む。

そこに睦州はまったく存在しない。ただ飲む。睦州はいない。ただお茶を飲むという行為だけがある。それを見ていたかね？ もしお前がそれを見ていれば、睦州という人間はもう存在しない、と感じたに違いない」

それはとても微妙だ——

もし考える者がいたらエゴがある。

あなたは一人の睦州、あるいは他の誰かになる。

だが、無言で考えることなく、行為だけがある時
エゴは存在しない。

だから睦州は「お前さんは本当に見たのか？　もし本当に見たのなら、そこに睦州という人間はいなかった――ただ、お茶を飲んでいるという行為だけが、庭を歩いているという行為だけが、大地に穴を掘っているという行為だけがあった」と言った。


そのためブッダは次のように言った、「魂は存在しない」と――というのも、あなたは見ていないからだ。

あなたはずっと、自分には魂があると思い続けてきた。

いや、あなたに魂はない！　もしあなたが観照者であれば、そうではない。その「私」は、それ自体が思考によって形作られている。


そこでもう一つ。

蓄積された思考や積み重ねられた記憶が、エゴの感覚を生み出す――そして、それがあなただ。

次のことを実験してみなさい。

自分を自分の過去全部から切り離す――

記憶を消すということだ。

あなたは自分の親が誰だか知らない。

あなたは自分がどこの国の人間なのか、どの宗教に属する人間なのか、どの民族に属する人間なのか知らない。

あなたは自分がどこで教育を受けたのか
教育を受けたのかどうかもわからない。

ただ、過去全部を切り離す――

そして、自分が誰なのかを思い出す。

あなたは自分が誰なのかを思い出せない。

明らかに、あなたという人間はいる。

あなたはいる、が、あなたは誰だろう？

その瞬間、あなたは「私」というものを感じられない。

というように、エゴとはただ蓄積された過去だ。

エゴはあなたの思考だ――凝縮され、結晶化された――

だから睦州は「もしお前がわしを見ていたのなら、わしというものはいなかったはずだ。お茶を飲むという行為はあった。が、飲む人は存在しなかった。歩くという行為は庭の中にあった。が、歩く人は存在しなかった。行為はそこにあったが、行為する人間は存在しなかった」と言ったのだ。


観ることにおいては、私という感覚は存在しない。

考えるということにおいては、私という感覚がある。

思想家といわれる人達が、深くエゴに根差しているとすれば、それはただの偶然ではない。

芸術家、思想家、哲学者、文学者。

もし彼らがとてもエゴイスティックであるとするなら、それはただの偶然ではない。自分の中に思考があればあるほど、その人はより大きなエゴを持っている。だが観ることにおいては、エゴは存在しない。だがその状態は、あなたが言葉を超越してはじめてやって来る。言葉は一種の障害だ。


言葉は人と会話するのには必要だ。

だが、自分自身と会話するのに言葉は必要ない。

言葉は役に立つ道具だ――最も役に立つ道具だ。

人間が社会を、世界を作り出せたのは言葉のおかげだ――だが言葉のせいで、自分自身を忘れ去ってしまった。

言葉は我々の世界だ。

もし一瞬、人間が言葉を忘れてしまったら、何が残るだろう？　文化、社会、ヒンドゥー教、キリスト教、共産主義――一体何が残るのだろう？　何も残らない。

もし言葉だけが存在から取り上げられたら、全人類はその文化、文明、科学、宗教、哲学とともに消え去る。


言葉は人とのコミュニケーションだ。それはただのコミュニケーションだ。それは役に立つ、が、危険だ――

何か道具が役に立つ時は常に、同じ割合で危険を孕んでいる。その危険とは次のようなものだ。


マインドが言葉の中を進めば進むほど中心から遠のいていくということ。

そこで人間には微妙なバランス、微妙な習熟が必要だ。

言葉の中に入って行きながら、しかも言葉を離れることができ、言葉の外に出て行くことができ、言葉の世界を抜け出せるというような。


観るとは、言葉から、言葉にすることから、マインドから抜け出すことだ。

観るとは無心《ノーマインド》の状態、無思考の状態だ。

だから、試してみなさい！　それは長い努力だ。

そして何も予測できない。が、やってみなさい。

その努力は、あなたに言葉が突然消え去ってしまう瞬間を与えてくれるだろう。そうすれば新しい次元が開ける。

そしてあなたは前とは違う世界――同時性の世界、今ここの世界、ノーマインドの世界、実在の世界に気づく。

言葉は蒸発すべきものだ。

だから、言葉を使わないで日常の行為をし身体を動かしてごらん。

ブッダはこの技法を、呼吸を見守ることに使った。

彼はそれを「ヴックス」と言った。

自分の呼吸を見守り続けなさい。何もしてはならない。

ただ息が入り、息が出ていく、息が入り、息が出ていく、
それを見守る。それを言葉にしない——それを感じる。
息が入って来る、言葉なしで。
息が入って来るのを感じ、息とともに動く。
あなたの意識を
その息とともに深く入って行かせなさい。
そして、その意識を外に出させなさい。
息とともに動き続けなさい。
注意深くありなさい！

ブッダは次のように言った。

「一息たりとも見逃してはならない。もし一息でも生理的レベルで見逃したら、あなたは死んでしまう。気づきにおいて、もし一息でも見逃したら、あなたは中心を見逃す。そうしたら、あなたは内側で死んでいる」

ブッダは「呼吸は肉体における生命の根本的なものだ。そして、呼吸に気づいていることは、内なる中心における生命の根本のことだ」と言った。

呼吸し、気づいていること。

もしあなたが自分の呼吸に意識的であろうとすれば
考えることはできない。

マインドには同時に二つのこと——

考えることと目撃すること——はできないからだ。

観るという現象そのものが絶対的に
完全に、考えることの正反対だ。

だから、あなたはその両方を同時にはできない。

ちょうど、生と死の両方の状態でいられないのと同じだ。

それは、眠ることと起きていることを
両方同時にできないのと同じだ。

それと同じで、観ることと考えることを
両方同時にはできない。

何かを観れば、考えることは止まる。

考えることがやって来ると、観ることは消え去る。

観るとは、内側に行為のない受け身の気づきだ。

気づきそれ自体は行為ではない。


ある日、ムラ・ナスルディンは深く考え込み
とても心配そうだった。

彼が非常に切迫していて苦悩の中にあり、心をどこかに置き忘れているのを、誰もが感じ取った。

彼の妻はそんな様子に驚いて、彼に聞いた。

「何をしているのナスルディン？　何を考えているの？

どうかしたの？　何をそんなに心配しているの？」と。

ムラは目を開けて言った。

「俺が今考え込んでいるのは、究極の問題だ。俺は、人が死んだ時、どうやって人は自分が死んだと知るのだろう、ということを考えている。人は自分が死んだことをどうやって認知するんだろう？　もし自分が死んだとして、それをどうやって自分で認識するのだろう？——なぜなら、俺は死を知らないんだから」。

認識とは、あなたがそれについて以前に何かを知っているということだ。

「俺はお前に会えば、お前がAだ、あるいはBだ、あるいはCだとわかる。お前のことを知っていたからだ。でも、死というものを俺は知らない」とムラは言った。

「死がやって来たら、どうやって俺はそれを認識すればいい？　それが問題なんだよ。だから、とても不安なんだ。そして俺が死ぬ時、誰か他の人に聞くことはできない。それに、扉はもう閉ざされてしまっている。何か教典を紐解くこともできないし、どんな教師も助けにならない」と。

彼の妻は、それを聞いて笑って言った。

「何をいらないことを心配しているのよ。死がやって来ればすぐわかるわよ。死がやって来れば、自分がただ冷たく、氷のように冷たくなっていくからわかるわよ」

ムラは、それを聞いて救われた感じがした。

ある一つのサイン、カギが彼の手に入った。

それから、二、三ケ月後、彼は森で木を切っていた。

それは冬の朝だった。

全てが凍てついていた。

その時突然、彼は思い出した。

そして、彼は自分の手が冷たいのを感じた。

そして彼は言った、「オーケー！　今、死がやって来た。でも、家から大分遠く離れているから、誰かに知らせられない。どうすればいいんだろう？　妻に聞いておくのを忘れていた。

彼女は、どうやって死がやって来るのを感じるのかは言ってくれたけど、でも、死がやって来たら、どうしたらいいのだろう？　今、ここには誰もいない。全てが凍ってしまう」と。

その時、彼は思い出した。

彼は、死んだ人間をたくさん見たことがある。

そこで彼は思った、「横になってればいいんだ」と。

彼が見たことがある、死んだ人間がしていることといえばそれだけだった。

だから彼は横になった。

無論、彼はもっと冷たくなり、寒さを感じた——

死が彼にやって来つつある。

そして、彼のロバが彼の横の木の下で休んでいた。ムラは目を開け、その情景を見てこう考えた。

「死人には何もできない。もし俺が生きていれば、狼の奴め、お前達に俺のロバをそんなに自由にはさせんぞ。でも今、俺は何もできない。死人が何かをしたとは聞いた試しがない。俺はただ見ていることしかできない」


もしあなたが過去に死ぬなら、完全に死ぬなら、観ている以外はできない。他に何ができる？

観るとは、過去に、記憶に、全てに死ぬことだ。

それなら、現在という瞬間に何ができるだろう？

あなたはただ、観ることしかできない。判断は不可能だ。判断は、過去の経験を背景としてのみ可能だ。

価値付けは不可能だ。価値付けは、過去の価値付けを背景としてのみ可能だ。考えることは不可能だ。

考えることが可能なのは、そこに過去があり現在という瞬間の中に、過去が持ち込まれた時だけだ。

では、あなたに何ができる？——観ることができる。

古いサンスクリットの文献には、師は死として定義されている——アチャリアムリテュ。


師は、死として定義されている！

カトゥウパニシャッドの中で、ナチケタはヤマ——死の神の所に教えを受けるために、遣わされた。

そして、ヤマ——死の神は、ナチケタを魅惑する非常に多くのものを与えた——

「これを持って行きなさい。王国を持っていきなさい。財宝をたくさん持って行きなさい。馬をたくさん持って行きなさい。象をたくさん持って行きなさい。これもこれも」と贈り物の長いリストを見せた——

すると、ナチケタは言った。

「私は死とは何かを学びに来たのです。なぜなら、死を知らない限り、生とは何であるかを知ることができないからです」


師は、古き日には、弟子に対して死になり得る者——死を与えられる者、自分が再び生まれることができるように死ぬことを手助けできる者として知られていた。

ニコデムスはイエスに聞いた。

「どうすれば、神の王国を手に入れられますか？」と。

するとイエスは「まずあなたが死なない限り、何一つ手に入れることはできない。再び生まれない限り、何一つ手に入れることはできない」と。

そして再び生まれるというのは、一つの出来事ではない。

それは継続しているプロセスだ。

人は、瞬間ごとに生まれ変わらねばならない。

人は一度生まれ変われば、それでいいわけではない。

生とは、ずっと続く誕生だ。そして、死もまた然りだ。


あなたは一度死ななければならない。

あなたはまったく生きていなかったからだ。

もしあなたが生きているとすれば
毎瞬、死ななければならない。

過去がどうあれ、地獄であっても、天国であっても過去に死になさい。何であっても過去に死ぬこと。

そして新鮮になり、若返って、瞬間の中に生まれ変わりなさい。今、見るのだ！　もしあなたが新鮮なら、その瞬間、見ることしかできない。

この経文曰く
『自身の観照の質を確立することがアクシャット——
礼拝に使われる研がれていない、割れていない米だ』

このウパニシャッドは
礼拝のあらゆるシンボルに、深い意味を与えている。

アクシャット——研がれていない米は礼拝に使われる。

アクシャットとは一体何だろう？

その言葉はとても意味深い。

が、英語に訳されると、それはただの平凡なことになる。

アクシャットとは「貫かれていないもの」という意味だ。

アクシャットとは処女を意味する。

我々はそれをアクシャット——処女という。

アクシャットとは処女、貫かれていないものを意味する。

そして研がれていない米は、処女、新鮮、生のままのという意味で、ただの象徴として使われる。

アクシャットという言葉は
貫かれていないものという意味だ。

アクシャットとは、貫かれていないものを意味する。


では、あなたの中のアクシャットとは何か？

あなたの中で貫かれていないものは何か？

それはあなたの観照の質だ。全ては汚されてしまった。

あなたの中のただ一つのことが、汚されずに残っている。

あなたの身体は汚されている。

あなたのマインドは汚されている。

あなたの考え、感情、全てが汚されている。

あらゆるものが外界の印象を受け、影響を受けている。

唯一、あなたの中で、まったく汚されずに触れられずに残っているものがある――アクシャット――

それがあなたの観照の質だ。

世界はそれに触れることはできない。

あなたの思考は影響を受け、操られるが、
あなたの観る意識は影響を受けない。

あなたの思考は変化する。あなたは考え方を変える。

あなたは毎瞬、自分の考えを変える。

あらゆる影響が、あなたの考え方を変える。

あなたはその影響に反対するか、賛成するかのどちらかの反応しかできない。たとえある影響に反応するとしても、あなたは考えを変えられているのだ。

あなたは影響に操られている。

毎瞬、あなたは外の状況、印象、影響に操られている。

しかし、一つのことは触れられずに残っている。

それがあなたの観照の本性だ。


この経文は「それはあなたの本性だ。それはあなただ」と言う。それは教えられるものではない。

それは構築されるものではない。

それは与えられるものではない。

それはあなただ！


我々が本性という時、それはあなたのことだ。

あなたとそれは切り離せない。

そこで、最後のことだ。観照する本性、観照する意識とは、達成されなければならないものではない。

あなたはそれをすでに持っている。

さもなければ、「それはあなたの本性だ」とは言えない。


子供が生まれるとする。もしその子に言葉を教えなければ、その子はどんな言葉もわからない。

それは本性ではない――それは養われたものだ。

もし何も教わらなければ、彼は何も知らないだろう。

もしヒンドゥー教を教えられれば
ヒンドゥー教徒になるだろう。

もし共産主義を教えられれば、共産主義者になるだろう。

何であれ彼は、教えられたものになるだろう。

それは本性ではない。誰もヒンドゥー教徒として生まれた者はいない。誰もイスラム教徒として生まれた者はいない。それらは本性ではない――それらは条件付けだ。

あなたはある一つのパターンに条件付けられるよう無理強いされた。

ヒンドゥー教とは一つの習い性であり、本性ではない。

イスラム教もまた一つの習い性であって、本性ではない。

私が「習い性」と言うのは、教えられたもの、
学習されたもののことだ。

あなたは、それとともに生まれてきたわけではない。

観ることは、そうしたものではない。

あなたは、それとともに生まれた。

もちろん、それは隠されている。

あなたの実存の、最も奥深いところに種としてある。

観ることを除いては、全てが後から教えられることだ。

知識は教えられるが、知ることは教えられない。

子供は知ることとともに生まれるのであり
知識とともに生まれるのではない。

彼には知る能力がある——だから、彼は教わることができる——が、その能力は彼のものだ。

あなたは彼を条件付けし続ける。

多くのことが教えられる。

そして、彼は多くのことを学んでいく——

言葉、宗教、主義。彼はそれらで重くなってしまう。

そしてもっと重たくなり、もっと経験を積み
もっと多くのマインドを持つだろう。

そして社会はそのことを評価し、尊重する。

マインドは社会において尊重される。


それは社会の産物だからだ。

だから、いつであれ聡明なマインドが存在する時——

それは、知識を貯め込む能力に秀でた者という意味だ。

社会はそれを評価し、尊重する。

社会に生み出されたマインドはそこにある。

そして、そのマインドはどんどん成長していくだろう。

あなたはそのマインドと、重たくなったマインドと一緒に、自分が誕生とともに携えてきた内なる本性を知らずに死んでしまう。


観ること、それに向かう努力とは、そのマインドを壊し、そのマインドに割れ目を作り、そこからのぞき込んで、本性を——あなたの本性を探るという意味だ。

あなたは、未知なる観照のエネルギーとして生まれた。

それなのに社会は衣で、あなたの周りを覆ってしまった。

その衣があなたのマインドだ。

もしあなたがその衣と自己同化したら、本当の自分、いつもそうであった自分を決して知ることはないだろう。

人は自分が誰かを知らずに死ぬ。

その可能性はある。が、ある意味で、それにはそれなりの美しさもある。社会を、内側から放り出すことだ。

社会から自由であるべきだ。

私が、社会から自由であるべきと言うのは
外側の社会から自由であるという意味ではない。
それはできない。
あなたがどこへいこうとも、外の社会はそこにある。
たとえ森へ行ったとしても
木々や動物があなたの社会になるだろう。
僧侶、隠者が森の中に入り、動物達と暮らし始めると、
あなた方は「何てすばらしいんだろう！」と言う。
が、彼はまたしても社会を作り出している。
隠者が森に住み、木々と話しはじめると、あなた方は
「何て宗教的な人だろう！」と言う。
が実際は、彼はまたしても社会を作り出している。

外の世界に関する限り、
あなたは、社会なしでは生きていけない。

あなたは社会の中に存在している！

が、あなたは内側から社会を放り出すことができる。

内側では、社会から自由になれるのだ。

外側の社会から自由であろうと試みれば、まったく無駄な努力になる。彼らは無駄骨を折った——

それは成功しなかった。

そして彼らは、自分自身を欺いている。


本当の問題は、外側の社会からいかに抜け出すかではなく、内側でいかに社会に煩わされずにいるかだ。

もし思考がなければ、もし記憶がなければ、もし過去の体験から来る煩いがなければ、あなたは内側で社会から自由になる。

あなたは清らかで、純粋で、無垢だ。

そうしたら、あなたは自己の本性が何であるか、自己の道《タオ》を、自己の法《ダンマ》を知る。


ダンマという言葉は、何度も何度も「宗教」という言葉に訳されている。本当は、そうではない。

ダンマとは宗教という意味ではない。

ダンマとは、本性という意味だ。

ダンマとは、あなたがすでにそうであるところのもの
——あなたの本質という意味だ。

二つの言葉は理解するのに役立つ。

グルジェフはそれらの二つの言葉を使っていた——

「本質」と「人格」。

本質というのはあなたの本性だ。

人格は作られたもの、
あなたに与えられた社会的精神構築だ。

我々はみな、人格だ。
そして、本質に気づいていない。
まったく気づいていない状況にある。
この経文が言う「観照の質」とは、本質のことだ――
本質としてのあなただ。
だから、観るとは、あなたが達成すべき何かではない。
それは達成されるものではない。
むしろ一つの発見であり、覆いを剥ぎ取るということだ。
そこにあなたが忘れていた何かがある――
それを、あなたがあからさまにするということだ。

だから、グルジェフは決して
「観照」という言葉を使わなかった。
それよりも、彼は「想起」という言葉を使った。
カビール、ナナク、彼らもまた「想起」――
スラティ――という言葉を使った。
スラティとは、思い出すという意味だ。
スラティはスムリティだ――想起だ。
ナナク、カビール、グルジェフ、
彼らは「想起」という言葉を使っていた。
その唯一の理由は、あなたの本質は、本当は達成される
べき新しいものではない、と言いたかったからだ。

それは、もうすでにそこにある。
ただ、それを思い出すだけだ。
もうすでに現存しているものに、ただ気づくだけだ。
だが、もしあなたが思考で一杯になっていたら、思考の
群の中に埋まっていたら、気づけないだろう。

空はそこにある――だが、雲が、真っ黒い雲が一杯に広
がっていれば、あなたには空が見えない。
雲がやって来るのは、ただの偶然だ。
それらは今存在し、以前にはなかった。
そして、それらは再び存在しないだろう。
それらはやって来ては、去って行く。
そして、空はいつもそこにある。
その空がアクシャットだ。
どんな雲もその空を汚すことはできない。
空は清らかで、純粋で、無垢なままだ。
どんな雲も、空を汚すことはできない。
雲はやって来ては、去って行く。
が、空は常住だ――かき乱されず、触れられずに。
ただ内なるスペース、内なる空がそこにある。
それがあなたの本性だ。

社会はやって来ては、去っていく。

あなたは生まれ、死んでいく。

数多く生まれ、そして死んでいく。

多くの多くの雲が、あなたを通り過ぎていく。

が、内なる空は汚されることなく、清らかなままだ。

が、あなたは雲に自己同化する。

あなたは「私は雲だ」と感じ始める。

誰もが、雲にすぎない自分自身の思考に自己同化する。

そしてあなたは「私の考え」と言う。

もし誰かが、あなたの考えを攻撃してきたら、自分の考えが攻撃されたとは決して感じないで、自分が攻撃されたと感じる。


すると、空が戦っていることになる——

雲のために戦っている。

というのも、ある雲が攻撃されているからだ。

そして、空は「私は攻撃された」と感じる。

そこに雲がなかった時、空があった。そこに雲がなければ、空があるだろう。雲は空に何も加えない。

そして雲がもうそこになくても、何も失なわれない。

それは完全に、それ自体であり続ける。

それが本性だ——内なる空、内なるスペース。


人は、観ることでそれを明らかにし、発見する。

観ることは根本的で、本質的だ。

そして観ることは、無数の技法の中で使われる。


中国の道教の伝統に、太極拳として知られる技法がある。

それはセンタリングのための方法であり、観照のための方法だ。

それらは、あなたが何をしている時でもへそに意識を集中させたままでいなさいと言う。

歩きながら、意識をへそに集中させる。

食べながら、意識をへそに集中させる。

戦いながら、意識をへそに集中させる。

何をしていようと、一つのことを意識したままでいる。

それが、へそに意識を集中させることだ。

また、もし意識をへそに集中させていれば考えることはできない。

あなたが考え始めた瞬間、へそを意識しなくなる。

これは身体の技法だ。


ブッダは呼吸、息を使った。道士達は、腹を使った。

彼らはそれを丹田という。

だから、日本式の自殺は腹切りとして知られている。

それは腹に意識を集中したまま自殺することだ――

だが、それは自殺ではない。

それはただの自殺ではない。

間断なく、腹に意識を集中したままで自殺した場合にだけ、彼らはそれを腹切りと言った。

そうすれば、それはまったく自殺ではない――

その人は、実に意識的にそれをしている。

あなたは、それほど意識的に自殺はできない。

あなた方の場合、自殺するのは、心がひどく動揺して、まったく無意識になった場合だけだ。

腹を使おうが、息を使おうが
とにかく意識を保ったままでなければならない。

クリシュナムルティは言った。
「自分の思考のプロセスを意識したままでいなさい」
それが呼吸のプロセスだろうが、腹の動きだろうが、
思考のプロセスだろうが違いはない。根本は同じだ。
自分の思考のプロセスを意識したままでいること。
一つの思考が湧き上がって来る。
その時、湧き上がって来るのを、知りなさい。
一つの思考がそこにある。
その時、そこに思考があると知りなさい。

思考が動き、なくなるのを知る。
思考が消え去って行くのを観ていなさい。
一つの思考が消えると、決まって別の思考がやって来る。
そして、その間にはギャップがある。
そのギャップを意識していなさい。
思考のプロセスを意識したままでいる――
一つの思考が動き、そこにギャップができ
また思考がやって来る。それを意識していなさい！
思考をあなたの観照の対象に使いなさい。
観ることに違いはない。
あなたは、息を観照の対象に使うことができる。
思考を観照の対象に使うことができる。
腹を観照の対象に使うことができる――
何でも観照の対象に使える。

意識を目覚めさせるには、多くの方法がある。
それぞれの国で、独自の方法が編み出されてきた。
時々、その方法のことで、大変な諍《いさか》いになることがある
――だが深く見つめると、本質的なことは一つだ。
それが観ることだ――それがどんな方法であろうと
その違いは外郭の違いにすぎない。

クリシュナムルティは言った。

「私には意識を目覚めさせる方法はない」と。

しかし、彼には手法がある。

この思考のプロセスを観照することは
呼吸を観照するのと同様に一つの方法だ。

あなたは呼吸を観照できる。

思考のプロセスを観照できる。

とするなら、もし誰かが数珠を使い、それを観照できるのなら、あなたはそれを高く評価できる。

数珠の動きを観照しようが、呼吸あるいは思考のプロセスを観照しようが、その間に違いはない。

スーフィー達は舞踊を、
旋回舞踊を手法として使っている。
彼らは舞踊を手法として使っている。
あなたは旋回舞踊《ワーリング・ダービッシュ》という言葉を
聞いたことがあるかもしれない。
彼らは時々、子供がするように踵で回って踊る。
もしあなたが同じように回れば
気持ち悪くなってしまうだろう——
ただ踵だけで回る、旋回するのだ。
そして、彼らは言う。

「旋回し続けなさい。身体が回っていることを認知していなさい。そして、意識したままでいなさい。内側で、意識を保っているのだ！

旋回している身体に自己同化してはならない。身体は回っている。それに自己同化してはならない。意識したままでいなさい。そうすれば、観照が起こるだろう」と。

そして、スーフィーの手法は
他のどんな手法よりも急激な手法だと、私は思う。

思考のプロセスを観照することは難しい。

それはとても微妙だ。

呼吸を観照するのもまた難しい。

呼吸は、自分の意志で行うものではないからだ。

だが旋回は、自らの意志で行なうことだ。

舞踊、ぐるぐると旋回することで
マインドは朦朧となって来る。

もしあなたがその状況で気づきを保っていれば、突如として中心を見い出す。その時、身体は一つの車輪になり、
あなたはその中心になる。

身体は回り続け、中心は一人そのまま、触れられずにある—— アクシャット —— 汚されていない。

というように、何百もの手法がある。

だがそれら全ての中での真髄、大切なこと、本質、根本的なことは、観ることだ。

この経文曰く
「あなたが自己の内側を、観照の質を持って観照しない限り、あなたの行為は徒労に終わる」

研がれていない、そのままの米では用をなさない。それなら買える。それはただの象徴、象徴的なことだ。何か社会に磨かれていないもの、触れられず、造り上げられていないものを、あなた自身の本性からもたらさない限り、あなたの礼拝はまったく愚かだ。

それは馬鹿げている。

あなたは延々と礼拝し続けることができる。

それらが意味するものを知らずに
その象徴を使い続けられる。


アクシャット――汚されていない、新鮮な、清らかな――という言葉を覚えておきなさい。

あなたの中の、清らかなものとは一体何か?

それを見つけなさい。それを神の御足に供えなさい。

その清らかなるものだけが使うことができる――


唯一その処女性、その新鮮さ、常なる若々しさだけが、礼拝のために使われる。

あなたは、観るということを、頭では理解できる。

それは難しいことではない。が、それは難しい!

もしあなたが観ることを頭で理解し、それはたいしたことではないと思うのなら――それは難しい。

あなたは理解できる。

するとまたしても、それはマインドの中の理論になる。

またもや、マインドの中の思考になる。

またしても、それはあなたの記憶の蓄積の一部になる。

あなたは、観ることについて議論できる。

あなたはそれを哲学化できる。

が、それはまだマインドの一部だ――清らかではない。


もし私が観ることについて何か言えば、それはあなたのマインドの中に入り、あなたのマインドの一部になる。

だが、それはあなたのものではない。

それは外からやって来た。

あなたがウパニシャッドを読み、ウパニシャッドに感銘を受け、そうだと思って、内側で自分に「そうだ、その通りだ」と言ったとすれば、それは一つの理論になったということだ。

それはあなたからのものではない。
それは外から来たものだ。
それはアクシャットではない。
それは清らかではない。

どんな理論も清らかではあり得ない。
どんな思考も清らかではあり得ない。
あらゆる思考が借物だ。
思考は、決して独創的ではあり得ない――決して！
思考それ自体の本質から言って、それは借物だ。
誰の思考も独創的ではない。
それはあり得ない。
というのも、言葉は独創的ではないし
観念というものが独創的ではないからだ。
あなたはそれらを学ぶことができる。
アクシャットとは、「独創的であるもの」――
自分が学んだことではないもの、自分のものである何か、
自分にとってユニークな何か、自分にとって独自の何か、
与えられたものでない何かを、自分自身の内側に見出す
ことだ。
だから、頭での理解では、用をなさない。
観ることを実践しなさい！

そうして初めてある日、何かがあなたの中に爆発する。
そして、あなたは純粋さ、無垢であること、
至福の別世界に気づく。
その時、あなたは実在するものを知る。

第*16*章

意志か、明け渡しか

Will or Surrender

質問……

OSHO、昨夜あなたは、マインドには二つのことを同時にはできないとおっしゃいました —— それは考えることと、目撃することです。とすると、目撃することは精神の能力であり、マインドの行為であると思えるのですが、そうでしょうか？

それと、何か部分的な目撃と全面的な目撃があるのでしょうか？ どうか説明していただけますか？


目撃することは精神活動ではない。

考えることは精神活動だ。

考えることは、マインドだと言った方がいいだろう。

マインドがない時、マインドが不在である時、マインドが消え去っている時、初めてあなたは目撃できる。

それはマインドの背後にある何かだ。

禅宗では、二つのやり方でマインドを使う。

普通のマインドは、考えるという意味だ。

そして、大文字のMが
考えることの背後にあるマインドを意味する。


意識は、マインドの背後にある。

そして、意識はマインドを通してやって来る。

もしマインドが考えるという状態にあれば、意識は不透明で、透き通っていない、ちょうど曇り空のようになる
—— あなたは空を見ることができない。

雲がないと空が見える。

考えることがない時、
あなたは目撃するということを感じられる。

それは雲の背後に広がる純粋な空だ。

二つのことを同時にできないとは、考えるか目撃するか、
どちらかしかできないという意味だ。
もし考えていれば、目撃することを失っている。
すると、マインドはあなたの意識の上の雲になる。
もし目撃しているとすれば
同時に考えることはできない。
マインドはそこにない。
考えるには、過程《プロセス》が必要だ。
目撃することは、あなたの本性だ。
だから私は「あなたは両方同時にはできない。
マインドには両方同時にすることはできない」と言う。

マインドには目撃する能力がある、
と言っているのではない。
マインドには考える能力がある。
実際、多くの問題は、ただ言葉によって作り出される。
マインドは「精神を働かすこと《マインディング》」のためにある。
そこにマインドは存在しない。
プロセスだけがあり、マインドという一つのものがある
わけではない。だからマインドと言うより、マインディ
ングと言った方がいい。
それは、常なる思考のプロセスだ。

一つの思考の後に、別の思考が続いていく。
その隙間にだけ、二つの思考の間にだけ
あなたは目撃の質の何かを持てる。
だが、思考は余りにも素早いので
あなたはその隙間を感じられない。
もし自分の思考を目撃し始めると、思考の流れは速度を
落とすので、あなたはその隙間を感じ始める。
一つの思考が通り過ぎ、別の思考はまだやって来ない。
そこに隙間が生じる。
その隙間の中で、あなたは目撃することができる。
そして思考は、隙間なしでは存在できない。

さもなければ、それらは重なり合い始めるだろう。
思考は存在しない！
それはちょうど、指と指との間に
隙間があって存在しているようなものだ。
もし思考の流れが速度を落とせば——どんな瞑想の技法
も思考の速度を落とすため以外の、何ものでもない——
もし思考の流れが速度を落とせば
あなたはその隙間を感じ始める。
それらの隙間を通して、目撃が起こる。
思考というのはマインドだ。
そして、思考のない意識が目撃することだ。
思考は外から身につけるものであり、目撃は内にある。

意識は、あなたとともに誕生している。
思考は身につけたもの、人為的なものだ。
だから、あなたはヒンドゥー教徒の思考を持てるし、
イスラム教徒の思考や、キリスト教徒の思考を持てる。
が、キリスト教徒の魂は持てないし
ヒンドゥー教徒の魂も持てない。
魂はただの魂——意識は意識だ。
マインドにはタイプがある。
あなたは、ある特定のマインドを持っている。

その特定のマインドはあなたの育てられ方、条件付け、教育、文化によって養われる。

マインドとは、何であれ外側からあなたにインプットされたものだ。

そして目撃とは、何であれ外側からインプットされたものではなく、あなたの内に本来備わっているもの、自然なものという意味だ。それはあなたの本性だ。

マインドは一種の副産物であり、習慣だ。

目撃すること、意識、気づき、何とでも言うがいい。

それはあなたの本性だ。

だが、あなたは余りにも多くの習慣を身に付けていて、その本性がまったく表面下に潜っている状態だ。

あなたは自己の本性を、完全に忘れている。
だから本当は、宗教は本性を現すために
マインドの習慣と闘うことに、その働きがある。
宗教は自然なるもの――
本来のもの、真実のあなたをあからさまにする。
そこで、最初に心に留めておくべきなのは
目撃することと考えることは、異なる状態だということ。
考えることはマインドからであり
目撃は、あなたの本性からのものだ。

あなたは両方を同時にすることはできない。
あなたの意識をそこにあらしめるには
マインドは停止しなければならない。
あなたの真実の本性をそこにあらしめるには
思考が停止しなければならない。
だから、思想家と光明を得た人間はまったく違う。

ブッダは思想家ではない。
ヘーゲルやカントは思想家だ。
彼らはある特定の結論に至るためにマインドを使った。
ブッダは何かの結論のためにマインドを使っていない。
ブッダは、まったくマインドを使っていない。
実際、彼はノーマインドの状態だった。
彼はマインドを使うことを止めてしまった。
彼は何か結論に至るのに
マインドではなく自分自身を使う。
あなたはマインドを使って結論に至れる。
だが、あらゆる結論は仮定的なものであり
理論上のものだ。
なぜなら、一つの思考は別の思考を生じさせるからだ。
が、思考は事実を生み出すことはできない。
思考は真実を生み出すことはできない。

目撃することを通して、あなたは事実に至る――
結論としてではなく、仮定論としてではなく
直接に、即時的な事実として。

たとえば、私があなたに何か言うとする。

あなたはそれを考えることができる――

そうしたら、あなたは要点を見逃す。

あなたはそれを考えることができる。

目撃するとは何か、マインドとは何か――

あなたは考えることができる。

それは一つのあり方だ、それがマインドのあり方だ。

だが、あなたは私の言ったことを
考えるのではなく実験してみることができる。

私が「実験」と言うのは、いかにしてマインドを停止させるかを知り、目撃することを感じなければならない、ということだ。

そうすれば再び、あなたは何かにたどり着く。

が、それは結論ではない。

それは思考の過程を通して達成されたものではない。

それは、あなたがはっきりと自分で知ったものだ。


誰かがオーロビンドに聞いた。

「あなたは神を信じますか？」と。

するとオーロビンドは「いいや、私はまったく神など信じちゃいないよ」と答えた。質問者は困惑してしまった。

彼は、オーロビンドなら、神に至る道を示してくれると思い、ただそのために、はるばる遠い道程をやって来たからだ。

それなのにオーロビンドは「私は神を信じちゃいない」と言った。彼は自分の耳を信じられなかった。

そこで、彼はもう一度聞いた。

「それは困りました。私は、ただ神に至る方法をあなたに聞くために、はるばる長い道程をやって来たのです。もしあなたが神を信じていないとおっしゃるなら、問題も質問もありえません」

すると、オーロビンドは言った。

「問題がないと誰が言ったね？　私が神を信じていないと言ったのは、神を知っているからだよ。神というのは私の信仰ではない。それは考えることを通して至った論理的帰結ではない。それは私の信仰ではない。私は知っている！　それは私の知だ」

マインドには、せいぜいのところ、信じることができるぐらいだ。

マインドは決して、知ることはできない。
マインドは、神がいると信じることができるか
神がいないと信じることができるか、そのどちらかだ。
しかし、その両方が信仰だ。
どちらも信仰であり、両方ともマインディングを通して、
考えることを通して、その結論に至った。彼らは考えた。
彼らは論理的にその答を突き止めようとした。
そして、彼らはある結論に至った。
ブッダは信仰者ではない —— 彼は知っている！
そして「彼は知っている」というのは
知ることは唯一、ある方法でのみ可能だということだ。
マインドを通してではない。
完全にマインドを捨てることによってだ。
それは考えにくい。
我々はマインドを通して考えるからだ。
それが難しいところだ。

私は、マインドという媒体を通して話さざるを得ない。
そしてあなた方は、マインドという媒体を通して
私の話を聞かざるを得ない。
だから私が、それはマインドを通しては達成されないと
言う時、あなたはマインドで受け取っている ——

だが、それはマインドには考えられない。
マインドはそれに関して、理論さえ作り出せる。
あなたは「真実はマインドを通しては達成できない」
と信じ始める。もしそう信じ始めるなら、あなたは再び、
マインドの中にいるということだ。
あなたは「私は納得できない。私はマインドを越えた何
かがあるとは信じられない」と言うこともできる。
そうすれば、またしてもあなたはマインドの中にある。
もし延々とマインドを使い続けるのなら
あなたは決してマインドを越えられない。
あなたはジャンプしなければならない。

そして、瞑想とはそのジャンプのことだ。
だから、瞑想は非論理的で不合理なのだ。
瞑想は論理的ではない。
瞑想を理にかなったものにはできない。
あなたは、瞑想を体験しなければならない。
体験して初めて、瞑想の何たるかを知ることができる。
そこで、まず次のことからやってみなさい。
あなたが知ろうとすることを考えないこと —— やってご
らん —— 自分自身の思考の目撃者でありなさい。

座って、リラックスして目を閉じ、ちょうどスクリーンの上に絵が写っているように、自分自身の思考を行かせなさい。

それらを見ていなさい。それらを見るのだ。

それらを見る対象にしなさい。

一つの思考が湧き上がってくる。

それを深く見つめなさい。

考えてはならない、ただ見るがいい。

もしそれについて考え始めたら
あなたは目撃者でなくなる――

あなたは罠にはまったのだ。


外で警笛が鳴っている。

一つの思考が湧き上がってくる――

何台か車が通り過ぎて行く。

あるいは、犬が吠えるか、何かが起こるかする。

だが、それらを考えてはならない。ただ、思考を見る。

思考が湧き上がり、一つの形を取る。

今、それはあなたの前にある。

そして、すぐにそれは通り過ぎて行く。

そして、また別の思考が前の思考に取って代わる。

そういう思考のプロセスを見続ける。


一瞬でさえ、もしあなたがそれについて考えることなく、その思考を見ることができれば、何か目撃することの中に得るものがあるだろう。

そして、目撃において何かを知るだろう。

それが味わいだ。

考えることとは違う味わい――まったく違う味わいだ。

だが、人はそれを実験しなければならない。

宗教と科学は二つに別れている。
が、一つのことは似通っていて、強調する点は同じだ。
科学は実験の上に成り立っている。
宗教もまた然りだ。
哲学だけは実験的ではない。
哲学は考えることだけで成り立つ。
宗教と科学は、実験の上に成り立つ。
客観的なものを対象に実験するのが科学であり
あなたの主観を実験の対象にするのが宗教だ。

科学は、あなた以外のものを対象に
実験することで成り立つ。
そして、宗教はあなたについて
直接実験することで成り立つ。それは難しい。

というのも、科学においては、実験者がいて実験すると
いう動作があり、実験される対象がある。
そこには、対象と主観と実験という三つがある。
宗教においては、それら三つ全部が、同時にあなただ。
あなたは自分自身に対して、実験しなければならない。
だから、あなたは主体であり客体であり、実験室だ。
そうすれば、考え続けていてはならない。
始めなさい、どこかから、実験を始めることだ。
そうすれば、考えるとは何か、目撃するとは何かを
直接感じ取れるだろう。
そうすれば、考えることと目撃することは
同時にできないとわかるだろう。

それはちょうど、走りながら同時に座るようなものだ。
走っていたら座ることはできない。
その状態は座っている状態ではない。
座っていれば、走ることはできない。
だが、座っているのは足の機能ではない。
座っているのは、足が機能していない状態だ。
足が機能したら、座ってはいない。
座ることは足の機能ではない。
走ることが、足が機能しているということだ。

同じことがマインドについても言える。
考えることはマインドの働きだ。
目撃することは、マインドが働いていないということだ。
マインドが働いていないと、あなたは目撃している。
そうしたら、あなたは目覚めている。
だから私は、マインドで考えることと目撃することを
両方同時にはできない、と言ったのだ。
あなたは足を使って、座ることと走ることを
両方同時にはできない。
しかし、座ることが足の機能だという意味ではない。
座ることは、まったく足の機能ではない。
それは足が機能していない状態だ。

あなたは聞く。
「部分的な目撃と全面的な目撃があるのですか？」と。
いや、部分的な目撃と全面的な目撃というものはない。
目撃は全面的だ。
それは一瞬だけで、どこかへ行ってしまうかもしれない。
が、目撃することがそこにあれば、それは全面的だ。
部分的に座ったり、全面的に座ったりできるかね？
部分的に座るとはどういうことか、理解できるかね？
目撃とは全面的なことだ。

実際、生においては、何一つ部分的であるものはない
――生においては。
マインドにおいてのみ、全てが部分的だ。
それはこう理解するといい。
マインドは何一つ全面的ではない。
決してそうあり得ない。
マインドがなければ全てが全面的で
何一つ部分的ではあり得ない。
マインドには、部分的であること、断片的であることを
生にもたらす才能がある。

たとえば、怒っている子供を見なさい。
子供はまだそのままで、躾られていない。
その子供の怒りを見なさい、その怒りは全面的だ。
それは部分的ではない。何も抑圧されていない。
それは一杯に開花している。
だから、子供が怒っているのはとても美しい。
全面的であること全てに、それなりの美しさがある。
あなたが怒っている時、
その怒りは決して全面的ではない。
マインドが怒りの中に入って来る――
すると、その怒りは部分的なものになる。

何かが抑圧されているに違いない。
その抑圧された何かが毒になる。
そうしたら、あなたの愛も全面的なものではあり得ない。
それは部分的だ。
憎むこともできなければ、愛することもできない。
マインドが働いていれば
あなたのやることなすこと全てが、部分的になる。

子供はこの瞬間、怒ることができる。
そして次の瞬間には、愛の状態になれる。
彼が怒りの中にある時、それは全一だ。
そして彼が愛の中にある時、それもまた全一だ。
子供にとっては、あらゆる瞬間が全一だ！
子供のマインドはまだ開発されていない。
そして聖者は再び、ちょうど子供のようになる。
そこには多くの多くの違いがある。
が、幼年期が再び彼にやって来る――
彼は再び全一になる。
だが、彼が怒ることはあり得ない。
子供はこの生に関する限り、マインドを持っていない。
が、過去生、そして無意識の中に蓄積されている、
たくさんのマインドがある。

それらが機能し続ける。

だから、子供は全一であるかのように見える。

が実際には、彼は全一ではあり得ない。

この生でのマインドは、まだ成長を続けているところでも、彼には潜在意識、無意識、マインドよりももっと深い領域の中に隠されている無数のマインドがある。


聖者は、まったくマインドを持っていない——

この生のものでも、過去生のものでも。

だから彼は、全てにおいて全一である以外何もできない。

彼は怒ることができない。

憎むことができない。

その理由は、怒りの中では全一になれないからだ。

怒りというのは苦痛であり、人は自分に苦痛を与えるものの中では、全一になれない。

憎むことができないのは、もはや彼には、全一になれないものの中に自分を置くことができないからだ。

それは善悪の問題ではない。

実際、聖者にとって、
それは全一であるかないかという問題だ。

彼はそうするより他に何もできない。


老子は言う、「私は全一であることができることを善と言い、全一であることができないことを悪と言う」と。

部分的であることは罪だ。

もしあなたがそういう見方をすれば、マインドは罪になる——マインドには部分的である才能がある。

目撃することは全一だ。

が、我々の生においては、何一つ全一であるものはない——何一つとして。我々は全てにおいて部分的だ。

だから、至福や、エクスタシーが感じられないのだ——なぜなら、何かに全一であって初めて、至福の瞬間を感じるからだ。それ以外では決してない。

至福とは、何かに全一であることだ。

我々は何事においても決して全一ではない。

我々の一部分だけが没頭していて
後の部分は外にあるという状態だ。

それが緊張を作り出す。一部分がどこかにあり、別の部分がどこか他のところにある。

だから我々が何をしようと、たとえ愛していようとも、
それは一種の緊張であり、一種の苦悩だ。

心理学者達は言う、「もしあなたが愛し合っている人達を深く見入れば、愛はちょうど病気のように見える」

たとえ愛であっても、喜びに満ちたものではない。

それは苦悩であり、たいそうな重荷だ。

だから、人は愛でさえも退屈し、うんざりしてしまう
——なぜなら、マインドは至福の中にないからだ。

それは苦悩だ。

どんなことであろうと
我々が部分的であれば必ず緊張が、苦悩がある。

なぜか？　マインドは一つではないからだ。

マインドは、多くのものを意味している。

マインドは一種の集合体だ、統一体ではない。

あなたの本性は統一体だ。あなたのマインドは集合体だ。

それは統合体では全然ない。道すがら集められたものだ。

だから多くの人間が
あなたのマインドに影響を与えている。

膨大なる影響がマインドを構成している。

あなたのマインドに印象付けないでは
何一つ通過することはない。

あなたを通過するあらゆる物事が
あなたにそれ自身を印象付けている。

あなたの友達はあなたに印象を与える、敵もまた然りだ。

あなたの興味を引くものは、あなたに印象を与える。

忌み嫌うものも、また然りだ。

あなたが好きなものはあなたに印象を与え
好きでないものも、また然りだ。

あなたは、多元的なあり方で印象を集め続けている。

だから、マインドはまるで廃品置き場だ。

それには統一性がない。

雑多なもので、統合体ではない。

マインドは決して全一であり得ない。

どうしてマインドに全一であることができる？

それは実に多くの矛盾、自己矛盾の扉を開く群集だ。

古い心理学は、マインドは一つだと信じていた。

が、新しい心理学は「その概念は偽りの概念だ。マインドには一種の多元性があり、一つではない」と言う。

あなたは一つのマインドを持っているわけではない。

我々は一つのマインドについて語り続けるが
それは言葉上の慣習にすぎない。

我々は「私のマインド」という言い方をし続けているが、
それは過ちだ。実際、間違っている。

それは「私のマインド達」と言ったほうがいい。

マハヴィーラは二千年前、その事実に突き当たった。

彼は次のように語ったと言われている。

「人間は統一された精神ではなく、多重精神だ――
多くのマインド達だ」
だからあなたは、マインドに関して
全一であることができない。
マインドの多数部分があなたの意志に沿うか
少数部分があなたの意志に沿うかのどちらかだ。
どんな決定であれ、マインドが決定したものは部分的な
ものになる。それ以外はあり得ない。
せいぜい、マインドの多数部分の決定を望めるだけだ。
そこで、二つ目のことが入ってくる。
マインドは固定した群集ではないということだ。
マインドは変化する群集だ。
それは固定した群集ではない！
瞬間ごとに何かが加わり、何かが失われる。
瞬間ごとに、あなたは新しいマインドを持つ。

ブッダがある町を通り過ぎようとしていた。

すると誰かがブッダの所へやって来てこう言った。

「私は人類を救いたいのです。どうやって救えるか私にその道を教えてください！」と。

すると、ブッダは目を閉じ、そのまま黙っていた。

その男は困惑してしまった。

そして、再び彼はブッダに聞いた。

「私は人類を救いたいと言っているのです。なぜあなたは黙っているのですか？　何か間違っていますか？」

すると、ブッダは目を開いてこう言った。

「あなたは人類を救いたいと言う。だが、あなたという人間はどこにいるんだね？　まず、在りなさい！　あなたなどいない！　あなたは群集だ。この瞬間、あなたは人類を救いたいと思い、次の瞬間には人類を殺したいと思う。

　まず在りなさい！　自分がいないとすれば、何もできないだろう。だから〝する〟ことを考えるのではない――まずは〝自分の在ること〟について熟慮しなさい」

「在ること」は、目撃を通して初めて起こる。

決して考えることを通してではない。

目撃することは全一だ。

というのも、あなたの本性は一つだからだ。

あなたは一つとして生まれた。

その後に、多くのマインドをかき集め、かき集められたマインドを自分だと感じ始めるようになり――それらのマインドと自己同化してしまった。

その自己同化が壊されるべきだ。

質問……………………………………………

OSHO、昨夜、あなたは一つの方法としての、目撃することについて話されました。別の時に、私はあなたが、自分が関わっているものに完全になること、与えられた状況がどんなものだろうと全面的に関わる、と話されているのを聞きました。

たいていの場合、私はそれら二つのどちらに従えばいいのかわからないのです。その状況から退いて、距離を置くやり方で見ているか、あるいは、全面的にそのものになってしまうか —— たとえば、怒りの感情が、愛が、悲しみがある時に。

それらは正反対の道ではないのですか？　それらは両方異なる状況のために、また異なるタイプの人々のためにあるのではないですか？

人はどういう時に、どちらの方法を実践すればいいのでしょうか？

それらは二つの根本的な道だ —— たった二つしかない。
一つは明け渡しのものであり、もう一つは意志のものだ。
明け渡しの道と意志の道だ。
実践していくことに関しては、それらは正反対の道だ。
だが、それらは同じゴールにたどり着く。
同じ悟りにたどり着く。
そこで、我々はその詳細について
もう少し理解しなければならない。
意志の道は、あなたの目撃する自己《セルフ》とともに始まる。
それはあなたのエゴとは直接関わりない ——
間接的にだけ関わっている。

目撃から始めること、自分の行為に対して意識的であることは、あなたの内なる自己の目覚めに直接関わる。

もし内なる自己が目覚めれば、必然的にエゴは消え去る。

あなたはエゴに直接何かをしたわけではない。

それらは両方同時に存在できない。

もしあなたの自己が目覚めれば、エゴは消え去る。

意志の道では、内なる中心を直接目覚めさせようとする。

多くの多くの方法がそのために使われる。

どうやって自己を目覚めさせるか？

そのことについて、これから話そう。

明け渡しの道では、自己ではなく直接エゴに関わる。

エゴが消え去れば、内なる自己は自動的に目覚める。
明け渡しの道では、じかに、直接にエゴに関わる。
あなたは内なる自己を目覚めさせるために
何かする必要はない。
あなたはただ、エゴを明け渡せばいい。
エゴが明け渡されれば、
あなたは目覚めた内なる自己とともに留まる。
無論、それら両方の道は反対方向に働きかける。
一つはエゴに関わり、もう一つは自己に関わるからだ。
それらの方法、それらの技法は反対だ――
誰も両方の道についていくことはできない。
またその必要はないし、不可能だ。
それは、全ての人が選択することだ。
もし意志の道を選べば、あなたは自分一人になって
自分自身に働きかけねばならない。
それは骨が折れる。
人は奮闘し、闘わなければならない――

精神的な眠りを作り出している古い習慣と闘うことだ。
そして、唯一の望みは深い内側での目覚めだけになる。
意志の道に従う者は、たった一つだけ罪を知っている。
その罪とは、精神的な眠気だ。

それには、たくさんの技法がある。
そのいくつかを話そう。

たとえばグルジェフは
スーフィーのエクササイズを使った。
スーフィー達はそれを「止まること《ハルト》」と言った。
たとえば、あなたがここに座っている。
そして、もしあなたがハルトのエクササイズを実践して
いるとすれば、それは完全に止まるという意味だ。
いつであれ、師が「止まれ！」あるいは「ハルト！」と
言えば、何をしていようと、完全に止まる。
もし目が開いていたら、その時、その場で
止まらなければならない。
その状態で、目を閉じることはできない。
また、あなたが手を挙げているとしたら
その上げたままの姿勢でいる。
どんな格好で、どんな仕草をしていようと
その状態で凍りついたようになる。
不動の状態だ！　完全に静止した状態だ！
この方法を試してごらん。
すると突然、あなたは内側での目覚めを得る――
一つのフィーリングを得る。

突然、あなたは自分自身が凍りついているさまに気づくだろう。身体全体が凍りついている。

あなたは堅い石になった。あなたは彫像のようだ。

だが、もし自分自身を欺き続けるなら
あなたは眠りに落ちる。あなたは自分をだます。

あなたは「誰が自分のことを見ている？　目をつぶっていればいい。凍りついた格好は苦痛だ」と言える。

あなたは自分自身をだませる――

が、それが眠りに落ちているということだ。

だますことは眠りだ、自分自身をだましてならない。
なぜなら、それは誰の知ったことでもないからだ。
それはあなたのことだ。
もし一瞬でも凍りついたように止まることができれば、
以前とは違う自分自身を見始めるだろう。
そしてあなたの中心は
凍りついたように止まっている体に気づく。

その他にも方法がある。

たとえば、マハヴィーラと彼の宗教の伝統では、自己を目覚めさせる方法として、断食を使っていた。

もしあなたが断食すれば、身体は食物を要求し始める。

そして、身体はあなたの意志を圧倒し始める。

そこで、マハヴィーラはこう言った。

「ただ見ていなさい――何もしてはならない。

あなたは飢えを感じている。そこで飢えを感じていなさい。身体は食物を要求してくる――それに対して、ただ目撃者でありなさい――何もしてはならない。何が起ころうと、ただ目撃者でいるのだ」と。

それは深いことだ。

身体には、二つだけ深いことがある――
それは、セックスと食物だ。
その二つより深いものは何もない。
食物は個人が生き残っていくために必要であり
セックスは種族が生き残るのに必要だからだ。
その両方が自己保存のメカニズムだ。
個人は食物なしでは生き残れないし
種族はセックスなしでは生き残れない。
だから、セックスは種族のための食物であり
食物は個人のためのセックスだと言える。
それらが身体の中で最も深いものだ。
それらはあなたの存続に関わっている――
それは最も根本的なことだ。

それなしでは死んでしまうだろう。

もし断食し、ただ事のありさまを観ているとすれば、あなたは最も深い眠りに触れたことになる。

そして、もしあなたが対象に同化せず、心を動かさずにいられれば —— 身体は苦しんでいる、身体は飢えを感じている、身体は食物を要求している。

そして、あなたはただその感覚を観ている ——

すると突然、身体が以前とは違うものになる。

あなたとあなたの身体の間に、連続がなくなる。

そこに隙間が存在するだろう。


断食はマハヴィーラによって使われた。

イスラム教徒は夜、眠らないという方法を使った ——

眠りなしだ！

一週間、断眠すれば、あなたの全存在がどんなに眠たくなるか、また、この断眠を維持することがどんなに難しいかわかるだろう。

しかし、もしその人がかたくなにそれを行なえば
突如として、身体と自分が分離する瞬間がやって来る。

そうしたら、身体には眠りが必要だと理解できる ——

自分に眠りが必要なのではない。

あなた自身の中にさらなる気づきを作り出すために、また、いわゆるあなた方のしゃきっとしない状態から自分自身を連れ出すために、直接働きかける方法がたくさんある。

その方法では、明け渡しは必要ない。

むしろ、人は明け渡さないように戦わなければならない。

明け渡しの必要はない。

というのも、これは戦いの道であって
明け渡しの道ではないからだ。


この道ゆえに、マハヴィーラは「マハヴィーラ」という名前を与えられた。

「マハヴィーラ」とは、「偉大なる戦士」という意味だ。

それは彼の名前ではなかった。

彼の名前はヴァーダマンだった。

そして、彼が「マハヴィーラ」と呼ばれたのは、内側の戦いに関する限り、彼は偉大な戦士だったからだ。

彼にはグルも、マスターもいなかった。

というのも、戦いの道は一人きりの道だからだ。

誰かの助けを受けることさえよくない ——

それは自分の眠りになるかもしれない。


こういう話がある。

マハヴィーラが断食し、何年も沈黙を守っていた。

そんな彼の所に、ある村の不良達が彼の修行の邪魔をして、嫌がらせをしようとやって来た。

その時、マハヴィーラは沈黙の誓いを立てていた。

彼はその村の不良達から何度も何度も叩かれた。

彼は喋らなかったし、裸のままだった――

まったくの裸だった。

だから村の人達は、彼が何者かを理解するのに苦慮していた。

それに、彼は喋らなかった！　おまけに裸だ。

だから、マハヴィーラは村から村へと放り出され追われていた。


この話によると、神々の王インディラが、マハヴィーラの所にやって来て言った。

「私にはあなたを守ることができます。あなたを見ているのが辛いのです。あなたは必要もなく叩かれています。だから、ただ私にあなたを守らせていただきたい」

だが、マハヴィーラはその申し出を断った。

後に、なぜインディラの申し出を断ったのかを尋ねられた時、彼はこう言った。


「この意志の道は孤独の道です。だから、助けてくれる人を持つことさえできません。その助けゆえに、闘う精神が揺るむからです。そうすれば、その戦いは部分的なものになってしまいます。

そうなると、あなたは誰か他の人に責任を転嫁できます。

そして依存があればどこであれ、眠気が入ってきます。

人は完全に独立していなければなりません。そして初めて、人は目覚めるのです」

これは一つの道であり、根本的な心構えだ。
目撃するというこれら全ての方法は、意志の道のものだ。
だから私が「目撃者であれ」と言う時
それは意志の道を行く者のためにある。

それと正反対なのが明け渡しの方法だ。

明け渡しは、あなたの自己ではなくエゴに関わっている。

明け渡しにおいては、自分自身を手放すことだ。

無論、あなたは自己を手放すことはできない。

それは不可能だ。

あなたが与えるものは何であれ、当然あなたのエゴだ。

あなたはエゴだけを手放すことができる――

エゴは、あなたにとってただの付属物だからだ。

それはあなたの実存の一部でさえない。

ただ付け加えられたものだ。それは一種の所有物だ。

もちろん、所有者もまたそれに所有される。

が、それは所有物だ。

それは一種の持ちものだ――それはあなたではない。

明け渡しの道ではこう言う、「あなたのエゴを師に、神に、覚者に明け渡しなさい」と。


誰かがブッダの所にやって来る時、「ブッダム　シャラナム　ガッチャミー、私はあなたに帰依します。私は覚者に己を明け渡します」と言う。

その人はいったい何をしているのだろう?

自己を明け渡すことはできない。

だから、自己はそのままだ。

あなたが明け渡せるものは、何であれあなたのエゴだ。

それがあなたの所有物だ。エゴなら明け渡せる。

そして、あなたが誰かに己のエゴを明け渡すことができれば――その人がXであろうと、Yであろうと、Zであろうと、誰であろうと違いはない。

明け渡される人間が誰であろうが
ある意味では関係ない。

大切なことは明け渡すということだ。


それなら、あなたは天上の神に明け渡せる。

神がいようがいまいが、関係ない。

もし、天上の神という観念がエゴを明け渡すのに役立つのなら、それはいい工夫というものだ。

実際、ヨーガ・シャストラスは「神とは明け渡すためのからくりだ――ただのからくりにすぎない!」と言っている。

神がいようがいまいが、構うことはない。

神とはただのからくりにすぎない。

虚空に明け渡すことは、あなた方には難しいからだ。

だから神を存在させれば、あなたは明け渡すことができる。インチキなからくりでさえ役立つ。

たとえば道でロープを見たとする。

あなたはそれを蛇だと思ったとする。

それは蛇のような動作をしたとする。

それを見て、あなたは恐くなり震えて逃げ出す。

そして汗をかき始める、その汗は本物だ。

そこに蛇はいなかった――

ただのロープを蛇と勘違いしただけだ。

ヨーガ・スートラでは
神とは明け渡しのための一つの工夫にすぎないと言う。

神がいようがいまいが、たいした問題ではない。

そんなことに構う必要はない。

もし神がいるとすれば
あなたは明け渡すことで神を知るだろう。

だから明け渡す前に、神のことを考える必要はない。

もし神がいるとすれば
明け渡すことであなたはそれを知る。

もし神がいないとすれば
それもまた明け渡すことで知るだろう。

だから議論することもなければ、喧嘩することもなければ、証拠が必要というわけでもない。

そして、ヨーガでそう言っていることは、とても美しい。


それらは、神は一つの工夫であり、あなたが自己を明け渡すことができるように、またあなたの明け渡しの助けになるようにと考えられた一つの仮定だと言う。

だから、師は神になり得る。師は神だ。

師を神と感じないかぎり、あなたは明け渡せない。

明け渡しは、あなたが「マハヴィーラは神だ、ブッダは神だ」と感じることで可能になる。

そうしたら、あなたは簡単に明け渡せる。

ブッダが神であるか、そうでないかは関係ない。


再び、それは一つの工夫だ。

それは役立つ。

ブッダは「あらゆる真実は、あなたが光明を得るのを助けるための一つの工夫であり、あらゆる真実は、ただ一つの便宜上のものにすぎない」と言ったという。

もしそれが機能すれば、それは真実だ!

明け渡しの道においては
明け渡すことが唯一の技法だ。

意志の道においては、数多くの技法がある。

それは、あなたが自分を目覚めさせるために数多くの努力ができるということだ。

だが明け渡すだけの場合には、方法はない。


ある日、一人の男がラーマ・クリシュナの所を訪れた。

その男はラーマ・クリシュナに
千枚の金貨を寄付したいと志願してやって来た。

そこで、ラーマ・クリシュナはその男にこう言った。

「私にはそんなものは必要ない。でも、あなたがそんな重たい荷物を、家からダクシネシュワールの私の庵に運んできたのなら、それをまた持ち帰るのはよくない ―― それは必要ない。それじゃあ、今からガンジス川へ行って、その金貨を捨てて来なさい」

そう言われた男は、たいへん困惑し、大いにとまどった。どうしようか？　彼はためらった。

でもラーマ・クリシュナは「あなたはその金貨を私に寄付したのだから、もうその金貨はあなたのものではない。そして、私があなたに捨てて来いと言っているのだ！ガンジス川に行って金貨を投げ捨てて来なさい！」と言った。

そこで、彼はその金貨を捨てなければならなかった。

彼はガンジス川へ行ったまま、帰って来なかった。

そして一時間が過ぎた。


ラーマ・クリシュナは近くの者に「あの男はどこへ行ったのかね？　行って見つけて来なさい！」と言った。

そこで何人かの弟子が行き、その男を連れ戻してきた。

ラーマ・クリシュナはその男に「こんなに長い時間どうしたんだ？　何をしていたんだね？」と聞いた。

すると、その男を見つけた弟子はこう言った。

「彼はあの金貨を、数えてから、一度に一つずつ投げ捨てていたんです——一、二、三——千枚も。彼は金貨を見て、それを数え、それから投げ捨てていました」

それを聞いたラーマ・クリシュナはこう言った。

「何と愚かな！　投げ捨てるなら数える必要はないだろうに。貯めるなら、数える必要はある。自分がどのくらい金貨を持っているか数えなきゃならんだろう。でも、これから金貨を捨てるという時に、なぜ時間を無駄にするのかね？　お前さんは、ただ捨てたらいいんだ！」と。

明け渡しとは、エゴを捨てることだ。
そこには、数えるということも方法もない。
あなたはただエゴを捨てる。
明け渡しとは、それ自体が技法だ。
明け渡しの道においては、明け渡すことが道であり
明け渡すことが技法だ。
意志の道においては意志が道であり
それに働きかける多くの技法がある。
が、明け渡すということは、ある意味でわかりやすい。
エゴを捨てればいいのだから。
エゴを捨てた瞬間——エゴだけが捨てることができる——すると突然あなたは気づく。
自己の内なる中心に気づく。
あなたは、まったく異なる道をたどって
同じ地点にたどり着く。
理解されるべきもう一つのことがある。
それが問われている。

意識的になっていく道を進むべきか、あるいは、何かに
自己を没入させていく道を進むべきかということだ。
私が明け渡しのことを話す時はいつでも
私は何かに自己を没入させることについて話す。

ミーラが踊っていた。

彼女は自分が踊っていることに気づいていない――

彼女が踊りになってしまった。

そこには隙間がない――

彼女は完全に自分のエゴを明け渡していた。

そこには踊っているということがある――

彼女はそれに気づいていない。

彼女は完全に、踊りの中に没入している。

あなたが何かに全面的に没頭していれば、明け渡しの状態――完全に吸収されている状態にあるということだ。

が、エゴだけが吸収される――エゴだけが!

そしてエゴが吸収されている時
自己はそのまったくの純粋性の中にある。

だが、それは関心事ではない。

明け渡しの道においては問題ではない!

ミーラは気づきに、意識に関心がない――ノーだ。

彼女は聖なる踊り、あるいは聖なる歌の中に
完全に意識を失うこと――
その中に、自己を全面的に失うことに関心がある。
自分を完全に失うこと――
その中で、失えないものは存在する。
もちろん、それは彼女の関心事ではない。
意志の道においては、エゴは問題ではない――
自己が問題だ。
明け渡しの道においては、自己は問題ではない。
その強調点の違いを、焦点を当てるところの違いを
覚えておきなさい。
その違いのために、献身者とヨギの間、バクタとヨギの
間に余りにも多くの論議、余りにも多くの論争がある。

ヨギは意志の道の途上にあり
バクタは明け渡しの道の途上にある。
だから、彼らはまったく違う言葉を話す。
そこには橋は存在しない。
ヨギは存在しようとしている。
バクタは不在であろうとしている。
ヨギは意識的であろうとし
バクタは全面的に意識を失おうとしている。

そうなると、無論彼らは正反対の言葉を喋ることになる。
だから、そこにはたくさんの論争、
たくさんの議論が存在する。
が、それらの議論、それらの論争は本当は
真のバクタのものでも、真のヨギのものでもない。
それらの論議は、学者達や研究者達のものだ。
献身について、ヨーガについて考えている者、
彼らはそこにある問題について延々と議論し続ける——
だが、出合うポイントがない。
なぜなら、その出合うポイントには
体験を通じて初めて到達するからだ。

もしあなたが言葉の意味や
学者用語にとらわれていれば、混乱するだろう。
チャイタニアやバクタは
マハヴィーラが使っていた言葉を話せない。
彼らは同じ道に属さない。
だが彼らは、最終的には同じポイントに到達する。
しかし、同じ道を行くことは決してない。
だから、道の途上での彼らの体験は
まちまちであって当然だ。
究極的な歓喜《エクスタシー》は同じだ。
が、それは言葉にはできない、それが問題だ。
究極の体験は同じだ。が、それは表現不可能だ。
表現できるものは全て、道の途上の経験にすぎない。
そして、それらの道は土台が違うし、反対のものだ。

マハヴィーラは、その道においてますます統一していき、
ますます自己に統一していくだろう。
一方、チャイタニアは、その道において自己というもの
がどんどん少なくなっていくだろう。
彼は、自己を神の御足に投げ出し続ける。
だが、それはマハヴィーラには自殺のように見える。
そしてチャイタニアにとっては、マハヴィーラの道は
実にエゴイスティックに見えるだろう。

マハヴィーラは「神など存在しないのだから、明け渡す
な」と言う。
実際、マハヴィーラは明け渡すことができないようにさ
せるためにだけ、神の存在を否定した。
もしヨーガが一つの工夫として神を提起したとすれば、
マハヴィーラもまた、一つの工夫として「神は存在しな
い」と提起する—— 意志の道における工夫として。
もし神がいれば、意志の道を進んでいくことはできない。

それは難しい。

もし神がいるとすれば
あなたより優れた力を持つ存在があるということだ。

とすれば、どうしてあなたは
真正に自己でいられるだろう?

マハヴィーラ曰く「もし神がいれば、私はいつも拘束の中にいることになる。なぜなら、それはいつも何かが私より上にあるということだからだ。

もしあなたが、神がこの世界を創造し、私を生み出したと言えば、その後、私はどうすればいい? だとしたら、私は神の手の内の操り人形でしかないということだ。

そうしたら、自分の意志はどこへ行ってしまう? だとすると、自分の意志が存在する可能性はなくなる。そこには深い運命論だけが存在する。そうなると、何もすることができない」


だから、マハヴィーラは、ただ意志の道における一つの工夫として、神をなくしてしまった。

「神は存在しない」

マハヴィーラは言う、「あなたが神だ。他の誰も神ではない。だから、明け渡しの必要はない」と。

チャイタニアは神に帰依すること ── シャラナム ── を基本的な宗教的努力として使った。

一方、マハヴィーラは決して帰依しないこと ──

アシャラナム ── と言った。

無論、シャラナムとアシャラナム、神に己を明け渡し、帰依すること、それと自分を除いて神などいないのだから、決して誰にも帰依しないということ ── それらの道は、まったく正反対の立場をとる。

だが、それは最初だけの話で
その道を進んでいく途中で、同じことに到達する。

エゴを明け渡すか ──

その場合、あなたは何もする必要がない。

あなたは、ただ一つのことをしなければならない。

それはエゴを明け渡すことだ。

そうしたら、あなたは何もする必要はない。

そうすると、全てのことが起こり始める。

もしエゴを明け渡せなければ
あなたは、たくさんのことをせざるを得ない。

あなたは己と戦い、奮闘しなければならないからだ。

両方の道が有効だ。

どちらがいいという問題ではない。

それは、その道に従う人次第だ。

それはあなたのタイプによる。あらゆる道が有効だ。
そして、そこには、多くの表に現れていない道、
枝分かれした道がある。
それらのいくつかは意志の道に属し
いくつかは明け渡しの道に属する。
道、表に現れていない道 ── 全てが有効だ。
が、あなたに全ての道が有効というわけにはいかない。
ただ一つだけが、あなたに有効であり得る ──
あなたの個性に対して。
「全て有効というのなら、全ての道に従っていける」と
混同してはいけない。それはできない！
あなたは一つの道に従っていかねばならない。
「真実」は存在しない。
また、真実は数多く存在する。
が、あなたは、一つの真実を選択しなければならない。

そこで、探求者にとってまず最初のことは、どのタイプ
に属するか、その人がどういう人間か、その人にとって
何がいいのか、その人が持っている内側の傾向は何かを、
見極めることだ。
彼は明け渡せるのか？
あなたは明け渡せるのか？

あなたは自分のエゴを消してしまえるのか？
もしそれができれば
単純な明け渡しという方法でエゴはなくせる。
だが、それはそんな単純なことではない ──
それはとても難しい！
エゴを消し去るのは
そんな生やさしいことではない。
誰かをあなたより上におき、誰かを神として崇め、それ
から明け渡すということ ── それはとても難しい！

ニーチェはこう言った、「もし地獄で一番になれるなら、
私は地獄にいたい。もし天国で誰かの次なら、天国にい
たくない。もし一番であるなら、人は地獄にいても気分
がいい」と。

バヤジッドは偉大なスーフィーの神秘家だった。
彼は大きな僧院を持ち、世界のさまざまなところから
たくさんの探求者が彼の所にやって来ていた。
ある日、一人の男がやって来て、彼にこう言った。
「私はあなたの僧院にいたいのです。私はここにいる人
達の仲間になりたいのです」

するとバヤジッドは「ここには二つのタイプの仲間がいる。一つは弟子としてここにいるもの、もう一つは師としてここにいるもの。あなたはどちらの仲間になりたいのかね？」と言った。

その男は真理を見い出すためにやって来ていた。

彼は「少し考える時間を下さい」と言った。

そこで、バヤジッドはこう言った、「考える必要はない——あなたはもうそのことを想っていたはずだ。それを私に言いなさい！」と。

すると彼は「もし師の方のグループに入ることができれば、それがいいのですが」と言った。


彼は真理の探求にやって来たのに、弟子のグループではなく、師のグループに入りたいと言う。

そこでバヤジッドはこう言った。

「その二番目、師のグループは私の僧院にはないのだよ。今言ったことは、ただのトリックだ。だからお前さんはここから去るがいい。我々の道は弟子の道、明け渡すことができる者の道だ。だからお前さんに我々は合わないし、我々はお前さんに合わないということだ」と。

すると、その男はこう言った、「もしそういうことなら、弟子になってもいいです」と。


するとバヤジッドは「いいや、その可能性はない。ここを去るがいい」と言った。

もしあなたが明け渡せるなら、弟子であることができる。

意志の道においては、あなたが師であり、弟子だ。

明け渡しの道においては、あなたは弟子だ。

そして時として、それはとても骨が折れる。


バルクの王、イブラヒムがスーフィーの師の所にやって来てこう言った、「私は自分の王国を捨てました——さあ、だから私をあなたの弟子にしてください！」と。

するとその師は「私があなたを弟子として受け入れる前に、あるテストをして合格しなければならない」と言った。

イブラヒムは「ええ、いいですとも——でも、待つことはできません。だから、早くそのテストとやらをやってください」と言った。

すると、師はこう言った、「それでは裸になって、あなたの住んでいる町中を廻りなさい。私のサンダルを手に持って、自分の頭を叩き続けながら廻りなさい」と。

その場に居合わせた者は
それを聞いてただただ茫然とした。

一人の老人がその師にこう言った。

「この哀れな男に、何ということを言うんだ？　彼は自分の王国を捨てたんだよ。何をそれ以上要求することがあるかね？　あなたは何ということを言うんだね？　わしはいままで、こんな情景には一度もお目にかかったことがない！　あなたもいままで、そんな要求をしたことがなかった！」と。

だがその師は「この条件は満たされねばならない。私の言う通りやってから戻って来なさい。そうしたらあなたを弟子にすることを考えよう」と言った。


イブラヒムは服を脱ぎ捨て、師のサンダルを手に取り、自分の頭を叩き始めた。

そしてその格好のままで、町を通り過ぎた。

やがて彼は、師の所に戻って来た。

すると師はイブラヒムにお辞儀をし、彼の足に触れた。

そして師はこう言った。

「あなたはもう光明を得ていらっしゃるのですよ」

そしてイブラヒムはこう言った。

「私自身、突然の変化を感じていました。私は今までとは違う人間になりました。でも不思議にも、どうやってあなたは私を変えてしまったのですか？　町中が私のことを笑っていました――私が完全に狂ってしまったと」


これが明け渡しだ。

そうすれば、明け渡しで充分だ。

それは頓悟の技法だ。それは一瞬の内に機能する。

それは一瞬の内にあなたを爆発させることができる。

表面的にはたやすいように見える――

探求者は何もする必要がないかのように。

ただ明け渡すだけでいい、というように。

あなたがそう考えているとすれば
それは明け渡しとは何かを知らないということだ。

明け渡すとは、あらゆることを意味している。

もし師が「海に飛び込め！」と言えば
躊躇することは許されない。

明け渡しとは「もう私の意志は存在しません――今や、あなたの意志が私の意志です。だから何でも、あなたのお好きなようになさってください」ということだ。

エジプトに、ダン・ナンという一人の神秘家がいた。
彼が師とともに暮らしている時
彼はある質問を師に聞きにやって来た。
すると師はこう言った、「私がお前に質問しろというまでは質問するな。待ちなさい」と。

そして十二年間、ダン・ナンは待っていた。

毎朝、彼は師の所にやって来た。

彼は師の庵に入る最初の人間だった。

彼はそこに座っていた。

他にも大勢の人達が師に質問するためにやって来て
彼らの質問は答えられた。

師は誰かに再び「待ちなさい！」とは言わなかった。

それはダン・ナンにとって、余りにもひどい仕打ちだった。しかし、ダンナンは待ち続けた —— 十二年間。

質問することは許されなかった。

彼が最初に喋ったことは、「あることをお尋ねしたいのですが」という言葉だった。

すると師は「待ちなさい。私が聞いてもいいというまで聞くな。お前には聞くことは許されない。待つのだ！」

と言った。

十二年間、彼は待った。師は彼を見ることさえなかった。
師は何一つ彼に、もう聞きに来てもいいと
ほのめかすことさえなかった。
師はダン・ナンという人間がいることを
完全に忘れていた。
ダン・ナンは十二年間、昼も夜も待ち続けた。

そしてある日、師が彼の所にやって来てこう言った。

「ダン・ナン、もう聞く必要はない。お前はあることを聞きに私のところにやって来た。さあ、そのことを聞くがいい。だが、もう聞く必要はないと思うがな」

ダン・ナンは師に頭を垂れ、師の足に触れ、こう言った。

「あなたは私に充分な答えを与えてくださいました」


何がダン・ナンに起こったのだろう？

もしあなたが完全に明け渡していなければ
十二年間も待っていられるものではない。

疑う心がきっとその間に湧いてくる —— 自分は気違いになってしまったのではないかとか、師が自分のことを完全に忘れてしまっているのではないかとか。

おまけに、師は他の誰にも「待ちなさい！」とは
言っていなかった。

十二年の間に、何千もの人々がやって来て、何か師に質問し、それらの質問には答えが与えられていた。

そういうことが、来る日も来る日も
ずっと絶え間なく続いてきた。

男は待った。それは全面的な信頼だった。

そしてある日、師はこう言った。

「もう聞く必要はなかろう」と。

するとダン・ナンは「聞くことなどもうありません。この十二年間、あなたは何という奇跡を私になさったことでしょう！　私を見ることさえしなかったのに。何という奇跡か！　ヒントさえ与えてくださらなかったのに！」と言った。

明け渡しとは全面的な信頼だ。

もしあなたが全面的に信頼し、明け渡すことができれば、何もする必要はない。

もしそうできなければ、唯一残された道は意志の道だ。

しかし、混乱してはいけない。

私は余りにも多くの人々が混乱して
堂々巡りしているのを知っている。

彼らは、ちょうど明け渡しの道において起こるようなことが、何か自分に起こることを期待している。

だが、彼らには明け渡す用意がない。

彼らは意志の人のように振る舞いたいと思いながら
明け渡しの道において起こるようなことが
起こって欲しいと思っている。


つい昨日、こんな手紙を受け取った。

そういった手紙をしょっちゅう受け取っている。

手紙の主は「私は多くをあなたから学びたいのですが、あなたを師として受け入れることはできません。私はあなたの元に行き、ともに暮らしたいのです。でも、あなたの弟子になることはできません」と言っている。

彼は何を言っているのだろう？

彼は、ちょうど明け渡しの道に従っている者が得るように、何かを得ようとしている。

だが、彼は自分の意志に関しては
触れられずにいたいと願っている。

そんなことは不可能だ！

人は選択しなければならない ――

そして、あらゆることはただの方便だ。

二、三日前、何人か私の友人がやって来てこう言った、「人々は君のことを神と言っているけど、なぜそれを受け入れるんだい？」と。
私は彼らにこう言った、「そうすることは彼らの助けになる。それは君達の知ったことではない」と。

彼らには私の言ったことが理解できなかった。

彼らにとっては、あらゆることが事実だからだ。

そうであるか、そうでないかのどちらかしか彼らには考えられない。

私にとっては、あらゆることが一つの仕掛け、方便だ。

もし誰かが私の所に明け渡しにやって来るとしたら
彼にはある方便が必要だ。

もし誰かが明け渡すために私の所に来たのでなければ、
その方便は彼には無用だ。彼には意味がない。

だが、自分が何であるのか、自分が何を見い出そうとしているのか、どういうやり方で見い出したいのか、はっきりさせなさい。

あなたにエゴが捨てられるかね？

もしできるなら、気づきの必要はない。

その時は、深く没入することが必要だ。

没入するのだ――消え去りなさい！

居なくなってしまいなさい！

自分を忘れるのだ！

思い出すよりも、むしろ忘れるがいい。


私はあなた方に言った、「グルジェフは『思い出すというのは、一つの技法だ』と言った」と。

ミーラにとって、チャイタニアにとっては
忘れるということが技法だ。

スムリティ――想起することではなく、ビスムルティ――忘れることが。

自分を完全に忘れなさい！

自分を完全に消去してしまうのだ！

もしあなたにそれができなければ
目覚めるためのあらゆる努力をするがいい。

その場合は、どんな状況に中にあっても、自分を忘れてはならない――音楽の中にあっても。

マホメッドは、その理由のためだけに
音楽に全面的に反対していた。

意志の道において、音楽は邪魔になる。

あなたは音楽の中に我を忘れてしまう。

意志の道においては、どんな状況の中でも自分を忘れてはならないし、自分を失ってはならない。

何かに夢中になって自分を忘れることとは逆に、意志の道においては、さらにさらに目覚めるために、さらにさらに注意力を増すために、さらにさらに意識的になるために、様々な技法を使う。

そして、一つ覚えておくことは
それらを両方同時にはできないということだ。

もしあなたが両方同時にやっているとすれば
とてもひどい混乱状態に陥ることになる――

そして、あなたの努力は無駄になり、また、あなたのエネルギーは不必要に散逸してしまうだろう。

選ぶがいい。

そして選んだら、それに固執してやってみなさい。

そうして初めて、何かが起こる。

それは長いプロセスであり、骨が折れる。

そこに近道は存在しない。

全ての近道は詐欺だ。

だが、誰もが怠惰で、誰もが何もしないで成果を欲し、いろんな近道を編み出している。

だが、近道は存在しない。

幾何学の発明者であるユークリッドはまた
アレキサンダー大王の師でもあったと言われている。
ユークリッドはアレキサンダーに数学、
特に幾何学を教えていた。
アレキサンダーは、ユークリッドにこう言った。
「こんな面倒臭いことを延々とやらせないでくれ。私は普通の生徒ではない。何か近道を見つけなさい！」と。
ユークリッドは二度と
アレキサンダーの所に戻らなかった。
一日が過ぎ、二日が過ぎ、三日、一週間が過ぎた。
そこで、アレキサンダーは
ユークリッドはどうしたのか聞いた。

ユークリッドは一つのノートを書き残していた。

そこには「近道はありません。あなたが皇帝であろうと乞食であろうと、近道はないのです。

もしあなたが近道を望むのなら、私はあなたの教師ではありません。あなたには、誰かあなたをだませる人間が必要だということです。それなら、私はあなたの教師ではありません。誰か他の人を探してください。探せば、誰か『いいや、私は近道を知っています』という人が現れるでしょう。

でも知識においては、近道はありません。人は長い道程を行かなければならないのです」と書いてあった。


だまされてはいけない。

また、両方のやり方を結び付けて実践すれば、自分にとっていいだろうと考えてはいけない――駄目だ。

あらゆるシステムとは、それ自体パーフェクトだ。

だから、あなたがそれを何か他のものと結び付けた瞬間、その有機的統一を壊してしまう。

宗教の統合をずっと語り続けている大勢の者達がいる
――無意味なことだ！

あらゆる宗教が一つの完成品であり、有機的統一体だ。

それは他のものと結び付ける必要などない。

もし結び付ければ、全てを破壊することになる。
聖書、コーラン、ヴェーダは類似しているかもしれない。
だが、それは表面的な類似だ。
深いところでは、それらがそれぞれ
独自の有機的統一を持っている。

だから、もしある人がキリスト教徒だとしたら
その人は百%キリスト教徒であるべきだ。
もしある人がヒンドゥー教徒だとしたら
その人は百%ヒンドゥー教徒であるべきだ。
五十%はキリスト教徒で、五十%はヒンドゥー教徒というのは、まったくの狂気だ。
それはちょうど、五十%アーユルヴェーダの薬を使い、五十%対症療法の薬を使うようなものだ。
そんなことをすれば、その人は狂ってしまうだろう。
「療法」と言われるものの間に統合がないように
あらゆる宗教は「療法」のようなものだ。
それは一種の薬だ。それは一つの科学だ――
その中にあらゆる技法が含まれている！
私が薬のことに触れたのは、話を終わらせ
結ぶのに都合がいいからだ。
意志の道はちょうど自然療法のようなものだ――

あなたは自分自身を頼らなければならない。
手助けはない！
明け渡しの道は、それよりもっと対症療法に近い――
あなたは薬を使うことができる。
それは、こう考えればいい。

誰かが病気だったとする。
彼には二つの要素がある――
内側での前向きな健康の可能性と、
偶発的または予期せぬ疾患や病気だ。
自然療法は、直接病気に関わりはない。
自然療法は、積極的な健康の助長に関わる。
つまり、もっと健康になろう！ということだ。
自然療法とは、積極的に健康を増進させるという意味だ。
健康が増進されれば、病気はおのずから消え去る。
だから、あなたは直接病気に関わる必要はない。
対症療法は、積極的な健康にはまったく関わっていない。
対症療法は病気に関わっている。
病気を破壊すれば、自動的にあなたは健康になる。
それと同じように、意志の道は
積極的な気づきを助長することに関わっている。
もしあなたが気づきを助長すれば、エゴは消え去る――

エゴは病気と同じだ。
明け渡しの道では、病気それ自体に関わっており、
積極的な健康の増進には関わっていない。
病気を打ち砕くこと―― エゴを明け渡すこと――
そうすれば、あなたは健康になっていく。
明け渡しの道は対症療法的であり
意志の道は自然療法的だ。
だが、両方を一緒にしてはならない。
さもないと、あなたはもっと病気になってしまうだろう。
健康であるための努力が
あなたにもっと多くの問題を作り出すことになる。
みんなそれらを、まったく一緒にしている。
人はこう考え続ける、「無数の療法を使えば、自動的に、
すぐに健康になって然るべきだ」と。
数学的に、論理的にはそうであるかのように思える。
だが実際はそうではない。
そんなことをすれば、どうにもならない状況に陥ってし
まうことだってあり得る。

第17章

意識の完全なる開花に向かって

Towards a Total Flowering of consciousness

人間は一粒の種、一つの可能性、一つの潜在性だ。
人間は今あるだけの存在ではない——
人間は、また将来そうなれるところのものでもある。
その人がどんな人であれ、それは一つの状況、
一つの始まり、一つの成長過程にすぎない。
そこには、多くのものが隠されている。
その隠されている部分は、現れている部分より多い。
だから私は、人間は一粒の種だと言う。

人間は成長できる。
また、成長して初めて人間たることができる。
もし種が種のままであれば、それは死を意味する。
もし種がはじけて、芽を出さないとすれば
それは死んでいるということだ。
あなたはその中間に留まることはできない。
成長するか、死ぬかのどちらかしかない。
その中間は存在しない。
だから、成長するか、死ぬかどちらかにしなさい！
それ以外の選択はない。種は、成長のための状況だ。
そして成長するとは、越えていくことだ。

成長とは、ある一つの段階で死に、別の段階に生まれ変わるという意味だ。

では、種にとっての成長とはどういうことか？

種は種としては死なねばならない。

そうして初めて、木が生まれる。

可能性が現実のものになり始めたのだ。

種は、二つのあり方で死ぬことができる。

成長しないで、ただ死ぬこともできる。

その時、それは消極的《ネガティブ》な死だ。

あるいは成長するために死ぬこともできる。

それは積極的《ポジティブ》な死だ。

そしてポジティブな死は、さらなる生への扉なのだ。

ポジティブな死とは、何かのために死ぬということだ
——成長のために死ぬということ。

一つの段階から消え去り
別の段階へと現れるということ。

人間は、種のままでいることもできる。

そして、多くの人間が成長せずに、己を越えずに一つの段階から消え去り、別の段階へと現れずに、消極的《ネガティブ》に死んでいく。

ニーチェはどこかでこう言っている、「人は自己を越えてこそ人たる」と。

下の段階から消え去り、上の段階に現れてこそ、あなただ。それは物質に死に、意識に生まれるという絶え間なきプロセスだ。だが、種は種であることに満足する。

また、種であることに満足していられる。

種にとっては、自分がどんなものになれるのかを想像することさえ難しい。

それを夢に見ることさえ、不可能なように思える。

自分が何になれるのか、どうして種に夢見ることができるだろう？　一本の木になることを想像することでさえまったく馬鹿げて見える。

どうして一粒の種が、一本の木になれる？

たとえ種のすぐそばに木があっても
種は、その木もかつては一粒の種であり
「自分も木になれる」と考えることさえできない。

ブッダ曰く「私はあなたに真実は与えられないが、夢を与えることはできる。私を見なさい。そうすれば、あなたの可能性、潜在性が呼び覚まされるだろう。何かが未来に向かって息づき始めるだろう。あなたの内側の何かが、自分もそうなれるのだと、あこがれ始めるだろう」

ブッダは一本の木だ——

ただの木ではなく、花を咲かせた木だ。

我々は種だ。人間を種として考えてごらん。

では、花とは一体何だろう？

木として人間を考えた場合、花をつけているとは一体どういう状態なのだろう？　無論、それは意識の花だ。

この経文曰く
『礼拝のための花とは、何をさすのか？——
意識に満ちること』

完全に意識が醒めている状態——意識的であることだ！
花を、意識を表すシンボルとして使うことには
多元的な意味がある。ただの象徴ではない——
意識は真実、人間の内なる花だからだ。
人間が花咲き、自己の最頂点に達した時
突然パッと花が咲き始める——その花は意識の花だ。
だが、人間は今あるままではただの種だ。
彼は意識的になっていない。彼は意識ではない。
そのことは受け入れがたく、実に侮辱的なことだ。
我々は、自分達のことを
意識的になっていると思っているからだ。

そして、それが最も致命的な信仰だ――

それは危険で、有害だ。

なぜなら、すでに自分の意識は目覚めていると思っていたら、意識が花開く可能性はなくなるからだ。

もし種が自分はすでに一本の木であり、花開いていると思っているのなら、その種が生長する可能性はない。

種は完全に自らを欺いている。


グルジェフ曰く「あなた方は檻の中にいる。だが、自分は檻の中にいるのではない――それは自分の家だ――と信じるようになる」

あなたは自分の檻を、自分の家だと思い始めるようなやり方で飾れる。

また、それを自慢することができ、それを誇りに思うことができ、あなたがつながれている鎖は装飾品にもなる。

それはあなた次第だ。そんな風にも解釈できる。

そしてそう解釈することは
ある意味でエゴを非常に満足させる。

そうすれば、その拘束と闘う必要がなくなるからだ。

そうしたらあなたは楽になる。それは非常に都合がいい。

人間の信仰全てが便利にできている。

だが、それは危険だ。

それらのせいで、進化していく可能性がまったくなくなり、完全に否定されている。

囚人は、自分は囚人ではなく、もうすでに自由だと思う。

そう信じることはとても都合がいい。

そうなると、そこに煩いがないからだ。

だがそうしたら、囚人は決して自由になれない。

だからグルジェフはこう言った、「自由のために必要な第一歩は、今の自分は囚人だという屈辱的な事実を認識することだ――そうして初めて、成長が可能だ」と。


この経文で、私があなた方に一番始めに言いたいことは、あなた方の意識は目覚めていないのだと、完全に知って欲しいということだ。

それが目覚めへの最初のステップだ。

あなた方の意識は全然目覚めていない。

あなた方は無意識の生を生きている。

あなたの行為は何であれ、ロボットのようで機械的だ。

たとえば、あなたは私の話を聞いている。

私の話を聞いてはいるが
自分が聞いているという事実に気づいていない。

今、私がそう言った後でその事実に気づくことはできる。

だが、それ以前に気づくことはない。

一瞬あなたは、自分は話を聞いているのだと気づく。

が、それは一瞬だけであり、また無意識へと入り込む。

だとすれば、あなたが私の話を聞いていても
意識を持った存在として聞いているのではない。

あなたは機械のように私の話を聞いている。

何が違う？　たとえば、あなたが私の話を聞いていると、
あなたは私のこと、話し手を意識する。

あなたは聞き手を意識していない。

あなたの意識は一方通行だ。

矢は話し手に向かって放たれている。

そして、あなたはただ影の中にいるにすぎない。

光は話し手に焦点が合わされている。

あなたはといえば、闇の中にいる。

一瞬、私が何かそれについて言うと、あなたは意識的になる。だが、聞き手に意識がいった瞬間、話し手の方に無意識になる。


もしあなたが両方を意識できるようになれば、もしあなたが、二本の矢のように二方向に向かう意識を持てれば——話し手と聞き手を同時に意識できれば、あなたの意識は目覚めているということだ。


だが私が「あなた方の意識は覚めていない」と言うのは、たいてい、あなた方の意識は目覚めていない時が多いということではない。

時には意識が目覚めている瞬間もある。

だが、ごくわずかだ。

それらの瞬間はただ可能性を示すものであり
現実になったわけではない。

それはちょうど、あなたがジャンプして
再び地上に戻った時のようだ。
あなたは一瞬、引力に打ち勝つことができる。
そして、再び引力の影響下にある。
ちょうど次のようにだ。
時々、我々はある状況の中で、無意識から飛び出す。
一瞬の間、我々は引力から抜け出す。
だが、それは本当に引力から解き放たれたわけではない。
引力はあらゆる瞬間に働き
再びあなたを地上に引き戻すからだ。
だが一瞬、あなたは自由を感じることができる。
そして再び地上に舞い戻る。
ある危険が迫っている状況の中で
あなたは意識的になる。

誰かがあなたを殺しにやって来るとする。

すると、突然あなたは意識的になる —— その殺し屋だけではなく、殺される者、自分自身に対しても。

その時、意識は二本の矢のように
二つの方向に向けられている。

だがそれは一瞬だけで、また地上に舞い戻ってしまう。


時々、深い愛の中で、あなたは無意識から飛び出す。

その時、あなたは自分の恋人、愛する人だけでなく、自分自身にも意識的になる —— だがそれも束の間のことで、再び無意識に戻ってしまう。

突然、何かのアクシデントの中で、何か深く心を動かすようなことを体験する中で、人は意識的になる。

が、それはごく短い瞬間であり、指で数えられる程度だ。

それらの体験は、あなたも意識的になれるという可能性を示すにすぎない。


通常、我々は一種の機械として生きている。

実際、機械として生きることは便利だと感じている。

機械として生きることは、とても心地いい。

機械的に一つのことをしていると
より効率的にそれができるようになる。

あなたは心配する必要がない。自分の身体、自分のマインドが、一つの機械として働いてくれる。

それは有能だ。意識しないでいい、ということは便利だ。

というのも、意識するということは、自分の周りにごくごく敏感になることであり、それは痛みをもたらすからだ。だから覚者であることは、ただ至福だけではない。


ブッダ自身に関する限り、覚者であることは至福だ。

彼は至福の絶頂を体験するに至った。

だがそれと同時に、非常に高い犠牲を払わねばならない。

というのも、余りに敏感になり、周りの全てが彼に痛みを与えるからだ。彼は人の苦しみゆえに苦しむ。

あなたが一人の乞食に出会うとする。

あなたは無意識に彼の横を通り過ぎる。

そこに何も問題はない。

そういう時、鈍感であることはとても都合がいい。

もしあなたが意識的であれば
そんなに都合良くはいかない。

そういう状況に遭遇すれば、あなたは自分も乞食が社会の中に存在することに加担しているのだと、覚るに違いない。

あなたはこの醜い社会の一部だ。

この世界に存在する全て、ベトナム戦争であろうと、ヒンドゥー教徒とイスラム教徒の間の暴動であろうと、貧困であろうと、この世界に存在する物事は何であれ、あなたに責任がある。

もしあなたが意識的になれば
あなたに責任がかかってくる。

そうなれば逃げることは難しい。

それが、意識的になった人間が支払うべき代価だ。

だから、ブッダがただ至福のみに生きているとは
決して考えてはならない。

誰も、至福のみに生きることはできない。

誰もがその代価を支払わねばならない。

その人の体験が偉大なるものであればあるほど
代価も大きくなる。


ブッダは、彼自身は、平和と至福に生きている。

彼は余りに意識的になったがゆえに
その至福という境地に至った。

が同時に、余りに意識的になったがゆえに、彼の周りに起こり続ける全てに感じやすくなった――そのために彼は苦しんだ。

だから、無意識なる存在として生きることは都合がいい。


我々はそのまま生き続けている。

我々は意識的になるのを引き延ばし、しゃきっとせずに生きている。それは一種の深い夢遊病だ。

我々は歩き続け、深い眠りの中で物事をし続ける。

何一つ我々を感動させない。

我々はまったく鈍感になってしまった。

感受性は意識による。

あなたが意識的になればなるほど、より繊細になる。

意識が少なくなればなるほど、鈍感になる。

だから繊細であることは危険であり
鈍感であることは快適だ――

そうすれば、あなたは命を持たないブロックのように生きられるし、何も気にする必要がない。

その都合良さのせいで、我々は種のままだ。

私にとっては、その都合良さを失うこと、
その便利さを振り落とすことが、唯一の放棄だ。
実際、振り落とされるべきものは快適さだ――
家でもない、家族でもない。それらは何でもない。
この便利さを求めるマインドを、捨て去るべきだ。
人はそこに何があろうと
繊細で傷つきやすい状態であるべきだ。

そうして初めて意識的になれる。
そこで、まず最初に理解されるべきことは
なぜ我々は無意識のままでいるかということだ。
それには理由がある。
それには論理的根拠がある——
それは都合がいいからだ。
枯れた人生を生きることは都合がいい。
死体のように生きることは都合がいい。
死体のように生きていれば
他からの影響を受けないからだ。
あなたには関係ない。

あなたにはお決まりの仕事があり
朝から晩までそれをやる。
あなたは円の中を動いている。
生涯を通じて、自分の古いパターンの中を進み続ける。
そのパターンが古ければ古いほど
不都合さが少なくなってくる。最終的に、あなたはそれ
で落ち着く。その生き方を見なさい！
もしあなたがそういう生き方をし続けるなら
種を越えることはできない。
種がそこを越える時、それは危ないと言うだろう。

すると種は守られる。だが、植物はたいして守られてい
ない。植物は常に危険に瀕している。
種は決して危険な状態にない。
種は廃れた生を生きている。
だが、植物は生きていて、繊細で守られずにいる。
それは危険だ！
母親の子宮の中にいる子供は、完全に守られている。
子宮は最も快適な場所だ——
何の心配もなく、生存競争もない。
完全にリラックスしている状態だ。

心理学者達はこう言っている。
「この平和、平安、調和を求める心は、本当は母親の子
宮を思い出している——なぜなら子宮の中の子供は、ま
ったく天国の状態にあるからだ」
彼らが言うことは正しい。
ヒンドゥー教には、望みの叶う木の神話がある——
カルパタル——天国で。
その木、望みの叶う木カルパタルの下にいれば
求めるものと与えられるものの間に隙間がない。
あなたが何かを要求すれば、供給される——
そこに時間の間隔がない。

あなたが何かを欲すれば、それが与えられる。

それと同じように、子宮は一種の望みの叶う木だ。

望むことと叶うことに時間のギャップがない。

子宮の赤ん坊は、何かを欲する必要さえない。

必要なものは何でも満たされる——

無努力、無欲望、不安のない状態。

赤ん坊は、完全な解脱《モクシャ》の境地にある。

もし赤ん坊に、子宮を離れ、母親の体から出るように言ったとする。それが赤ん坊次第だとすれば、赤ん坊は子宮から出てこないだろう。

そこから出るのは危険だ！　子宮から出ることはとても危険な一歩を踏み出すことになる！

子宮から出ることは、天国を出ることだ。

それはエデンの園から追放されることだ。

さあ、そうなると全てが戦いになる。


要求と供給がそう簡単にぴったり合うことはもうなくなるし、欲望はもはやそう簡単には満たされない。

今や、願望とその成就にはいつも隙間が存在する。たとえその願望が成就されても、成就ではないだろう——その願望が成就されることで、他の多くの願望がその間に生まれるだろうから。

だから、赤ん坊が子宮から出て来ることは
絶え間なき戦いとなる。

だから、もし子宮を離れるか離れないか赤ん坊次第だとすれば、赤ん坊は子宮を離れないだろう。

子宮の中にいるのはとても快適だ——

絶対なる快適さだ。

だがそれは、死んだような存在だ。

そういう状態では、成長はあり得ない。

成長とは、あなたが危険を意識的に選択して初めて可能となる。

未知なる道を進む時、あなたは成長する。

危険を冒す時、あなたは成長する。

それは、ちょうど人が再び子宮にあるようなものだ——

無意識の子宮。無意識の子宮ということを理解しようとしてごらん。子宮を離れることは、第二の誕生だ。

インドでは再び生まれた者のことを「二度生まれ」——
ドゥイジャという。
バラモンが二度生まれと言われる唯一の理由は
こうしたことからだ。
最初の誕生は母親の子宮からで
二番目の誕生が、自分自身の無意識からの誕生だ。

自己の無意識から生まれ出て意識的にならない限り
あなたはバラモンではない。
「バラモン」とはブラフマン、究極なるものを知った者という意味だ。もしあなたが完全に意識的になれば究極なるものと接触するに至る。
そうすれば、あなたは一人のバラモンになったのだ。
この第二の誕生は
あなた自身の無意識からの誕生のことだ。
では、この無意識とは一体何か？

フロイトは、人間はちょうど氷山のようだと言った。

九十パーセントが水面下に隠されていて
十パーセントだけが水面上に現れている——

九割が水面下に隠れていて
一割だけが水面上に現れている。

だから、人間は一種の氷山だ！

一割だけが意識的で、九割は無意識だ。

そしてその一割は、他の九割に対して無力だ。

大部分が無意識で、ごくわずかの断片だけが意識だ。

だから、あなたはいつも無意識の力に引っ張られ、翻弄され、うまい具合に操られている。

自分では、自分の意志で物事を決めていると思い続けている——だが、そうではない！

無意識が、隠されているマインドが、いつも物事を決めている。あなたが恋に落ちるとする。

それはあなたが決めたことかね？

それはあなたの意識が決めたことかね？

意識的に恋に落ちたのかね？

あなたは「それは起こった」と言う。

それはどういう意味だろう？　「それは起こった」——それは、あなたの無意識の力がそうさせたということだ。

あなたはただの操り人形にすぎない。

だから、恋に落ちるということが起こったとして
ある日、突然それはまた消えてしまう。

あなたに何ができる？　あなたはただの犠牲者だった。

あなたは決して求めていなかった。

それは恋愛に限ったことではない。


何であれ、あなたが考えることや行なうこと、感じることと、それらを深く突き詰めてごらん。

すると、未知なるある力が、あなたを翻弄しているという結論に至るだろう。あなたが決め手ではない。

あなたは、それらは自分の決定だと自分を欺く——

だが、そうではない。

あなたは怒らないと決意する。

だが、怒りの感情はやって来る。

みんな、自分の決意は無力であると感じている。

あらゆる瞬間に、あなたはそれを感じている。

こうしないと決意しても、その決意にも関わらず
それをせずにはいられない。

そして後になって、自分の行為の言い訳を作り出す。

それらの言い訳は、またもや自分の都合のいいことだ。

怒らないと決意しても怒ってしまう。

とするなら、一つの可能性は、あなたが自分の内を奥深く掘り下げていけば、自分には何一つ決められない——自分には物事を決める力などない、自分は無力だ、自分はまったくの無能だ—— という結論に至るということだ。だがそれは、屈辱的だ。

だから、誰も問題の根源に逆上っていかない——

そして、自分のすることを正当化し始める。


人は言う、「その人を助けることになるから、俺は怒らねばならなかった。その人を変えるために、俺は怒らねばならなかった。正義のために怒る必要があった」と。

そうしてあなたは、それが自分が決断したことだという作り話を作り出す。あなたは自分をだましている！


自分が今まで本当に、何かを決めたことがあるかないかを見つめてごらん。

自分の意志で決めたことが何かあるかね？

マインドの意識的な部分は、まったくの無力だ。

無意識は余りにも強い——意識の九倍の力がある。

あなたの意識は、無意識の手の内の道具以外の何ものでもない。だから、あなたの意識が欲するままに、意志決定し続けていればいい。

無意識は、そんなことにはちっともお構いなしだ。

何をしようと、それは無意識によるものだ。

意志決定をすべき時には、意識はまったく無力だ。

だが、人は自己を掘り下げていかねばならない。
この無意識はあなたの子宮だ。
あなたはそこから出て、成長していくべきだ。
さもないと奴隷になってしまう。
あなたは主人であることができない。
あなたはただの卵——種のままでいるだろう。
花咲く木になることはできない。
とすれば、あなたの開花は決してあり得ない。
まず最初に、この無意識がどんなものか
それがどこにあるのかを感じ始める。

無意識に意識的になること、自分が監禁状態にあること、自分が種の状況にあることに意識的になる——

それはいいスタートだ。自分を欺いてはならない！

自分がこれだとか、あれだとか思い続けるのではない。

自分が本当は何なのかを見つけなさい。

イメージを作り出さないことだ。


グルジェフは、こんな話をしたそうだ。

たくさんの羊を持つマジシャンがいた。

毎日、一頭の羊がマジシャンの食物として殺されていた。

そこには沢山の羊がいた。

彼らは毎日一頭の羊が殺されるのを見ていたが反逆しなかった。

彼らは決してマジシャンに逆らわなかった。

訪問者がマジシャンとともにそこにいた。

そして訪問者は「これは奇跡だ！　毎日、一頭の羊が選ばれ他の羊の前で殺されているのに、自分達もすぐに殺される順番がやって来るとまだ気づかないとは。逃げられるというのに！　反逆できるというのに！」と言った。

そのマジシャンは笑ってこう言った。

「それにはトリックがあるのですよ。私は全ての羊達に催眠術をかけているのです。

彼らはみんな催眠術にかかっているのです。

私は催眠状態にある彼らにこう言ったのです。

『お前は羊ではない。お前はまったく羊なんかではない。他のみんなは羊だ。だが、お前は違う。お前はライオンなんだ！』と。

だから、一頭一頭の羊達が、自分はライオンで、他のみんなはただの羊だと信じているんですよ。だから一頭の羊が殺されても、誰も気にしないのです。彼らは自分達のイメージの中ではライオンなのですから」と。


この話は良くできている。

これは人間のマインドを表した話だ。

あなたは、本当の自分ではないことばかり考え続け本当の自分をだまし続けている。

ありのままの自分、その「事実性」の認識が意識的になることの始まりだ。

そして、それが唯一の正しい始まりだ。

自分の行為は無意識であり、意識的ではないのだとまず認識する。あなたの愛、憎しみ、怒り、あなたの友、敵、それらはみな、あなたの無意識の一部だ。

あなたは意識的な存在ではない。あなたはほんのわずかしか、意識的な部分を持っていない。

だから「自分は意識的な存在ではない」とわかる。

もし狂人が「あなたは狂っている」と誰かに説得されるとしたら、彼のマインドの一部分は、まだ狂っていないということだ。

もし狂人が「自分は狂っている」とはっきり認知しているなら、彼のマインドの一部分はまだ狂っていない。

だが狂人には「あなたは狂っている」と納得させることはできない。もし納得させられたら、あなたの判断が間違っているということだ。

彼は狂ってなどいない。

少なくとも、まだマインドの一部分は正気だ。

もしあなたが「自分は無意識な存在だ」とはっきりとした認識に至れば、それはいい知らせだ。

それはマインドの一部分が――ほんのわずかな部分、ほんの少しの断片が、意識的になっているということだ。

そしてその断片が、今度は意識を増やすために使われる。

その断片は、二通りのやり方で使うことができる。

自分がすでに意識的になっていると自分を正当化するか
――それが我々のしていることだ。

それとも、意識を深く掘り下げていき、我々は無意識であるとはっきりと認識するかのどちらかだ。

意識的になっているわずかな部分――人間という氷山の十分の一の部分は、二通りのやり方で使うことができる。

一つは自分はすでに意識的な人間だと正当化し思い、想像し、夢を見続けること。

それが我々のやり続けていることだ。

あるいは、そのわずかな意識部分を、内側を掘り下げ、自分達は全然意識的ではないとはっきり認識もできる。

それが真実の探求者のあるべき姿だ。

そして一度、自分が意識的ではないと感じ始めれば意識の夜明けがあなたに訪れる。

あなたは道の途上にいる。

今、多くの可能性がある！

一度、自分が縛られていて「これは自分の家ではなく監獄だ」とはっきり認識すれば、それを打ち破り、そこから逃げ出すために何とかするだろう。

何かそのための仕掛けを使うこともできる。

今や、そのために何か手筈を整えることができる。

そうなれば、監獄の外と何らかの接触が持てる。

看守を買収することもできれば
何か手立てを打つこともできる。

だが、もしあなたが自分は監獄の中にいるのではない、俺は家にいるのだ、そしてその看守はあなたの家の見張り番であって、彼は俺のために働いているのだと思い続けていれば、何一つ見込めない。

もしあなたが実際に監獄の中で生まれたのならちょうどそんな具合だったろう――

あたかも、みんな自分のために働いてくれているような。

もしあなたが監獄の中で生まれたのなら、監獄全体の構造が、自分のためにあるように思えるだろう。

とすれば、どうしてここが監獄だなんて考えられるだろう?


ここは監獄だとはっきり認識すること、それが、監獄から抜け出すための第一の根本的なステップだ。

そうなれば何かが可能になる。あなた方は無意識だ。

そして、それは理論ではない――単純な事実だ。

それは神学ではない、単純な科学だ。

それは宗教と宗教の仮説的神話学とも関わりない。

今や、それは科学的な事実だ。

それが、フロイトが社会からひどく軽蔑されひどく非難された理由だ。


歴史家達は、過去に三つの革命が起こったと言う。

一つはコペルニクスの革命だ。

コペルニクスは、「地球は宇宙の中心ではない。太陽が地球の周りを回っているのではなく、地球が太陽の周りを回っている」と言った。

地球はその地位を追われ、王位は剥奪された。

そのことは、人間のマインドにとって実に屈辱的だった。

地球が宇宙の中心なら、人間もまた宇宙の中心だからだ。

全てが人間の周りを
人間の住む地球の周りを回っていた。

なのに突然、地球はまったく宇宙の中心ではなくなった――中心ではないというだけでなく
大して重要な星でさえない、ということになった。

その存在など無視できるほどの、あたかも存在していないかのような地球が、太陽の周りを回っていることが明らかになった。

そして太陽――我々の太陽そのものも、より大きなある太陽の周りを回っていることが明らかになった。

我々は中心ではないと明らかになったのだ。

その後にダーウィンが現れ「人間は神の親類ではなく、動物の親類だ」と言った。

「人間は神の末裔ではなく、尾なし猿、マントヒヒ、チンパンジーと繋がっている。人間は長い動物の過程を経て人間になった」と。

それが二番目の革命――大変屈辱的なまったくエゴを粉砕してしまうようなものだった。

地球は宇宙の中心ではなかった。

そして人間は、天使の次に値する存在ではなかった――人間は動物より少し上等な存在、
それ以上の存在ではない。

その「上等」ということさえ確かではなかった。

人間はその王位を剥奪され、地位を追われた。

人間はただの動物となった。


そしてその後、三番目の革命が起こった。

それはフロイトの「人間は意識的な存在ではない――人間は無意識の力の手の内にある」というものだ。

ということは、アリストテレスは、フロイトによればまったく間違っているということになる。

彼は、人間は合理的な生物だと言っていたからだ。

いいや、そうではない！

人間は最も不合理な生物だ。犬達はもっと合理的だ。

あらゆる他の動物達は、ある意味で人間より合理的だ。

というのも、彼らの行動は予測できる。

人間に関しては、予測不可能だ――最も不合理な生物だ。

人間は当てにならない。論理は数学的なものだからだ。

犬があるやり方で行動を起こせば、こういうように彼は行動し続けていくだろうと予測できる。

だが、人間はそうはいかない。
その上、人間は合理的ではない。
人間のマインドの働き全体が、無意識だからだ。
人間は恋に落ち、戦い、戦争に行き、お金を貯め続ける。
人間は何の合理的理由もなく心配し続ける。
人間は、最もいかれた動物だ。
唯一例外的なことで人間について確かなことがある。
それは、人間が自分自身について
本当はそうでないことを信じているということだ。
それが人間についての、唯一例外的なことだ。
動物は現実に即している。彼らにはどんな作り事もない。
彼らはあるがままの彼らだ。
人間は夢見る動物だ。
人間は夢を見て、その夢を信じることができる。
人間は自己催眠をかけることができる。
人間は自分がイメージすることを何であれ

本当だと信じることができる。
だとしたら、人間が無意識であることは
もう単に宗教的なことではない。
それは、科学的な事実として明らかになっている。

インドの心理学は、西洋の心理学よりも
遥かに古い歴史がある。
西洋では、心理学は生まれたての赤ん坊のようなものだ。
実際に、フロイトを父として心理学が生まれて
たった一世紀しか経っていない。
だがインドにおける心理学は
長い研究の中で確立されてきた科学だ。
パタンジャリは心理学者だし、ブッダも心理学者だし、
カビールも心理学者だ。彼らを一人の宗教家として見る
よりも、一人の心理学者と見た方がいいだろう。
そうすれば違う次元が明らかになり
彼らが言うことを本当に理解できるだろう。

ブッダは「気づきのみが、あなたを人間にする」と
言っていた。
さもなければ、あなたはただの動物にすぎない。
「ブッダ」という言葉そのものが「覚者」という意味だ。
それは彼の名前ではなかった。
彼の名前は、ゴータマ・シッダルタだった。
が、ゴータマ・シッダルタは無意識な存在だった。
ゴータマ・ブッダが意識的存在になった時、
彼はブッダ、覚者と呼ばれるようになった。
ブッダが完全に覚醒した時、彼は神について、
解脱《モクシャ》について、涅槃《ニルヴァーナ》について、何一つ語らなかった——
だが、彼はこう言ったと言われている。
「今、私は目覚めた。私は眠っていた。
今まで私は眠っていた。だが今、私は目覚めた!」と。
マハヴィーラの名前は「ジナ」だ。
そしてジャイナという名前は、その「ジナ」という言葉
に由来している。「ジナ」とは征服者を意味する。
マハヴィーラはこう言った。
「自分は眠っていた。その時、私は無意識の奴隷だった。
今や私は征服者、ジナとなった。今や、もう無意識が私
を奴隷にすることはなくなったからだ」
パタンジャリの経文《スートラ》全ては、さらなる意識を生み出すた
めのテクノロジー、技法だ。
ヨーガの全ては、いかにより多くの意識を
人間の中に生み出すかということに関わっている。

東洋では、人間が眠っている状態にあることは
旧知の事実であり、認識されてきた事実だ。
だが今では、西洋科学もその事実を認識している。
ではどうする？　もし人間が無意識なら？
どうやって意識的にさせる？
どうやって人間を目覚めさせる？

一番始めは、自分の中に無意識があるという事実を
認識することだ。
人間は無意識だ、と認識するのは難しくない。
それは難しくない。
というのも、その中にあなたは入っていないからだ。
とすれば、「人間」は無意識で
あなたはそうではないということだ。
だが、私が「人間は無意識だ」と言うのは
あなたのことであり、人類のことではない。
人類などというものは存在しない――
個の人間だけが存在する。
Aという人間、Bという人間、Cという人間。
人類などは存在しない。個の人間だけが存在する。
「人類」という言葉は、集団に対する名前だ。
そうではない、あなたが無意識なのだ。

その事実を、二方向に向かう矢のような意識で聞きなさ
い。繰り返そう、あなたは無意識だ！
それを正当化しないこと――自分をだまさないように。

あなたの行為は何であろうと
無意識の働きなのだと心に留めておきなさい。
突然、あなたは性的になる。
覚えておきなさい、それが無意識の働きだ。
その時、無意識があなたに
ある行動をするように仕向けている。
その衝動と闘ってはならない。
というのも、闘うこともまた無意識だからだ。
それは、社会は「セックスは悪だ。悪いことだ。罪だ」
と言ってきたせいだ。
それが無意識の中に深く入り込んでしまっている。

無意識には、二つの部分がある。
一つは生物的なもの、もう一つは社会的なものだ。
本能があり、社会的なタブーがある。
社会はあなたの無意識に、多くのものを入れ込んできた。
彼らはそれを「良識」と言う。
あることは悪で、あることは善になる。

社会はあなたの無意識に
それらの価値判断を押し込んできた。

だから子供は、七才になる前に、何らかの道徳観念を植え付けられた場合にのみ、うまく教え込める。

七才を過ぎれば、道徳を教えても駄目だ。

だから、あらゆる宗教が子供に大変な関心を寄せるのだ。

そして、あらゆる宗教が教育機関を持っている。

親を通して、家族を通して、それらの宗教は、
子供のマインドに条件付けをしていく——

マインドがまったく無意識の時に。

マインドの一部分でさえ意識的になっていない時だから、そこには抵抗がない。

何であれ、子供に対して言ったことは
子供の無意識の中に深く入って行く。

そこには抵抗がない。一度成長してしまえば、無意識の中にまで深く入って行くのは難しい。

だから、何であれ最初の七年間に学んだことが
素地になる。
だとすれば、本当に社会に逆らうことは
あなたにはできないだろう。

人生で何をするにせよ、たとえあなたが訓練を受け、良識を与えられた社会に逆らっているとしてもだ。

たとえ社会に逆らっていても、あなたは無意識の中に入れ込まれた教えの通りに従うだろう。

たとえあることに反逆しても、依然として
無意識にある良心に捕らわれたままだろう。

もし人類が、宗教的信条から助け出されるべきだとすれば、宗教的信条を子供達に教え込むのは、犯罪だとすべきだ。

どんな信条も、教義も、狂信的な信仰も、子供達に教えてはならない——そんなものを教えることはない!

まず子供達を成長させなさい。

そして彼らが大人になった時、その時初めて——

だが、それは難しい。

その時には、意識的なマインドが現れる。

その時には彼らの意識的なマインドが選択し、考え出す。

一つの部分は生物的、遺伝的なもので
もう一つの部分は社会的なものだ。
セックスがそこにある。
気づいていなさい。
あなたの肉体の機能を、ある特定の対象に対して、

ある特定の行動に駆り立てるのは、無意識の本能だ。

だが、その衝動と闘ってはならない。

闘うことは、またしても「セックスは罪だ」という無意識の社会的部分からのものだからだ。

両方に気づいていること。両方を意識していなさい。

そこにセックスがある。

そして「セックスは罪だ」という観念がある。

その両方が、あなたの知らないあるところからやって来ている――内側の深い闇の中から。

それを意識していなさい、何もしてはならない！

ただ意識したままでいなさい！

油断なく覚めていようとしてごらん。

セックスと闘ってはならない。

セックスを非難してはならない――

セックスに溺れてもならない。

ただ、内側で何かが起こっているという事実を意識したままでいなさい。

もしあなたが何もせずにその事実とともにあれば、自分の意識が成長し、無意識の暗闇の領域を貫いていくのを感じるだろう。

怒りの感情がやって来たら
その感情に味方しても逆らってもいけない。


その感情のままに行動してもならない。

その感情を抑圧してもならない――その感情に瞑想しなさい。目を閉じて、怒りの感情があるという事実に瞑想するがいい。

私が「瞑想しなさい」と言う時
多くのことが理解される必要がある。

それは、裁かないということ。

「怒りは悪い」と言ってはならない。

「怒りは良い」と言ってもならない。

その感情に対して何もしてはならない。


怒りは、ちょうど蛇が部屋の中に入ってきた時のようにそこに存在する――ただそれに気づいていることだ。

蛇は礼拝されるべき神かね？

そうではない！　殺されるべき敵かね？

そうではない！

ただ、蛇が部屋に入って来たと気づいていなさい。

その蛇を、気づきの対象として利用しなさい。

ちょうどその怒りがあなたの内側にパッと浮かび上がるように――気づいていること、意識していること、注意深いままでいること、そして何もしないことだ！

ただ注意深いままでいる。

何かし始めると、注意深いままではいられない。
あなたには、ほんの少しのエネルギーしかないので、
行為し始めると、そのエネルギーは行為へと向かう。
だから何もしないこと。
静かで、穏やかで —— 注意深くありなさい。
あなたが使える限りの、全てのエネルギーを使いなさい。
怒りがあるという事実に、ただ注意深くあることに。
すると突然、自分の意識の焦点が大きくなっていると
気づくだろう —— あなたは無意識を貫いている。
あなたの意識の光は、闇の中に深く入っている。
その無意識の闇を貫けば貫くほど
あなたはより意識的になっていく。
それは長い努力であり、骨が折れる。
骨が折れるというのは、無意識を貫いていくことは
とてつもない不便さを生み出すからだ。
あなたはとても、居心地が悪くなるだろう。
やってごらん、そうすればわかる。

あなたには二つのことができる。
自分の怒りから行為するか —— それは楽だ。
それによってあなたは解放される。
結果がどうであろうと少しの間、解放される。

内なる無意識の不安から解放される。
それとも怒りと闘うか。もし怒りと闘えば、それでも解
放される。怒りとの闘いで、怒る時に使うのと同じだけ
のエネルギーが使われるからだ。
次のことを覚えておきなさい。
自身の怒りと闘っている者は
実際は対象を変えているにすぎない。

私があなたに対して怒る。
私はあなたと闘うつもりだった。
が、私はその闘い全体を、自身の怒りに向けていく。
エネルギーの向きを逆にする。
私はあなたと喧嘩するつもりだったが
私は道徳的な人間だ。私は聖人だ、宗教的な人間だ。
だから、あなたと喧嘩するわけにはいかない。
しかし、誰かと闘わなければならない。
そこで、自分と闘う。自分の怒りと闘う。
そうすれば、同じだけのエネルギー、
同じだけの解放が起こる。
私は闘った、すると深い満足感がある。
いわゆる聖人の顔に見られる、いわゆる満足の表情は、
闘いと勝利からの、深い満足以外の何ものでもない。

そして実のところ、それはもっとずるいことだ。

誰かと闘うことは、延々と続く結果を生み出すからだ。

もしあなたが両方なら、もしあなたが自分を二つに分けるなら——絶対怒らない良い人、無意識に怒る悪い人——もしあなたが自分を二つに分けるなら、永遠に闘い続けることになる。

外側では聖人だろう。

だが、内側ではただの火山であり
ただの深い混乱であり、それ以外ではない——

内的な病気、絶えざる葛藤だ。

セックスと闘っている者は
ずっとセックスと闘い続けねばならないだろう。
怒りと闘っている者は
ずっと怒りと闘い続けねばならない。
それは絶え間なき闘いだ。
内側に静寂は存在しない——あり得ない。
だから、我々は自分を二つに分けている。
悪い人、良い人。
あなたは自分の中に二つの部分を持っている。
覚えておきなさい、悪い人とは無意識のことであり
良い人とは意識的であることを言う。

そしていったん、あなたが自己の無意識を敵として見れば、決してそれを変えることも変容することもできない。

そうしたら、別のものに変わることはなくなる——

というのも、無意識は敵ではないからだ。

それはあなたのエネルギーであり、源であり、
あなたの生体エネルギーの源だ。

もしあなたが自分を二つに分けるなら、決して健康ではあり得ない——病気になってしまう。

闘うのではない！　溺れるのではない！

どちらもたやすい、楽なことだ！

唯一とても心地悪く、楽ではないのは
油断なく覚めている状態のままでいることだ。
習慣の全メカニズムが
あなたに何かをさせるように強いるだろう。
「何をやってんだ？　やれ！　何でもいいからやるんだ！」
と。この習慣を打ち破ることだ。
まず最初に、自分が無意識であるとはっきり知り
認識することだ。
第二に、いつであれ無意識があなたを操り始めた時、それに気づき、油断なく覚め、意識したままでいることだ。

それにはごく単純で、受け身の油断なさが必要とされる。
もしあなたが敏感であれば、二つのことが起こる。
耽溺、あるいは抑圧に使われていたエネルギーが
あなたの敏感さの一部になるということ。
あなたの敏感さは、そのエネルギーによって強められる。
そのエネルギーは、あなたの敏感さへと移行する。
そして、あなたはより敏感になる。
そのエネルギーは、あなたの意識の燃料になるだろう。

あなたはより意識的になる。

そうして初めて、無意識が
あなたを何かへと押しやることがなくなる。

そうして初めて、無意識があなたを翻弄できなくなる。

そして一度、「無意識は私を翻弄できない」という自由の感覚を味わえば――何一つ闘うことなく、何一つ奮闘することなく、何一つ葛藤することなく――あなたの意識は強くなる。

すると徐々に意識の場が大きくなり
無意識の場が縮んでいく。

あなたという人間の氷山は、さらなる部分を獲得した。

あなたの意識部分は二割で、八割が無意識部分となる。

それは長い道程だ。

そして徐々に三割の意識を獲得し
七割が無意識部分となる。
さらにあなたが意識部分を獲得していけば
それはちょうど、海から陸を取り戻すようなものだ。
無意識が広大な大洋だ。あなたは少しずつ、少しずつ
陸地部分を取り戻さねばならない。
だが、あなたが陸地部分を取り戻した瞬間
海が引き返してくる。

そうしていると、ある日ブッダにやって来たように、
あるいはイエスにやって来たように、あなたの十割全てが意識となり、無意識が消え去る時が訪れる。

あなたはただただ内側で光であり、暗闇はなくなる。

それが開花だ。

初めて、あなたは自己の不死性に目覚めたのだ。

初めて、あなたはもう種ではなくなった。

初めて、あなたにとって、もう「なる」ということがなくなった――あなたは「在る」になった。

もしこういう表現が許されるなら、あなたは「在る」になった！　今やあなたは「在る」になった！

その「在る」という悟りの境地においては
苦しみは存在しないし、葛藤も存在しない。

惨めさも存在しない。
あなたは至福で満たされる。
あなたの内側は至福で
外側には慈悲の心が広がっていく。
あなたはあらゆるものに敏感になった。

その敏感さゆえに、ブッダは外の世界に対して
慈しみの心を持つ。
内側には至福の深い静けさのプールを湛え
外側には慈しみを湛えている。
ブッダの唇は深い至福で微笑み
目は深い慈しみの心で涙に満たされている。
だから、あなたは二つの矢の方向で
働きかけることができる。
もしあなたが意識を広げていけば
慈悲心が広がっていくだろう。
慈悲心を広げていけば、意識が広がっていくだろう。
だが、慈悲心を広げていくことはとても難しい——
あなたはまたしても、自分をだますからだ。

だから、唯一正しい道は、意識を広げることだ。
そうすれば、慈悲心は影のようについてくる。

そうでなければ、あなたは自分をごまかす。
そうすれば、あなたの慈悲はただの見せかけ
インチキになってしまう。
あなたの慈悲は、再び無意識の行為になり得る。
そうなれば、それは感傷的なものであり
感情的なものであって、実存的ではない。
そうなると、あなたは泣くかもしれない。
同情するかもしれない。
かわいそうな人に何かしてやるかもしれない。
だが、それはまたしても無意識からの行為だ。
だから、最も過ちのない、最も確実な道は
意識を広げていくことだ。

この経文曰く
『礼拝のための花とは何か？——
意識で満たされること』

そして意識へと花開いてこそ、あなたは受け入れられる。
その時初めて、あなたは神の寺院へと入る——
花を携えてではなく、自分自身という花を携えて。
その時、あなたは一本の花になった。
あなた方はみな、見たことがあるに違いない。

ブッダが花の上に座り、ヴィシュヌが花の上に座り
ラーマが花の上に座っているのを。
だが、その象徴を理解してはいないようだ。
それらの花は単純にこう語っている、「これらの者は花
開いた人間達だ。彼らは深い開花に至った者達だ」と。
あなた方は聞いたことがあると思う。
ヨーガでは七番目のチャクラのことをサハスラルダル
カマル――一千枚の花弁の蓮――と呼ぶ。
それは象徴だ。

サハスラーラ――
頭の中の七番目のチャクラの上に、一千枚の花弁の蓮。
その七番目のチャクラは最後のステージ、ピーク、意識
のエベレストだ。
第一のチャクラは、ムラダーラ――セックスセンターだ。
そして最後のチャクラがサハスラーラだ。
セックスはあなたの中で最も無意識なものだ。
そして、サハスラーラが最も意識的なものだ。
それらは両極だ。我々はセックスセンターの周りに生き、
その周りを回っている。
我々がすることは何であれ、セックスと関わっている。
それがどんなに遠く離れた関係に見えようとも。

お金を稼ぐこと、富を貯えるといったことは
まったくセックスと関係ないように見える。
だが、それらは関係がある。
富を貯えれば貯えるほど、セックスすることができる。
セックスできる可能性が増える。
権力を手に入れれば入れるほど、より多くセックスでき
る。セックスできる可能性が増える。
それを完全に忘れているかもしれない。
そして、目的が手段になり、手段が目的になっているか
もしれない。それはまた別のことだ。

ある人が生涯、富を貯え続けるとする。
彼は自分が何をしているのか
完全に忘れているかもしれない。
だが、あらゆる権力の追求はセックスのためだ。
我々はセックスセンターの周りを回っている。
そうなって当然だ。
意識を広げていかない限り、それは越えられないからだ。
セックスセンターが、最も無意識に根差しているセンタ
ー、最も低いセンターだ。
そのため、最も深く、最も無意識だ。
あなたが意識へと上昇して行けば行くほど

セックスから遠のいていく。
すると、そこには異なるタイプの開花がある。
全エネルギーが七番目のチャクラ——
サハスラーラへと移行する。
そして全エネルギーが七番目のチャクラへと移行する
時、それは一つの花となる——
一千枚の花弁をつけた花に。
——それは美しい比喩表現だ。
それは無限というほどの、無数の花弁、
花が開いたという意味だ。

この経文はただの象徴ではない——
実際、単なる象徴にすぎない象徴はない——
それは事実を指し示している。
いつであれ、あなたがサマーディ、七番目のチャクラの
意識状態に至ると、内側で花が咲いたような微妙な感覚
を味わう——何かがパッと開いたような。
そうなれば、もうあなたは蕾ではない——
あなたは花になった。
その花とともに、神の寺院へやって来なさい。
それがこの経文の意味だ。
市場で買った花では駄目だ。

私が「市場で買った花」と言ったのは、市場の中でさえ
花を育てることが可能になったからだ。
花は店の中で育っているように思える。
花は店の中で生産されている。
買ってきた花では駄目だ。
外の花では駄目だ、あなた自身の花が必要だ。
その花しか受け入れられない。
それは骨が折れ、長い時間がかかる。
だが不可能ではない。
それが人間にとって唯一のチャレンジだ。
他の全ては、ただ子供じみた馬鹿げたことにすぎない。

意識に満ちることが唯一のチャレンジだ!
月へ行くこと、どこかにある遠い星へ行くことなど、
全て子供じみている——
月へ行けても、あなたは同じままだからだ。
あなたは種のままだ。
一輪の花にならない限り、あなたは進んでいない。
が、内側が花開けばあなたは転換され
変わり、新生する。
努力が必要だ。大変な努力が必要になる。
そしてもし——その「もし」は大文字だ——

もしあなたが最初の一歩を踏み出せれば
最後の一歩はそんなに遠くない。
だがその「もし」は最初の一歩に関して言っているのだ。

もしあなたが最初の一歩を踏み出せれば
旅の半分は終わったようなものだ。
最初の一歩が一番難しい。
自分が無意識だと認識することは、完全にエゴを打ち砕く。それはエゴにとっては完全に粉砕されることであり
ショッキングなことだ。
だが、もし人がそのショックを受け止め、迎える用意があるなら、最後の一歩はそんなに遠くない。

実際、クリシュナムルティはこう言っていた。
「最初の一歩が最後の一歩だ」と。
それはある意味でそうだ。最初の一歩を踏み出す者は
最後の一歩まで行くだろうから。
マハヴィーラはこう言った、「もしあなたが最初の一歩を踏み出したのなら、あなたは到達した」と。
というのも、最初の一歩を踏み出す用意がある者には
問題は存在しない。

旅は始まった。始めることが難しい。

到達するのは、それほど難しくない。

人は、一度に一歩進むことを要求されるだけだからだ。

千マイルの旅も、一度に一歩踏み出すだけで完結される。

誰も一度に二歩進む必要はない。

誰もそんなことは要求されていない。

もしあなたが最初の一歩を踏み出したのなら
一歩踏み出したのだ。その一歩だけが必要だ。

そして一歩、また一歩と、どんどん進んでいけばいい。

そうすれば、千マイルの道程も完結できる。

我々はみな、最初の一歩のことをただ考え
思案しているだけだ。

ある人はただ思案しているだけで、ある人は自分達はもう最初の一歩を踏み出したと思っている。


ある人が二、三日前、私に会いに来た。

その人はこう言った、「私は宗教的にだいぶ高い境地にあります。だから、私に対してはA、B、Cから始めないでいただきたい」と。

こういうのは、いかれたタイプの人間だ。

そこで私はこう聞いた。

「それでは始めに、あなたがどのくらい宗教的に高い境

地にあるか、何をあなたが得ているのかを話してください」

するとその男はこう言った。

「私はクリシュナのヴィジョンを見ます。

時には、そのヴィジョンの中で彼とダンスを踊ります。

とても美しい場所——湖、丘などのヴィジョンを見るのです」

彼が言っていることは何であれ、ただの夢にすぎない。

そこで私はこう言った。

「もしそれがあなたの言う『宗教的に非常に高い境地にある』ということなら、先へ進むことさえ難しいですね。

あなたは単に夢を見ているにすぎないのですから。

まだ最初の一歩さえ、踏み出していないのですよ」

最初の一歩が最も難しい。
自分が無意識な存在であると認識することは
最も難しい。
だが、その事実をあなたの意識に深く貫かせなさい。
それがどんなに痛みに満ちたことであっても
その認識を迎える——そうして初めて、何かが起こる。
もしあなたがそれを認識すれば謙虚になる。
もしあなたがそれを認識すれば素直になる。
もしあなたがそれを認識すれば、子供のようになる——
そうしたら、多くの可能性が、多くのことが開く。

次に第二歩だ。
意識的になること。
内なるマインドの中で起こることが何であれ
気づいていること。
行動を起こすのではない!
行動を焦ってはいけない。
マインドの内側で起こっていること
その事実とともに留まる——
油断のない状態でいること。
そして、その注意深さが
いかに奇跡的に働くかを見なさい。
無意識を見守っている。
そうすれば、突然変化が起こる。

内側を観察する時、内なる意識を観察する時、
質、マインドの質そのものが変わる。
マインドの質そのものが変わってしまう!
種がはじけて二つになり、草が生えてくる。
もちろん、それはデリケートでとても繊細だ。

そして人は幾日も幾日も、何年も何年も、
時には何生も何生も、絶え間なく守り続けねばならない。
だが一度その過程が始まれば、種ははじけて草となり
やがて一輪の花になる——そしてある日、花が咲く。
その花が宗教の関心事だ。
人間を一輪の花にすること、
それが宗教の関心事の全てだ。

第18章

意識の光

The Light of Awareness

質問

ＯＳＨＯ、私達は「ただ気づきだけで無意識の深い層を貫き、変容することは難しいし、それだけでは充分ではない」と感じています。

気づきを実践する以外に、何かすべきことはないでしょうか？　それに関して、気づきの実践的な面についてて、どうかもっと詳しく説明していただきたいのですが。

無意識は、ただ気づきを通してのみ変容される。

それは難しい。だが他に道はない。

気づきのためには、多くの方法が存在する。

が、気づきは必要だ。

あなたは気づきのための方法を使うことができる。

だが、気づいていなければならない。

もし誰かが闇を追い出すのに、光以外のものを使う方法はないか、と聞いたとする。

だがどんなに難しかろうと、たった一つの方法しかない

――闇とは、単に光がないということだからだ。

だとすれば、あなたは光の臨在を作り出さなければならない。

そうすれば闇はなくなる。

無意識とは、不在――意識の不在以外の何ものでもない。

闇は、それ自体何か積極的なものではない。

だから、あなたには気づく以外に何もできない。

もし無意識に、何かそれ自体の権利があれば

それはまた違ってくる――だが、そうではない。

無意識は、何かを意味しているわけではない。

それは、ただ意識がないというだけの話だ。

それは、ただの不在だ。

闇はそれ自体存在しない。

闇そのものが存在するわけではない。

「無意識」という言葉は、単に意識の不在を示しているのであって、それ以外の何ものでもない。

我々が「闇」と言う時、その言葉が誤解を招く。

「闇」と言うと、何か闇が存在するように思えるからだ。

そうではない。

だから闇に対して、直接何かをすることはできない――

できるかね？

あなたはその事実を観察したことがないかもしれない。
だが、闇に直接働きかけることはできない。
何であれ闇に働きかけたければ
闇ではなく光に働きかけねばならない。
もし闇が欲しいとすれば、明かりを消せばいい。
もし闇が欲しくなければ、明かりをつければいい。
だが、闇に直接働きかけることはできない。
光を経由して、闇に働きかけるしかない。

なぜ？　なぜ、直接闇に働きかけられないのか？
なぜなら、闇は、存在しないからだ。
だから、闇に触れることはできない。
あなたは光に働きかけねばならない。
そうすれば、闇に働きかけたことになる。
もし光がそこにあれば、闇はない。
もし光がそこになければ、闇がある。
あなたはこの部屋に光を持って来れる。
が、闇を持ってくることはできない。
あなたはこの部屋から光を持ち出せる。
が、闇を持ち出すことはできない。
あなたと闇の間には、何の関わりもないからだ。
なぜか？　もし闇が存在するとすれば

人はどこかで繋がりを持つことができる。
だが、闇は存在しない。
言葉はあなたに、闇は存在するかのような
誤った考えを与える。
闇とは、消極的な言葉使いだ。それは存在しない。
それは光がそこにないというだけのこと——
それ以上ではない——

それと同じことが無意識について言える。
だからあなたが、気づく以外に何かできないのでしょう
かと聞くのは、理にかなわないことだ。
あなたは、気づいていなければならない。
他にどうすることもできない。
もちろん、気づくには多くの方法がある——
それはまた別の話だ。
光を作り出すには多くの方法がある——
が、光を作り出さなければならない。
火を作り出すことができれば、闇はなくなる。
ケロシンランプを使って光を作り出せば、闇はなくなる。
電気を使って光を作り出せば、闇はなくなる。
だがどういう場合であれ、光を作り出す方法が何であれ、
光を作り出さねばならない。

そこで、光は必須だ。
そしてこの質問に関して私が言うことは、
どれも光を生み出すための方法についてだ。
それらは気づきに変わる柿選択肢ではない――
気づきに取って変われるものは何もない。
気づきこそ、闇を追い出すための
無意識を追い出すための、唯一の可能性だ。
だが、どうやって気づきを生み出せばいい？
そのための、最も純粋な一つの方法について話そう。

意識と無意識の境界で起こることが何であろうと
内側で気づいていること――そこで気づいていること。
怒りがそこにある。怒りは闇の中で生み出された。
怒りは無意識に根差している。
意識には幹と枝しか、現れてこない。
根、種、エネルギーの源は、無意識の中にある。
あなたは、遠いところにある枝にしか気づかない。
それらの枝を意識しなさい。
意識すればするほど、あなたはもっと
闇の中を見入ることができるようになる。
闇の中をある時間、深く見入っているうちに、薄暗い光
がそこに現れ始める、という経験がないだろうか？

闇に神経を集中していると光を感じ始め、光を見始める。
あなたは自分を訓練できる。
すると、闇それ自体の中にある一定量の光が現れる――
この世界には、絶対は何一つ存在しないからだ。
何一つとして、絶対というものは存在しない。
全てが相対的だ。

我々が闇と呼ぶ時、それは絶対なる闇ではない。
それはただ、光が少ないというだけだ。
もしあなたが闇の中を見入ることを実践すれば
それができるようになる。
見なさい！　闇に焦点を当てなさい！
そうすれば徐々に、あなたの目は強くなり
光を見始めるだろう。

内なる闇、無意識も同様だ。それに見入ることだ。
だがそれは、あなたが行動的でない時、初めて見える。
もしあなたが行動し始めれば
マインドはそこから逸れてしまう。
だから、内側で行動しないこと。
怒りがそこにある――行動してはならない。
それを非難してはならない。

それを評価してはならない。

耽ってはならない、抑圧してはならない。

何もしてはならない――ただそれを見なさい！

観察するのだ！　その区別を理解しなさい。

普段起こっていることは、まったくその逆だ。

もしあなたが怒れば、あなたのマインドは外にある怒りの原因に焦点を当てる――常に！

誰かがあなたを侮辱したとする――あなたは怒る。


さて、そこには三つのことがある。

外にある怒りの原因。内にある怒りの源。

そして、それら二つの間にあるあなただ。

怒りは、内にあるあなたのエネルギーだ。

そして、そのエネルギーを沸き上がらせるように喚起する原因は外にある。そして、あなたはその間にいる。

マインドの自然なあり方は、源に気づかずに外にある原因に注意がいってしまうことだ。

怒る時はいつも、あなたは外にある原因に深く集中している。


マハヴィーラはそれをクロダ――怒り――瞑想の一種と言った。

彼はそれにロウドラ・ディヤン――否定的なあり方への瞑想――と名付けた。その通りだ！――というのも、あなたは集中している。

実際、あなたが怒りの中に深く入っている時、余りにも集中していて、全世界があなたの中から消え去ってしまうほどになっている。

怒る時は、その怒りの原因だけに注意がいく。

あなたの全エネルギーは、怒りの原因に向かう。

そして、あなたは余りにその原因に焦点を当ててしまい、自分を完全に忘れ去ってしまう。

だから、怒っている最中、「俺はこんなことをしてしまったのか」と、後になって言うようなことができる。

その間、あなたはいなかった。


気づくためには、一八〇度転回しなければならない。

外の原因に集中するのではなく
内にある源に集中しなければならない。

原因は忘れなさい。

目を閉じ、怒りの源へと深く入っていき掘り下げなさい。

そうすればあなたは、外の存在である誰かのことで浪費されていた、まさにそのエネルギーを使える――

そうすれば、そのエネルギーは内へと動いていく。

怒りは大量のエネルギーだ。怒りはエネルギー――

内側の最も純粋な火だ。

それを外で無駄にしてはならない。


もう一つ例を取って話そう。

あなたが性的欲望を感じているとする。

だが、セックスもまたエネルギー、火だ。

だが、あなたが性的欲望を感じる時はいつも、その感覚の根源ではなく、外の存在である誰かに焦点を当てる。

あなたは誰かのことを考え始める――

恋人のこと、愛する人のこと、A、B、C――

が、セックスの衝動を感じる時
あなたの焦点は常に他者にあてられる。

それは、エネルギーを散逸させているということだ。

あなたがエネルギーを散逸させているのは性的な行為だけではない。セックスのことを考えることで、それ以上にエネルギーを散逸させている。

性的行為は瞬間的なものだ。

ピークが来れば、エネルギーは解放される。

すると、あなたは元の状態に戻る。

だが、セックスのことを考えるのは
継続的に、そこに存在し続けているということだ。

あなたは性的妄想の中で、エネルギーを散逸させ続ける。

そうやって、あなたはエネルギーを散逸させる。

誰もがエネルギーを散逸させている。

我々の思考の九十パーセントは性的なものだ。

あなたが外で何をしようとも、意識の内側では
セックスが絶えざる関心事だ――

あなたはそれに、気づいてさえいないかもしれない。

あなたが部屋に座っているとする。
そこに、一人の女性が入って来た。
すると、あなたの姿勢は突然変わる。
背骨は前より真っ直になり、呼吸は変わり、
血圧は変わる。
何が起こったのか、
自分ではまったく気づかないかもしれない。
が、あなたの身体全体が性的反応を起こしたのだ。
女性がそこにいなかった時、あなたは別人だった。
そして女性が入ってくると、あなたは別人になる。
全員が男だけのグループは別のグループ。
全員が女性だけのグループはまた別のグループ。

女性だけのグループに一人の男性を入れれば、あるいは、男性だけのグループに一人女性を入れれば、グループ全体が、グループ全体のエネルギーのパターンが突如として変化する。あなたは意識していないかもしれない。
だが、マインドが誰かに集中する時
エネルギーは流れ始める。
あなたが性的な衝動を感じる時
その原因ではなく源を見なさい――
それを覚えておくことだ。

科学は、原因の方により多く関心がある。

宗教は、その源により多くの関心がある。

そして源はいつも内側に存在し
原因はいつも外側に存在する。

原因をたどっていくなら、あなたは連鎖反応に巻き込まれてしまう。原因に取り組めば、あなたは自分のある環境と繋がっている。

源に取り組めば、あなたは自分自身と繋がっている。

そこで、次のことを覚えておきなさい。

一八〇度回転して内側を見ること！

それが無意識のエネルギーを意識のエネルギーに変える、最も純粋な手法だということを。


それは難しいだろう。

我々の視点は外に固定してしまっているからだ。

我々は首が麻痺して動かず、後ろを見れない人のようだ。

我々の視点は固定してしまっている。

我々は何生もの間、外を見続けて来た――

何千年もの間――

だから、どうやって内を見るのかわからない。


そこで、内を見るには次のようにすることだ。

いつであれ、マインドの中で何かが起こった時
その起こったことの源をたどっていく――

怒りがそこにある――すると突然、パッとその怒りがあなたの意識に浮かんでくる――

その時、目を閉じるのだ。その怒りに瞑想しなさい。

どこからその怒りが湧き上がっているのか？

決して、それについて質問してはならない。

怒ることが、どうして可能なのか？

誰があなたを怒らせたのか？　それは誤った質問だ。

そうではなく、あなたの内側のどのエネルギーが怒りに変わっているのか――どこからその怒りがやって来たのか、湧き上がって来たのか、そのエネルギーがやって来た内なる源とは一体何なのか？

それを自分に問うがいい。

あなたは、怒っていない時にはできないことが
怒っている時にはできると気づいているだろうか？
怒っている人は
大きな石をいともたやすく放り投げられる。
怒っていない時には、持ち上げることさえできないのに。
怒っている時、彼は大変な量のエネルギーを持っている。
隠れていたエネルギーの源が
怒っている時は彼とともにある。

だから、人は怒るととても強くなる。なぜ？
どこからそのエネルギーがやって来たのだろう？
それは外からやって来たのではない。
怒っている時、彼の源にある全てのエネルギーが一度に
燃え盛っている――
怒り、セックス、全てが一度に燃え盛っている。
そういう状況では
源にある全てのエネルギーが手に入る。
だから、どこから怒りが湧き上がって来るのか、どこか
らセックスへの衝動がやって来るか、注意することだ。
そしてその衝動、感情について行き、たどっていく。

静かに瞑想し、その怒りとともに源まで行きなさい。
それは難しい、が、不可能ではない。
それは簡単ではない。
というのも、それは長い、根深い習慣に逆らう闘いだか
らだ。過去の全てが、打ち壊される必要がある。
そしてあなたは、これまで決してしたことのない何かを
せざるを得ない。
その困難さを生じさせるのは、過去の習慣の重みだけだ。
しかし、やってみなさい。
そうすれば、エネルギーが動くための
新しい方向が作り出せるだろう。
そうすれば、あなたは一つの円の始まりになる。
そして円においては
決してエネルギーが散逸することはない。
私のエネルギーが湧き上がり、外へと動いていく――
それは決してもう円にはならない。
それはただ単に散逸する。

もし内への動きがあれば、外に動いていた同じエネルギ
ーがそれ自身へと跳ね返ってくる。
私の瞑想は、怒りがやって来た同じ源へと
そのエネルギーを導く。

そして、それは円となる。
その内なる円がマハヴィーラの強さだ。
セックスエネルギーは他の誰かに動くことなく、
そのエネルギーの源へと帰って行く。
そのセックスエネルギーの円がブッダの強さだ。
我々は弱い。それは、我々にはブッダより少量の
エネルギーしかないからではない。
我々にはブッダと同量のエネルギーがある。
誰にも皆、同じ量のエネルギーがある。
だが、我々はそれを散逸させることに慣れている。
エネルギーは我々から出て行き、決して戻って来ない。
戻って来れないのだ！
一度、あなたからそのエネルギーが出て行けば
それは決して戻って来れない——
それはあなたの力を越えている。

言葉が私の中に現れる。
私はその言葉を発し、その言葉は流れ出る。
その言葉は、決して私のところに戻って来ない。
そして、その言葉を生み出すのに使われたエネルギー、
言葉を発するために使われたエネルギーは、散逸してしまった。

言葉が私の中に現れる。
私はその言葉を発しない、私は沈黙している。
その後、その言葉は動き、動き、動き回って
再び元の源へと戻っていく。
そして、そのエネルギーは再び使われる。
静寂はエネルギーだ。
性超越《ブラフマチャリア》はエネルギーだ。
怒らないことはエネルギーだ。だが、抑圧ではない。
もし怒りを抑圧すれば
あなたはまたしてもエネルギーを使ってしまう。
だから、抑圧してはいけない——
観察し、その感情についていきなさい。
闘ってはならない—— ただ怒りとともに後退しなさい。
それが、最も純粋な気づきの方法だ。
だが、ある別の方法も使われる。
初心者には、ある工夫が可能だ。

そこで、三つの工夫について話そう。
その工夫の一つのタイプは
身体への気づきが基本となる。
怒りのこと、セックスのことは忘れてしまいなさい——
それらは難問だ。

それらの問題と取り組んでいたら
まったく狂ってしまって瞑想できまい。
怒っていたら、瞑想できない。
瞑想のことを考えることさえできない。
ただただ狂ってしまう。だから、それは忘れなさい。
それは難問だ、だから今度は、自分の身体を、気づきのための工夫として使いなさい。

ブッダ曰く「歩く時、意識を持って歩きなさい。
呼吸する時、意識を持って呼吸しなさい」
その仏教徒の方法はアナパナサティ・ヨーガ――
入息と出息のヨーガ、入息と出息に対する気づきのヨーガとして知られている。
息が入って来る、その息とともに動きなさい。
その時、息が入っていくのを意識し、認知しているのだ。
息が再び出ていく時、その息とともに動きなさい。
息とともに、内にあり、息とともに外にあるのだ。

怒りに気づいているのは難しい。
セックスに気づいているのは難しい――
が、呼吸に気づいているのはそれほど難しくはない。
息とともに流れていきなさい。

意識せずには、一息たりとも息を入らせたり
出させたりしてはならない。それは一種の瞑想だ。
その時、あなたは呼吸に意識を集中させている。
そして意識を呼吸に集中させると
思考は自動的に止まる。
あなたは考えることができなくなる。
というのも、あなたが考えた瞬間、
意識は呼吸から思考へと動いてしまうからだ。
すると、あなたは息を見逃す。

次のことをすれば、わかるだろう。
呼吸に気づいていれば思考は止まる。
思考するために使われていた同じエネルギーが
呼吸に気づくことに使われる。
あなたが考え始めれば、息の動きを見逃してしまう。
あなたは息の動きを忘れ、考えてしまう。
それらの両方を同時にはできない。
そして、もしあなたが呼吸覚醒の道を行くなら
それは長いプロセスだ。
人はその中に深く入っていかねばならない。
最低でも三ケ月、最高三年はかかる。
もしこの方法を一日二十四時間やり続けるとすれば――

この方法は、全てを放棄した僧侶達の手法だ。

彼らは一日二十四時間、
ただ呼吸に目覚めていることしかしない。

だから仏教の僧侶達、また他の宗教の僧侶達は、この手法の邪魔にならないように、自分達の生活を最低限度のものにしていた。

彼らは自分達の食料を托鉢で得て、木の下で寝た——

それが全てだ。

彼らの時間の全ては、ある一つの内なる修行のために捧げられていた——たとえば、呼吸に気づいていること。

仏教の僧侶は托鉢に出る。

彼はその間も、自分の呼吸にずっと気づいている。

あなたが仏教の僧侶に見る穏やかさは、呼吸への気づきからくる穏やかさ以外の何ものでもない。


あなたが意識している時、あなたの顔は穏やかになる。

というのも、思考がそこになければ、あなたの顔の表情は不安、思案を表すことはあり得ないからだ。

当然、あなたの顔の表情はリラックスしている。

そして、絶え間なく呼吸に気づいていれば
マインドは止まる。

絶えず想い煩っているマインドは止まる。

そしてマインドが止まれば
あなたはただ、息の出入りに気づいている。
もしマインドが働いていなければ怒れないし
性的にはならない。
セックス、怒り、貪欲、嫉妬、羨望——どんな感情であれ、マインドが機能していることが必要だ。
もしマインドの機能が止まれば、何もできない。
そうすると、それはまた同じことになる。
今やセックス、怒り、貪欲、野望に使われていたエネルギーには出口がない状態だ。そしてあなたは絶え間なく
昼も夜も、呼吸に意識を集中させ続けている。

ブッダ曰く
「寝ている間も、呼吸に気づいていようとしなさい」

それは最初は難しいだろう。
だが日中、息の出入りに気づいていれば、眠りの中まで、
だんだんと気づきは深く入って行くだろう。
日中、マインドに深く入ったものは何であれ
眠りの中まで深く入って行く。
もし日中、あることで心を悩ましていたとすれば
それは眠りの中まで入って来る。

もしセックスのことを絶えず考えていたら、
それは眠りの中に入って来る。
もしあなたが一日中、怒っていたら
その怒りは眠りの中に入って来る。
だからブッダは「それは何も難しいことではない」と言ったのだ。

もし絶えず呼吸、息の出入りに気づいていれば、
最後には、その気づきは眠りの中まで深く浸透してくる。
そうしたら、夢を見ることはできない。
もしあなたの意識が息の出入りを捕らえていれば
眠りの中で夢を見ることはできない。
あなたが夢を見る時、気づきはそこにない。
もし気づきがあれば、夢を見ることは不可能だ。
だから、仏教の僧侶の眠りは
まったくあなたがたの眠りとは違う。
彼の眠りには普通とは違った質がある。
その眠りには深みが、ある種の気づきがある。

アーナンダはブッダにこう言った。

「私は何年も何年もあなたとともにいて、あなたのことを観察してきました。それは奇跡のようです。あなたはまるで起きているように眠っていらっしゃいます。そして一晩中、同じ姿勢で眠っていらっしゃいます」と。

ブッダの手は、眠りに入る時に置かれた場所から動くことはなかった。

足も同じ姿勢のままだった。

ブッダは一晩中同じ姿勢で眠っていた。

一つの動きもなかった！

幾晩も、幾晩もアーナンダはブッダのそばに座り
ブッダの眠りを見、不思議に思っていた。

「これは一体、どういう類の眠りだろう！」


ブッダは動かなかった。まるで死体のようだった。

そして、彼は眠りに入った時と同じ姿勢で起きた。

それを見たアーナンダは、ブッダに尋ねた。

「あなたは何をしていらっしゃるのですか？　起きていらっしゃったのですか、それとも眠っていらっしゃったのですか？　あなたは一晩中、一度としてお身体を動かさなかった！」

ブッダはこう言った。

「アーナンダ、お前にもいつかわかる日がくるだろう。

それは、お前がアナパナサティ・ヨーガを正しく実践し

ていないことを表している。それだけのことだ。さもなければ、そういう疑問は湧いてこないはずだ。お前は、アナパナサティ・ヨーガを実践していない――もしお前が、日中、絶え間なく自分の呼吸を意識していれば、夜呼吸を意識しないでいるのは不可能だ。もしマインドが気づきに集中していれば、夢はお前の意識の中に侵入して来れない。夢がなければ、マインドはクリアーで澄んでいる。

お前の身体は眠っている。が、お前は眠っていない。身体はリラックスしている。そしてお前は、内に明かりがあることに気づいているということだ、アーナンダ」

そして、ブッダはこう言ったという。

「私が眠っているのではない――身体だけが眠っている。私は覚めている！　そして、それは眠っている間だけではない。アーナンダ――私が死ぬ時、お前にはわかるだろう。私は覚めている。ただ身体だけが死んでいく」

だから、呼吸への気づきを実践しなさい。

そうすれば、その気づきは眠りの中にまで浸透できるだろう。

もしくは、身体の動きに対する気づきを実践することだ。

ブッダには、そのことを表す言葉がある。

彼はそれを「注意深くあること《マインドフルネス》」と言った。

彼は「注意深く歩きなさい」と言った。

我々は、何の気なしに歩いている。

ある日、ブッダが話していた時

ある一人の男がブッダの前に座っていた。

その男は、自分の足と爪先を、必要もないのに動かしていた。その動きには理由がなかった。

そこでブッダは話を止め、その男に聞いた。

「どうして自分の足を動かしているんだね？

どうして自分の爪先を動かしているんだね？」

すると突然、その男は動かすことを止めた。

その時、ブッダはその男に聞いた。

「どうしてそんなに突然、動かすのを止めたんだね？」

すると、その男はこう言った。

「自分が足と爪先を動かしていることにさえ、気づかなかったからです！　自分で意識していなかったのです！

あなたにそう聞かれた瞬間、気づいたのです」

ブッダはこう言った。

「何と愚かな！　自分の足が動いているのに気づかなかった？　あなたは自分の身体に何をしているんだね？

生きているのか、死んでいるのか、どっちなのだろう。それはあなたの足だろう、あなたの爪先だろう。それらが動いているのに、気づきもしなかったのかね？

あなたは何に気づいているんだね？　それだったらあなたは、人を殺して『私は気づかなかったのです』と言える。実際、人殺しをする人間は、自分のしていることに気づいていない。自分のしていることに気づいていれば、人殺しはできない」と。


ブッダはこう言っていた。

「進みなさい、歩みなさい、だが意識に満ちて。内側で自分が歩いていると認知していなさい」と。

それにはどんな言葉も必要ない。どんな思考も必要ない。内側で「私は歩いている」と言葉にする必要はない。

言葉に出すのは、歩いていると気づいていないということだ――あなたは自分の思考に意識がいっている。

すると、歩いていることへの気づきを失ってしまう。

ただ、体で気づいていなさい――

精神作用としてではなく。

ただ、自分が歩いているのだと感じてさえいればいい。

マインドを割り込ませないで、直接、自分で感じられるように、体での気づき、感覚を作り出しなさい。

風が吹いている――あなたはそれを感じている。
言葉を使わないように。
ただ感じる、そして、その感覚を
心に留めておきなさい。
あなたが浜辺に寝転がってる。
砂は冷たい、とても冷たい。それを感じなさい！――
言葉に出すのではない、ただそれを感じる――
その冷たさを。その冷たさの中に深く入って行く。
ただ感じなさい！　それを意識していなさい。
言葉を使わずに。
「砂はとても冷たい」と言わないように。
それを言葉に出した瞬間、実存的な瞬間を見逃す。
あなたはその感覚を、頭の中のことにする。

あなたが恋人と一緒に
あるいは愛する人と一緒にいるとする。
その時、相手の存在を感じなさい、言葉を使わずに。
ただ相手の暖かさを、愛が流れているのを感じなさい。
ただ、その場で起こっている一体感を感じる。
言葉を使わずに。「愛しているよ」と言わないように。
そんなことをすれば、その雰囲気を壊してしまう。
マインドが入って来た。

「愛しているよ」と言った瞬間、過去の記憶になる。
そうではなく、ただ言葉を使わずに感じなさい。
言葉なしで感じられたこと、マインドを割り込ませずに
全一に感じられたことは、何であれ、ある種の注意深さ
をあなたに与える。
あなたは何かを食べている。
その時、注意しながら食べること。
何でも心に留めながら味わなさい。
その時、言葉を使わずに味わう。
それ自体がとてもすばらしく、意識に深く触れている。
だから言葉を使わないこと。
味わう瞬間を壊さないことだ。
味わうということを、核心まで感じなさい。

水を飲んでいるとする。
その時、水が喉を通り過ぎて行くのを感じる、
言葉を使わずに。ただ、感じる、注意深くありなさい。
水の動き、冷たさ、渇きが引いていく感覚、
その後の満足感——それらを感じなさい。

あなたが日差しの中に座っている。
その時、太陽の暖かさを感じなさい、言葉を使わずに。
太陽があなたに触れている、そこには深い交感がある。
それを感じなさい！
身体で感じる気づき、肉体の気づきが発達していく。
そして、身体での気づきを発達させても
マインドは一種の停止状態に至る。
そんなふうにすると、マインドは必要ない。
マインドが止まれば、あなたは再び
深い無意識へと投げ出される。
非常に深い油断なさを持ってすれば
無意識を貫き通すことができる。
その時、あなたは自分で光を有している。
すると、闇は消え去る。

肉体指向の人間、彼らにとっては
身体に注意深くあることがいいだろう。
肉体指向でない人間は
呼吸を意識しているほうがいい。
それが難しいと感じる人、彼らにとっては
ある人為的な工夫を使うことができる。
たとえば、マントラだ——それは意識的であるための
人為的な工夫だ。「ラム、ラム、ラム」というように、
絶え間なくマントラを使ってもいい。

内側で、「ラム、ラム、ラム」という円環を作り出す。
または「オーム」、あるいは「アッラー」
あるいは何でもいい。
その言葉をずっと繰り返し続ける。
だが、単純な繰り返しでは用をなさない。
繰り返しながらも、意識的であること。
「ラム、ラム、ラム」と唱えている時
唱えていることを意識しなさい。
それを聞いていなさい――「ラム、ラム、ラム」――
それを意識しているのだ。

怒りに気づいているのは難しい。怒りは突然やって来るので、あらかじめ心積もりできないからだ。

怒りがやって来たら、その感情に完全に圧倒されてしまって、怒りに気づいていることを忘れてしまう。

だから、「ラム、ラム、ラム」と唱えるという工夫をしなさい。それはできるだろう。

それは突如としてやって来るような方法ではない。

もしその方法が長期間使われるなら
それは内なる音になる。

そうすれば、あなたが何をしていようとも
「ラム、ラム」という音が静かに鳴り響いているだろう。


それに気づいていなさい。

そうしたら、そのマントラは完成している。

ジャパ（呪文などを唱えること）は完成した。

唱えることは完成した。

その時あなたは、ただその音を生み出しているだけではなく、聞く者でもある。あなたが「ラム」と唱えるだけではない――あなたはそれを聞いてもいる。

円が完結した。私が何かを言い、あなたはそれを聞く。

その時、エネルギーは散逸する。

だが、あなたが「ラム」と言い、自分でそれを聞くなら、エネルギーは戻ってくる。

あなたは話し手であり、聞き手である。

だが、それに気づいていること。

形骸だけのお決まりのことになってはならない。

さもなければ、その背後で何の気づきもなしに「ラム、ラム、ラム」とオウムのように言い続けられる。

そうしたら、そんなものは役に立たない。

反対に、深い眠りさえ生み出しかねない。

それは一種の催眠状態になりかねない。

そうしたら、あなたは生気を失ってしまう。

クリシュナムルティはこう言う、「マントラを唱える者
は生気を失う。彼らは馬鹿になってしまう」と。
ある意味で当たっているが、ある意味においてだけだ。
もしあなたが、あるマントラを機械的な反復として
使っているのなら、あなたは生気を失う。
宗教的と言われる人達を見てごらん。
彼らはまったく生気を失い、馬鹿になっている。
知性もないし、彼らの目の中には
生の輝きも、快活さもない。彼らは重く、鉛のようで、
まったく死んでいるように見える。
彼らは世界に何も貢献していない。
彼らは何一つ生み出していない。
ただマントラを繰り返しているだけだ。
もちろん、あるマントラを気づきなしに反復し続ければ、
自分自身飽きてしまい、その退屈が愚かさを生み出す。
あなたは活気を失い、生への興味を失う。
ある音を間断なく反復することは
狂気を生み出すことさえあり得る。

だが、クリシュナムルティは
ある意味においてのみ正しい。
さもなければ、彼は完全に、全面的に間違っている。

いつであれ、ある人が自分が関与しないことを判断する
時は、実のところその判断は正当ではない。
それが何であろうと、完璧なる事例によって判断されね
ばならない。
ジャパの科学は、ただある音を反復するだけではない。
反復は二次的なものだ。それは、ただ気づきのための何
かを作り出すための工夫にすぎない。
大事なのは気づきだ。
根本的なことは、気づいていることだ。
あなたが家を建てるとする。その時、家は二次的だ。
あなたはその中に住むために家を建てる。
その中に住まないのに家を造り
その外に住むとしたら、あなたは馬鹿だ。

ある一つの名前、または音を反復して唱えることは
住むための家を造っているということだ。
それはある環境を内側に作り出す。
もしそういう環境を作り出すなら、突然のハプニングと
して悟りを開くよりもっと簡単に、そのマントラを使っ
てうまくやることができる。
するとだんだん、あなたはその音に慣れ、深い意識の中
でその音とつながることができる――

が、本当のこと、根本的なことは、その音を意識するということだ。

ジャパの科学はこう言う。
「自分で口に出した音を聞く時、あなたは達する。
その時、あなたはジャパを完成させる」
ジャパの中には多くのことがある。
あなたが一つの音を聞き分ける時、
たとえば「ラム」という音。
あなたの末端の器官、声帯が
その音を作り出すことに使われる。
または、あなたが心の中で音を作り出す時
あなたのマインドが使われている。
だが、あなたがそれに油断なく醒めている時
その油断なさが音の中核になる、周辺ではない。
私が「ラム」と言うとする。
それは私の存在の周辺にある。
私が内側でその音「ラム」を聞く時
それは私の中心からだ――
なぜなら、気づきは中心からのものだからだ。
もしあなたが中心で気づいていれば
その時、あなたは内側に光を有している。

そうしたら、無意識を追い払うことができる。
マントラは一つの技法として使える。
他に数多くの方法がある。
だがどんな方法であれ
それは気づきを生み出すための努力にすぎない。
あなたは、気づきから逃れることはできない。
自分の好きなところから始めてもいい。
が、意識がゴールだ。それらは全て意志を使う方法だ。
少なくとも、一つは明け渡しの方法、
明け渡しの道のことを話しておいた方がいいだろう。
それらはみな、意志を使う方法だ。
あなたは何かをするといい。

慧能《フイハイ》は禅の師だった。

彼が彼の師の所に行った時、師は彼にこう言った。

「選べ！　お前は意志の道がいいのか？　それなら何か教えてやろう。それとも、明け渡す用意ができておるのか？　もし意志の道を選ぶのなら、お前は何かしなければなるまい。わしはただ、案内人になれるだけだ」

意志の道においては、ただガイドがいるだけだ。

そこには実際、グルも師も存在しない。

ただ単にガイドがいるだけだ。

それらがあなたを導く。

あなたが全てをしなければならない。

ガイドには何もできない。

そこで師はこう言った。

「もしお前が意志の道を進みたいのなら、わしはお前の案内人になり、導き、技法を授けよう。だが、お前が全部しなければならない。そしてもし明け渡しの道を選ぶなら、お前は何もしなくていい。わしが全部やる。

だがその場合、お前はただわしの影になり、ただ付いてこなきゃならん。疑うことは許されん。質問は許されん。聞くことは許されん。わしが言ったことはどんなことでもするのだ」と。

慧能は明け渡しの道を選んだ。彼は己を師に明け渡した。
そして三年が過ぎた。
彼は師の横に座っていた。
時々師は彼を見、見続け、
ずっと見続けていることがあった。
その見ることは余りにも浸透し、
余りにも深く、その視線は彼につきまとった。
彼が師と一緒でなかった時でさえ
その視線が彼につきまとってきた。

彼は夜寝ていた。が、師の目は彼とともにあった。

師は彼を見ていた。

彼は夢を見ることさえできなかった。

というのも、師がそこにいたからだ。

三年間、絶えず彼は師の脇に座り続けた。

そして突然、師が彼を見た。

その視線は彼を突き通した。

彼の目は奥深く入っていった。

そしてその目は彼の実存の一部になった。

彼は怒ることができなかった。

彼は性的であることができなかった。

というのも、師の目がそこにあったからだ。

師の目が彼につきまとっていたのだ。

導師《グル》はそこにいた。

彼はいつも師の臨在の中にあった。


それから三年、グルは初めて笑った。

慧能を見て笑ったのだ。

その時から、新しくつきまとうことが始まった。

それ以後、彼はその笑いを聞くようになった。

眠っていても、突然その笑いを聞き、震えはじめた。

そして再び三年経ち、グルは彼を見て笑った。

それが全てだった。
それが三年間。全部で六年間、そういうことが続いた。
そして突然、ある日その六年後、
グルは慧能の手を触れた。
そして、慧能の目の中をのぞき込み
自分の手で彼の手を取った。
その時、慧能はグルのエネルギーが
自分の内に流れるのを感じた。
彼はその時、ただの器、乗り物になっていた。
彼は師の暖かさ、エネルギー、電気、
全てが彼の内に流れるのを感じていた。
師がそこにいたので、眠ることは不可能だった。
そしてあらゆる時間、あらゆる瞬間、
何かが師から流れ出していた。

それから三年——初めて師に弟子入りしてから
全部で九年間の後——グルは慧能を抱きしめた。

慧能はその時のことをこう書いている。

「その日から、師の目がつきまとうことはなくなった。

そこには、もう慧能という人間はいなかった。ただ、師だけがそこにいた。だから、つきまとうことがなくなったのだ」


それからまた三年が過ぎた——合計十二年——

ある日、師が慧能の足に触れた。

その日、師もまた消え去ってしまった。

だが、慧能は光明を得た人となった。

多くの人が、後になって彼にそのことをこう聞いてきた、

「どうやって光明を得られたのですか？」と。

彼はこう言った。

「わしには何も言えん。わしはただ明け渡しただけだ。その後のことは、全て師によってなされた。だから、わしには何が起こったのかわからん！」


あなたが己を明け渡せるのは無意識のマインドではなく、意識のマインドだけだ。

あなたはそれを知らない。

では、どうやって無意識のマインドを
明け渡すのだろう？

もし私があなたに、あなたの持っているお金を明け渡すように言えば、あなたは自分が持っていると知っているお金しか明け渡すことはできない。

では、どうやって自分で持っていると知らない財宝の中に隠されているお金を、明け渡せるだろう？

マインドの意識的な部分だけが
明け渡すことができる。
そして、意識的なマインドは障害だ。
私があなたに何か言うとする。
意識的なマインドは、それが正しいか間違っているか、
本当か、嘘か考え始める。
たとえそれが本当のことでも、いぶかしく思い始める、
「この男はどういうつもりでそれを言っているのだろう？」と。
たくさんの質問、たくさんの疑問が湧いてくる。
そういう意識的なマインドは抵抗を生み出す。

もしあなたが催眠術について何かを知っているなら
わかるだろう。
催眠状態では、かけられている人はもし命令されれば
――どんなことでも、どんなに馬鹿げたことでも、何でもしてしまう。それはなぜか？
催眠状態においては、意識のマインドは眠っている。
無意識のマインドだけがある。
それは障害が壊されている状態だ。
催眠状態の中では意識のマインドは
眠りの状態に入っている。

それはそこに存在しない。

たとえば、あなたが男だとする。

私が「あなたは女だ」と言うと、催眠状態の中であなたは女性のように振る舞い、女性のように歩くだろう。

あなたは引っ込み思案になる。

あなたの動きはもっと優美で、もっと女らしくなる。

そして、あなたの声が変わるだろう。

一体何が起こったのか？　疑いを作り出すことができる
――「何て馬鹿なことを言っているのだ？　私は男だ、女ではない」と言うであろう意識のマインドが眠っているのだ。

無意識は疑いを知らない。無意識は絶対的に忠実だ。

絶対的な信、信頼を持っている。

無意識には論理は存在しない。無意識は逆らえない。

だから、言われたことを何でも信じてしまう。

そこに問題はない。

だから明け渡しの道においては、信――

シュラッダがとても強調されるのだ。

信は明け渡しの道に関する。

それは明け渡しの道に属する。

明渡しの道では、言われたことは何でもしなさい。

それが昼でも、師が夜だと言えばそれを信じることだ！

なぜ？　信じることが、弟子の質問や抵抗の習慣を打ち破るからだ。最終的には、その信の姿勢は、障害となっている意識のマインドを破壊する。

意識のマインドがなければ、師とあなたは一つになる。

その時、あなたは働きかけることができる。

それ以前ではない。

そうして初めて、以心伝心の関係がある。

あなたは深い交感の中にある。

その時、導師《グル》が考えることが何であろうとそれはあなたの一部になる。

今やグルは、自分が欲することは何でもできる。

あなたはグルに対して完全にただ受容的になり師と弟子の間にはもう何の争いもない。

でなければ、師弟関係は闘いだ。

そこには交感が、深い出会いがある。


そこで慧能は言った、「私は知らない。ただ明け渡しただけだ。それが私のした全てだ」と。

「私はいろいろと試み、苦闘してきたが、何の至福も見つからなかった」と呟いた。


「もしかしたら、自分があらゆる惨めさの原因なのかもしれない。もし意志の道を選んでいたら、また同じ選択をし、また修行し、また同じ惨めな境涯にいるだろう。

結果がどんなものであれ、その中に私の存在がある。

私はあらゆるところで、あらゆる試みをしてきた。

それでもし私が惨めであるなら、自分自身を落とし、何が起こるのかを見たほうがいい。それで私は、師に明け渡します、と言った。

それから十二年、ただ待った。師が何をしていたかわからないが、多くのことが起こっていた。

私は変容していた。変容させられ、変えられた」


我々の無意識のマインドは関わり合っている。

それらは一つだ。意識のマインドに関する限り離れ小島だが、さもなければ離れ離れではない。

より深いマインドは一つに結ばれている。

もし私があなたに話をすると
私のメッセージを伝えるのに二つの方法がある。

一つは、あなたの意識のマインドを通して伝えることだ。

それが苦闘の方法だ。

あなたの意識のマインドは
与えられたメッセージについて考え続けるからだ。

意識のマインドは、受け入れることができない。

まず始めに、意識のマインドは否定する必要がある。

最初に意識のマインドが言うのは「ノー」だ。
その後、ごくためらいながらしか
「イエス」はやって来ない。
イエスは、どうしようもない時、初めてやって来る。
あなたはノーと言えない。
どうやってもノーという方法が見い出せない。
ノーと言えない状況だ。ノーと言うだけの理屈がない。
だからイエスと言う。
そうしたら、あなたのイエスは無能で弱く
ただのどうしようもなさから出て来たにすぎない。
ノーと言えるだけの別の理屈が見つかった時、あなたは
再びエネルギーが脈動しているのを感じるだろう。
あなたのノーはとても有能だ。
そして、イエスの方はまったく死んでいる。
ノーは意識のマインドで生き生きとしている。
意識のマインドは絶えず葛藤状態にある——
守り、恐れ、恐怖心であたりを見回している。
意識のマインドは信頼できない。
意識のマインドは心からイエスと言えない。

たとえイエスと言ったとしても
それはいつもその場限りだ。

意識のマインドは、本当のノーが来るのを待っている。

そのノーが来たら、ノーと言う。

だから、あなたは一人の人を説得できても
彼を改心させることはできない。

彼は、もう何も言えないと思っていても、心の内、心の奥深くでは、自分の方が正しくて、あなたが間違っていると証明するような何かが、どこかに見つかるに違いないと思っている。

彼がノーと言えないのは、その場だけだ。

だから、彼はあなたの言い分を受け入れる。

が、受け入れることは改心ではない。

それはその場だけの負けであり、彼は心に傷を受けたと思っているし、その仕返しをしてやると思っている。

そのことは、今の世代において顕著な一つのあり方だ。

人に何かを伝える場合、あなたは意識のマインドを通して相手に伝える。
昔は、それとはまったく逆の方法が使われていた。
その意識のマインドを落として
無意識を通して直接相手に伝えるのだ。

その方法なら時間を節約できるし、エネルギーを節約できるし、不必要な奮闘をしなくて済む。

それが明け渡しの意味だ。

明け渡しとは、あなたがこう言うことだ。

「私というものはもう存在しません。今や、あなたがおっしゃることには何でも従います。何度も何度も、あなたのおっしゃる通りにすると決意することはありません。今や、全ての決意において、問題は何もありません。私は最後の、究極の意志決定をしたのです」

意識のマインドでは、あらゆる瞬間に
何度も何度も、意志決定しなければならない。
明け渡しているマインドでは、あなたは一度、意志決定した。あなたは選択した。そうすれば迷いはなくなる。
疑わなければ、疑問を差しはさまなければ
だんだんと意識のマインドは力を失う。
それは一つのメカニズムだからだ。
意識のマインドは、使わなければ機能しなくなる。
もしあなたが足を十二年間使わなければ
足は機能しなくなる。そうしたら、歩けなくなる。
だから、慧能は十二年間、明け渡しの心持ちで
ずっと待ち続けていた。

彼には考えられなかった。
議論することができなかった。
彼にはノーと言えなかった。
イエスが彼の方法になった。
イエスが力を持ち、イエスが強くなり
活力を持つようになった。
ノーというムードはまったく彼の中になかった。
その状態では、直接の変容が可能だ。
そうなると、師には多くのことが可能になる。
師は弟子を貫く。師は弟子を変容し始める。
弟子が内側から変容されればされるほど
弟子は意識的になっていく。
だが、それは弟子のすることではない。

インドネシアには今、新しい技法がある。

彼らはそれをラティハン（スブドの技法）と呼んでいる。

それは奇跡的なほど、成果を表している。

人は、師に明け渡す必要さえない——

ただ単純に、神に明け渡せばいい。

が、その明け渡しは全一でなければならない。

人は神に明け渡す。

人は神にこう言う。

「今、最後に私はあなたにこう言います。『どうぞあなた様のお好きなようになさってください！　もうあなたに抵抗いたしません。今や、何が起ころうと、それがあなた様の思し召しと思ってそれに従います』と」


そして、もし震えを感じ始めたら震える。

もし叫びたくなったら叫び出す。

もし走りたくなったら走り出す。

その人は、狂人のように振る舞い始める。

だが、そこに抵抗があってはならない。

何が起ころうと受け入れ、それに従う。

するとその日の内に、その人は変容を遂げた人間、以前とは違う人間になる。

あなたが宇宙に対し、宇宙の力に完全に受容的になれば、その宇宙の力があなたを変える。

そうしたら、自分で自分を変える必要はない。

その時、あなたは非常に力強い流れを携えている。

もしあなたがその流れと闘っていなければ
あなたはただ流される。

宇宙がそこにある。だが、あなたは抵抗している。

あなたは逆らっている。みな、宇宙に逆らっている。

みな、自分の方がもっと賢いと思っている。


その想いを宇宙に任せなさい。

宇宙に明け渡すのだ。

または、師に明け渡すことだ――そこに何の違いもない。

肝心なのは、明け渡すことだ。

だが、それはまさに狂気のような道だ――まったくいかれている道――何が起こるか予測できないのだから。

それは起こるかもしれないし、起こらないかもしれない。

あらかじめ知ることはできない。

あなたは未知の、地図に載っていない海を航海しなければならない。


あなたはマスターではない。あなたは明け渡した。

その明け渡しはあなたの抵抗を
あなたのエゴを打ち壊す。

そして、明け渡しが完全になった時、そこには光がある。

気づきがある。そこには開花がある。

あなたは突然、花開く。

そして私が「明け渡しの可能性はある」と言えば、時には、まるで簡単なことのように思うかもしれない――

あたかも、意志の道の方が大変で、明け渡しの道の方が容易に違いないというように。

そうではない。

ある者にとっては、意志の道のほうがやさしいし
ある者にとっては、明け渡しの道のほうがやさしい。
それはあなた次第だ。道によるものではない。
容易な道というのはないし、難しい道というのもない。
それはあなた次第だ！
もしその道があなたに合っていれば、その道はやさしい。

慧能は何もしていなかった。

明け渡しの道は、ある意味でやさしい。

だが、彼が何をしたかわかっているのかね？

彼は明け渡した。それは一瞬にして為された。

が、十二年間待つこと、
それがあなたにできるだろうか？

師への不信、多くのことが心の内にやってくる。

ある者はこう言うだろう。

「そんな男と一緒にいて、なぜ時間を無駄にしているんだ？　奴は詐欺師だぞ。奴は大勢の人をだましたんだぞ。大勢の人間が奴のところにやって来ては去って行った。それなのに、お前はここで一体、何をしてるんだ？」

だが、慧能はそれを黙って聞いていて、反応しなかった。

それで終わりではない。

師は彼のマインドに疑いをもたらすような
多くの多くのことを作り出しさえした。

そして、急に慧能はこう思った。

「俺はここで一体、何をやっているんだ？　俺はいかれてるんじゃないか？　こんな男と一緒にいて。この男は何をしているんだ。もしこの男がしたことが十二年経って詐欺だと明らかになるだけなら、俺の人生は無駄骨だったということになる」と。

その男、その師は疑いが湧き起こり、マインドが機能し始めるような状況を数多く作り出した。

だが、慧能はマインドの言うことを聞かなかった。

彼はこう言っていた。

「俺は明け渡した。明け渡したんだから、今更引き返すことはできない」


明け渡しの道、それはやさしいものではない。

何一つ、やさしい道などはない。

が、もしあなたが道を間違えば、なおさら難しくなる。

そして最後に私が言いたいのは、我々がいつも道を間違って選択するのは自然である、ということだ。

それには理由がある。

対極にあるものは、常に魅力的だからだ。

だから、我々が道を間違って選ぶのは自然なのだ。

そして、全ての選択が根本的には性的なものだ――

だから、男は女を選び、女は男を選ぶ。

それと同じことが、あらゆる次元で延々となされている。

もしあなたが明け渡しタイプの人なら
意志の道を選ぶ可能性が高くなる。
意志の方がより魅力的だからだ。
それはあなたのタイプと反対だ。
もしあなたが意志の人なら
明け渡しの道を選ぶかもしれない。
自分とは別のもの、反対のものは、より魅力的だからだ。
そういうことは、いろんなあり方で起こる。
マハヴィーラは意志の人だ。
が、彼の弟子達、彼の本当の弟子達は
明け渡しタイプの人だった。
マハヴィーラは反対のタイプの人間を
引き付けたからだ。
彼は意志の人だったが
明け渡しタイプの人を引きつけた。
だから、もし弟子達が自分で道を決めるとしたら
彼らはマハヴィーラの道に従い始めることになる。
それは間違いだ。
マハヴィーラは意志の人であり
彼の道は意志の道だからだ。
そこでもし弟子達が、ただマハヴィーラに従って行ったら、彼らは道を踏み違えてしまう。
そして最後には、挫折することになる。

もし彼らが自分達の進むべき道の選択をマハヴィーラにゆだねるなら、マハヴィーラは常に、明け渡しの道を彼らに薦めただろう――それが問題だ。

だから師が死んで、長い時間が経つと、そのことが弟子達にとって、深い混乱の原因になってしまう――

もはや、師がそれを決められないからだ。

あなたは自分で決める必要がある。

そこで、ある者がブッダに惹かれて
ブッダがしたようにブッダの道に従い始める。

それは道を誤ることになる。

もしその人がブッダに尋ねることができれば
ブッダはその人に違う道を薦めるだろう。

アーナンダへのブッダの最後の言葉は
こういうものだった。

「アーナンダ、自分自身の光でありなさい。私の言う通りにしてはいけない。汝自身の光であれ！　私の言う通りにしてはいけない」


アーナンダは四十年間、ずっとブッダに仕えてきた。

それは短い時間ではない。

全生涯、アーナンダはブッダに献身的に仕えてきた。

そして誰も、彼のブッダへの献身がどこか不完全だとか、完璧ではないとは言えないほどのものだった。

それは全一なものだった。

しかし、最も献身的な弟子アーナンダは
悟りに達することができなかった。

そして、ブッダの死は迫っていた。


ある日、ブッダがアーナンダに言った、「いよいよ今日、私は肉体を離れることになろう」と。

するとアーナンダは泣き出し、こう言った。

「私はどうすればいいのですか？　四十年間、あらゆる瞬間にあなたに仕えてまいりましたのに」

ブッダでさえ「お前は私の言ったことをしていなかった。だから悟りを得られなかった」とは言えなかった。

彼はブッダの言う通りにやってきた。

彼は真面目な人間ではあったが
まだ無知なる人間だった。

ブッダはこう言った、「私が死なない限り、アーナンダよ、お前は悟りに到達しないようだ」と。

するとアーナンダは「どうしてでございますか？」とブッダに尋ねた。

ブッダはこう言った。

「私が死なない限り、お前は自分自身に返ることができないからだ。お前は余りにも私に執着しすぎている。私が障害になっている。お前は私に仕えてきた。だが、お前は完全に自分を忘れてしまった」


あなたは師に盲目的に仕えることはできる。

だが、いまだどこにも到達していない――

もしあなたが自分の考えに従って、ただ師匠に仕えているのなら「自分の考えで」というその言葉を、覚えておきなさい。としたら、あなたは明け渡してなどいない。

明け渡しとは、もはや、意志決定するあなたがいないということだ。師が決めるのだ。

たとえ師がいなくても、その時は
宇宙エネルギーに明け渡すのだ。

すると、宇宙エネルギーが決める。
あなたが明け渡した瞬間、あなたの門はバタッと開かれ、
充満する宇宙エネルギーがあらゆるところからあなたの
中に入って来て、あなたを変容する。
それはこういう風に見ればいい。

私の家が闇で一杯だとする。
その時、私には二つのことができる。
一つは、家の中に光を作り出さなければならない――
その時、私は光を作り出さなければならない。
またはドアを開け、外に輝いている太陽の光を
導き入れるか。ただ部屋の扉を開けるだけでいい。
すると、私の家は聖なるゲスト、太陽を、光線を迎える
主人《ホスト》になる。
その時、私は受容的になり、闇は消え去る。

意志の道においては、光を作り出さなければならない。
明け渡しの道では、光はそこにある――
あなたはただ、扉を開けねばならないだけだ。
だが、家が暗くて、いたるところ闇が支配していれば、
人は扉を開けるのを恐れる――
人は必要以上に恐れる。

扉を開けた時、光が入って来るか泥棒が入って来るか、
誰にわかる？
そこで、扉に鍵をかけてしまう。
あなたは何も入って来ないように
あらゆる可能性を閉ざしてしまう。
それがあなた方の置かれている状況だ。
自分で光を作り出すか。
そうしたら、闇は消え去る。
それとも、宇宙の光を利用するかのどちらかだ。
宇宙の光は常にそこにある。
だから、自分をその光に対して開くのだ！
その光に対して無防備でいなさい！
誰にも依存してはならない。
何が起ころうとも覚悟しているのだ。
もしあなたにその覚悟があれば
何が起ころうと問題ではない。
そうすれば、闇それ自身が光になってしまう。
その覚悟があれば
何一つ闇のままであることはできない。
そのまさに覚悟が、あなたを完全に変容させてしまう。

質問……

OSHO、昨夜あなたはクリシュナのビジョンを見て、自分が宗教的に高い境地にあると思っている人のケースについて言及なさいました。

でも、彼はまだ最初の一歩も踏み出していないと、あなたはおっしゃいました。とすると、自分がどのくらい先に進んでいるか、どうしたらわかるのですか？それは、その人の見るビジョンとか、霊性の開発を示していると考えられる別のサイキックな現象によってわかるのでしょうか？

もしそうではないとすれば、人が宗教的に高い境地にあることを示すものとはどういうものでしょうか？


ビジョンを見るということはあり得る。

そして、それらが宗教的に高い境地を示していることもあり得る。

だが、それには一つ条件がある。

それは、あなたが宗教的に高い境地にあればあるほど、自分が高い境地にあると思わなくなるということ。

あなたが悟った存在に向かって進めば進むほど「私は悟っている」と思わなくなるということだ。


霊性が高くなるということは、とても謙虚な進歩だ。


そこで一つ。

あなたが見るビジョンは、あなたが宗教的に高い境地にあることを示すものであり得る。

が、それはあなたが前よりもっと謙虚である時のみだ。

もしあなたが、自分は宗教的に高い境地にあると思い始めれば、それは別のことを示している。

そう思うとすれば、そのビジョンは霊的なものではなく、ただ単にマインドの投影にすぎないということだ。

だから、それが基準となる。


もしあなたが本当にビジョンの中でクリシュナを見たとして、それが真正なものなら、あなたはもう存在しない。

もし本当にそれが一つの悟りであるなら、あなたは消え去る。

あなたはこう言うだろう。

「クリシュナはいるが、私はいない」と。

だが、もしあなたがそのビジョンを見ることでエゴを強めるなら、あなたという存在は消え去らない。

その反対に、あなたという存在が強められ、

「私は宗教の達人だ。宗教的に高い境地にある人間だ

――「私は普通の人間ではない」と言うなら、そのビジョンは真正なものではなく、エゴの投影にすぎない。


エゴは、それ自身の投影によって強まる。

さもなければエゴは崩れてしまう。

霊的なビジョンは、エゴを完全に破壊する。

投影されたビジョン、あなた自身のイマジネーション、あなた自身の夢は、あなたという存在を強める。

それは一種の食物だ。

それによって、あなたのエゴはより活性化される。

ウパニシャッド曰く「〝自分は知った〟と言う者は知らない。〝自分は悟った〟と言う者は悟りから程遠い」

ある人が私の所にやって来て、その人の見たビジョンを喋った。

「私は宗教的に高い境地にあります。私は宗教を究めた者です。私はこういうビジョンを、ああいうビジョンを見ます」と。それはあたかも、自分の免状を携えているかのようだった。自分の豊かさ、いかに裕福か、いかに学歴が高いかを。

そういうことはあり得ない。


彼のビジョンは作り出されたもの、自分自身のマインドが作り出したビジョンにすぎなかった。

もしマインドがビジョンを作り出しているとすればマインドは強まる。

もしビジョンが彼方からやって来ているとすればマインドは打ち砕かれる。

それらのビジョンは、同じ種類のものではない。

だが始めは、ビジョンの中では
その違いが見極められない。
本当にクリシュナのビジョンを見たのか、
それとも、自分の夢だったのか、判断できない。
あなたには違いをはっきりさせられない――
もしあなたが本物を見たのなら、夢を見ることはなかっただろうし、もしあなたが夢を見ていたのなら、本物を見ることはなかっただろうから。
では、どうやって比較する？　あなたには比較できない。
が、一つのことは確かだ。
それは、あなたがどんな類のビジョンを見たのかが
それを示すということだ。
もしそのビジョンがあなたのエゴを助長するとすれば、
それは一種の投影だ。

もしそのビジョンがあなたという存在を完全に消し去り、あなたという存在を完全に打ち砕き、あなたという存在が消えてしまうのなら、真正であり本物だ。

それが唯一の基準となる。


だから、宗教家で、もしその人の宗教性が高まり、よりエゴイスティックになるとすれば、彼は偽の道にある――彼は自分の宗教性が高まっていると想像している。

もし彼が本当に宗教的に深くなっていれば、深くなればなるほど、自分は消え去り、自分というものはないと感じるはずだ。


自分は実体のないものであり、究極的には無であると感じるなら、自分がただの虚空であると感じるなら、それは彼が進歩していることを示している。

そのビジョンが、何かを示していることはある。

だがそれらは、あなたに関することを示しているのであり、単独で何かを示しているのではない。

もしそのクリシュナのビジョンが本物かどうかを私に聞いても、私には何も言えない。

そして、こう言うだろう、「誰にとって本物か、聞いているんだね？」と。


ミーラにとっては、クリシュナのビジョンは本物だ。

そのビジョンは彼女を完全に消し去った。

彼女というものが、もはやいなくなった。

ある人が私にこう聞いてきた。

「ミーラが毒を飲まされた時、どうしてその毒は彼女に影響しなかったのですか？」と。

私は彼にこう言った、「それは、彼女というものがもういなかったからだ」と。

毒でさえ、それによって影響を受ける誰かを必要とする。

毒はソクラテスを殺した――
ソクラテスはミーラではなかった。
ソクラテスは哲学者であって、聖者ではなかった。
ソクラテスは思想家だったが、ブッダはそうではない。
ソクラテスは考え、思索し、議論した。
彼は大変なインテリだったが
悟りを開いた人間ではなかった。
たとえ彼がブッダと議論したとしても
彼の方が勝っていただろう。
ブッダはソクラテスとの議論に負けていただろう。
彼は稀なる天才だった。

だから、あなた方がソクラテスについて考える時、理知に関しては、彼と比較できる者はいない。

が、実存的には
ソクラテスはブッダの前では無に等しい。

ブッダは彼の議論を笑うだろう。

そして、こう言うだろう、「あなたはぐるぐる回っていて、決して中心に到達しないだろう。あなたが言うことは何であれ話だけのことだ。あなたは議論する。あなたは論理的な人間だから、私より議論するのがうまい」と。


ブッダはこう言う、「しかし、あなたは議論することであなたの人生を無駄にしている」と。

ソクラテスはエゴを越えた人間ではない。

彼は透徹したマインドを持った類い稀なる人間だったが、その彼がたとえエゴについて話そうと、その理解は頭の中のものだ。

彼は実存的で、実験的な人間ではない。

そしてソクラテスのおかげで、西洋全体が理知の最高潮に至った―― ソクラテス、プラトン、アリストテレスの三人のために。

始まりはソクラテスだ。

ソクラテスはプラトンの師だった。

そして、プラトンはアリストテレスの師だった。

この三人が、西洋全体のマインドを作り上げた。

西洋の科学、論理、哲学全部がこの三人に属している。

彼らが創始者だ。


ブッダはまったく違う次元に属する。

ソクラテスは知性の巨人だ。

だが、ブッダはただ、そういう彼を笑っただろう。

そして、こう言っただろう。

「あなたは子供の中の巨人だ。あなたは知性の最高潮に到達した。が、知性は一つの障害だ。あなたは知性において究極なるものに触れた。だが、知性はあなたをどこにも導きはしない」と。


ソクラテスは違うタイプだし、ミーラも違うタイプだ。

ミーラは明け渡した魂―― 完全に明け渡し、完全に自分を消し去った魂だ。

だから彼女に毒を飲ませても、彼女は飲んでいない。

クリシュナ自身が、それを飲むのだ。

今やそこには何の違いもないし、区別もない。

もしそういう信頼があれば、毒は役に立たない。

それは奇跡のように見える。が、そうではない。

催眠術で、もし深く催眠にかかっている人がいて、その人に「これは毒ではないんだよ」と毒を飲ませたとすると、毒は彼に影響しないだろう。

一体、何が起こったのか？

もし彼に何の変哲もない水を飲ませ、「これは毒だ」と言ったとすれば、彼は死んでしまうだろう。

それが全面的に受け入れるということだ。

催眠術においてでさえも、そういうことが起こり得る。

アメリカでは、一九五二年に、催眠術に反対する法律が制定されねばならなかった。

今では、アメリカ国内では、誰にも催眠術をかけることはできない。それは法律に反する。

なぜなら、一人の大学生が催眠術にかかって死んでしまったからだ。

四人の学生が、その死んでしまった学生に、催眠術をかけた。彼らは心理学学科の学生にすぎなかった。

そこで、彼らは催眠術のことが書かれている本に出合った。彼らはただゲームとして、その本に書かれてあることをやってみただけだった。

彼らは一人の青年に催眠術をかけた――

彼らの仲間は一つの部屋の中にいた。

そして、彼らがその少年にいろんなことを暗示にかけると、その青年はそれに従った。

彼らが「泣け！　君のお母さんが死んじゃったよ！」と言うと、彼は泣いた。

彼らが「笑え！　そして、踊るんだ！　もう一度、君のお母さんが生き返ったんだ！」と言えば彼は笑い踊った。

その時、ある少年が何の気なしに「君は死んだ」と言った。するとその青年は倒れ、そのまま死んでしまった。

その後に、彼らが「さあ、起きろよ！　さあ、君は生き返ったんだよ！」とその青年にあらゆることを言ってみたが、それを聞く者はもういなかった。

彼はすでに死んでいた。

それが全面的に受け入れるということだ。

そして、そういう事例のために、アメリカでは催眠術に関する法律が制定されねばならなかった。

唯一、催眠術を必要とする仕事に携わっている者――心理学者、精神科医、あるいは、そういう研究をしている者、医者――今では、そういう人達だけが催眠術を扱えることになった。

もし催眠術でそういうことができるなら
どうしてミーラにそれが起こらないことがあろう？

ミーラは、催眠術の中で明け渡すのと同じく
自分の意識のマインドを明け渡した。

彼女は完全に意識のマインドを明け渡した。

彼女はもはや存在しない。

ただ、クリシュナだけがいる。

もしそこに、一つたりとも疑いがなければ
彼女が毒を飲む時、手が震えることはない。

もし彼女が「これは毒だ。これを飲めば私は死ぬかもしれない」と思わなければ、もしそういう思いさえそこになければ、彼女は死なないだろう。

彼女がそれを最愛なる者、クリシュナからの贈り物として飲めば、毒もまた贈り物となる。

全てがクリシュナからやって来る。

だから、彼女はそれを贈り物として飲んだのだ。

彼女はそれを飲み、気持ちよくなり、踊り始めた。

その毒は消えてしまった。


毒が作用するには、あなたのマインドが必要だ。

もしマインドがなければ、毒がその効果を発揮することも極めて難しい。


ミーラは逃げることができた。

ソクラテスは逃げられなかった。

彼は論理的な人間だった。

彼は、その毒は人を殺すと知っていた。

ミーラは論理的ではない——まったく非論理的だ。


あなた方にソクラテスの臨終の場面のことを話そう。

彼が飲むことになっている毒は、部屋の外で作られていた。その時、彼はベッドに横たわっていた。

彼の弟子がそこにいた。

彼は一人の弟子にこう言った、「さあ、もう時間だ。六時には私が飲むことになっている毒が与えられるはずだが」と。彼はとても数学的な男だった。

そこで彼はこう言った、「彼らはまだ準備していないんではないかね。行って、どうして遅れているのか尋ねてきておくれ。もう時間だ。私の方は用意できているから」

そして毒が用意された。彼はそれを飲んだ。

彼はこう言った、「足の感覚がなくなってきた。どうやら毒が利き始めたらしい。さあ、毒が上がってきた」と。

彼は喋り続けた。

彼は鋭い知性の持ち主だった。

死に際しても、彼は実験していた。

彼は科学的な思想家だった。

彼はこう言った、「さあ、毒が上がってきた。もう身体の半分は死んでいる」

彼は稀なる人間だ、普通ではない。


弟子達が泣いていると、彼は「やめなさい！　後で泣けるではないか。この死という現象を、毒が進行して行くのを見なさい。もうじき心臓に毒が回ってくると思う。心臓に毒が回った後もマインドが働くか疑問だ。その時、心臓が主要な中枢なのか、マインドが主要な中枢なのか、見極められるだろう」。

彼は非常に鋭いマインドの持ち主だ。

そして彼は観察し、喋り続けた。

心臓にまで毒が回り始めた時、彼はこう言った。「心臓が弱って、駄目になってきたようだ。感覚はあるのだが、舌が麻痺して痺れてきたから、じきに何も喋れなくなるだろう。友よ、経験することはできても、もうあなた方に話せないことがある。舌の感覚がなくなっているから話せない」

最後の瞬間まで、彼の目は何かを言い、喋っていた。

最後の瞬間、誰かが彼にこう聞いた。

「ソクラテスさん、死ぬことが恐くないのですか？」と。


彼は「私は永遠なる存在だから、恐くないよ」とは言わなかった——ノーだ！

彼は、神のことなど何一つ知らなかった。

彼のマインドは、神を信じられない。


彼はこう言った、「二つの理由で、私は死を恐れない」

これが論理的なマインドだ。

彼はこう言った、「私が死を恐れないのには、二つの理由がある。一つは、ソクラテスという人間が完全に死んでしまうなら、死を恐れる者はそこにいないことになる。あるいは、ソクラテスという人間がまったく死なず、その魂が生きているのなら、どうして恐れることがあろうか？

これらが私が死を恐れない二つの理由だ。どちらにしても、実際私は死んでいく。無神論者達、物質主義者達は、魂は存在しないと言う。彼らは正しいかもしれない。もし彼らが正しいとすれば、なぜ死を恐れる？

私というものは完全に死んでしまった。そうしたら、死を恐れる者はもう存在しない。ソクラテスという人間がもう存在しないのなら、どうして恐れることがあろう？」と。

「あるいは、宗教家の言うことが正しいかもしれない」

と――それは「あるいは」だ。

これが論理だ――「彼らの言うことが正しいかもしれない！」と。

「そうしたら、肉体だけが死ぬのであって、ソクラテスは生きているということだ。だとしたら、どうして恐れる必要がある？　もし肉体だけが死ぬのであって、私というものは存在するとすれば、どうして恐れることで時間を無駄にしなきゃならんのだね？　だから、私を死なせてくれんかね、そして、死を見させてくれたまえ」と。

だが、彼はこれから起ころうとしていることを経験してはいない。

彼は完璧に論理的なマインドを持っていた。

彼の不敵さはブッダの、あるいは、マハヴィーラの、ミーラの、またチャルワカの不敵さでさえない。

なぜなら、チャルワカはこう言っていたからだ、「私というものが完全に死んでしまうことは、はっきりしている。だから、私は死を恐れない」と。

それは、断定的な結論だ。

マハヴィーラは知っている、「私というものは死なない。だから、死を恐れるという問題はない」と。

だが、それはまたしても断定だ。

結論として出された答えだ。

マハヴィーラは知っている。

ソクラテスはその両方とも違う。

彼はこう言うだろう。

「チャルワカの言うことが真実か、マハヴィーラの言うことが真実かのどちらかだ。だが、一つが真実であろうと、もう一つが真実であろうと、両者の言い分において、死を恐れるということは無意味なように思える」

このように、彼はまったく異なるマインドの持ち主だった。

彼は、西洋の考え方の、まさにその真髄を作り出した。

彼は宗教的ではなかった。

彼は現実的で、科学的だった。

付録

●OSHOについて

OSHOの説くことは、個人レベルの探求から、今日の社会が直面している社会的あるいは政治的な最も緊急な問題の全般に及び、分類の域を越えています。彼の本は著述されたものではなく、さまざまな国から訪れた聴き手に向けて、三十五年間にわたって即興でなされた講話のオーディオやビデオの記録から書き起こされたものです。OSHOはロンドンの「サンデー・タイムス」によって〝二十世紀をつくった千人〟の一人として、また米国の作家トム・ロビンスによって〝イエス・キリスト以来、最も危険な人物〟として評されています。

OSHOは自らのワークについて、自分の役割は新しい人類が誕生するための状況をつくることだと語っています。彼はしばしば、この新しい人類を「ゾルバ・ザ・ブッダ」——ギリシャ人ゾルバの世俗的な享楽と、ゴータマ・ブッダの沈黙の静穏さの両方を享受できる存在として描き出します。OSHOのワークのあらゆる側面を糸のように貫いて流れるものは、東洋の時を越えた英知と、西洋の科学技術の最高の可能性を包含する展望《ヴィジョン》です。

OSHOはまた、内なる変容の科学への革命的な寄与——加速する現代生活を踏まえた瞑想へのアプローチによっても知られています。その独特な《ユニーク》「活動的瞑想法《アクティブ・メディテーション》」は、まず心身に溜まった緊張《ストレス》を解放することによって、思考から自由でリラックスした瞑想の境地を、より容易に体験できるよう構成されています。

OSHOによる自伝的な作品・*Autobiography of Spiritually Incorrect Mystic*　・*Glimpses of a Golden Childhood*

●瞑想リゾート／OSHOインターナショナル・メディテーション・リゾート

OSHOインターナショナル・メディテーション・リゾートは、休暇を過ごす素晴らしい場所です。そしてより気づきを持ち、リラックスして楽しく生きる新たな生き方を、身をもって体験できる場所です。リゾートは、インドのムンバイから南東約百マイルのプネーに位置し、毎年世界の百ヶ国以上から訪れる大勢の人々に、さまざまなプログラムを提供しています。もともとマハラジャや裕福なイギリス植民地支配者たちの夏のリゾート地として発展したプネーは、現在では多数の大学やハイテク産業が本拠を置く近代都市として栄えています。メディテーション・リゾートは、コレガオンパークとして知られている郊外の木立の中に、四十エーカーにわたって広がっています。リゾートの敷地内には、人数限定で訪問者のための新しい宿泊施設が用意されており、近隣のホテルや個室アパートは、短期滞在から長期滞在向けに、さまざまな種類がそろっています。

リゾートのプログラムはすべて、日々の生活に創造的に関わり、しかも沈黙と瞑想へリラックスして入っていける新しい質を備えた人類――というOSHOの展望《ヴィジョン》に基づいています。ほとんどのプログラムは、近代的で空調設備が整った場所で行なわれ、個人セッション、さまざまなコース、ワークショップも用意されています。プログラムは、創造的芸術からホーリスティック・ヘルス・トリートメント、個の成長とセラピー、秘教的科学、スポーツや娯楽の「禅」的アプローチ、関係性の問題、男女のための有意義な人生の推移など、すべてを網羅しています。個人セッションやグループ・ワークショップ、日々の瞑想は、一年を通じて提供されています。リゾート内の屋外カフェやレストランでは、伝統的なインド料理や世界各国の料理を、すべてリゾートの自家農園でとれた有機栽培の野菜で調理して出しています。敷地内には、リゾート専用の安全な濾過水の供給源があります。

www.osho.com/resort.

●より詳しい情報については：http://**www.osho.com**

数ヶ国語で閲読できるウェブ・サイトには、メディテーション・リゾートのオンライン・ツアーや、提供されているコースの予定表、書籍やテープのカタログ、世界各地のＯＳＨＯインフォメーション・センターの一覧、ＯＳＨＯの講話の抜粋が含まれています。

Osho International New York E-mail；oshointernational@oshointernational.com　http://**www.osho.com**/oshointernational

●「新瞑想法入門」：発売／市民出版社（*Meditation: The First and Last Freedom*）

もし瞑想についてもっとお知りになりたい場合は、「新瞑想法入門」をご覧下さい。この本の中で、ＯＳＨＯは彼の活動的瞑想法や、人々のタイプに応じた多くの異なった技法について述べています。また彼は、あなたが瞑想を始めるにあたって出会うかもしれない、諸々の経験についての質問にも答えています。

この本は英語圏のどんな書店でもご注文頂けます。（北アメリカの*St. Martin's Press*や英国とその連邦諸国の*Gill & MacMillan*から出版されています）また、他の多くの言語にも翻訳されています。

ご注文のためのご案内はhttp://**www.osho.com**をご覧になるか、日本語版は市民出版社まで（tel 03-3333-9384）お問い合わせ下さい。

究極の錬金術 I ―古代の奥義書ウパニシャッドを語る

二〇〇六年三月三十一日 初版 第一刷発行

講 話■OSHO
翻 訳■スワミ・ボーディ・イシュワラ
照 校■スワミ・アドヴァイト・パルヴァ
マ・ギャン・シディカ
装 幀■スワミ・アドヴァイト・タブダール
発行者■マ・ギャン・パトラ
発行所■市民出版社
〒一六八―〇〇七一
東京都杉並区高井戸西二―十二―二〇
電 話〇三―三三三三―九三八四
FAX〇三―三三三四―七二八九
郵便振替口座：〇〇一七〇―四―七六三一〇五
e-mail：info@shimin.com
http://www.shimin.com
印刷所■モリモト印刷株式会社
Printed in Japan
ISBN4-88178-185-5 C0010 ¥2880E

日本各地の主なOSHO瞑想センター

OSHOに関する情報をさらに知りたい方、実際に瞑想を体験してみたい方は、お近くのOSHO瞑想センターにお問い合わせ下さい。

参考までに、各地の主なOSHO瞑想センターを記載しました。なお、活動内容は各センターによって異なりますので、詳しいことは直接お確かめ下さい。

＜東京＞

OSHOサクシン瞑想センター　Tel & Fax 03-5382-4734
マ・ギャン・パトラ　〒167-0042　東京都杉並区西荻北1-7-19
e-mail osho@sakshin.com　URL http://www.sakshin.com

OSHOジャパン瞑想センター　Tel 03-3703-0498　Fax 03-3703-6693
マ・デヴァ・アヌパ　〒158-0081　東京都世田谷区深沢5-15-17

＜大阪、兵庫＞

OSHOナンディゴーシャインフォメーションセンター
スワミ・アナンド・ビルー　Tel & Fax 0669-74-6663
〒537-0013　大阪府大阪市東成区大今里南1-2-15 J&Kマンション302

OSHOインスティテュート・フォー・トランスフォーメーション
マ・ジーヴァン・シャンティ、スワミ・サティヤム・アートマラーマ　Tel & Fax 078-705-2807
〒655-0014　兵庫県神戸市垂水区大町2-6-B-143　e-mail j-shanti@titan.ocn.ne.jp

OSHOマイトリー瞑想センター　Tel & Fax 0797-31-5192
スワミ・デヴァ・ヴィジェイ　〒659-0082　兵庫県芦屋市山芦屋町18-8-502
e-mail ZVQ05763@nifty.ne.jp

OSHOターラ瞑想センター　Tel 090-1226-2461
マ・アトモ・アティモダ　〒662-0018　兵庫県西宮市甲陽園山王町2-46　パインウッド

OSHOインスティテュート・フォー・セイクリッド・ムーヴメンツ・ジャパン
スワミ・アナンド・プラヴァン　〒662-0018　兵庫県西宮市甲陽園山王町2-46　パインウッド
Tel & Fax 0798-73-1143　URL http://homepage3.nifty.com/MRG/

OSHOオーシャニック・インスティテュート　Tel 0797-71-7630
スワミ・アナンド・ラーマ　〒665-0051　兵庫県宝塚市高司1-8-37-301
e-mail oceanic@pop01.odn.ne.jp

<愛知>

OSHO庵メディテーション・アシュラム Tel & Fax 0565-63-2758
スワミ・サット・プレム 〒444-2400 愛知県東加茂郡足助町大字上国谷字柳ヶ入2番北
e-mail alto@he.mirai.ne.jp

OSHO瞑想センター Tel & Fax 052-702-4128
マ・サンボーディ・ハリマ 〒465-0064 愛知県名古屋市名東区亀の井3-21-305
e-mail pradip@syd.odn.ne.jp

<その他>

OSHOチャンパインフォメーションセンター Tel & Fax 011-614-7398
マ・プレム・ウシャ 〒064-0951 北海道札幌市中央区宮の森一条7-1-10-703
e-mail ushausha@lapis.plala.or.jp
URL http:www11.plala.or.jp/premusha/champa/index.html

OSHOインフォメーションセンター Tel & Fax 0263-46-1403
マ・プレム・ソナ 〒390-0317 長野県松本市洞665-1
e-mail sona@mub.biglobe.ne.jp

OSHOインフォメーションセンター Tel & Fax 0761-43-1523
スワミ・デヴァ・スッコ 〒923-0000 石川県小松市佐美町申227

OSHOインフォメーションセンター広島 Tel 082-842-5829
スワミ・ナロパ、マ・ブーティ 〒739-1742 広島県広島市安佐北区亀崎2-20-92-501
e-mail prembhuti@blue.ocn.ne.jp URL http://now.ohah.net/goldenflower

OSHOウッサヴァ・インフォメーションセンター Tel 0974-72-0511
マ・ニルグーノ 〒879-6213 大分県大野郡朝地町大字上尾塚136
e-mail light@jp.bigplanet.com URL http://homepage1.nifty.com/UTSAVA

<インド・プネー>

OSHOインターナショナル・メディテーション・リゾート
Osho International Meditation Resort
17 Koregaon Park Pune 411001 (MS) INDIA
Tel 91-20-4019999 Fax 91-20-4019990
http://**www.osho.com**
E-Mail : oshointernational@oshointernational.com

<OSHO既刊書籍>

瞑想

インナージャーニー
―内なる旅・自己探求のガイド

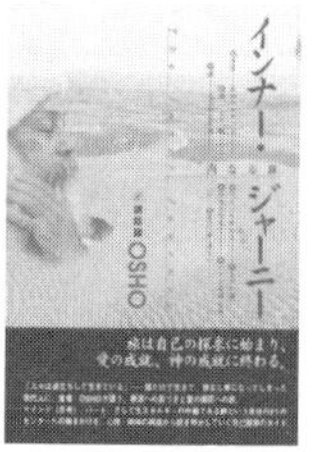

マインド（思考）、ハート、そして生エネルギーの中枢である臍という身体の三つのセンターへの働きかけを、心理・肉体の両面から説き明かしていく自己探求のガイド。根源への気づきと愛の開花への旅。

<内容>●身体――最初のステップ ●臍――意志の在り処
●信も不信もなく ●ハートを調える 他

四六判並製 304頁 2310円（税込） 送料380円

東洋の神秘家

ラスト・モーニング・スター
―女性の覚者ダヤに関する講話

世界とは、夜明けの最後の星のよう……
過去と未来の幻想を断ち切り、今、この瞬間から生きること――スピリチュアルな旅への愛と勇気、神聖なるものへの気づき、究極なるものとの最終的な融合を語りながら、時を超え、死をも超える「永遠」への扉を開く。

<内容>● 全霊を傾けて ● 愛は幾生も待機できる ● あなたの魂を受けとめて 他

■四六判並製 568頁 2940円（税込） 送料380円

<「シャワリング・ウィズアウト・クラウズ」姉妹書>

シャワリング・ウィズアウト・クラウズ
―女性の覚者サハジョに関する講話

光明を得た女性神秘家サハジョの「愛の詩」について語られた講話。女性が光明を得る道、女性と男性のエゴの違いや落とし穴に光を当てます。愛の道と努力の道の違い、献身の道と知識の道の違いなど覚者の深い洞察が盛り込まれています。

<内容>● 愛と瞑想の道 ● 意識のふたつの境地 ● 愛の中を昇る● 師は目をくれた 他

■四六判並製 496頁 2730円（税込） 送料380円

<「ラスト・モーニング・スター」姉妹書>

エンライトメント―ただひとつの変革

十二才の覚者アシュタヴァクラと、帝王ジャナクとの対話。
「光明は生まれながらの本性だ。自分のハートにアシュタヴァクラの声明を矢のように貫かせたら、それはあなたを目覚めさせ、思い出させる。」――OSHO

<内容>
● 純粋なる真実 ● まさに今ここで ● 真理の試金石
● 私は自らに額づく ● 瞑想―唯一の薬● 因果を超えて 他

■A5判並製 504頁 2940円（税込） 送料380円

哲学

永久の哲学―ピュタゴラスの黄金詩

彼が見い出した永久哲学――両極の完全なる合一――について、現代の神秘家・OSHOが究極の法を説き明かす。唯一残された人類の遺産「ピュタゴラスの黄金詩」を題材に、アトランティス大陸の謎や、二千五百年に一回転する車輪（サンサーラ）の法則を交え、世界が直面している危機に光をあてる。

<内容>● 最高の贅沢 ● ロゴス、力と必要性 ● 気づきはマスター・キー
● ただあるがままに 他

■四六判並製 408頁 2520円（税込） 送料380円

＜OSHO既刊書籍＞

哲学

イーシャ・ウパニシャッド— 存在の鼓動

インド古代の奥義書ウパニシャッドに関する講話の初邦訳。OSHOリードのアブ山での瞑想キャンプ中に語られた初期ヒンディ講話。「イーシャ・ウパニシャッドは瞑想してきた者たちの最大の創造物のひとつだ」——OSHO

＜内容＞● ゼロの道標　● 自我の影　● 本当の望み
● 科学を超えて　● 究極のジャンプ　● 全ては奇跡だ　他

■四六判並製　472頁　2520円（税込）　送料380円

瞑想

ディヤン・スートラ—瞑想の道

真理とは何か？自分とは何か？身体、マインド、感情の浄化と本質、それをいかに日々の生活に調和させるか——といった、瞑想の土台となる道しるべ、そして全き空（くう）への実際的なアプローチを、段階的にわかりやすく語る。人類の根源的な問いへと導く生の探求者必読の書。

＜内容＞ ● 瞑想の土台　● 生の本質を見い出す　● 意識の光
● 身体と魂—科学と宗教　●一度に一歩　他

■四六判上製　328頁　2730円（税込）　送料380円

新瞑想法入門—OSHOの瞑想法集大成

禅、密教、ヨーガ、タントラ、スーフィなどの古来の瞑想法から、現代人のために編み出されたOSHO独自の方法まで、わかりやすく解説。技法の説明の他にも、瞑想の本質や原理が語られ、探求者からの質問にも的確な道を指し示す。真理を求める人々必携の書。（発行／瞑想社、発売／市民出版社）

＜内容＞ ● 瞑想とは何か　● 初心者への提案
● 覚醒のための強烈な技法　● 師への質問　他

■A５判並製　520頁　3444円（税込）　送料380円

ギフト

朝の目覚めに贈る言葉—心に耳を澄ます朝の詩

朝、目覚めた時、毎日1節ずつ読むようにと選ばれた12ケ月の珠玉のメッセージ。生きることの根源的な意味と、自己を見つめ、1日の活力を与えられる覚者の言葉を、豊富な写真と共に読みやすく編集。姉妹書の「夜眠る前に贈る言葉」と合わせて読むことで、朝と夜の内容が、より補い合えることでしょう。

＜内容＞● 人生はバラの花壇　● 愛は鳥—自由であることを愛する
● 何をすることもなく静かに座る、春が訪れる…　他

■A判変型上製　584頁　3654円（税込）　送料380円

夜眠る前に贈る言葉—魂に語りかける12ヶ月

眠る前の最後の思考は、朝目覚める時の最初の思考になる……特別に夜のために選ばれたOSHOの言葉の数々を、１日の終わりに毎日読めるよう、豊富な写真と共に読みやすく編集。日々を振り返り、生きることの意味や自己を見つめるのに、多くの指針がちりばめられています。

＜内容＞● 闇から光へのジャンプ　● 瞑想は火
● あなたは空だ　● 生を楽しみなさい　他

■A判変型上製　568頁　3570円（税込）　送料380円

＜OSHO　TIMES　日本語版＞

日常の中から精神性の扉を開き、内なる探求を促すヒント、洞察をあらゆる角度から読みやすく編集。豊富な写真も楽しめる全カラー頁のOSHO講話集。

各B5版／カラー60頁／定価：1344円(税込)　〒250円

●VOL.1　特集　瞑想とは何か
●瞑想への鍵　●ユートピアは可能か？
●医療の道と瞑想●どちらの世界も最高で
●生命力の開花　●ゾルバ　ザ ブッダ 他

●VOL.2　特集　独り在ること—真の個性
●偽りの個性から本物の個性へ　●個性の力学
●ヒーリングタッチ　●感情の虹を受け入れる
●生命力の開花　●ゾルバ　ザ ブッダ 他

●VOL.3　特集　恐れとは何か
●三つの恐怖を想像的に活かす—狂気、性、死
●鬱とは何でしょうか？　●瞑想への恐怖
●愛せるほどに成熟していますか？ 他

●VOL.4　特集　幸せでないのは何故？
●幸せだなんて信じられない！●過去との断絶
●歓喜の涙　●笑いの瞑想
●スピリチュアル・エコロジー　他

●VOL.5　特集　成功の秘訣
●大きな成功への近道　●成功の蜃気楼
●内的成功の道
●散文詩—光の循環●プラーナヤマ—全体と共に呼吸する　他

●VOL.6　特集　真の自由
●3種類の自由—人　●愛と自由の質
●無選択の気づき　●嫌いな人を愛しなさい—ガンジーとジンナー
●＜関係性＞互いに探求し続けなさい　他

●VOL.7　特集　エゴを見つめる
●なぜいつも注目されていたいのか？●＜関係性＞ハートの言葉
●禅師と政治家—エゴの微妙な働き
●愛のアートを学ぶ　●神経症—絶え間なき葛藤　他

●VOL.8　特集　創造的な生
●創造性の12の秘密　●もっと創造的になるには
●ソウルメイトの創り方　●＜瞑想＞中空の竹のごとく
●正しい食べ物の選び方　●ヒーリング・エナジー　他

●VOL.9　特集　健康と幸福
●健康と幸福への洞察　●癒しを自分で起こす
●意識的に狂う　●＜瞑想＞健康瞑想
●＜洋書紹介＞スーフィー・道にある人々　他

●VOL.10　特集　混乱から新たなドアが開く
●明晰性への7つの方法　●混乱—大いなる機会
●決断できない時にどうするか？
●混乱？瞑想をどうぞ　●＜瞑想＞マインドを落とす　他

●VOL.11　特集　時間から永遠へ
●来世の用意はできていますか？●時間はあなた次第
●短気な現代人　●＜物語＞アラーを信じラクダはつなぐ
●＜瞑想＞走ること—内なる対話　●愛の組み合わせ　他

●VOL.12　特集　日々を禅に暮らす
●あなたの本当の顔を見つける
●禅とは何か　●禅スポーツ
●＜瞑想＞自由を感じる

●VOL.13　特集　真の豊かさ
●豊かさの根ざすところ　●贅沢な生が待っている
●本当の女性解放　●＜物語＞スーフィーの神秘家ルーミー
●＜瞑想＞呼吸：瞑想への架け橋　●子ども達の解放　他

●VOL.14　特集　バランスを取る
●混乱の中心　●男と女のハーモニー
●バランスを取る秘訣　●＜瞑想＞自分は在る
●＜物語＞学者と神秘家　●現実的な親子関係　他

●VOL.15　特集　優雅に生きる
●自然な優雅さ　●3つの鍵—真実、愛、瞑想
●母親と子どもの関係—OSHOと母
●＜瞑想＞見ることのアート ●＜物語＞仏はどこにいる？　他

●VOL.16　特集　ハートを信頼する
●マインドとハートに橋を架けるには
●疑い深いマインド、信頼するハート
●＜瞑想＞友愛について　●＜関係性＞本当の思いやり　他

●VOL.17　特集　自分自身を祝う
●労働ではなく祝祭を
●祝い、瞑想し、祝いなさい
●＜音楽＞ジャズ風エンライトメント　他

●VOL.18　特集　癒しとは何か
●薬と瞑想●マインド：病気の原因
●＜関係性＞子供を愛していますか？
●＜物語＞スーフィーと王様　他

●VOL.19　特集
くつろぎのアート
●リラックスの秘訣
●緊張とは何か
●＜呼吸＞OSHOダイナミック瞑想
●＜ブッダの道＞ハートのささやき
他

●ご注文は代金引換郵便（要手数料300円）の場合、商品到着時に支払。郵便振替、現金書留の場合、下記まで代金を前もって送金して下さい。

●1冊／1344円（税込）／送料　250円　●年間購読料（4冊）／6376円（税、送料込）
●ご注文方法／市民出版社までお申し込み下さい。
■郵便振替口座：00170-4-763105　■口座名／（株）市民出版社　TEL／03-3333-9384

＜日本語同時通訳版OSHOビデオ講話＞

■直感だけがあなたの教師だ

―ハートに耳を傾ける―

VHS104分　￥3.990（税込）

生まれ持った「成長への衝動」が、いつのまにか「成功への衝動」にすり替えられてしまう社会の手口を白日のもとに晒し、成長への衝動を見据え、自分のままに生きることを説き明かす、心強い一本。

■沈黙―聴くことのアート

―講話の真の目的―

VHS108分　￥3.990（税込）

膨大な数にのぼる講話について、OSHO自ら明かすその本意。瞑想で足踏みをしている探求者たちへの、愛情あふれるOSHOの方便がこの講話によって明かされる。
瞑想の本質である「沈黙を聴く」手がかりを指し示す。

■不可知への巡礼

―存在の三つの領域と夢見の階層―

VHS108分　￥3.990（税込）

抑圧と夢見、眠りとくつろぎ、そしてOSHO考案による瞑想メソッドの可能性についても触れる。
他に、マインドに関する質問に対して、知識、未知、不可知という存在の3つの層に言及、マインドからの超越を指し示す。

■自分自身の未来への一瞥

―究極の可能性と現実の認識―

VHS87分　￥3.990（税込）

未来の究極的な可能性と、今いる現実の認識――光明や悟りといった、はるかなるものに対して、探求者が陥りやすい落とし穴について語る。「あなたであるものと、あなたがなりうるもの、その両者とも自覚すること――変容はその時にのみ起こる」

■エンライトメントを生きる

VHS95分　3990円（税込）

エンライトメント――意識の究極の開花は、達成するべき遠いゴールではなく、あなたの本性そのものなのだ、と説く覚者・OSHO。インドの神秘家・カビールやミーラのエピソードを交えて贈る目醒めへの講話。

■催眠と過去生

VHS105分　3990円（税込）

その不思議さゆえに誤解を生んできた催眠術を、意識と無意識における記憶のメカニズムの解明から説きあかす神秘家・OSHO。そして無意識に眠る過去生の再体験を通して、同じことの繰り返しである生から抜け出すよう誘う。

■1315日の沈黙

―エンライトメントの後で―

VHS100分　3990円（税込）

アメリカ・オレゴンでの３年半に及ぶ沈黙の後、再び話し始めたOSHOの記念碑的講話。エンライトメントの後の、そのあまりの充足ゆえの沈黙と再び語り始めた時のエピソードやすべてを受け入れる開かれた宗教性について語る。

■唯ひとつの革命

―あなたが変われば世界が変わる―

VHS152分　3990円（税込）

「あなたが世界だ」というＪ・クリシュナムルティの言明について、覚者・OSHOの洞察が展開される。個人とその責任を、自己変革の視点から捉えなおした画期的な講話。
他、チャネリングについての見解など４つの質問にじっくりと答える長篇ビデオ。

＜OSHO瞑想CD＞

※送料／CD1枚¥250・2枚¥300・3枚以上無料

ダイナミック瞑想
◆デューター

全5ステージ 60分

¥3,059（税込）

生命エネルギーの浄化をもたらすOSHOの瞑想法の中で最も代表的な技法。混沌とした呼吸、カタルシス、そしてフゥッ！というスーフィーの真言《マントラ》を自分の中にとどこおっているエネルギーが全く残ることのないところまで行なう。

クンダリーニ瞑想
◆デューター

全4ステージ 60分

¥3,059（税込）

未知なるエネルギーの上昇と内なる静寂、目醒めのメソッド。OSHOによって考案された瞑想の中でも、ダイナミックと並んで多くの人が取り組んでいる活動的瞑想法。通常は夕方、日没時に行なわれる。

ナタラジ瞑想
◆デューター

全3ステージ 65分

¥3,059（税込）

自我としての「あなた」が踊りのなかに溶け去るトータルなダンスの瞑想。第１ステージは目を閉じ、40分間とりつかれたように踊る。第２ステージは目を閉じたまま横たわり動かずにいる。最後の５分間、踊り楽しむ。

ナーダブラーマ瞑想
◆デューター

全3ステージ 60分

¥3,059（税込）

宇宙と調和して脈打つ、ヒーリング効果の高いハミングメディテーション。脳を活性化し、あらゆる神経繊維をきれいにし、癒しの効果をもたらすチベットの古い瞑想法の一つ。

チャクラ サウンド瞑想
◆カルネッシュ

全2ステージ 60分

¥3,059（税込）

７つのチャクラに目覚め、内なる静寂をもたらすサウンドのメソッド。各々のチャクラで音を感じ、チャクラのまさに中心でその音が振動するように声を出すことにより、チャクラにより敏感になっていく。

チャクラ ブリージング瞑想
◆ カマール

全2ステージ 60分

¥3,059（税込）

７つのチャクラを活性化させる強力なブリージングメソッド。７つのチャクラに意識的になるためのテクニック。身体全体を使い、１つ１つのチャクラに深く速い呼吸をしていく。

「気づき」の瞑想法

全４ステージ 60分

¥3,059（税込）

インド五千年前の経典を元にした「タントラ秘法の書」より、112の瞑想法の中の一つ。リラックスしたヒーリング音楽と共に、自分自身の内なる気づきを喚起する瞑想法。リラクゼーションミュージックとしても最適。

グリシャンカール瞑想
◆デューター

全4ステージ 60分

¥3,059（税込）

呼吸を使って第三の目に働きかける、各15分４ステージの瞑想法。第一ステージで正しい呼吸が行われることで、血液の中に増加形成される二酸化炭素がまるでエベレスト山の山頂にいるかのごとく感じられる。

ワーリング瞑想
◆デューター

全2ステージ 60分

¥3,059（税込）

内なる存在が中心で全身が動く車輪になったかのように旋回し、徐々に速度を上げていく。体が自ずと倒れたらうつ伏せになり、大地に溶け込むのを感じる。旋回を通して内なる中心を見出し変容をもたらす瞑想法。

ノー ディメンション瞑想
◆ シルス＆シャストロ

全3ステージ 60分

¥3,059（税込）

グルジェフとスーフィのムーヴメントを発展させたセンタリングのメソッド。この瞑想は旋回《ワーリング》瞑想の準備となるだけでなく、センタリング《中心を定める》のための踊りでもある。３つのステージからなり、一連の動作と旋回、沈黙へと続く。